THEOLOGIE LEHREN

QUAESTIONES DISPUTATAE

Begründet von
KARL RAHNER UND HEINRICH SCHLIER

Herausgegeben von
PETER HÜNERMANN UND THOMAS SÖDING

197

THEOLOGIE LEHREN

THEOLOGIE LEHREN

HOCHSCHULDIDAKTIK UND REFORM DER THEOLOGIE

HERAUSGEGEBEN VON
MONIKA SCHEIDLER
BERND JOCHEN HILBERATH
JOHANNES WILDT

HERDER
FREIBURG · BASEL · WIEN

Die Deutsche Bibliothek – CIP-Einheitsaufnahme

Theologie lehren : Hochschuldidaktik und Reform der Theologie / Hrsg.: Bernd Jochen Hilberath u. a. – Freiburg im Breisgau : Herder, 2002
(Quaestiones disputatae ; 197)
ISBN 3-451-02197-8

Druckvorlage durch Britta Frede-Wenger

www.herder.de
Druck und Bindung: Difo-Druck, Bamberg 2002
Gedruckt auf umweltfreundlichem, chlorfrei gebleichtem Papier
ISBN 3-451-02197-8

Inhalt

Einleitung
Hochschuldidaktik mit Theologinnen und Theologen 7

A. „MODELL BENEDIKTBEUERN“
EIN KONZEPT HOCHSCHULDIDAKTISCHER
WEITERBILDUNG IN DER THEOLOGIE

Lehren und Lernen – Zwei Seiten einer Medaille 13
von Bernd Jochen Hilberath, Tübingen

Theologie lehren lernen –
ein Weiterbildungskonzept zwischen Fach- und Hochschuldidaktik 27
von Johannes Wildt, Dortmund

Evaluierung der hochschuldidaktischen Weiterbildung
mit Theologinnen und Theologen 57
von Monika Scheidler, Tübingen

B. FACHSPEZIFISCHE BEISPIELE

„Verstehst du, was du liest?“ (Apg 8,30)
Neutestamentliche Wissenschaft und universitäre Lehre 83
von Maria Neubrand, Eichstätt

„Schlechterdings nichts fürs Praktische machen“?
Hochschuldidaktische Perspektiven Dogmatischer Theologie 97
von Bernhard Nitsche, Tübingen

Ziele und Wege des Lernens in der Theologischen Ethik 115
von Elmar Kos, Siegen, und Heike Sturm, Erfurt

Die Nichtlehrbarkeit der Philosophie
als hochschuldidaktische Herausforderung 138
von Heinrich Watzka, Frankfurt

Dialektik und Dialog
Didaktische Möglichkeiten der Philosophie im Theologiestudium 149
von Manfred Negele, Augsburg

Didaktikfreie Zone oder fachdidaktisches Experimentierfeld?
Zum Konzept eines pastoraltheologischen Hauptseminars 164
von Doris Nauer, Tübingen

Chancen und Grenzen didaktischen Handelns
am Beispiel eines religionspädagogischen Proseminars 177
von Monika Scheidler, Tübingen

C. INTERDISZIPLINÄRE BEISPIELE

Theologie in Bildern? Ein Werkstattbericht 197
*von Britta Frede-Wenger, Christian Heckmann und
Ines Weber, Tübingen*

Kirchengeschichte und Kirchenrecht
in hochschuldidaktischer Kooperation 211
von Norbert Wolff, Benediktbeuern

Klagelieder und Krisenbewältigung
Alttestamentliche Exegese und Psychologie im Gespräch 226
von Michael Reichardt, Köln

Frauen- und Geschlechterforschung in der Theologie
Curriculare und fachdidaktische Überlegungen 241
von Claudia Rakel, Bonn

Verzeichnis der Autorinnen und Autoren 262

Einleitung

Hochschuldidaktik mit Theologinnen und Theologen

von Monika Scheidler, Bernd Jochen Hilberath und Johannes Wildt

Der Traditionsbruch, den wir zur Zeit im christlichen Abendland erleben müssen, äußert sich massiv als Wegbrechen einschlägigen Wissens in Sachen Religion. Katechismen und religionspädagogisches Material, neu aufgelegte Lexika, Leitfäden und Handbücher dokumentieren das Bemühen, dem Verlust der Inhalte abzuhelfen. Die Frage „Wie sag' ich's meinem Kinde?" spielt dabei auch in (fach)theologischen Kreisen zunehmend eine Rolle. Nicht selten wird sie freilich so gestellt, als ginge es darum, den mehr oder weniger feststehenden Inhalt des Glaubens mit entsprechenden Methoden und Medien den Menschen von heute „zu vermitteln". Und da der Theologie vielfach nachgesagt wird, sie lebe im elfenbeinernen Turm der akademischen Wissenschaften und ihre Vertreter (Frauen werden häufig ausgenommen) sprächen höchstens noch ein theoretisch relevantes Sprachspiel, geschieht die Weitergabe des Glaubens an die kommende Generation anderswo, geschützt vor der Fachtheologie. Ob dies auch immer theologisch reflektiert und intellektuell verantwortet erfolgt, darf gefragt werden, enthebt aber die Theologenzunft nicht der selbstkritischen Besinnung: Ist das Schema „vorgängig konstituierter *Inhalt* und nachfolgende *Vermittlung*" überhaupt sachgemäß? Didaktische Fragen nach Lehr- und Lernformen, die erwachsenen Menschen angemessen sind, treffen auf die Fragen seitens der Wissenschaft, welches Lehren und Lernen sachgemäß sei. Vorlesen und Wiederkäuen (bestenfalls: Nachahmen) erweist sich sowohl in hochschuldidaktischer wie in wissenschaftlich-theologischer Hinsicht als obsolet.

Wie Wildt in seinem Beitrag dargelegt, ist mit der Aufwertung der Lehre seit der Wende zu den 90er Jahren auch der Bedarf an hochschuldidaktischer Weiterbildung gestiegen. Was im internationalen Maßstab entwickelter Industriestaaten weitgehend selbstverständlich ist, beginnt sich auch hierzulande anscheinend als Einsicht zu verbreiten: dass die Modernisierung der Hochschulen mit neuen fiskalischen Steuerungsmitteln und Strukturveränderungen allein nicht zu bewältigen ist. Hinzu muss eine breitangelegte Personalentwicklung treten. Hochschuldidaktische Weiterbildung ist eine – freilich bedeutsame – Komponente in diesem Kontext. Auch die Novellierung des Hochschulrahmengesetzes hat die Erkenntnis nachvollzogen, dass die Qualifikation für die Lehre sich nicht allein schon aus der Lehrtätigkeit ergibt. Es bedarf da vielmehr eigener Anstrengungen und eines Nachweises für diese Qualifikation. Wer sich an Hochschulen im Ausland bewirbt, wird feststellen, dass dort die Vorlage eines Lehrportfolio erwartet wird, in dem die bisherigen Lehrerfahrungen dokumentiert, die Auffassungen von Lehre reflektiert und eigene Anstrengungen zur Weiterbildung nachgewiesen sind. Das „Modell Benediktbeuern" bietet ein gutes Beispiel dafür, wie solche Anstrengungen in einem optimalen Rahmen umgesetzt werden können.

Um ein Auseinanderdriften von Fachwissenschaft und Didaktik zu vermeiden, der Gefahr einer Rezeptologie ebenso zu begegnen wie der einer arroganten oder zumindest ignoranten fachlichen Selbstgenügsamkeit, ist die Kooperation ein Königsweg. Genau diese Option steht hinter dem Pilotprojekt „Hochschuldidaktische Weiterbildung", das vom Katholisch-Theologischen Fakultätentag und der Zentralstelle Bildung der Deutschen Bischofskonferenz ermöglicht wurde, letztlich aber vor allem auf Grund des Einsatzes engagierter Vertreterinnen des Mittelbaus jetzt schon realisiert werden konnte.

Das Team Teaching eines ausgewiesenen Hochschuldidaktikers mit einem systematischen Theologen als Anwalt der Sache der Theologie erwies sich in der Tat als den Menschen wie der Sache angemessene Form partizipierender Leitung. Während des Kurses beschlossen die Teilnehmerinnen und Teilnehmer die Gründung eines Netzwerkes, inzwischen fand das erste Arbeitstreffen statt: die beste Dokumentation der Fruchtbarkeit eines prozess- und teilnehmerorientierten Lehr- und Lernprozesses.

Dafür spricht auch die Idee, die Erfahrungen und Reflexionen des Pilotprojekts zur Diskussion zustellen. Dass das daraus entstandene Buch nicht in einem (hoch)schulpädagogischen Verlag, sondern als Quaestio disputata erscheint, unterstreicht das oben über das Verhältnis von Theologie und Didaktik Gesagte. Wissenschaftstheoretische Grundsatzdiskussion über das Selbstverständnis der Theologie und ihren Status als Lehr- und Lernprozess standen mehrfach auf der Tagesordnung des Kurses, Ideen zur Studienreform wurden geboren, sie wurden und werden von den Teilnehmerinnen und Teilnehmern erprobt.

Was wir hier vorlegen, ist also fürwahr eine quaestio disputata et disputanda, eine in unserem Kurs diskutierte Frage, die wir zur Disputation weiterreichen. Unsere hochschuldidaktischen Überlegungen und Übungen konfrontierten uns stets aufs neue mit den Fragen nach dem Ziel des Theologiestudiums und nach der Aufgabe der Theologie überhaupt. Dabei wurde klar, dass Reformen anstehen. Nach unserer Erfahrung geht es weder um Verbilligung des Angebots noch um Verwässerung durch reine Verschulung, sondern um den sachgemäßen Vollzug der Theologie selbst. In diesem Sinn fügt sich der vorliegende Band in die Reihe der Quaestiones Disputatae ein, in der mehrfach Monographien zum Status und zur Reform der Theologie vorgelegt wurden.[1]

Dieser Band lädt also zugleich ein zum Experimentieren wie zum Reflektieren. Im Teil A stellt Johannes Wildt zunächst das „Modell Benediktbeuern“ vor; dann werden die Ergebnisse der Evaluation dokumentiert und ausgewertet. Vor dem Hintergrund der Kurserfahrungen das Verhältnis von Didaktik und Selbstverständnis der Theologie als eines kommunikativen Geschehens. Die Beiträge der Teilnehmerinnen und Teilnehmer haben wir so geordnet, dass unter B. die stärker aus der Sicht der je eigenen Disziplin geschriebenen, unter C. die auf Grund von Kooperationserfahrungen entstandenen präsentiert werden. Die Bandbreite reicht entsprechend dem Charakter dieser Quaestio von Artikeln, die stärker grundsätzliche, auch selbstkritisch das eigene Fach beleuchtende Überlegungen darstellen, bis hin zu sehr konkreten didaktischen Modellen. Der Beitrag von Monika Scheidler beschließt Teil B: er steht an der Grenze zwischen fachspezifischer Didaktik und allgemeiner Theologiedidaktik; zugleich wird auf den Unterschied zwischen Glaubens- und Theologiedidaktik hingewiesen. Den Abschluß sowohl von Teil C wie des ganzen Bandes bildet Claudia Rakels Artikel. Hier geht es nicht um Fachdidaktik, sondern um das Ganze der Theologie, insofern aus der Perspektive feministischer Theologie das Curriculum insgesamt in den Blick genommen wird.

Das Herausgeberteam dankt allen, die zum Zustandekommen dieses Diskussionsbandes beigetragen haben. Eigens erwähnen möchten wir Britta Frede-Wenger und Christian Heckmann, die kompetent und mit viel Geduld die Manuskriptteile zusammengefügt, korrigiert und formatiert haben.

---

[1] Vgl. K. Rahner, Zur Reform des Theologiestudiums (QD 41); B. Casper – K. Hemmerle – P. Hünermann, Theologie als Wissenschaft (QD 45); F. Schupp, Auf dem Weg zu einer kritischen Theologie (QD 64); R. Schaeffler, Glaubensreflexion und Wissenschaftslehre (QD 82); J. Moltmann, Was ist heute Theologie? (QD 114); I. U. Dalferth, Kombinatorische Theologie (QD 130); A. Franz (Hg.), Bindung an die Kirche oder Autonomie? (QD 173); E. Arens – H. Hoping (Hg.), Wieviel Theologie verträgt die Öffentlichkeit? (QD 183).

A. DAS „MODELL BENEDIKTBEUERN“

EIN KONZEPT HOCHSCHULDIDAKTISCHER WEITERBILDUNG IN DER THEOLOGIE

Lehren und Lernen – Zwei Seiten einer Medaille

von Bernd Jochen Hilberath, Tübingen

1. Forschung und Lehre

„Die Stelleninhaberin/der Stelleninhaber hat das Fach in Forschung und Lehre zu vertreten" – so heißt es in einschlägigen Ausschreibungen von Professorenstellen, auch an Universitäten. Freilich hat es gerade im akademischen Klima unseres kontinentalen Europa einen anderen Klang, ob ich mich als Professor oder als Hochschullehrer bezeichne, ob ich meinen Arbeitsplatz Universität oder Hochschule nenne. Es ist keineswegs selbstverständlich, dass an den Fachhochschulen tatsächlich, wie es ihrem Selbstverständnis entsprechen sollte, praxisnähere Ausbildung geschieht. Von den Universitäten geht eine gewisse akademische Sogwirkung aus, die nicht nur die Mittelzuweisung, die Gehälter, sondern auch die Art und Weise des Forschens und Lehrens betrifft. Private Fachhochschulen und Berufsakademien füllen auf ihre Weise den Leerraum aus.

Sollen wir das bedauern? Manche begrüßen diese Entwicklungen, welche den Professorinnen und Professoren endlich die Möglichkeit gäben, wissenschaftlich zu arbeiten und „akademisch zu lehren", während die anderen Einrichtungen für das Lehren und die Vermittlung zuständig seien. Zwar wird erwartet, dass die Stelleninhaberin/der Stelleninhaber sein Fach in Forschung *und Lehre* vertritt, bei der Auswahl der Kandidatinnen und Kandidaten spielt deren Lehrkompetenz allerdings häufig eine untergeordnete Rolle. Es ist so wie bei manch anderem Kriterium auch: Wenn es dem eigenen Kandidaten nützt oder schadet, wird es entweder herangezogen oder ausgeblendet. Während dann für die einen die Begabung als Hochschullehrer oder -lehrerin unbedingt zum Profil gehört, beschränken andere die wissenschaftliche („akademische") Qualifikation auf die Leistungen der Forschung, abzulesen z. B. an der Länge der Publikationsliste.

Die ausdrückliche Nennung von „Forschung und Lehre" erweist solche Wertungen als unsachgemäß. Gewiss, es gibt Wissenschaftlerinnen und Wissenschaftler, die am Schreibtisch und im Labor brillante Forschungsarbeit leisten, diese aber kaum vermitteln können. Bestenfalls lernen Schülerinnen und Schüler, wenn sie der Meisterin/dem Meister über die Schultern schauen oder wenn sie in Seminaren ihrem bzw. seinem Monolog folgen. Dass diese Art von Lehr- und Lernvorgängen ihre begrenzte Berechtigung hat, soll keineswegs bestritten werden. Hier geht es freilich um die grundsätzliche Frage nach dem Verhältnis von Forschung und Lehre. Es kann bedeuten, dass im Einzelfall eine Forscherin bzw. ein Forscher in einem Labor oder einer anderen permanenten Forschungssituation gut aufgehoben ist, sich aber als Hochschullehrerin bzw. Hochschullehrer an einer Universität wenig bis gar nicht eignet. Mit Recht kann dem entgegen gehalten werden, dass dies auch umgekehrt gilt: nicht jeder brillante Lehrer ist auch ein brillanter Forscher.

In der Tat: Es müssen Gesichtspunkte unterschieden, sie dürfen aber nicht gegen einander gestellt bzw. gegeneinander ausgespielt werden. Der universitäre Idealfall wäre die Forscherin, die aus ihrer Forschung heraus zugleich eine sach- und menschengemäße Lehrerin ist. Auf der wissenschaftstheoretischen Ebene stellt sich somit die Aufgabe einer Reflexion von Forschung und Lehre. Im Blick auf die Ausbildung der künftigen Hochschullehrerinnen und Hochschullehrer bzw. die Weiterbildung der amtierenden Professorinnen und Professoren geht es um eine aus dieser wissenschaftstheoretischen Überlegung gespeiste Möglichkeit, entsprechende hochschuldidaktische Kompetenz zu erwerben.

Denn: Der eben erwähnte Idealfall des Forschers, der zugleich ein begabter Lehrer ist, hat zwar etwas Grundsätzliches und Unentbehrliches im Blick, dass nämlich zum Lehren wie zum Forschen eine gewisse natürliche Begabung gehört. Auf der anderen Seite ist vor dem Missverständnis zu warnen, dass sich dieser Idealfall auch am idealsten in den Personen verwirkliche, die man als Charismatikerinnen oder als Naturtalente bezeichnen würde. Und so sehr es richtig ist, dass es um die Sache und nicht um die Art und Weise ihrer „Vermittlung“ geht – weder eine Habilitationsurkunde noch eine höhere Weihe ersetzen eine entsprechende Schulung, noch erweist es sich als selbstverständlich, dass „die Sache sich schon durchsetzen wird“.

Was bislang in Hochschullehrerinnen- und Hochschullehrerkreisen häufig eine untergeordnete Rolle spielt – die didaktische Kompetenz – wird von Seiten der Gesellschaft und des Staates immer nachdrücklicher eingefordert. Inzwischen ist in vielen Habilitationsordnungen der Nachweis der hochschuldidaktischen Kompetenz verankert. Die Angebote, solche Kompetenz auch zu erwerben, nehmen zu. Nach meiner Erfahrung überwiegen noch die nicht an ein bestimmtes Fach gebundenen Workshops und Fortbildungsmaßnahmen. Insofern hat die hochschuldidaktische Weiterbildung für den wissenschaftlichen Nachwuchs in katholischer Theologie so etwas wie Neuland betreten. Das Interesse an diesem Kurs war enorm; nur die Hälfte der Interessentinnen und Interessenten konnte an diesem ersten als Projekt geplanten Kurs teilnehmen. Im Blick auf das hier Erörterte erscheint es mir als besonders wichtig, dass die Teilnehmerinnen und Teilnehmer zwar auch die Absicht hatten, einen Nachweis im Blick auf die weitere Laufbahn zu erwerben. Darüber hinaus war aber ganz deutlich ein grundsätzliches Interesse an Reflexion und Mitgestaltung dessen, was Theologie lehren und lernen heißt, gegeben. Es ist keineswegs so, dass hier geringere fachliche Kompetenz durch didaktische Geschicklichkeit kompensiert werden soll. Vielmehr wurden in den Kursen Diskussionen auf wissenschaftstheoretischem und allgemein theologischem Niveau geführt. Zu einer unter Wissenschaftlerinnen und Wissenschaftlern unüblichen Diskussion kam es z. B. bei der Frage, wie die verschiedenen Elemente des didaktischen Zirkels[1] sich zueinander verhalten, und wie sich darin noch einmal die Lernziele auf der globalen und der mittleren Ebene zu den Zielen einzelner Sitzungen verhalten. Als allgemeine Gefahr der Hochschullehre kam in den Blick, dass man in der Stofffülle ertrinkt und dann irgendwie versucht, sich mit einem interessanten Medium oder einer Methode zu retten. Man strickt sich dann etwas zurecht, ohne zu fragen, ob das mit den Lernzielen korrespondiert. Schon im ersten Kursabschnitt und verstärkt im dritten Block gab es diesbezüglich für einige in der Gruppe neue Erkenntnisse, während andere schon lange so arbeiten. Auch bei dem Versuch, die Stofffülle einer konkreten Veranstaltung zu reduzieren, konnte man beobachten, dass die Rückfrage nach den Lernzielen, die Kriterien für den Umgang mit dem Stoff liefern, noch nicht für jeden/jede selbstverständlich ist, aber die Teilnehmerinnen und Teilnehmer sind diesbezüglich in einen produktiven Lernprozess eingestiegen.

In hitzigen Debatten zur Frage nach Besonderheiten der Theologiedidaktik haben wir im beim Thema *Prüfungen* festgestellt, dass es nichts gibt, von dem wir sagen können, es sei spezifisch für die Theologie. Wir würden uns wünschen, dass die Haltung, mit der unserer Meinung nach Theologinnen und Theologen prüfen müssten, auch anderswo praktiziert wird. Umgekehrt haben alle dafür optiert, dass in der Theologie nicht durch angebliche *Menschlichkeit* Lücken in der *Sachorientierung* gestopft werden können. Bei der Frage nach der Einbeziehung des Subjekts in der Theologie zeigte sich, dass dies zumindest für einige andere Wissenschaften auch gilt. Weil die Annahme von allen geteilt wurde, dass der Subjektbezug grundsätzlich zur Theologie gehört, haben wir dann pragmatisch gefragt: Wo kommt bei mir der Subjektbezug vor, wo könnte in meinen Lehrveranstaltungen ein Ort dafür sein? Auch hier stellten wir fest: Was wir im ersten Kursabschnitt als eines der Lernziele im Studium der Theologie formuliert hatten, die biografische Glaubensreflexion, korrespondiert mit der Frage nach der Einbeziehung des Subjekts in der theologischen Lehre. Die Einbeziehung des Subjekts kann z. B. heißen, dass ich in einem kognitiven Prozess meine Meinung sage. Dies kann, muss aber nicht auf meine Glaubensbiografie oder auf die anderer sein. Ich würde gerne noch einen vierten Kursabschnitt

---

[1] Vgl. den Beitrag von J. Wildt in diesem Band.

anfügen und am gesamten didaktischen Zirkel entlang durchbuchstabieren, ob wir weitere Anhaltspunkte für die Besonderheiten des Lehrens und Lernens in der Theologie finden. Natürlich unterscheiden sich die Inhalte der Theologie von denen anderer Fächer. Weil aber im Kurs inzwischen alle realisiert haben, dass Didaktik mehr ist als Inhalte, müsste man zur Klärung der Frage nach dem Spezifikum der Theologie sämtliche Aspekte des didaktischen Zirkels berücksichtigen.

Bei aller Unterschiedlichkeit der Positionen und Argumentationen wurde im Kurs deutlich, dass für die Teilnehmerinnen und Teilnehmer wie für die Kursleitung Theologie lehren und Theologie lernen zwei Seiten einer Medaille sind. Diese Feststellung geht über die allgemeine hinaus, wonach Lehrerinnen immer auch Lernende sind, die von den Schülerinnen und Schülern selbst etwas lernen können. Lehr- und Lernprozesse sind nicht bloße Anwendung, sie sind mehr als Vermittlung einer zuvor schon feststehenden „Sache“. Von unterschiedlichen Ausgangspunkten her näherten sich die Teilnehmerinnen und Teilnehmer einem Verständnis von Theologie, welches eine solche Trennung von Inhalten und Methode, von Sache und Vermittlungen nicht mehr zuließ, ohne dass ein einheitliches, nicht-plurales Verständnis am Ende im Raum gestanden hätte. In jedem Fall erwies sich die Zusammensetzung der Kursleitung – ein Hochschuldidaktiker und ein systematischer Theologe – als charakteristisch für die Arbeitsweise wie die Reflexion auf diese Sache der Theologie in diesem Kurs.

In vielen Beiträgen des hier vorliegenden Dokumentar- und Diskussionsbandes wird auf diese grundsätzliche Verschränkung eingegangen. In der Regel begnügen sich die Autorinnen und Autoren nicht mit der Beschreibung didaktischer Prozesse und der Dokumentierung von konkreten Projekten. Vielmehr spielen, zum Teil in ganz ausführlichem Maße, grundsätzliche Reflexionen zum Theologieverständnis bzw. zum Verständnis der eigenen theologischen Disziplin eine dominierende Rolle. Vor diesem Hintergrund und angeregt durch die Kursteilnehmerinnen und Kursteilnehmer sowie den mitleitenden Hochschuldidaktiker möchte ich in diesem Beitrag einiges Selbstverständliche in Erinnerung rufen und akzentuieren sowie zur weiteren Arbeit an dem Konzept dieses Pilotprojektes und seiner entsprechenden Umsetzung in vielfältigen Situationen einladen.

2. Didaktik, nicht Taktik

Vor einiger Zeit war mir aufgetragen, mit für die Fortbildung verantwortlichen Personen die Frage zu erörtern „Welche Theologie brauchen wir in der Fortbildung?“ Ich stellte die These auf, „dass wissenschaftlich arbeitende Theologie auf der einen und die Theologie, die wir für die Fortbildung brauchen, auf der anderen Seite nicht zwei völlig verschiedene Paar Stiefel sein können und dürfen, weil sonst beide Seiten verdorben werden. Wissenschaftliche Theologie ist nicht einfach Stoff- und Rezeptelieferant für die Praxis, sie ist auch nicht Selbstbeschäftigung im elfenbeinernen Turm. Fortbildung darf aber auch nicht bloß Supervision und das Erlernen neuer Techniken und Rezepte sein, will sie der Gefahr entgehen, in einen Pragmatismus und Methodologismus abzugleiten."[2]

Was ich im Blick auf das Verhältnis von wissenschaftlicher Theologie und theologischer Fortbildung behauptet habe, gilt vergleichbar auch für das Verhältnis von wissenschaftlicher Theologie und theologischer Ausbildung, für das Verhältnis von Forschung und Lehre, von wissenschaftlichem und didaktischem Diskurs. Dabei ist freilich zu berücksichtigen, dass in der Kommunikationsgemeinschaft Kirche die wissenschaftlich arbeitende Theologie auf drei verschiedenen Ebenen jeweils auf spezifische Weise präsent ist. Die primäre Kommunikationsebene der Communio der Glaubenden ist die alltägliche Glaubenskommunikation in Wort und Tat. Hier geschieht die Feier wie die Weitergabe des Glaubens, implizit wie explizit, verbal wie nonverbal. Die primäre Glaubenskommunikation hat ihre eigene Gewissheit und Selbstverständlichkeit. Anders wäre die Aufforderung aus 1 Petr 3,15 nicht zu verstehen, dass die Glaubenden in jeder Zeit zur Rechenschaftsabgabe über ihren Glauben bereit sein sollen.

Die zweite und dritte Ebene der Glaubenskommunikation sind funktional, dienend auf diese primäre Kommunikationsebene bezogen. Jene gibt es nur, weil es diese primäre Ebene gibt, und sie verlieren ihren Sinn, wenn sie sich davon loskoppeln. Beide haben aber jeweils noch einmal eine andere Funktion im Hinblick auf diese primäre Glaubenskommunikation. Dem lehramtlichen Sprechen – das ist die zweite Ebene der Glaubenskommunikation – kommt es nicht zu, die Bezeugung des Glaubens auf der primären Ebene vorzuschreiben oder permanent zu dirigieren. Die Entwicklung der Glaubensbekenntnisse, der Glaubensregeln sowie die konziliaren Entscheidungen in der alten Kirche machen vielmehr deutlich, dass es Aufgabe der lehramtlichen Kommunikationsinstanz ist, durch das Aufstellen von Kommunikationsregeln das gemeinsame Bekennen zu ermöglichen. Dazu ist es keineswegs erforderlich, dass alle die gleiche Sprache sprechen bzw. die gleichen Begriffe gebrauchen; vielmehr genügt eine negative Abgrenzung von den Sprachspielen, in denen die Bezeugung des gemeinsamen Glaubens nicht wiedererkannt wird. Gewiss sind die Vertreter des kirchlichen Lehramtes auch Glaubende, die auf der primären Ebene im Glauben kommunizieren. Wenn sie aber qua Amt sprechen, müssen sie sich davor hüten,

---

[2] B. J. Hilberath, Welche Theologie brauchen wir in der Fortbildung?, in: K. J. Ludwig (Hg.), Im Ursprung ist Beziehung. Theologisches Lernen als themenzentrierte Interaktion, Mainz 1997, 54–89.

ihre persönliche Gestalt des Glaubenszeugnisses allen anderen als einzig mögliche bzw. verbindliche vorzuschreiben. Aufgabe der Vertreter des Lehramtes ist daher weniger das Beenden von Kommunikationszusammenhängen als vielmehr das Ermöglichen von Kommunikation.

Die dritte Ebene der Glaubenskommunikation ist die theologisch-wissenschaftliche. Auch sie ersetzt nicht die primäre Glaubenskommunikation, und sie ist nicht zuständig für das Aufstellen von Regeln der Glaubenskommunikation. Sie nimmt vielmehr ihren Ausgang von der Bezeugung des Glaubens in der Gemeinschaft der Glaubenden und kommt kritisierend und inspirierend wieder auf diesen Glaubensvollzug zurück. In der wissenschaftstheoretischen Diskussion wird dies der Praxis-Theorie-Praxis-Zirkel genannt.

Das bedeutet nun, dass die wissenschaftlich arbeitende Theologie als Ratgeberin bzw. Gesprächspartnerin des (bischöflich-synodalen-päpstlichen) Lehramtes versucht, ihre wissenschaftlichen Erkenntnisse auf der Ebene pragmatischer Kommunikationsregeln einzubringen. Im Blick auf die primäre Ebene der Glaubenskommunikation wird es darum gehen, erhellend, klärend, inspirierend und weiterführend Erkenntnisse, Reflexionen und Fragen wissenschaftlicher Theologie in die Glaubenskommunikation einzubringen. Die von Monika Scheidler stark gemachte Unterscheidung von Glaubens- und Theologiedidaktik[3] hat hier ihren wissenschaftstheoretischen bzw. kommunikationstheoretischen Ort.

Es geht also um Unterscheidung und Verbindung des so Unterschiedenen. Keinesfalls verträgt sich eine völlige Trennung von Lehramt, wissenschaftlicher Theologie und Glaubenskommunikation im Gottesvolk mit dem Selbstverständnis des Glaubens und der Theologie. So vertritt die wissenschaftliche Theologie nicht einfach die Sache, welche dann erst in einer Vermittlung didaktischer Art, welche die Disziplinen der praktischen Theologie erneut zu Anwendungswissenschaften degradieren würde, an den Mann oder an die Frau gebracht würden. Dies würde ja auch bedeuten, dass Subjekte in der wissenschaftlichen Theologie gar nicht vorkommen. Genau dies war Gegenstand einer intensiven Diskussion während unseres Kurses: Wenn schon im wissenschaftstheoretischen Diskurs als grundsätzlich erkannt wurde, dass das Subjekt immer impliziert ist in das „wissenschaftliche Geschäft", um wie viel mehr gilt dies für die Theologie? Eine Gegenüberstellung nach dem Motto „glaubende Subjekte – subjektlose Theologie" verbietet sich vom eigenen Selbstverständnis her. Dass dies dennoch keineswegs überall (schon) selbstverständlich ist, kann immer wieder festgestellt werden, auch in Diskussionen um Sinn und Zweck hochschuldidak-

---

[3] Vgl. in diesem Band, M. Scheidler, Chancen und Grenzen didaktischen Handelns, Abschnitt 4.

tischer Weiterbildung. In der Weiterbildung ist nach wie vor eine Reserve gegenüber wissenschaftlich arbeitenden Theologinnen und vor allem Theologen festzustellen. Ein Grund dieser Reserve besteht darin, dass die Teilnehmerinnen und Teilnehmer eine Theologie kennen gelernt haben und dann auch eine solche erwarten, in der sie selbst nicht vorkommen. Vielmehr rechnen sie damit, autoritativ etwas vorgesetzt zu bekommen, was sie zu übernehmen bzw. zu lernen hätten bzw. worauf sie dann je für sich ihre Schlüsse zu ziehen hätten. Mit dieser Erwartungshaltung und diesen Vorurteilen sehen sich besonders die Vertreterinnen und Vertreter der dogmatischen Theologie konfrontiert. Diese Gegenüberstellung muss überwunden werden. Das bedeutet, dass dem emphatischen Betonen des Subjektseins eines Jeden und einer Jeden nicht mit der Sorge begegnet werden kann, theologische Reflexionen würden hier völlig der subjektiven Willkür oder jedenfalls der Beliebigkeit preisgegeben. Reziproke Sensibilität ist auf beiden Seiten angebracht, sie wird sich aber, sofern sie wirklich wechselseitig (reziprok) ist, nicht blockieren. Nicht zuletzt seitens der feministischen Theologie wurde die Bedeutung der jeweiligen Biografie für das Glauben und insofern auch für das Theologietreiben herausgestellt.

Im Blick auf die wissenschaftliche Theologie bedeutet dies, dass jeder und jede, die entschieden glaubt, ansatzweise Theologie treibt. Ja, die professionell betriebene wissenschaftliche Theologie ist der Dienst an dieser Theologie der Einzelnen, aber auch an der Communio der Glaubenden. Der Ansatz bei der subjektiven Theologie der Einzelnen muss also nicht desavouiert werden, sondern ist gegebenenfalls auf die intersubjektive Verständigung hin zu öffnen. Für die subjektive Theologie ist dies keine Außensteuerung, wenn bedacht wird, wie denn überhaupt eine subjektive Theologie zustande kommt. Eine solche entsteht ja nicht einfach von sich aus, sondern entsteht in einem Subjekt als immer schon auch von außen, als in intersubjektiven Zusammenhängen entstehende. Sowohl in der Fortbildung wie in der Ausbildung ist die Aufgabe wissenschaftlicher Theologie darin zu sehen, zur Entwicklung wie natürlich auch zur Revision der jeweiligen subjektiven Theologien zu ermuntern, subjektive Theologien aufeinander zu beziehen, Reflexionshilfen zu geben, Informationen einzuspeisen und insgesamt für eine theologische Kommunikationskultur Sorge zu tragen. Nebenbei bemerkt: Wenn ich hier immer wieder den Blick auch auf die Situation der Weiterbildung lenke, so hat das seinen Grund darin, dass an Lehr- und Lernsituationen dieser Art noch deutlicher werden kann, in welcher Weise die drei Kommunikationsebenen ineinander verschränkt sind. Menschen, die ein ganzes Stück Lebens- und Berufserfahrung mitbringen, lehren und lernen noch einmal anders in der Theologie. Von daher legt es sich nicht nur im Sinne einer Auslastung der theologischen Fakultäten, sondern vom Selbstverständnis der Theologie als Wissenschaft in den Kommunikationsgemeinschaften Kirche und Gesellschaft her nahe, auch die

Lehr- und Lernsituationen der Fort- und Weiterbildung als ihr ureigenes Aufgabenfeld anzusehen.

Dies ist alles nicht bloße Anwendung, sondern in dem Zirkel von Praxis-Theorie-Praxis das Generieren und Regenerieren theologischer Themen, die dann gewiss mit den wissenschaftlichen Methoden des Fachs kommunikativ zu erarbeiten sind. Noch einmal: Die Doppelbesetzung der Kursleitung macht deutlich, dass es hierbei nicht um eine Überfremdung der Theologie geht. Immer wieder hatte ich im Verlauf des Kurses die Gelegenheit, Theologiespezifisches einzubringen. Auf der anderen Seite war es überhaupt kein Problem, das spezifische Interesse usw. der Theologie vorzustellen, erwies sich doch die Art und Weise, wie der Hochschuldidaktiker arbeitete und kommunizierte, als der Theologie durchaus konnatural. Diese Erfahrung mache ich seit Jahren in anderen Zusammenhängen: Das Arbeiten in der Haltung der themenzentrierten Interaktion ist keine Überfremdung der Theologie, sondern eine sehr angemessene Möglichkeit, in Haltung und Methode Theologie adäquat zu lehren und zu lernen. So wie die ausdrückliche Beschäftigung mit der TZI helfen kann, das eigene Lehren und Lernen zu reflektieren, so helfen die ausdrücklichen hochschuldidaktischen Anstrengungen das Ureigene der Theologie adäquater zum Zug kommen zu lassen.

Hochschuldidaktische Weiterbildung bzw. didaktisch reflektierte Lehr- und Lernveranstaltungen an der Universität sind alles andere als eine Sache der Taktik. Vielmehr geht es um das Schaffen von Bedingungen, unter denen sachgemäß gelehrt und gelernt wird. Unserem gesamten akademischen wissenschaftlichen Betrieb schadet es keineswegs, wenn gerade die Theologinnen und Theologen sich auf Formen des Lehrens und Lernens rückbesinnen, wie sie in narrativen Kulturen gepflegt werden bzw. wurden. Es wird dann darauf ankommen deutlich zu machen, dass Narrativität und Argumentieren sich keineswegs ausschließen, sondern wechselseitig fördern können. Ich hatte den Eindruck, dass bei den meisten Teilnehmerinnen und Teilnehmern ein solches Theologieverständnis entweder schon entwickelt ist oder in Umrissen sich abzeichnet. Da dies aber keineswegs verständlich ist, möchte ich im folgenden Abschnitt wenigstens in Umrissen skizzieren, auf welches gemeinsame Verständnis von Theologie als Glaubenswissenschaft man sich verständigen müsste, um hochschuldidaktische Bemühungen der Theologie, wie sie hier skizziert und in dem Pilotprojekt erprobt wurden, als zukunftsweisend anzusehen.

3. Was ist die „Sache" der Theologie?[4]

Dass die Frage „Was ist Theologie?" immer wieder gestellt wird, zeigt, dass diese Reflexionsform, dieser Logos vom Theos keine Selbstverständlichkeit ist oder dass es zumindest auf diese Frage mehrere Antworten gibt. In unserem abendländischen Kulturkreis lässt sich die Eigenheit christlicher Theologie in einem ersten Schritt dadurch profilieren, dass – gewiss in groben Strichen – griechisches und biblisches Theologieverständnis und das ihnen jeweils zugrunde liegende Gottes- und Wahrheitsverständnis einander gegenüber gestellt werden. Im Blick auf die griechische Geisteswelt lassen sich drei Stadien von Theologie unterscheiden, die als ausgeprägte Formen nicht nur zeitlich nacheinander, sondern auch nebeneinander existieren (Vergleichbares gilt für den römischen Bereich): die mythische, die philosophische und die politische Theologie. Die philosophische Theologie hat im Wesentlichen ihren Entdeckungszusammenhang in der Kritik an der mythischen Theologie – die allzu kräftige Anthropomorphologie der mythischen Theologie ruft die philosophische Kritik im Interesse eines gereinigten Verständnisses vom Göttlichen hervor. So hat auch diese philosophische Theologie ihren geistesgeschichtlichen wie auch ihren gesellschaftlichen Ort, insofern die polis gewiss zu ihrem Kontext gehört. Noch stärker gilt dies für die sogenannte politische Theologie der Antike, welche vereinfacht gesprochen die religiöse Ideologie der polis bzw. des Staates darstellt. In unserem Zusammenhang interessiert uns nun vor allem die philosophische Theologie, insofern sie bei aller Kontextualität doch ortloser und zeitloser sich darbietet als die an biblischen Orten und in biblischen Zeiten bzw. in nachbiblischer Reflexion entstandenen Formen der Theologie.

Die gewiss nicht absolut zu denkende Zeitlosigkeit griechisch-philosophischer Theologie hängt wesentlich auch mit dem sogenannten hellenistischen Wahrheitsbegriff zusammen, wenn auch heute nicht mehr einfachhin hebräisches und hellenistisches Denken abstrakt einander gegenübergestellt werden können. Wahr bleibt dennoch, dass Geschichte kein Index des Göttlichen in der griechischen Philosophie ist, dass dieses Göttliche vielmehr durch absolute Transzendenz, Einfachheit und Unveränderlichkeit, wozu auch die Leidenschafts- und Leidenslosigkeit gehört, zu charakterisieren ist. Hinsichtlich der Ortlosigkeit ist festzustellen, dass keine philosophische Theologie in dem Maße zur Theologie der polis oder einer Gruppe in der polis, etwa in einer Gemeinde oder Kirche, geworden ist.

Ohne eine abstrakte Entgegensetzung konstruieren zu wollen, darf doch behauptet werden, dass die Akzente im biblischen Gottesverständnis weitgehend anders gesetzt sind. Ohne auf bestätigende oder zu weiterer Diffe-

[4] Im Folgenden übernehme ich einschlägige Passagen aus dem in Anm. 2 genannten Beitrag.

renzierung herausfordernde Akzentuierungen zu achten, lässt sich doch die These aufstellen, dass Jahwe als der Gott, der mit uns sein wird, gerade in seiner absoluten Transzendenz ein Gott der Geschichte und der Menschen sein will und sein kann. Die leider in der homiletischen und katechetischen Vermittlung häufig als eine Art höhere Mathematik erscheinende Trinitätstheologie ist genau die Ausformung des biblisch-christlichen Widerspruchs gegen das hellenistische Gottdenken, insofern sie Zeitüberlegenheit und Zeitmächtigkeit, Geschichtsüberlegenheit und Geschichtsmächtigkeit zusammen denkt und Ewigkeit als Fülle der Zeit und Menschlichkeit nicht als Depotenzierung des Göttlichen artikuliert. Gott kann in die Geschichte eingehen, ohne aufzuhören Gott zu sein; der Mensch wird nicht weniger Mensch, je näher er zu Gott kommt, sondern um so mehr Mensch! Für Christen ist deshalb der trinitarische Gottesbegriff der angemessene Monotheismus, für das christliche Denken werden Relation und Geschichte zu Kategorien des Wesens und nicht zu bloßen Akzidentien. Es ist freilich zuzugeben, dass dieses durch das Konzil von Nizäa (325) markierte christliche Gottesbild in der Folgezeit häufig durch allzu starke Übernahme hellenistischer Kategorien wieder verdunkelt wurde. Im Grunde aber erscheint mit Nizäa die kopernikanische Wende in der Ontologie (Verständnis der Wirklichkeit), insofern das christliche Verständnis von Wirklichkeit eine relationale Ontologie impliziert.

Meine Hinweise zur Zeitmächtigkeit des biblischen Gottes haben in steile Höhen geführt, mit den Hinweisen zu seiner Orthaftigkeit kehren wir wieder auf die Erde zurück. Der kurze Höhenflug war aber nicht irrelevant, insofern die Bodenhaftung christlicher Theologie ihren Grund findet, nämlich darin, dass der christliche Gott ein Gott ist, der Mensch werden will, der bei den Menschen ankommen will. Die Orthaftigkeit christlicher Theologie bedeutet dann konkret, dass es die christliche Theologie nur gibt, weil es eine glaubende Gemeinde gibt. Theologie ist die von Anfang an sich als notwendig erweisende Besinnung, Reflexion auf dem eigenen Glaubensvollzug im Interesse der internen Klärung wie der Plausibilisierung nach außen hin. Wenn heute bisweilen der Eindruck entsteht, dass die Theologie über dem Glaubensvollzug schwebt, dann ist dieser Zusammenhang zerrissen oder zumindest gestört. Soweit man diesen Status quo der Theologie anlasten muss, handelt es sich um etwas, was nicht ihre bloße Anwendung betrifft und also von ihr auch noch zu bedenken sei, sondern um etwas, was ihr Wesen betrifft: Christliche Theologie verfehlt sich selbst, wenn sie nicht bleibend auf den Glaubensvollzug der Kirche ausgerichtet ist.

4. Doch kann Theologie dann noch Wissenschaft sein?

Vom Wortsinn her wäre ja zunächst zu erwarten, dass es sich bei der Theologie um die Rede von Gott, um den Logos vom Theos, um die Wissenschaft vom Göttlichen handelt. Soweit das hellenistische Denken! Tritt dem gegenüber im biblischen Verständnis der Glaubensvollzug der Gemeinde an die Stelle Gottes? Dann wäre der Verdacht, es handele sich bei der Theologie um eine reine Ideologie im Sinne des Basis-Überbau-Schemas nur schwer zu entkräften. Es ist also offenbar notwendig, dass ich die folgende Differenzierung vornehme:

Erstens ist der Glaubensvollzug der Gemeinde im eigentlichen Sinn nicht Gegenstand der Theologie; er ist vielmehr die Situation, von der die theologische Reflexion ausgeht, zu der sie auf kritische Distanz geht und zu der sie sich selbst wieder hinlenkt. Zum zweiten sind dennoch in einem bestimmten Sinn, der für die einzelnen theologischen Disziplinen wiederum unterschiedlich zu bestimmen ist, der Glaubensvollzug bzw. die Vollzüge des Glaubens und seiner Artikulation Gegenstand theologischer Reflexion. Deshalb ist eine zweite Differenzierung angebracht: Gegenstand christlicher Theologie ist der Gott, wie er in den Lebensäußerungen im umfassenden Sinn zur Erscheinung kommt. Und noch zu einer dritten Differenzierung werden wir gezwungen, insofern die eben gemachte Unterscheidung nicht identisch ist mit der zwischen Material- und Formalobjekt. Letztere würde nämlich bedeuten: Materialobjekt theologischer Reflexion ist der Glaubensvollzug der Gemeinde; das Formalobjekt, unter dem dieser Glaubensvollzug betrachtet wird, ist Gott. Richtig ist: Sofern es sich bei dem Glaubensvollzug um Glaubensäußerung handelt, muss in diesen Äußerungen jeweils der Gottesbezug, der Bezug zu dem skizzierten biblisch-christlichen Gottesbild gegeben sein. Dieses Konzept hat eine gewisse Nähe zur Theologiedefinition des Thomas, dem zufolge Theologie alles „sub ratione Dei" betrachtet.[5] Alles ist aber mehr als nur der Glaubensvollzug der Gemeinde; und weiter schließt dieses Konzept ja nicht aus, dass Gott auch als Gott zum Gegenstand (Materialobjekt) theologischer Reflexion werden kann.

Dass wir nicht nur alles sub ratione Dei, sondern auch Gott selbst betrachten, ist eine Aussage, die selber der Differenzierung bedarf. Es ist ja doch fragwürdig, ob Gott als Gott überhaupt Gegenstand theologischer Reflexion werden kann. Eine Antwort darauf setzt u. a. auch die Klärung der Frage voraus, ob in der Gotteserfahrung Gott überhaupt als Gott erfahren werden kann. Kann Gott als Gott erfahren werden? Ich denke, der christliche Glaube gerade in dem vom hellenistischen Theologieverständnis abge-

---

[5] Vgl. Thomas v. Aquin, In I Sent. trol. a.4 sol.; STh I q.1 a.7 c.

setzten Sinn steht und fällt mit dem Ja auf diese Frage! Gott lässt sich tatsächlich in der Geschichte vom Menschen erfahren! Die Theophanie Gottes geschieht aber da nicht nach einer Menschenart, sondern nach seiner gottmenschlichen Art in der Erfahrung von Menschen. Selbst die Gotteserfahrung des einsamen Mystikers und Eremiten ist in diesem Sinne weltlich-gesellschaftlich-menschlich vermittelt. Dies bedeutet, dass Reflexion auf den in den Glaubensvollzügen implizierten bzw. explizit zur Sprache kommenden Gottesbegriff und Meditation Gottes selbst dicht beieinander liegen. Ein direkter Zugriff auf Gott an den Erfahrungen und ihrer Artikulation vorbei ist für das christliche Theologieverständnis nicht denkbar. Generell formuliert heißt das, dass für christliche Theologie Wahrheit nur in der Geschichte, Identität nur im Wandel, Einheit nur in der Pluralität zu finden sind.

Wenn es Aufgabe der Theologie ist, dass implizierte oder explizit zum Ausdruck gebrachte Gottesbild zu eruieren bzw. sich darauf zu beziehen, oder, mit Thomas gesprochen, wenn es ihre Aufgabe ist, die ganze Wirklichkeit sub ratione Dei zu betrachten, dann stellt sich die Frage, in der Perspektive welchen Gottes die gesamte Wirklichkeit betrachtet werden soll, welches das dem christlichen Glaubensvollzug angemessene Gottesbild ist. Im Bezug auf den Glaubensvollzug wird klar, dass wir mit einer Pluralität von Gottesbildern rechnen müssen, die durchaus legitim sein kann. Insofern lässt sich auch die Wirklichkeit als Ganze sub diversis rationibus Dei betrachten, d. h. unter verschiedenen Hinsichten, die doch alle die Hinsichten des einen Gottes sind. Allerdings war es immer auch Aufgabe der Theologie, falsche Gottesbilder abzuweisen und die ratio Dei, die der biblischen Erfahrung unangemessen ist, zurückzuweisen. Wir streiten uns heute in der Kirche häufig um sekundäre oder tertiäre Dinge. Ich meine aber, dass sich der Streit ums Primäre, ums Zentrale, nämlich um das Gottesbild, wie es uns in Christus geoffenbart wurde und im Heiligen Geist lebendig ist, allemal lohnte. Und auch hier gibt es für die Theologie noch einiges zu erarbeiten!

Wenn Theologie sich im dargelegten Sinn auf den Glaubensvollzug der Gemeinde bezieht und wenn es ihre Aufgabe ist, das darin implizierte Gottesbild bzw. die in den einzelnen Subjekten und ihrer Kommunikation implizierten Gottesbilder zu eruieren, zu klären, zu inspirieren, dann stellt sich für das konkrete theologische Arbeiten in methodischer Hinsicht folgende Alternative: Soll die Theologie zunächst sich auf ihre Tradition besinnen und aus der Überlieferung des Glaubens heraus dann eine Anwendung auf die heutige Situation versuchen – oder soll die Theologie, ausgehend von den Fragen der Zeit, ihre Tradition befragen und in diesem Dialog zwischen Situation und Tradition eine Antwort angesichts der Zeichen der Zeit finden? Grob könnte man diese beiden unterschiedlichen methodischen Ausrichtungen als analytische bzw. hermeneutische Methode der Theologie bezeichnen. Die analytische analysiert zunächst die Situation, die hermeneutische versucht das Verstehen im Auslegen der Tradition.

Wichtig ist dabei zu sehen, dass es sich nicht um zwei sich ausschließende Wege handelt. Noch weniger ist mit der Entscheidung für den einen Ansatz und Weg auch schon darüber entschieden, was Norm und Kriterium dieser Theologie sind. So ist der Ansatz in der heutigen Situation keineswegs gleichbedeutend damit, dass etwa die Normativität des Faktischen nun die weitere theologische Arbeit bestimmt. Auch wer im Heute ansetzt, braucht den Rückgriff auf die Tradition, und wer bei der Tradition ansetzt, muss um der Tradition willen im Heute stehen. Ich denke nicht, dass die Theologie gegenwärtig gezwungen ist, sich für eine der beiden Seiten dieser Alternative zu entscheiden. Es ist durchaus denkbar, dass zumindest in den einzelnen theologischen Disziplinen, vielleicht aber auch innerhalb einer Disziplin beide Anwege versucht werden können.

In den Beiträgen dieses Bandes werden unterschiedliche Akzentsetzungen deutlich. Neben vielen anderen Gesichtspunkten war auch diese Erfahrung ein Motiv dafür, dass der Wunsch nach interdisziplinärer Kooperation in diesem Pilotprojekt so stark war und sich in der Gründung eines Netzwerkes fortgesetzt hat. Konkrete Beispiele einer Kooperation in Lehrveranstaltungen, auch mit nichttheologischen wissenschaftlichen Disziplinen, sind in diesem Buch zu finden.

5. Einladung zur Weiterarbeit

Monika Scheidler, welche aktiv an dem Kurs teilgenommen und zugleich ihn beobachtet und evaluiert hat, spricht nüchtern am Ende ihres Beitrags von Chancen und Grenzen didaktischen Handelns in der Theologie.[6] Von den hier skizzierten grundsätzlichen Überlegungen und vom Selbstverständnis der Theologie her kann ich das nur unterstreichen: Das Lehren und das Lernen im Glauben wie in der Theologie, Glaubensdidaktik wie auch Theologiedidaktik, lassen sich nicht einfach machen bzw. sie führen nicht automatisch zu dem gewünschten Ziel. Sachwissen lässt sich vermitteln, methodisches Handwerkszeug kann man jemandem beibringen doch dadurch wird niemand automatisch zur Theologin oder zum Theologen.

Die Psychoanalytikerin Alice Miller formulierte einmal: „Zur Liebe kann man ein Kind nicht erziehen, weder mit Schlägen noch mit gutmeinenden Worten; keine Ermahnungen, Predigten, Erklärungen, Vorbilder, Drohungen, Sanktionen können ein Kind liebesfähig machen. Ein Kind, dem man predigt, lernt nur predigen, ein Kind, das man schlägt, lernt schlagen. Erziehen kann man einen Menschen zu einem guten Bürger, zu einem tapfe-

[6] Vgl. in diesem Band, M. Scheidler, Chancen und Grenzen didaktischen Handelns, Abschnitt 3.

ren Soldaten, zu einem frommen Juden, Katholiken, Protestanten, Atheisten, ja sogar zu einem frommen Psychoanalytiker, nicht aber zu einem lebendigen und freien Menschen. Und nur das letztere, Lebendigkeit und Freiheit, nicht aber erzieherische Zwänge, öffnet die Quelle der echten Liebesfähigkeit."[7]

Was halten Sie von folgenden Denkanstößen? Zur Theologie kann man einen Menschen nicht erziehen. – Ein Mensch, dem man Vorlesungen hält, lernt nur Vorlesungen halten. – Und nur das Letztere, die Fähigkeit in Freiheit selbst zu denken, wozu Hochschullehrerinnen und Hochschullehrer „einfach nur" die Bedingungen schaffen, öffnet die Quelle echter theologischer Kompetenz.

---

[7] A. Miller, Du sollst nicht merken. Variationen über das Paradies-Thema, Frankfurt/M. 1981, 124f.

Theologie lehren lernen

Ein Weiterbildungskonzept in Kooperation zwischen Fach- und Hochschuldidaktik

von Johannes Wildt, Dortmund

1. Einleitung: Qualitätsentwicklung durch Hochschuldidaktik

Seit neuerer Zeit sind interessante Bewegungen in der Szene der bundesdeutschen Hochschuldidaktik zu beobachten. War nach einem ersten Aufschwung in den 70er Jahren mit der Gründung hochschuldidaktischer Zentren bis in die 90er Jahre hinein Stagnation, zum Teil Schrumpfung in der Hochschuldidaktik zu verzeichnen, finden sich heute vielerorts Initiativen, um der Hochschuldidaktik einen breiteren Raum und stabilere institutionelle Grundlagen zu schaffen. Bereits für die zweite Hälfte der 90er Jahre konnte eine deutliche Belebung registriert werden.[1]

In allerletzter Zeit scheint sich die Entwicklung weiter zu dynamisieren. So werden z. B. in Baden-Württemberg an drei Standorten regionale Arbeitsstellen und an jeder Universität Arbeitskapazitäten neu geschaffen, plant das Land NRW eine landesweite Organisationsstruktur mit einer eigenen Geschäftsstelle, nimmt die Universität Bremen die Selbstverpflichtung neuberufener Hochschullehrer zur Teilnahme an hochschuldidaktischer Weiterbildung in die Berufungsverfahren auf, wird Hochschuldidaktik in Braunschweig dauerhaft institutionalisiert und/oder schicken sich einzelne Hochschulen wie die Medizinische Universität zu Lübeck, die Universität Paderborn oder auch Verbünde von Hochschulen wie in Thüringen an, eigene hochschuldidaktische Fort- bzw. Weiterbildungsprogramme aufzulegen.

Alle diese Vorgänge in der ersten Hälfte des Jahres 2001 deuten darauf hin, dass das Bewusstsein von der Bedeutung verbesserter Qualifizierung

[1] W.-D. Webler, Vorbereitung auf die akademische Lehre: Einige Rahmenbedingungen in ihrer Entwicklung in Deutschland, in: Das Hochschulwesen 45 (1997) 13–17; B. Berendt, Academic Staff Development als Bestandteil von Qualitätssicherung, in: Voneinander lernen. Hochschulübergreifende Qualitätssicherung in Netzwerken und Verbünden. Hg. v. d. Hochschulrektorenkonferenz (Beiträge zur Hochschulpolitik 7), Bonn 2000; J. Wildt – O. Gaus, Überlegungen zu einem System hochschuldidaktischer Weiterbildungsstudien, in: U. Welbers (Hg.), Studienreform mit Bachelor und Master, Neuwied – Kriftel – Berlin 2001, 159–195.

des wissenschaftlichen Personals an Hochschulen für die Lehre wächst. Es scheint, dass sich die Grunderkenntnis durchzusetzen beginnt, dass insbesondere im Bildungswesen erfolgreiches „Management of Change" an die Trias von Organisations-, Programm- und Personalentwicklung gebunden ist.[2] Das gilt auch für die Qualitätsentwicklung an Hochschulen. Deren Modernisierung kann nicht allein mit neuen Evaluations- und Steuerungsinstrumenten sowie einer Reform von Studienstrukturen und -ordnungen bzw. -programmen gelingen, wenn nicht auch das wissenschaftliche Personal die Erneuerungen in ihrem praktischen Vollzug konkret mitträgt und vollzieht, d. h. in der Planung und Gestaltung der Lehre umsetzt. Anderenfalls bleibt jede Reform oberflächlich und „gießt nur alten Wein in neue Schläuche".

Eine umsichtige Personalentwicklung, die auch Rekrutierung, Einsatz und Karriereplanung des Personals umfasst, legt besonderen Wert auf die Fort- bzw. Weiterbildung der Beschäftigten. In gut geführten Unternehmen ist das ganz selbstverständlich und Teil des Budgets in nennenswertem Umfang.[3]

Diese Selbstverständlichkeit kann allerdings in den Hochschulen keineswegs vorausgesetzt werden. Offenbar herrscht die Meinung vor, dass die Qualifikation zum Lehren allein durch ein „learning by doing" im Milieu der Fächer und im Banne der Meister erworben wird und folglich selbst keiner didaktisch unterstützten Lernanstrengung der Lehrenden bedarf. In einer Einrichtung, die sich begnügt, ihre Praktiken in traditionsgeleiteten Bahnen auszuüben, mag dies hinreichen. Jedenfalls wird so verstehbar, dass sich die deutschen Hochschullehrer – im Übrigen ganz im Gegensatz zu den durch die empirische Studentenforschung gut belegten Zweifeln der Studierenden an der Lehrkompetenz der Lehrenden[4] – zu fast 90% für gut bis sehr gut vorbereitet auf die Lehre halten.[5] Diese Selbstzufriedenheit wird niemand hinterfragen, der sich darauf beschränkt, das wissenschaftliche Wissen – im besten Fall auf dem Niveau des „state of the art" – in überkommenen Handlungsmustern zu vermitteln.

Seit der Wende zu den 90er Jahren hat sich allerdings die Kritik an der Qualität der Lehre in deutschen Hochschulen in dem Maß verschärft, in dem die Aufwertung von Lehre im öffentlichen Diskurs forciert wird. Dabei standen zunächst Strategien der Evaluation, neue Steuerungsmechanismen,

---

[2] J. Wildt, Lehrerprofessionalisierung und Schulentwicklung, in: E. Rösner (Hg.), Schulentwicklung und Schulqualität, Dortmund 1999, 121–142.

[3] Vgl. Braunschweiger Erklärung der AHD zur Hochschuldidaktischen Aus-, Fort- und Weiterbildung, Hg. v. der AHD Bielefeld 1993.

[4] T. Bargel u. a., Studium und Studierende in den 90er Jahren. Bundesministerium für Bildung, Wissenschaft, Forschung und Technologie, Bonn 1996.

[5] J. Enders – U. Teichler, Der Hochschullehrerberuf im internationalen Vergleich: Ergebnisse einer Befragung über die wissenschaftliche Profession in 13 Ländern. Bundesministerium für Bildung, Wissenschaft, Forschung und Technologie, Bonn 1995.

Studienreform- und Studienstrukturfragen im Vordergrund. Fragen der Personalentwicklung geraten erst allmählich in den Blick des Interesses.

Der Bundesgesetzgeber hat in der letzten Novellierung des Hochschulrahmengesetzes (1998) in diesem Sinne aus gutem Grund die bis dato übliche Eingangsvoraussetzung zum Professorenamt gestrichen, dass sich die Eignung bereits aus dem Nachweis der Lehrtätigkeit quasi von selbst ergäbe. Lehrerfahrung allein – so führt der Kommentar aus – reiche nicht. Es sei ein Nachweis über die Qualifizierung zu erbringen. Wie dies allerdings geschehen solle, darüber schweigt sich das HRG aus und weist die Ausgestaltung dieser Definitionslücke den Ländern zu. Immerhin definiert z. B. die Novelle des Landeshochschulgesetzes in Nordrhein-Westfalen im § 3, Absatz 8, dass es Aufgabe der Hochschulen ist, ein Angebot zur Weiterbildung des wissenschaftlichen Nachwuchses in Didaktik und Wissenschaftsmanagement bereitzustellen. Diese Vorschrift ist in NRW Anlass, die o. g. landesweite Organisationsstruktur für die Hochschuldidaktik zu kreieren.

Im Unterschied zur Wende zu den 70er Jahren trifft die heutige Thematisierung von Personalentwicklungsaufgaben auf eine entwickelte Hochschuldidaktik. Obwohl mit einer schmalen und den tatsächlichen Anforderungen gegenüber unzureichenden institutionellen Basis, materieller Ausstattung und personellen Kapazitäten versehen, kann die Hochschuldidaktik als die Wissenschaft (von der Kunst), Lehren und Lernen zu verbinden, auf einen beachtlichen Fundus erprobter Konzeptionen zur Gestaltung von Lehren und Lernen und hochschuldidaktischer Aus-, Fort- und Weiterbildung zurückgreifen. Dieser Fundus genügt dem wachsenden Bedarf, wenn nicht quantitativ, so doch mindestens qualitativ.

Dabei sind die Verhältnisse in der Hochschuldidaktik nicht anders gelagert als in anderen Bereichen der Hochschulen: die Lehre erschöpft sich nicht in didaktischer Pragmatik. Erst die Verknüpfung von Forschung und Lehre hält die Lehre innovationsfähig. So basiert die hochschuldidaktische Weiterbildung wie andere Lehrgebiete auch auf dem Fundament der wissenschaftlichen Arbeit einer bildungsbezogenen Hochschulforschung, also einer Wissenschaft von der Hochschuldidaktik.

Das gilt auch in Zukunft: Qualifizierte Dienstleistungen in Aus-, Fort- und Weiterbildung für die Lehre einschließlich Beratung, Supervision und Coaching können dem Erneuerungsbedarf nur dann entsprechen, wenn Forschung und Entwicklung neues Wissen und neue Handlungsmuster permanent hervorbringen, empirisch begleiten und die Geltungsansprüche überprüfen.

Die Arbeit in den wissenschaftlichen Einrichtungen der Hochschuldidaktik, hochschuldidaktischen Zentren, Arbeitsstellen und Projekten ist deshalb grundsätzlich im Dreieck von Forschung und Entwicklung, Lehre bzw. Aus-, Fort- und Weiterbildung sowie Beratung, Supervision und Coaching angelegt. Für die Ausgestaltung und Gewichtung der Arbeitsschwerpunkte im Einzelnen freilich ist jede Einrichtung so different und auf Profilbildung angewiesen wie andere Wissensgebiete auch.

Abb. I: Umrisse der Hochschuldidaktik

Für den Standort der Hochschuldidaktik an der Universität Dortmund ist dies ausführlich dargestellt.[6]

2. Das „Modell Benediktbeuern"

In diesen Zusammenhang lässt sich auch das „Modell Benediktbeuern" hochschuldidaktischer Weiterbildung in der Theologie einordnen. Diese Weiterbildung ist auf Initiative des Mittelbaus der Katholisch-Theologischen Fakultäten im Zusammenwirken mit dem Fakultätentag und der Deutschen Bischofskonferenz zustande gekommen. Die Initiative war also keine Erfindung der Hochschuldidaktik. Die Hochschuldidaktik war vielmehr professioneller Partner bei Planung und Durchführung.

In seiner spezifischen Anlage als Gemeinschaftsunternehmung fachlicher und didaktischer Provenienz nimmt das Modell Inhalte und Strukturen theologischer Studiengänge und entwickelte Konzeptionen der Hochschuldidaktik fachspezifisch modifiziert auf, integriert und ordnet sie in dem verfügbaren Handlungsrahmen neu an. Gleichzeitig bietet es ein spezielles Angebot für die Zielgruppe promovierender und habilitierender Theologin-

---

[6] S. Metz-Göckel – J. Wildt, Selbst- und Fremdevaluation des HDZ oder was Sie schon immer vom HDZ wissen wollten, in: HDZ-Rundbrief 10 (1999) Nr. 2, 17–25.

nen bzw. Theologen. In dieser Hinsicht unterscheidet es sich von vielen hochschuldidaktischen Angeboten, die fachübergreifend konzipiert sind. Allerdings stellt sich – wie sich für den fachfremden Beobachter erst bei näherem Zusehen herauskristallisiert – das Theologiestudium selbst als disziplinär höchst heterogenes Gebilde dar. Wenn man bedenkt, dass dieses Studium aus historischen, philologischen, philosophischen, systematischen, seelsorgerischen, pädagogischen und rechtlichen Disziplintraditionen zusammengesetzt ist, tritt die Interdisziplinarität in der „Disziplin" mit ihren vielfältigen Theorie- und Methodenbeständen schnell zutage. Rechnet man noch neuere sozialwissenschaftliche, psychologische und religionspädagogische Aspekte hinzu, erscheint die Theologieausbildung selbst als Mikrokosmos in der Universitas literarum.

Die Grundidee des „Modells Benediktbeuern" besteht aus einem zeitlich, inhaltlich und methodisch kohärenten Fortbildungszyklus in drei Abschnitten:

a. einer 5-tägigen Einführung (ca. 50 akademische Stunden), in der in eigenen Lernprozessen und in bisheriger Lehrpraxis gewonnene Erfahrungen reflektiert und neue didaktische Handlungsmuster theoretisch und praktisch erarbeitet werden;
b. einer praktischen Phase, in der das praktische Lernen der Teilnehmerinnen und Teilnehmer in Lehrveranstaltungen des folgenden Semesters im Mittelpunkt steht. Anregungen aus dem ersten Abschnitt werden hier in Experimenten zur Gestaltung von Lehr-Lernsituationen aufgenommen und die eigenen Veranstaltungskonzepte neu gestaltet. Dieser Abschnitt wird durch Hospitation und kollegiale Beratung der Teilnehmenden unter einander in regionalen Kleingruppen begleitet (ca. 10 Std.) und durch fachkundige Supervision (10 Std.) unterstützt;
c. einer abschließenden, ebenfalls 5-tägigen (ca. 50 akademische Stunden umfassenden) Veranstaltung, in der Erfahrungen des praktischen Semesters ausgewertet und zentrale didaktische Fragen vertieft bzw. um wichtige Aspekte des Lehrens erweitert werden.

Eine Besonderheit des Konzepts besteht darin, dass die Kompaktveranstaltungen im Team-Teaching kooperativ von einem Fachvertreter und einem professionellen Hochschuldidaktiker gemeinsam moderiert werden. Insgesamt konnten so die Kernthemen einer Hochschuldidaktik der Theologie verschränkt unter fachlichen und hochschuldidaktischen Aspekten bearbeitet werden:

- Kommunikation (Rhetorik) in der Lehre
- Gestaltung von Lernsituationen
- Planung und Auswertung von Lehrveranstaltungen,
- didaktische Reflexion von Zielen, Inhalten, Methoden, Sozialformen, Medien und Evaluation von Lehre und Studium,
- Interdisziplinäre und praxisbezogene Aspekte,

- Rolle der Lehrenden,
- Prüfungen,
- Curriculare Formen und Struktur des Studiengangs,
- Beratung und Betreuung,
- Entwicklung fachlicher, methodischer und sozialer Kompetenzen,
- Lernen und Lernstrategien,
- Strategien problemorientierten oder projektförmigen, handlungs- und erfahrungsorientierten, aktiven Lernens,
- Problematische Situationen und „Fälle" in der Lehre.

In der methodischen Gestaltung ist die Konzeption erfahrungsoffen, teilnehmerorientiert und als aktives Lernen angelegt. Gearbeitet wird mit folgenden Methoden:

- Video-Feedback,
- Moderation,
- Simulation,
- Rollenspiel,
- Visualisierung und Präsentation,
- Partner- und Gruppenarbeit,
- Hospitation und kollegiale Beratung,
- Supervision,
- Impulsreferat und Diskussion.

Diese knappe Übersicht zeigt, dass die Besonderheit des Modells nicht in den einzelnen hochschuldidaktischen Komponenten besteht. Sie ergibt sich vielmehr aus Anordnung, Verknüpfung und Integration der Komponenten im Handlungsrahmen eines vorbereiteten und ausgewerteten praktischen Lehrsemesters.

Die Vergleichbarkeit und gleichzeitig Besonderheit des „Modells Benediktbeuern" in Bezug zu anderen hochschuldidaktischen Weiterbildungskonzepten kann deshalb in der von Wildt und Gaus[7] vorgelegten, gestuften „curricularen Konfiguration" hochschuldidaktischer Weiterbildungsangebote herausgearbeitet werden.

[7] Wildt – Gaus, Überlegungen zu einem System hochschuldidaktischer Weiterbildung.

Abb. II: Curriculare Konfiguration

Curriculare Konfiguration

Stufe	CP	Karriere	Ziel/Kompetenz	Inhalte (Beispiele)
MA Staff	120	variabel	Hochschuldidakt. Moderation	praxisbegleitende Beratung, Qualitätsmangement, Organisationsentwicklung, Konfliktmoderation, learning community, Systemevaluation, hd.Weiterbildungsdidaktik
MA High	60	Junior Prof.	Lehrbefähigung	Massenveranstaltungen, Management von Studienprojekten, dual-mode Veranstaltungen, Inszenierungsmethoden, Studiengangsentwicklung, Lehrportfolio, interkulturelle Kompetenz
Basics	30	Wiss. Ang	didakt. Basisqualifikation	Planung/Evaluation v. Lehrveranstaltungen, aktive Lehrmethoden, Beratung/Sprechstunde, Prüfung, Lehrkommunikation, multimediale Lernumgebung, Visualisierung
Minimals	15	Graduate School	soft skills for science communication	Rhetorik, Moderation, medial gestützte Präsentation, Besprechungen Leiten, Teamwork, wissenschaftliches und journalistisches Schreiben, Gesprächsführung
Intro	5	AnfängerInnen	Sensibilisierung	Start in die Lehre oder Werkstatt Lehren und Lernen

Dieses gestufte System hochschuldidaktischer Weiterbildung ist aus einer vergleichenden Analyse der Angebote bundesdeutscher Hochschuldidaktik entstanden. Es gruppiert diese Angebote nach ihren typischen Inhalten (Spalte 5), ihren auf die Kompetenzentwicklung bezogenen Zielsetzungen (Spalte 4), ordnet diese den Abschnitten einer (reformierten) „Karriere" bzw. „Laufbahn" von Wissenschaftlerinnen und Wissenschaftlern zu, indiziert sie mit credit points, die nach der eingehenden „workload" erreichbar sind, und ordnet sie nach diesen Merkmalen Stufen zu.

Wird ein credit point mit durchschnittlich einem halben Veranstaltungstag (4 akademischen Stunden) verrechnet, erreicht das Modell Benediktbeuern mit 30 credit points den Level von „Basics in Higher Education", d. h. einem Kompetenzniveau, das international geltenden Standards didaktischer Basisqualifikationen entspricht, die sich auf der „Mitte" des Wegs zu einer Lehrbefähigung bewegt und so einem Master of Higher Education nach international üblichen Maßstäben genügt. Damit liegt das Modell erheblich über dem bundesdeutschen Schnitt. Es reicht deutlich über ein Anfängerniveau einer Sensibilisierung für hochschuldidaktische Fragestellungen hinaus und integriert Schlüsselqualifikationen für die Wissenschaftskommunikation.

3. Umrisse der Hochschuldidaktik

Die folgende Skizze des Feldes der Hochschuldidaktik nimmt einen neueren Beitrag des Autors mit einigen redaktionellen Modifikationen und Ergänzungen auf.[8] Sie schließt an an das allgemeine Verständnis von Didaktik (griech.: didascein: lernen machen, Lernen in Gang setzen)[9], spezifiziert dies aber auf das Feld des hochschulischen Lehrens und Lernens. Die Dualität von Lehren und Lernen ist der Startpunkt didaktischen Denkens, bei dem es nicht allein gilt – wie der Bedeutungsgehalt des Begriffs Professor (lat. profateri: Wissen laut verkünden, zugänglich machen)[10] nahe legt – Wissen nach theoretischen und methodischen Qualitätsstandards zu präsentieren, d. h. in der wörtlichen Bedeutung in die Gegenwart (lat. praesens) zu holen. Didaktisches Denken betrachtet Lehren vielmehr primär unter dem Gesichtspunkt einer Förderung des Lernens. Studieren (lat. studere: lernen; sich aus eigenem Antrieb einer Sache hingeben)[11] ist so gesehen kein

[8] J. Wildt, Ein hochschuldidaktischer Blick auf Lehren und Lernen in gestuften Studiengängen, in: Welbers, Studienreform mit Bachelor und Master 25–42.
[9] Vgl. F. Kluge, Etymologisches Wörterbuch der deutschen Sprache, bearbeitet von E. Seebold, 23. erw. Auflage, Berlin – New York 1995.
[10] Vgl. ebd.
[11] Vgl. ebd.

„Selbstläufer", der sich „intrinsisch motiviert" auf dem Weg zu dem professoral veröffentlichten Wissen befindet.

Die didaktische Betrachtung lokalisiert Lehre und Studium also in einem Dreieck von Lehrenden, Lernenden und wissenschaftlichem Wissen:

Abb. III: Das didaktische Dreieck

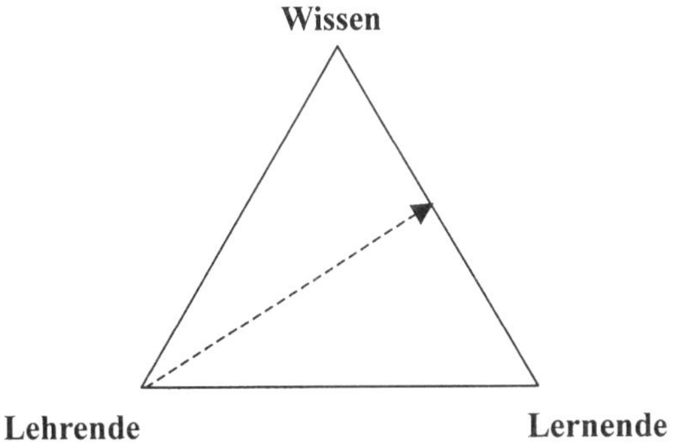

In diesem didaktischen Dreieck entsteht für die Lehrenden eine doppelte Aufgabe. Danach beschränkt sich Lehre nicht allein darauf, das Wissen nach wissenschaftlichen Rationalitätskriterien darzustellen, sondern muss es durch Lernen hindurch „neu" denken.

Anders ausgedrückt: Es geht um die Erweiterung eines „professoralen" zu einem „professionellen" Selbstverständnis. Lehre öffnet nicht nur den Zugang zur Wissenschaft, sondern ist zugleich „personenbezogene Dienstleistung". Professionell Lehrende treten insoweit den Studierenden gegenüber nicht in ein bloßes Verhältnis der Belehrung, sondern müssen mit ihnen als „Klienten" ein „Arbeitsbündnis" eingehen, d. h. als sachkundige Begleiter auf dem Weg zur Wissenschaft dienen, Lernen ermöglichen, Orientierung geben, Lernstrategien vermitteln.

Dies setzt nicht den Anspruch auf Selbstverantwortlichkeit außer Kraft, wie er im Leitbild eines „studere" enthalten ist. Die Entscheidungen für den jeweiligen Lernweg werden den Lernenden nicht abgenommen. Wissen und Können bleiben personengebunden. Lernen kann zwar durch geeignete Lernumgebungen stimuliert und unterstützt werden, bleibt aber letztlich ein individueller Akt, setzt also Selbsttätigkeit voraus.

Auf der Grundlage des didaktischen Dreiecks baut die Konstruktion von Theorie und Praxis, Reflexion und Gestaltung in der Hochschuldidaktik auf. Sie handelt von Variationsmöglichkeiten in einem didaktischen Handlungsraum, der durch didaktische Variablen dimensioniert ist. Diese Variablen lassen sich in einem didaktischen Zirkel konfigurieren, der das didaktische Dreieck einschließt. Einzelne Didaktiken unterscheiden sich in Bezeichnung, Zuschnitt und Gewichtung der didaktischen Variablen. Die folgende Darstellung nimmt den üblichen Sprachgebrauch auf:

Abb. IV: Didaktischer Zirkel

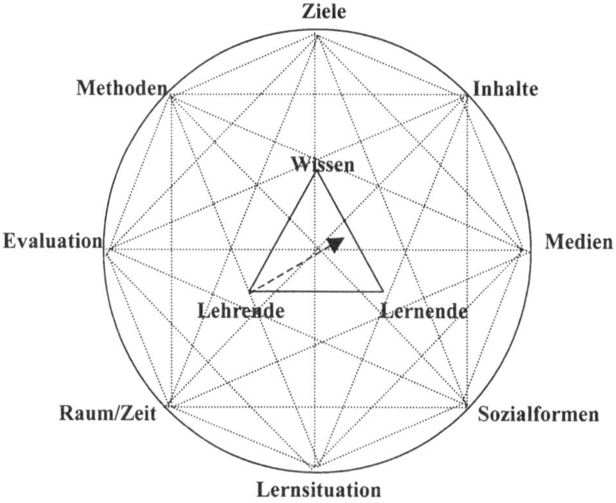

Implizit und explizit werden immer:
- Ziele verfolgt;
- Inhalte ausgewählt;
- Medien benötigt, sei es auch nur das gesprochene Wort oder das Buch und die Tafel;
- Methoden eingesetzt;
- soziale Gruppierungen vorgenommen, wenngleich häufig in tradierten frontal gestalteten Plenarveranstaltungen;
- Evaluationen durchgeführt, sei es auch nur in irgendwann erfolgenden Prüfungen oder durch fortlaufende bzw. beiläufige (subjektive) Bewertungen.

Prinzipiell durchläuft jedes Lehren bei der Planung und Durchführung von Veranstaltungen diesen Zirkel. Obwohl in der Regel alle Stationen angelaufen werden, können sie, wie das Netz symbolisiert, von jedem Punkt aus angesteuert werden. Lehrende sind darauf verwiesen, in ihrer Lehre – ggf. in Aushandlung mit den Lernenden – zu entscheiden, wie der Raum konkret ausgestaltet wird, der durch die Variablen aufgespannt wird. Auch wenn man unreflektiert vorgeformten Traditionen folgt, bewegen sich Lehrende – ob gewollt oder nicht – unentrinnbar in einem so oder ähnlich beschriebenen didaktischen Gestaltungsraum. Man kann in Lehrkontexten mehr oder weniger reflektiert und qualifiziert, nicht aber nicht didaktisch handeln.

Die Praxis der hochschuldidaktischen Reformarbeit ist davon geprägt, dass traditionsgeleitete Lehre wenig variabel erscheint. Ziele, Inhalte und Methoden liegen für den einzelnen Lehrenden häufig fest. Das Repertoire an Handlungsmustern bewegt sich im Rahmen vorgegebener Veranstaltungsformen (Vorlesung, Seminar, Übung, Kolloquium, Praktikum). Hochschuldidaktische Anstrengungen richten sich darauf, diese scheinbar festgelegten Handlungsmuster neu zu kombinieren bzw. zu erweitern.

In der Hochschuldidaktik steht mittlerweile ein umfangreicher „Handwerkskoffer" für die didaktische Gestaltung zur Verfügung.

Abb. V: Didaktische Werkzeuge

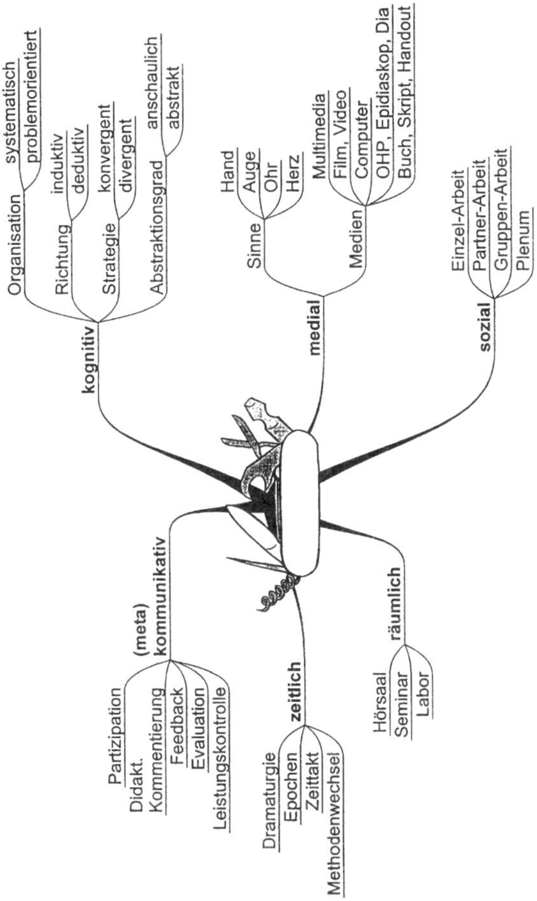

Ob allerdings diese Instrumentarien zur Gestaltung von Handlungsalternativen eingesetzt werden, ist von Randbedingungen abhängig. Das Bedingungsgefüge steckt den Rahmen ab, in dem sich die Praxis des Lehrens und Lernens abspielt und didaktischer Gestaltung zugänglich wird.

Abb. VI: Didaktischer Rahmen

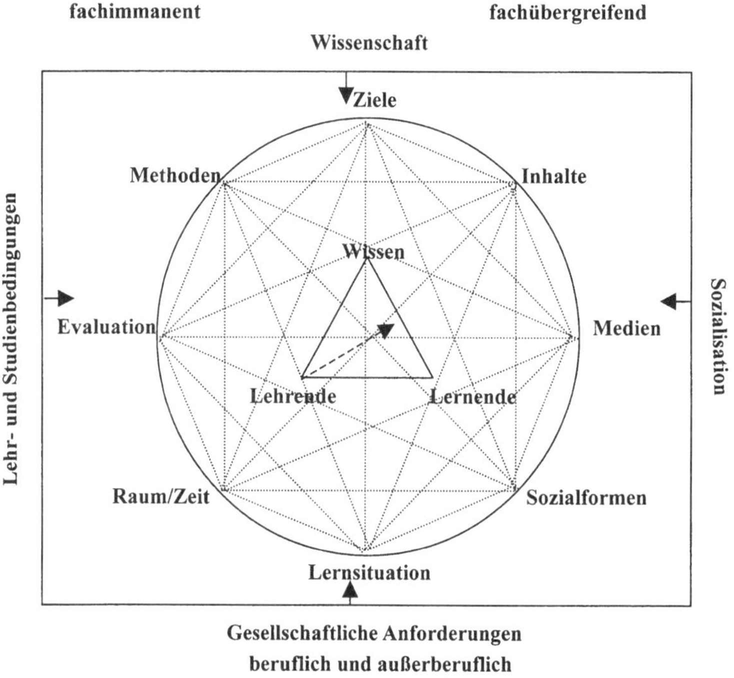

Vier Hauptgruppen von Rahmenbedingungen lassen sich unterscheiden:

- die Sozialisations-, Qualifikations- und Lernvoraussetzungen, von denen weitgehend abhängt, was und wie gelernt wird. Voraussetzungen dieser liegen im Übrigen nicht nur bei dem Studierenden, sondern auch dem Lehrenden;
- die Quellen des fachlichen und fachübergreifenden wissenschaftlichen Wissens, aus denen Lehren und Lernen schöpft;
- die institutionellen Voraussetzungen, gesellschaftlichen Vorgaben, aber auch Rollenbeziehungen, die im politischen Prozess festgelegt werden und
- die gesellschaftlichen und beruflichen Anforderungen an die Hochschul(aus)bildung.

In der Geschichte der Hochschuldidaktik sind sowohl der Umgang mit dem Bedingungsrahmen als auch die Veränderungen der Rahmenbedingungen immer wieder reflektiert worden. In solchen Reflexionen wird die Reichweite hochschuldidaktischen Handelns sichtbar.

Mit einer kurzen Skizze dazu, wie sich unterschiedliche Reichweiten hochschuldidaktischer Problemstellungen und Lösungsansätze klassifizieren und unterscheiden lassen, soll der Exkurs über die didaktische Sicht von Lehre und Studium abgeschlossen werden. Dabei wird in modifizierter Form auf eine Klassifikation von „Handlungsebenen der Hochschuldidaktik" zurückgegriffen, die von Flechsig[12] vorgeschlagen und von Wildt[13] bzw. Webler – Wildt[14] erweitert worden ist.

1. Die kleinste Einheit ist eine zeitlich begrenzte Interaktionssequenz, ein Redebeitrag, ein Blickkontakt, ein Gesprächsabschnitt bzw. das, was im sog. Micro-Teaching stattfindet.
2. Die folgende „mikrodidaktische" Ebene erstreckt sich auf die raumzeitliche Einheit von Lernsituationen, in denen Lehr- und Lerninteraktion abläuft.
3. Die im Hochschulunterricht üblichen Lehrveranstaltungen können als Sequenzen von mehr oder weniger zusammengehörigen Lernsituationen aufgefasst werden, die im raumzeitlichen Rhythmus einer festgelegten Abfolge unterliegen.
4. Mehrere Veranstaltungen bilden unter Umständen zusammenhängende Komplexe. In einer älteren Terminologie wird die Handlungseinheit auf dieser Ebene als Teilcurriculum bezeichnet. Neuerdings wird von „Modulen" und in Bezug auf den Aufbau von Studiengängen von „Modularisierung" gesprochen.
5. Die Kombination von Modulen führt zu Studiengängen.
6. Die Studiengänge bilden ihrerseits ein komplexes Studiengangsystem mit Übergängen, Überschneidungen, Kompatibilitäten und Abschottungen.
7. Die Systeme der Studiengänge an den Hochschulen stehen wiederum in enger Verflechtung mit dem gesamten Bildungssystem und anderen gesellschaftlichen Subsystemen.

[12] K.-H. Flechsig, Handlungsebenen der Hochschuldidaktik (ZIFF-Papiere 3), Hagen 1975.
[13] J. Wildt, Hochschuldidaktik und stattliche Studienreform. Zur Transformation des Projektstudiums im Spannungsfeld einer Studienreform von „oben" und „unten", hg. v. Interdisziplinären Zentrum für Hochschuldidaktik (Materialien und Berichte 13), Universität Bielefeld, Bielefeld 1979.
[14] W.-D. Webler – J. Wildt, Zur Konzeption einer Hochschuldidaktik als Ausbildungsforschung und wissenschaftlich fundierte Studienreform, in: dies. (Hg.), Wissenschaft – Studium – Beruf. Zu den Bedingungs-, Analyse- und Handlungsebenen der Ausbildungsforschung und Studienreform (Blickpunkt Hochschuldidaktik 52), Hamburg 1979, 1–26.

Die Orientierung der Lehre am Lernen entspricht dem internationalen Trend eines „shift from teaching to learning“[15]. Wenn in diesem Sinne Lehren auf Lernen bezogen wird, ist es erforderlich, die didaktisch konzipierten Lernarrangements mit den Lernprozessen zu verknüpfen. Es ist deshalb notwendig, den darin enthaltenen Lernbegriff zu explizieren.

Die Denkrichtung hat Schulmeister[16] aufgezeigt, in dem er die psychologischen Theorieansätze des Lernens in Bezug zu hochschuldidaktischen Methoden gesetzt und sie nach Freiheitsgraden angeordnet hat, die sie für selbstorganisiertes auf der einen und extern determiniertes Lernen auf der anderen Seite setzen. Im folgenden Schaubild ist diese Sortierung Schulmeisters lediglich um einige Weiterentwicklungen in der kognitions-, motivations- bzw. pädagogisch-psychologischen Forschung ergänzt.

Abb. VII: Lerntheorien und Lernmethoden

Freiheit in der Wahl der Lerninhalte und Lernmethoden
studentenzentrierte Lehre, offene Lernsituationen
aktive, demokratische Interaktionsformen

LERNTHEORIEN	LEHRMETHODEN
Konstruktivistische Lerntheorien (Mandl u. a.)	Wissensmanagement – Selbstorganisation, situiertes Lernen
Humanistische Psychologie (Rogers)	projektorientiertes Studium, forschendes Lernen, autonome Gruppenarbeit, selbstgewählte Lektüre
Kognitive Psychologie (Piaget, Bruner, Ausubel)	entdeckendes Lernen, Lernspiele, Simulationen, expositorisches Lehren, Seminare, Unterrichtsgespräch
Modelllernen (Bandura)	dozentenzentrierte Verfahren, Vortrag, Seminar
Informationstheorie (Lindsay/ Norman)	Computerunterstützter Unterricht, Lernprogramme
Behaviorismus (Skinner)	Keller-Plan-Kurs, programmierter Unterricht

absolute Kontrolle der Lerninhalte und Lernmethoden
dozenten- oder programmzentrierte Lehre
geschlossene Lernsituation, passiv-rezeptive, autoritäre Interaktionsform

[15] B. Berendt, How to support and to bring about the shift from teaching to learning through academic staff development programs: examples and perspectives, in: Higher Education in Europe 23 (1998) Nr. 3, 317–329.

[16] R. Schulmeister, Pädagogisch-psychologische Kriterien für den Hochschulunterricht, in : L. Huber (Hg.), Enzyklopädie Erziehungswissenschaft, Band X. Ausbildung und Sozialisation in der Hochschule, Stuttgart 1983, 331–354.

Damit wird eine psychologische Argumentation zur Begründung von Lernarrangements für Lernen im Kontext authentischer Probleme und Lernumgebungen vorgelegt, die Strategien des Wissenserwerbs und den Umgang mit Wissen hochschuladäquat verknüpft und die zugleich auf sachmotiviertes und interessengeleitetes Lernen ausgerichtet ist.

Nicht nur mit den hochschuldidaktischen Konzeptionen aus früheren Jahrzehnten, sondern mittlerweile auch im Einklang mit dem Bestand psychologischen Wissens lassen sich also die neuerdings auch vom Wissenschaftsrat intendierten handlungs- und erfahrungsorientierten bzw. projekt- und problemorientierten Lernkonzepte begründen.[17] Daraus folgt keineswegs, dass Didaktik in solchen Settings aufgeht. Auch moderne Lernkonzepte enthalten für klassische Lernaufgaben organisierte Strukturen des Wissenserwerbs, Vernetzung von altem mit neuem Wissen, Wiederholung bzw. Übung beim Einprägen und Abruf von Wissensbeständen.

Will man allerdings die Erzeugung „toten" oder „trägen" Wissens vermeiden, empfiehlt es sich, Abstand zu nehmen von einem Konzept des Lernens als Erwerb von Wissen auf Vorrat. Im Lernprozess selbst sind Strategien des Transfers vorhandenen Wissens in vertikaler und horizontaler Dimension anzulegen.[18]

Für eine hochschulgerechte Didaktik sollte dabei nicht allein auf kognitive Strategien abgestellt werden. Gerade wenn man die Entwicklung „metakognitiver Lernstrategien" verfolgt, die die Steuerung des eigenen Lernprozesses betreffen, gewinnt die Mobilisierung von motivationalen Ressourcen und die Schaffung stimulierender Lernumgebungen bzw. Lernanreize besondere Bedeutung.

Die Motivationsforschung[19] hat praxisrelevante Faktoren untersucht, die ein intrinsisch-motiviertes, interessengeleitetes Lernen begünstigen. Zu diesen Faktoren gehören vor allem die wahrgenommene Kompetenzzuschreibung, die Autonomie beim Lernen und ein positives Sozialklima in der Lerngruppe. Instruktionsvariablen (wie z.B. Gliederung, Einfachheit, Prägnanz und anregende Zusätze) oder Persönlichkeitsvariablen (insbesondere Authentizität) der Lehrenden schlagen dabei zwar auch zu Buche, werden aber mit geringem Einfluss veranschlagt.

---

[17] Vgl. z. B. Wissenschaftsrat, Thesen zur künftigen Entwicklung des Wissenschaftssystems in Deutschland, Köln 2000.

[18] H. Mandl – H. Gruber – A. Renkl, Lernen in der Schule und Hochschule (Forschungsbericht Nr. 16), Universität München: Institut für Pädagogische Psychologie und Empirische Pädagogik, München 1993.

[19] M. Prenzel, Bedingungen für selbstbestimmt motiviertes und interessiertes Lernen im Studium, in: J. Lompscher – H. Mandl, Lehr- und Lernprobleme im Studium. Bedingungen und Veränderungsmöglichkeiten, Bern 1996, 11–22.

Die Koppelung von kognitiven und motivationalen Variablen schlägt sich in „Lernstrategien im Studium“[20] nieder. Seit den frühen Untersuchungen der Göteburger Gruppe[21] belegen auch britische[22] und US-amerikanische[23] empirische Untersuchungen die Unterscheidung von Strategien eines „deep approach“, die sich am Lernen von Konzepten, Theorien und Zusammenhängen orientieren, also wissenschaftlich in die Tiefe gehen und intrinsisch motiviert sind, von Strategien des „surface approach“, die sich auf das Erlernen eines „oberflächlichen“ Faktenwissens richten und „extrinsisch“, d. h. durch außerhalb der Sache liegende Quellen der Belohnung (Prüfungserfolg, materielle Anreize etc.), motiviert sind. Studium in der Wertehierarchie der Universität ist idealiter mit der ersten, die Lehrpraxis allerdings de facto häufig mit der zweiten Lernstrategie assoziiert.

Hiermit ist der Grundriss der Hochschuldidaktik skizziert, auf dem das Modell der hochschuldidaktischen Weiterbildung in Benediktbeuern aufbaut. Zugleich wurden die Themen der Veranstaltung vorgestellt und Anhaltspunkte zu ihrer Verortung im Argumentationsrahmen der Hochschuldidaktik gegeben. Im folgenden sollen die im Wintersemester 1999/2000 durchgeführte Veranstaltung und ihre Themen in möglichst plastischer Form vor Augen geführt werden. Dies soll in einer kleinen Chronologie geschehen, in der die wichtigsten Lernsituationen in ihrer Abfolge beschrieben werden. Der Schilderung liegen die in Planung und Durchführung erzeugten Dokumente des Lehr-Lern-Prozesses zugrunde. Die Erzählform ist auch deshalb gerechtfertigt, weil eine systematisierende Auswertung in einem gesonderten Beitrag[24] über die Evaluation vorliegt. An geeigneten Stellen wird die Erzählform verlassen und es werden grundsätzliche didaktische Erwägungen zur Diskussion gestellt.

4. Das „Modell Benediktbeuern“, eine erzählenswerte Geschichte

4.1 Rahmenbedingungen und Voraussetzungen

Die Geschichte der Veranstaltung lässt sich nicht erzählen ohne die Schilderung der Rahmenbedingungen.

---

[20] K.-P. Wild, Lernstrategien im Studium, Münster u. a. 2000.

[21] F. Marton – R. Säljö, On qualitative differences in learning: 1 – Outcome and process, in: British Journal of Educational Psychology 45 (1975) 4–11.

[22] N. J. Entwistle u. a., How students learn, Lancester 1975.

[23] J. B. Biggs, Dimensions of study behaviour. An other look at ATI, in: British Journal of Educational Psychology 46 (1976) 68–80.

[24] Vgl. M. Scheidler, Evaluierung, in diesem Band.

Da ist zunächst das Kloster Benediktbeuern, ein prächtiger und großzügiger Barockbau in offener, bäuerlicher Landschaft am Alpenrand gelegen, Ruhe und Gelassenheit ausstrahlend, die zur Einkehr und Besinnung einlädt. Das Kloster beherbergt selbst eine Philosophisch-Theologische Hochschule sowie eine Fachhochschule und ist mit seinen alten Gemäuern für die Zwecke der Lehre modern und funktional, auch mit der notwendigen medialen Ausrüstung eingerichtet. Für die Arbeit bietet es nicht nur Gastlichkeit und eine optimale Tagungsinfrastruktur, sondern in der Abgeschiedenheit auch Gelegenheit zu Konzentration und Kontemplation. Für katholische Theologinnen und Theologen schafft der Ort gleichzeitig Raum für spirituelle Erfahrung, ohne diese allerdings aufzudrängen.

Eine Veranstaltung, in der lebendiges Lernen stattfinden soll, lebt vom Engagement der Teilnehmerinnen und Teilnehmer. Mit der an allen Phasen des Geschehens teilnehmenden Evaluatorin war die Zahl auf insgesamt 16 begrenzt, um die Grenze einer interaktionsfähigen Gruppe nicht zu überschreiten. Alle Teilnehmenden waren Nachwuchswissenschaftlerinnen bzw. -wissenschaftler auf dem Wege zur Habilitation, zum Teil auch Promotion an katholisch-theologischen Fakultäten oder kirchlichen Hochschulen. Ausgewählt wurden sie, um eine möglichst ausgewogene Durchmischung des Feldes der Wissenschaft von der Theologie zu erhalten, nach den Kriterien:

1. Repräsentanz möglichst aller theologischen Fächer und Disziplingruppen in ausgewogener Anzahl;
2. Vertretung möglichst vieler Hochschulorte und Hochschultypen;
3. Beteiligung von Laien, Priestern und Ordensleuten mit geschlechterparitätischer Zusammensetzung;
4. Lehrverpflichtungen im Wintersemester 1999/2000 sowie
5. Nähe zur Habilitation.

Die umsichtige Auswahl führte zu einer Zusammensetzung des Kurses mit neun Frauen und sieben Männern, darunter je zwei Ordensfrauen und Ordenspriester, die aus elf verschiedenen Hochschulorten (Augsburg, Benediktbeuern, Bonn, Eichstätt, Erfurt, Frankfurt-St. Georgen, Freiburg, Passau, Siegen, Tübingen, Vallendar) kamen und die folgenden Fächer repräsentierten:

- Exegese: 4 (3 NT)
- Kirchengeschichte: 3 (1 AKG)
- Systematische Theologie: 6 (2 Dogm., 2 Ethik, 1 Phil./FTH, 1 phil.);
- Praktische Theologie: 3 (1 Religionspädagogik, 1 Pastoraltheologie, 1 Caritaswissenschaft).

Bis auf jeweils eine Person, die etwas zu spät ankam und eine, die früher abreisen musste, nahmen alle an der gesamten zwei mal fünftägigen Veranstaltung teil und engagierten sich im dazwischen liegenden Wintersemester in mindestens einer Veranstaltung mit eigenen Lehrexperimenten, trafen sich in Regionalgruppen zu wechselseitiger Hospitation und fachkundiger Supervision. Obwohl mit der Kursteilnahme keine Verpflichtung zur Anfertigung einer Studienarbeit verbunden war, hat der hochschuldidaktische Lernprozess zu sehr interessanten Arbeiten über die Lehre in der Theologie geführt, die in diesem Band zusammengestellt sind.

Im Nachhinein erweist sich das „Modell Benediktbeuern“ somit als geglückte Verbindung von Lernen und Praxisentwicklung in der Hochschuldidaktik.

4.2 Der erste Kursabschnitt: Einführung

Die folgende Schilderung geht der Abfolge der Lernsituationen nach, hebt wesentliche Merkmale und didaktische Funktionen der einzelnen Situationen hervor und verzichtet weitgehend auf die Darstellung der behandelten Inhalte bzw. der erzielten Lernerträge. Dazu sei ergänzend auf dem Evaluationsbericht[25] verwiesen.

Mittwoch, 29.09.

Vor der Veranstaltung

Der Tradition akademischer Lehre folgend begann die Veranstaltung vor der Veranstaltung. Gemäß der eigentlichen Bedeutung des sog. „akademischen Viertels“, nämlich eine Viertelstunde vor Beginn der Lehrveranstaltung im engeren Sinne durch Anwesenheit von Lehrenden und Lernenden bereits die Einstimmung auf den didaktischen Prozess zu schaffen, stand am Anfang ein „Stehcafé“. Dieses Stehcafé erlaubte Teilnehmenden und Leitern, Kontakt aufzunehmen, einander zu begrüßen, in der Anrede die Namen zuzuordnen, erste Signale über Befindlichkeit und Motivation zu registrieren und den richtigen Zeitpunkt für einen gemeinsamen Start in die Unternehmung zu finden.

Eine kurze Vorstellungsrunde

Der Start erfolgte dann im Stuhlkreis, einem eher in der Grundschule gebräuchlichen Setting, das auch zunehmend in die Erwachsenenbildung Eingang findet. Im Stuhlkreis wurde die Frontalsituation aufgelöst und ein gleicher Abstand zur Mitte des Geschehens eingenommen. Alle Gruppenmitglieder konnten sich, da die Tische entfernt waren, in voller Leiblichkeit wahrnehmen. Die Vorstellungsrunde selbst wurde aber sehr knapp gehalten und beschränkte sich auf kurze Angaben zur Person. Dies erlaubte einen ersten Blick in das vorhandene Potenzial der Gruppe, gab aber auch jedem Gruppenmitglied Gelegenheit zu einem ersten „Räuspern“.

---

[25] Vgl. ebd.

Programm und Ablauf

Die Vorstellung von Programm und Ablauf durch die Veranstalter hatte nicht primär die Aufgabe, Einflussnahme auf die Veranstaltung zu ermöglichen, sondern diente vorrangig der Klärung der Rahmenbedingungen für die Zusammenarbeit und als Grundlage für die Entstehung eines „Arbeitsbündnisses". Dieses Konzept setzt darauf, die Gruppe möglichst schnell in Interaktion zu bringen und Partizipation im Prozess zu ermöglichen.

Eine lebendige Landkarte

Nach dieser Einführung wurde ein erstes ungewohntes Handlungsmuster inszeniert. Die Gruppenmitglieder wurden gebeten, sich wie auf einer Landkarte im Raum so zu platzieren, wie es in etwa maßstäblich der Lage ihrer Herkunftshochschule in Deutschland entspricht. Von dieser Position aus wurden sie mit einigen Interviewfragen zu einer kurzen Charakterisierung ihres institutionellen Umfeldes und ihrer Arbeitsschwerpunkte gebeten. Diese Form der Konkretisierung gab die Möglichkeit, sich in der jeweiligen fachlichen Identität zu präsentieren und das fachliche Beziehungsnetz untereinander sichtbar zu machen. Ein solches Arrangement zum Kennenlernen und Vernetzen trägt zur Auflockerung bei, es dient zur Anwärmung mit dem hochschuldidaktischen Stil der Veranstaltung und als Beispiel für aktives lebendiges Lernen.

Partnerinterview

Das anschließende Partnerinterview, in dem jeweils zwei Gruppenmitglieder über ihre bisherigen Lehr- und Lernerfahrungen sprachen, führte tiefer in die Thematik der Veranstaltung, diente der Artikulation eines persönlichen Bezugs zum Thema und ermöglichte dies im Sinne einer weiteren Anwärmung für die Arbeit im „Schutz" einer Zweierbeziehung. Ein solches Arrangement in der Eingangsphase fördert das Kennenlernen und schafft vor einem „öffentlichen Auftritt" noch einmal eine Rückzugsmöglichkeit. Mit der Partnerarbeit als Sozialform, die im Hochschulunterricht trotz des relativ einfachen Arrangements sehr selten eingesetzt wird, wurde zudem eine weitere Möglichkeit zur Gestaltung von Lernsituationen demonstriert.

Sprechen zur Gruppe

Nach einem anregenden und intensiven Austausch im Gespräch folgte dann der Wechsel in ein meist als Stress erlebtes Setting. Aufgabe war es, dass die Gesprächspartner sich jeweils wechselseitig in der Gruppe vorstellten und diese kleine Rede von ein bis zwei Minuten mit Video aufgenommen wurde. Videomitschnitte sind für Hochschulangehörige äußerst ungewohnt und setzen die Sprecherinnen und Sprecher unter höchste Anspannung. So ungewöhnlich ist Stress auf dieser Handlungsebene, für die die kleine Redesequenz paradigmatisch ist, allerdings auch nicht. Das Video ersetzt hier nur andere in öffentlicher Rede wirksame Stressoren. Eine solche Anwärmung, die zunächst spielerisch erscheint, erhält eine unvermutet ernsthafte Wendung und liefert gleichzeitig Anschauungsmaterial dafür, wie schwierig es ist, die eigene Selbstdarstellung in der Rede mit einer Gruppeninteraktion zu verbinden, in der die „Vernetzung" arbeitsteilig erzeugter Ergebnisse aus der vorangegangenen Partnerarbeit im Plenum ansteht.

Reflexion der Anwärmphase

Der gesamte Ablauf, der sich bis dahin auf etwa zweieinhalb Stunden erstreckte, lieferte genügend Gesprächsstoff, die abgelaufenen Lernsituationen (auf Handlungsebene I und II) zu reflektieren, die dabei gewonnene Erfahrungen auszutauschen, Relationen zu den mitgebrachten Lehr-Lernerfahrungen herzustellen, aber auch die darin enthaltenen didaktischen Gesichtspunkte (Kontaktaufnahme, Anwärmung, Arbeitsbündnis, Sozialformen, Stresssituation des öffentlichen Redens, Vernetzung etc.) anzusprechen. Damit wurde am Beispiel der ersten Arbeitseinheit eine didaktische Reflexion durchgeführt. Solche kritischen Reflexionen wurden an geeigneten Stellen immer wieder in die Lernsequenzen eingepasst, ohne dass sie im Folgenden jedesmal besonders hervorgehoben werden.

Metaplan: Lernziele des Theologiestudiums

Auch in dieser Lernsituation wurde ein zentrales Thema der Didaktik mit der Einführung einer ungewohnten Methode kombiniert. Der „Metaplan" entstammt dem Arsenal der sog. ModerationsMethode. Die Gruppenmitglieder wurden gebeten, auf Karten (in der Größe ein Drittel/DIN A 4) mit Filzstift Aussagen zu dem vorgegebenen Thema zu notieren. Die Karten wurden dann auf einer Pinwand befestigt, zu Clustern nach Ähnlichkeit geordnet und die Cluster rubriziert, in dem ihnen Oberbegriffe zugeordnet wurden. In diesem Fall ging es um die Lernziele, die die Gruppenmitglieder mit dem Theologiestudium verbinden. Die Methode hat den Vorteil, dass alle Gruppenmitglieder gleichermaßen beteiligt sind. Zu einer zentralen Frage wurde ein Überblick über den Kenntnisstand bzw. Problemhorizont in einer Gruppe gewonnen und mit einer Visualisierung eine gute Grundlage zu weiterer Arbeit geschaffen. Im Rahmen der Veranstaltung diente der Metaplan dazu, in die Probleme der Lernzieldefinition als didaktische Fragestellung einzuführen. Bemerkenswert in diesem Zusammenhang war, dass sich die disziplinäre Vielfalt der Theologie, die schon in der Landkarte angeklungen war, weiter ausdifferenzierte, das aber auch Gemeinsamkeiten über die Fächergrenzen hinweg deutlich wurden.

Abschlussblitzlicht

Mit einem Abschlussblitzlicht, in dem sich alle Gruppenmitglieder dazu äußerten, mit welcher Stimmung und welchen Anliegen für die weiteren Tage sie aus dem Arbeitstag herausgingen, wurde der erste Arbeitstag beendet. Ein solches Abschlussblitzlicht bietet für Gruppe und Leitung eine Möglichkeit für die Diagnose des Gruppenklimas und wichtige Hinweise für die weitere Arbeit. Das Abschlussblitzlicht ist jedoch nicht nur ein diagnostisches Mittel, sondern auch ein Gestaltungsmittel, um Lernsequenzen abzuschließen. Es gibt dem Lernprozess – wie schon der Anfang – eine abgerundete Gestalt und entlässt die Gruppenmitglieder aus der Arbeit in die Geselligkeit.

Geselliger Abend

Die anschließende Geselligkeit war zwar keine formelle Lernsituation, aber für Integration der Gruppe, Kontakt und Interessenabklärung wie gewöhnlich in solchen Veranstaltungen von nicht zu unterschätzender Bedeutung.

Donnerstag Vormittag, 30.09.

Nach einem Anfangsblitzlicht wurden parallel in zwei Teilgruppen zwei zentrale Lernsituationen inszeniert: Videofeedback anhand der am Vortag mitgeschnittenen Sequenzen zum „Sprechen in der Gruppe“ und Erörterung von „Lernzielen des Theologiestudiums“. Beide Teilgruppen arbeiteten parallel in umgekehrter Reihenfolge, wobei das Videofeedback von dem hochschuldidaktischen, die Lernzieldiskussion von dem theologischen Moderator geleitet wurde.

Videofeedback

Beim Videofeedback wurde jede Redesequenz gesondert besprochen. Nach dem Abspielen des Mitschnitts fand zunächst eine Feedback-Runde nach vorher vereinbarten Regeln statt. Zunächst äußerten sich die jeweiligen Sprecher bzw. Sprecherinnen, dann die Gruppenmitglieder und schließlich der Moderator zu ihren Wahrnehmungen in möglichst konkreten Beschreibungen ohne Generalisierungen oder Unterstellungen. Negatives Feedback wurde in der Regel mit positivem verknüpft. Unterschiedliche Wahrnehmungen wurden beschrieben. In der Moderation wurde strikt auf die Einhaltung der Feedback-Regeln geachtet. In der Besprechung von acht Mitschnitten pro Teilgruppe kam jeweils ein breites Spektrum rhetorischer Aspekte des Sprechens zur Gruppe zum Tragen: Redeaufbau, Einleitung, Argumentationskette, Höhepunkte, Abschluss, Körpersprache, Mimik, Gestik, Atmung, Präsenz, körperliche Zuwendung, Blickkontakt, Sprachduktus und Melodie, stilistische Merkmale, Metaphern, Pointen etc.

Insgesamt ergab sich ein Einblick in den Variantenreichtum der rhetorischen Gestaltung von Redebeiträgen bzw. in den Einsatz von Kommunikationsmitteln, die als universelle Handlungsmuster auf der untersten Handlungsebene der Hochschuldidaktik die Wirksamkeit von Lehre bedingen. Von weitreichender Bedeutung für das Gelingen der Weiterbildung war darüber hinaus die Etablierung eines sensiblen Umgangsstils der Teilnehmer. Die in der Anwendung der Feedback-Regeln zum Ausdruck gebrachte Wertschätzung und die praktizierten achtsamen Umgangsformen prägten die weitere Zusammenarbeit, auch und gerade weil sie sich in der als Stresssituation erlebten Videosession bewährt hatten. Zugleich wurde eine „Feedback-Kultur" eingeführt, die sich von herkömmlichen Lern- und Arbeitserfahrungen in der Hochschule erheblich unterscheidet und ein alternatives Modell für die Praxis darstellt.

Lernziele in Lehrveranstaltungen

In der Parallelgruppe wurden in einem ersten Zugriff die Lernziele des Theologiestudiums erörtert. Methodisch erarbeitet wurden die Lernziele aus der Sicht der Gruppenmitglieder anhand des bereits eingeführten Metaplanverfahrens (Kartenabfrage, Clustern). Es erschien sinnvoll, bereits zu diesem frühen Zeitpunkt über Lernziele zu diskutieren, um dem für das Normalverständnis von Lehre vorherrschenden „Content-Denken" einen typisch didaktischen Zugang entgegenzusetzen. Ausgehend von den Lernzielen der von Gruppenmitgliedern gehaltenen Lehrveranstaltungen weitete sich die Diskussion auf grundlegende Ziele des Theologiestudiums aus. So kam die Frage nach der Spezifität des Theologiestudiums als Ganzem aber auch der Heterogenität der Theologie in ihrer fachlichen Diversifität im Kursverlauf schon früh zum Tragen. Interessant waren insbesondere die Debatten über die Differenz zwischen der „wissenschaftlichen" Glaubensreflexion und der „biografischen" Glaubensreflexion. Diese Debatte führte über die Frage nach einem Spezifikum der Theologiedidaktik zur Reflexion über das Verhältnis von Subjektivität und Intersubjektivität, wissenschaftlicher Rationalität und religiöser Erfahrung.

Während die Auswertung der Videomitschnitte nur in den Teilgruppen stattfand, wurde die Lernzieldiskussion im Plenum weitergeführt. Dabei zeigte sich eine bemerkenswerte Konvergenz zwischen den Ergebnissen der Teilgruppen.

Donnerstag Nachmittag, 30.09./Freitag Vormittag, 01.10.

Simulation von Lernsituationen

Der nächste Lernschritt mit ausgewählten Simulationen bildete einen Schwerpunkt, der einen Nachmittag und den folgenden Vormittag umfasste.

Die Gruppenmitglieder waren 14 Tage vor Beginn der Veranstaltung gebeten worden, einen 15–20-minütigen Ausschnitt aus einer von ihnen durchgeführten oder geplanten Lehrveranstaltung für eine Simulation, d. h. Durchspielen der Situation mit der Teilnehmergruppe als fiktiver Lerngruppe, vorzubereiten.

Nachdem alle Gruppenmitglieder die von ihnen angebotenen Lernsituationen vorgestellt hatten, wurden drei mit einem Punktverfahren nach der ModerationsMethode ausgewählt. Jedes Gruppenmitglied erhielt fünf Punkte (ca. ein Drittel der Auswahlalternativen) zur Kennzeichnung der präferierten Alternativen. Die Verteilung der Punkte ergab ein Bild der Präferenzverteilung. Anhand dieser Verteilung erfolgte dann die Auswahl der Lernsituation.

Nach der Auswahl wurde den Simulationen noch eine Gruppenarbeitsphase vorgeschaltet. Teilgruppen des Seminars diskutierten mit jeweils einem der Anbieter noch einmal über seine didaktische Konzeption mit dem Ziel, in die didaktische Reflexion als Aspekt der Lehrplanung einzuführen und dabei entwickelte Varianten ggf. noch in die Simulation aufzunehmen (z. B. störende Studierende, passives Diskussionsverhalten der Gruppe). Außerdem bot dies den Vorteil, in der anschließenden Feedbackrunde über die didaktische Konzeption informierte Gruppenmitglieder zu haben.

An die Durchführungsphase schloss, eingeleitet durch knapp gehaltene schriftliche Feedback-Instrumente, die Nachbesprechung an. Unter Beachtung der bereits eingeübten Feedback-Regeln wurden zunächst Wahrnehmungen des Lehrgeschehens ausgetauscht. Daraus ergaben sich jeweils Fragenkomplexe, die in einem zweiten Nachbesprechungsabschnitt vertieft und systematisch diskutiert wurden. Typische Themen der Nachbesprechung waren kognitive Strukturierung und Gliederung der Lehrsequenz, Visualisierung durch Folien, Tafelanschrieb oder andere Methoden, Interaktionsprobleme wie Frageverhalten, Reaktion auf einzelne Teilnehmer, Klarheit und Verständlichkeit der Instruktionen, Zusammenfassungen und Metakommentare, Wahl von Methoden und Sozialformen, Umgang mit Texten – alles Fragen, die in der alltäglichen Praxis der Lehre zu entscheiden sind.

Der Freitag Nachmittag war für eine Führung durch das Kloster reserviert.

Samstag, 02.10.

Rahmenordnung und Teilfächer

Die Arbeit am folgenden Tag zentrierte sich auf didaktische Fragen der vertretenen Teilfächer des Theologiestudiums. Damit wurde der „fachdidaktische“ Aspekt vertieft, der bereits die Erörterung der Lernzieldiskussion und die Nachbesprechung der Simulation durchzog, vertieft.

In Arbeitsgruppen wurden die Vorgaben der Rahmenordnung des Theologiestudiums mit Problemzonen und Reformbedarf in den Teilfächern in Beziehung gesetzt. Die Erträge der Lernzieldiskussionen und der Simulationen konnten so auf die Studiensituation im Fach gespiegelt und praktische Konsequenzen für die Lehrpraxis gezogen werden. In Bezug auf die Teilfächer wurde gleichzeitig die eigene Lehrpraxis der Gruppenmitglieder in den Blick genommen und die Lehrtätigkeit im kommenden Semester vorbereitet.

Allerdings hätte dieser Bezug auf die Planung der Lehrveranstaltungen weiter konkretisiert werden können. Die Erörterung blieb im Wesentlichen auf der vierten Handlungsebene der Teilstudiengänge (Teilfächer des Theologiestudiums) begrenzt, während die dritte Handlungsebene (Einzelveranstaltung) nicht hinreichend bearbeitet wurde.

Umrisse der Hochschuldidaktik

Nachdem die didaktischen Fragestellungen exemplarisch auf den genannten Handlungsebenen exponiert waren, wurde in einem systematischen Diskurs der Zugang der Hochschuldidaktik zu Lehre und Studium entfaltet. In einem Input wurden im Wesentlichen die im dritten Teil dieses Beitrags zusammengefassten Umrisse der Hochschuldidaktik und ihrer Handlungsebenen dargestellt und erläutert. Die Systematisierung diente zugleich als Anschauungsmaterial zur kognitiven Verortung und Festigung des bisherigen Lernertrags.

Sonntag, 03.10.

Der Sonntag Vormittag war für die Vorbereitung der praktischen Phase der Weiterbildung im Wintersemester und dem Abschluss des ersten Kursblocks reserviert.

Vorbereitung des „Praxissemesters"

In der Vorbereitung ging es darum, die im Wintersemester anstehenden Aufgaben zu klären, d. h. mindestens eine Lehrveranstaltung als Erfahrungs-, Experimentier- und Reflexionsfeld auszuwählen. Außerdem wurden regionale Arbeitsgruppen zur wechselseitigen Hospitation und gemeinsamen Supervision gebildet. Dazu wurden von den Moderatoren die notwendigen Hinweise und Handlungsvorschläge gegeben und erste Verabredungen in den Regionalteams getroffen. Für alle Gruppenmitglieder konnten akzeptable Lösungen gefunden werden.

Abschlussfeedback

Der erste Kursblock schloss mit einem ausführlichen Feedback zu den jeweils individuellen Erträgen, der Befindlichkeit in der Gruppe und dem

Ausmaß der Zufriedenheit mit der Moderation. Es gab die Möglichkeit, Anliegen zur weiteren Arbeit zu äußern.

4.3 Der zweite Kursabschnitt: Das praktische Lehrsemester im WS 1999/2000

Die zweite Phase soll hier nur kursorisch behandelt werden. Nähere Hinweise zur Durchführung und zum Ertrag der zweiten Kursphase liegen im Evaluationsbericht vor.[26] Eine Darstellung im Detail würde jedoch den Rahmen dieses Bandes sprengen.

Festzuhalten ist, dass alle Gruppenmitglieder die getroffenen Vereinbarungen erfüllt, größtenteils übererfüllt haben. Das gilt für die Zahl der Hospitationen und Supervisionen, die jeweils mindestens drei Mal stattfanden. Die Erfahrungsberichte bzw. Erzählungen bekundeten hohe Experimentierfreude und Kommunikationsdichte. Die kollegialen Hospitationen und Beratungen sowie die Supervision fanden ausgesprochen positive Resonanz.

4.4 Der dritte Kursabschnitt: Auswertung, Vertiefung, Erweiterung

Mittwoch, 01.03.

Auftakt

Wie nicht anders zu erwarten, war der Auftakt zum dritten Kursabschnitt durch ein starkes Mitteilungsbedürfnis geprägt. Das Gruppengespräch führte zu einem ausführlichen Austausch über das augenblickliche Befinden, die Erfahrung aus dem Wintersemester und die daraus resultierenden Erwartungen an den dritten Abschnitt. Das vorbereitete Programm einschließlich des Raums für die freie Wahl von Schwerpunkten durch die Gruppe wurde angenommen.

Hospitation und Supervision

Mit szenischer Wiederbelebung einzelner Situationen und Erzählungen bzw. Episoden aus der Praxis wurde ein Blick auf die Hospitationen bzw. Supervisionen geworfen. Dabei ging es nicht nur um didaktische Fragen der Reflexion von Lehrerfahrungen im engeren Sinne. Insbesondere im Zusammenhang mit der Supervision verknüpften sich didaktische Fragen mit Aspekten des beruflichen Kontextes der Lehrtätigkeit, der Arbeitsorganisation, der Stellung in der Hierarchie, der Gewichtung zwischen verschiedenen Segmenten der Wissenschaftlerrolle in Lehre, Forschung, Selbstverwaltung und Dienstleistung sowie der Anforderung, unterschiedliche Rollen bzw.

---

[26] Vgl. ebd. Abschnitt 3.4.

Funktionserwartungen auszubalancieren. Mit dieser Erweiterung des Blicks auf den Kontext von Lehre wurden auch die Themen des dritten Kursabschnitts vorbereitet.

Donnerstag, 02.03.

Der ganze Donnerstag war dem Thema Prüfung als einem zentralen Aspekt der Tätigkeit gewidmet, der in der Regel weniger als die Lehre im Rahmen von Lehrveranstaltungen Gegenstand didaktischer Reflexion, bewusster Gestaltung oder gar Erforschung ist. Die Prüfungskultur wird in den Hochschulen im Allgemeinen noch seltener gepflegt als die Lehrkultur, obwohl Prüfungen ein höchst wirksames – in seiner Wirkung allerdings auch höchst problematisches – Instrument der Studiensteuerung sind. Die didaktische Konzeption des Abschnitts zum Thema Prüfung folgte dem Konzept zunehmender Konkretisierung.

Schreibmeditation als Anwärmung

Die Anwärmung für das Thema geschah in einer Schreibmeditation, wie sie in Schreibwerkstätten gerne eingesetzt wird. Gewählt wurde das Thema: Meine erste Prüfung. Mit einer Phantasiereise wurden die Teilnehmerinnen und Teilnehmer zunächst in die eigene Studienvergangenheit zurückversetzt und motiviert, aus dieser Perspektive den „inneren Film“ zu beschreiben, der bei der Thematisierung von Prüfungserfahrungen ablief.

Funktionen der Prüfung

Nachdem ein subjektiver Zugang zum Thema erschlossen war, wurde dieser mit einem Impulsreferat und einer Diskussion zu den Funktionen von Prüfungen für Rekrutierung, Didaktik und Sozialisation angeregt. Ziel war es, eine Übersicht über den Kontext zu gewinnen, in den das Prüfungsgeschehen einzuordnen ist.

Prüfungsformen

In einem weiteren Konkretisierungsschritt wurde von den Funktionen auf die Formen von Prüfungen übergeleitet. Als Methode wurde dabei eine Variante des Pro-Kontra als Lernsituation eingesetzt. Anstatt der üblichen Kontroverse zwischen zwei Parteien zu einem strittigen Thema wurden vier Untergruppen zu je einer der hauptsächlichen Prüfungsformen Multiple Choice, Klausur, Hausarbeit und mündliche Prüfung gebildet. Die Untergruppen hatten die Aufgabe, die Vorteile der von ihnen vertretenen Prüfungsform zusammenzustellen und dagegen die Nachteile aller übrigen Prüfungsformen zu halten. Die Pro-Contra-Argumentation wurde dann im Plenum in einer festgesetzten Reihenfolge durchgeführt und auf Wandzeitungen festgehalten. Ergebnis der lebhaften Diskussion waren vier Wandzeitungen mit dem jeweiligen Pro und Kontra, das noch mit einigen abschließenden Ergänzungen bzw. Modifikationen aus der Sicht der Prüfungsforschung abgerundet wurde.

Eine taxonomische Heuristik

Als weiterer Konkretisierungsschritt wurde mit der Taxonomie kognitiver Niveaus nach Bloom und Krathwohl eine Heuristik für die Konstruktion von Prüfungsaufgaben und Beurteilungsmaßstäben eingeführt. Nach einem Impulsreferat zu dieser Heuristik, die zwischen Reproduktion, Verstehen, Anwendung, Analyse, Synthese und Bewertung unterscheidet, sollten die Teilnehmerinnen und Teilnehmer entsprechende Prüfungsaufgaben für ihr Fachgebiet entwerfen und sie im Plenum zur Diskussion stellen. In der Erörterung stellte sich heraus, dass die Unterscheidung nach dieser Heuristik zwar im Einzelfall durchaus schwer fällt, die Anwendung aber nützt, weil damit ein Prüfungsniveau oberhalb der Niveaus der Reproduktion und des Verstehens in Kategorien des unterschiedlichen Umgangs mit Wissen in den Blick kommt.

Mündliche Prüfung

Die am weitesten gehende Konkretisierung wurde schließlich mit der mündlichen Prüfung erreicht. Zunächst wurden in Kleingruppen Probleme der Vorbereitung, des Prüfungsaufbaus, der Fragetechniken, und insbesondere des Umgangs mit Ängsten und Blockaden erörtert und im Plenum diskutiert. Anschließend wurden Prüfungserfahrungen in Rollenspielen zu verschiedenen Aspekten des Prüfungsgeschehens verlebendigt und mit dem gewohnten Feedback-Verfahren sowie vertiefender Diskussion bearbeitet.

Zwischenbilanz und Ausblick

Der Arbeitstag wurde mit einer Zwischenbilanz zu den abgelaufenen und bevorstehenden Arbeitseinheiten abgeschlossen. Damit wurden auch die Themen für den übernächsten Tag, der für Teilnehmerwünsche offen geblieben war, festgelegt.

Freitag, 03.03.

Mit der Behandlung der unterschiedlichen Handlungsebenen und Aufgaben war eine solide Grundlage zur Auseinandersetzung mit der künftigen Rolle als Hochschullehrer bzw. -lehrerin und dem Weg dorthin geschaffen. Damit stand nun die umfassende Auseinandersetzung mit der Berufsperspektive im Mittelpunkt.

Individuelle Projektion

Die individuelle Anwärmung zu dieser Thematik wurde durch eine kleine Schreibübung zur Imagination der eigenen Berufsrolle als Hochschullehrer bzw. -lehrerin in zehn Jahren (Ich-Form, Präsens, Erfolg) eingeleitet. Daran knüpfte eine soziometrische Übung an. Die Teilnehmer bzw. Teilnehmerinnen positionierten sich in dem jeweils für sie adäquaten Abstand zu einem „Lehrstuhl", der unbesetzt, also „leer" auf einem Tisch an der Wand des Arbeitsraumes stand. Alle Gruppenmitglieder äußerten sich aus der Position und der Haltung, die sie diesem Symbol gegenüber eingenommen hatten, über ihren Bezug zur eigenen Berufsperspektive. In dieser Übung wurde sehr viel von dem Selbstverständnis bzw. der Selbstdefinition deutlich. Anschließend wurden in kleinen szenischen Darstellungen Hoffnungen und Befürchtungen verlebendigt, die mit den Erfahrungen auf dem Weg zu dem Berufsziel „Hochschullehrer bzw. -lehrerin" verbunden sind.

Insgesamt entstand unter dem Eindruck dieser dramatischen Inszenierungen eine dichte, ich-nahe Erfahrung, die Grundlage für die Reflexion des professionellen Selbstbildes, der persönlichen Ressourcen und Wachstumschancen bot. Diese Chance wurde auch in einer dem Stand der Entwicklung des Vertrauens in der Gruppe angemessenen Form genutzt.

Treffen mit einem Vertreter des Fakultätentages

Es traf sich günstig, dass nach der Mittagspause die Frage der Berufsperspektive und des Karrierewegs in der wissenschaftlichen Laufbahn mit einem Vertreter des katholisch-theologischen Fakultätentages besprochen werden konnte, der die Weiterbildung besuchte.

Lehrportfolio

Die Lernsequenz zur Hochschullehrerrolle wurde dann mit einer – aufgrund der verbliebenen Zeit nur kursorischen – Einführung in Funktion, Aufbau und Methodik der Erstellung eines Lehrportfolio, einem System zur Dokumentation der eigenen Lehrtätigkeit und Qualifizierung für die Lehre, abgeschlossen.

Abendveranstaltung mit dem für Ausbildungsfragen zuständigen Bischof

Abends besuchte der Aachener Bischof, der in der Deutschen Bischofskonferenz für Ausbildungsfragen zuständig ist, die Weiterbildung. Auch dies führte im Blick auf die Amtskirche zu Fragen des Theologiestudiums im Zusammenhang mit den beruflichen Entwicklungsmöglichkeiten. Einmal mehr standen dabei der Zugang zur Berufstätigkeit und die Rahmenbedingungen der Berufspraxis im Vordergrund der Diskussion.

Samstag, 04.03.

Der gesamte Samstag war für Themen reserviert, die von der Gruppe – mittels des nunmehr bekannten Verfahrens der Entscheidungsfindung mit der Metaplanmethode – ausgewählt worden waren. Behandelt wurden zunächst in drei Kleingruppen und dann in verschiedenen Settings (Hearing, Fishbowl, Impulsreferat) die Probleme:

- Inhaltliche und methodische Umsetzung des Lernziels „biografische Glaubensreflexion" in Lehrveranstaltungen der Teilnehmerinnen und Teilnehmer,
- Strategien der Reduktion von Stofffülle am Beispiel eigener Lehrveranstaltungen, die um ein Drittel der geplanten bzw. in der Vergangenheit behandelten Inhalte zu kürzen waren und
- Zusammenstellung eines „Methodenkoffers" zur Auflockerung von Vorlesungen mit Strategien kommunikativen, handlungs- und teilnehmerorientierten Lernens.

Bei der Behandlung dieser Themen ging es auch darum, die didaktischen Instrumente und Handlungsmuster zu nutzen, die bisher kennengelernt worden waren.

Sonntag, 05.03.

Evaluation

Der gesamte Veranstaltungszyklus wurde mit dem Thema Evaluation abgeschlossen. Der Abschluss selbst geschah in der praktischen Anwendung eines Evaluationsverfahrens, bei dem der Veranstaltungszyklus selbst als exemplarisches Beispiel für eine Veranstaltungsevaluation genutzt wurde.

Mit Hilfe der sog. teilnehmergesteuerten Evaluation wurde dabei der Ablauf eines Evaluationsprozesses in seine Teilschritte zerlegt: von der Festlegung der Intentionen und der Auswahl von Evaluationskriterien über die Operationalisierung der Kriterien in skalometrischen Items bis hin zur Durchführung und Auswertung der Erhebung sowie der abschließenden Diskussion der Ergebnisse. Dieses exemplarische Vorgehen gab nicht nur die Möglichkeit einer systematischen Einordnung des Verfahrens in ein Survey von Evaluationsstrategien, sondern leitete über zum Abschlussfeedback der gesamten Veranstaltung. Die Befunde sind im Evaluationsbericht integriert.

5. Der praktizierte Weiterbildungsansatz als Modell

Es mag voreilig erscheinen, den in Benediktbeuern verfolgten hochschuldidaktischen Weiterbildungsansatz als Modell zu etikettieren. Ohne hier in wissenschaftstheoretische Erörterung des Modellbegriffs einzutreten, kann jedoch festgehalten werden, dass das zugrunde liegende Konzept einen Anspruch auf Generalisierung bzw. Generalisierbarkeit in mehrfacher Hinsicht enthält:

1. Es handelt sich um die konkrete Ausarbeitung einer Idee zu einem Veranstaltungstyp, der zuerst vom Autor[27] vorgeschlagen worden ist.
2. Es handelt sich dabei zwar nicht um ein systematisch erprobtes und damit ausreichend geprüftes Veranstaltungskonzept. Die einmalige Durchführung bietet insofern nur eine schmale Erfahrungsbasis.
3. Die Evaluation, die in diesem Beitrag nicht weiter dargestellt wurde, hat aber eine durchgängig positive Bewertung erbracht.[28]
4. Die einzelnen Komponenten, aus denen sich die Sequenzen zusammensetzen, sind in anderen Weiterbildungskontexten vielfach erprobt und bewährt.
5. Nach Beschluss des Beirats der katholisch-theologischen Fakultätentages und der Deutschen Bischofskonferenz soll die Weiterbildung wiederholt und auf Dauer sichergestellt werden.
6. Die Wiederholung lässt einen Spielraum von Ausgestaltungsvarianten zu, der auch in weiteren Erprobungen experimentell genutzt werden soll.
7. Das Konzept passt sich hervorragend in das eingangs skizzierte System von hochschuldidaktischen Weiterbildungsstudien ein und stellt darin die prototypische Ausgestaltung eines Lernwegs zum Erreichen des Niveaus didaktischer Basisqualifikationen dar (Basics).

Alles in allem zeigen der vorliegende Band mit seinen gehaltvollen Beiträgen zu einer Hochschuldidaktik der Theologie und nicht zuletzt das lebendige Netzwerk der Teilnehmerinnen und Teilnehmer, das aus der Veranstaltung hervorgegangen ist, dass der eingeschlagene Weg mit Aussicht auf Erfolg weitergegangen werden kann.

---

[27] J. Wildt, Hochschuldidaktische Fortbildung für Lehrende, in: Innovationen statt Sanktionen. Materialien für Hochschule und Forschung, hg. v. der Gewerkschaft für Erziehung und Wissenschaft, Frankfurt/M. 1994, 181–186.

[28] Vgl. M. Scheidler, Evaluierung.

Evaluierung der hochschuldidaktischen Weiterbildung mit Theologinnen und Theologen

von Monika Scheidler, Tübingen

1. Ziele und Kurzbeschreibung der Evaluierung

Ziel der Evaluation, über die im Folgenden berichtet wird, war die Prüfung und Optimierung des Konzepts der hochschuldidaktischen Weiterbildung mit Theologinnen und Theologen im Wintersemester 1999/2000. Die Konzeptevaluation war schwerpunktmäßig darauf ausgerichtet, die Zufriedenheit der Teilnehmenden und die Qualität der Lehr-Lern-Prozesse im Pilotprojekt zu untersuchen. Der Fokus der Evaluation lag auf der Befragung der Teilnehmerinnen und Teilnehmer und wurde durch Interviews mit den Kursleitern ergänzt. Mit Methoden der empirischen Sozialforschung wurden Voraussetzungen, Wahrnehmungen und Einschätzungen der am Projekt beteiligten Nachwuchswissenschaftler/innen erhoben und ausgewertet. Die Teilnehmerinnen und Teilnehmer wurden im Prozess der Weiterbildung systematisch als Feedback-Quellen ernst genommen, um zunächst den Kursleitern im Sinne einer formativen, prozessbegleitenden Auswertung[1] Auskunft über die Sichtweisen der Teilnehmenden zum Lehr-Lerngeschehen zu geben. Die Ergebnisse der Befragungen nach dem ersten und zweiten Kursabschnitt lieferten den Leitern Auskunft darüber, inwiefern das Konzept auf die Lernbedürfnisse abgestimmt war und welche Interessen noch weiter bedient werden sollten. Die summative Auswertung nach dem dritten Kursabschnitt sollte zum einen der Kursleitung die Weiterentwicklung des Konzeptes unter konsequenter Berücksichtigung der Sichtweisen der Teilnehmenden ermöglichen und zum anderen den Trägern der Weiterbildung wissenschaftlich fundierte Ergebnisse über die Qualität des Kurses liefern – als Informationsbasis für die Entscheidung über die Weiterführung und mögliche Optimierung.[2]

---

[1] Vgl. J. Bortz – N. Döring, Forschungsmethoden und Evaluation, Berlin ²1995, 64; H. Wottowa – H. Thierau, Lehrbuch Evaluation, Bern ²1998, 64; M. Wesseler, Evaluation und Evaluationsforschung, in: Rudolf Tippelt, Handbuch Erwachsenenbildung/Weiterbildung, Bd. 2, Opladen 1994, 671–686, 675.

[2] Zum Spektrum der Ziele und Motive einer Evaluation aus der Perspektive von Seminarteilnehmern, Kursleitern und Trägern einer Weiterbildungsmaßnahme vgl. Wottowa – Thierau, Lehrbuch Evaluation 57. Zum Informationswert von Teilnehmerbefragungen vgl. H. Kromrey, Evaluation der Lehre durch Umfrageforschung? Methodische Fallstricke bei

Die Weiterbildung wurde zu verschiedenen Zeitpunkten aus zwei Perspektiven durch folgende Zugänge untersucht:

a. Befragung der Teilnehmenden mittels Fragebogen vor und nach dem ersten Kursabschnitt, nach dem zweiten Kursabschnitt und am Ende der Weiterbildung
b. Analyse der Protokolle der mündlichen Teilnehmer-Rückmeldungen während des ersten und dritten Kursabschnitts
c. Befragung der Kursleiter nach dem ersten und dem dritten Kursabschnitt.

Nach dem ersten Kursabschnitt lagen zur Auswertung vor: 14 von Teilnehmerinnen und Teilnehmern ausgefüllte Fragebögen (insgesamt 56 Seiten), die Protokolle der mündlichen Rückmeldungen, das erste Interview mit Johannes Wildt und ein schriftlicher Bericht von Bernd Jochen Hilberath. Nach der zweiten Kursphase lagen 15 ausgefüllte Fragebögen von Teilnehmer/innen vor (insgesamt 60 Seiten). Nach dem dritten Kursblock kamen 14 von 15 Fragebögen (insgesamt 70 Seiten) rechtzeitig zur Auswertung zurück. Außerdem lagen weitere Protokolle mündlicher Kurzrückmeldungen vor und die Abschriften des zweiten, 45-minütigen Interviews mit Wildt und eines 90-minütigen Interviews mit Hilberath.[3] Nachdem die Antworten zu den geschlossenen und offenen Fragen aus den drei Fragebögen zusammengestellt waren (insgesamt 56 Seiten),[4] wurden die Befunde analysiert, erläutert und bewertet. Methodisch zeigte sich dabei, dass die Inhaltsanalyse der Antworten auf die offenen Fragen und der mündlichen Rückmeldungen die quantitative Befragung sinnvoll ergänzt hat.[5] Auf eine

der Messung von Lehrqualität durch Befragung von Vorlesungsteilnehmern, in: P. Mohler (Hg.), Universität und Lehre: ihre Evaluation als Herausforderung an die empirische Sozialforschung, Münster 1994, 91–114, 111f.

[3] Insgesamt haben sowohl die Kursleiter als auch die Teilnehmenden für die Auswertung des Pilotprojekts jede/r 10–13 Seiten Text produziert. Die hohe Rücklaufquote der Auswertungsbögen, die relativ umfangreichen Antworten auf die offenen Fragen und der Zeitaufwand der Teilnehmenden beim Ausfüllen (durchschnittliche Bearbeitungszeit pro Fragebogen 30–40 Minuten) sowie der Zeitaufwand der Kursleiter für die Interviews sind Indikatoren für das große Interesse aller am Pilotprojekt Beteiligten an der Evaluation.

[4] Vgl. M. Scheidler, Evaluation der Hochschuldidaktischen Weiterbildung: Ergebnisse und Bewertung des 1. Blocks in Benediktbeuern (29.9.-3.10.99), Manuskript, Tübingen, 17.11.1999, 6–21 und Anhang C; dies., Evaluation der Hochschuldidaktischen Weiterbildung für Theologinnen und Theologen im Wintersemester 1999/2000, Manuskript, Tübingen, 29.5.2000, 7–17, 31–47, 63–80.

[5] In der Sozial- und Evaluationsforschung gibt es heute einen breiten Konsens darüber, dass qualitative und quantitative, formalisierte und non-formale Verfahren einander nicht ausschließen, sondern sich sinnvoll und oft notwendigerweise ergänzen. Dementsprechend sollten auch die Erhebungsverfahren so gewählt und kombiniert werden, dass eine hohe Frequenz von Rückkoppelung und Interaktion der Verfahren und Perspektiven zustande kommt, wodurch neben einer gewissen Redundanz, auch die Möglichkeiten der Überprü-

Inhaltsanalyse der teilstrukturierten Interviews[6] mit den Kursleitern wurde verzichtet, weil sie im wesentlichen mit den Sichtweisen der Teilnehmenden kompatibel sind. Zudem geben die Beiträge von Hilberath und Wildt in diesem Band auch Einblicke in Planung, Durchführung und Ertrag der Weiterbildung aus der Perspektive der Kursleiter.

Die Anlage der Evaluation hebt sich von den bekannten Formen der externen und der internen Evaluation ab. Sie nimmt die jüngere Entwicklung der Sozialforschung zur stärkeren Gewichtung der Selbstevaluation auf und verschränkt die Potenziale der Fremd- und der Selbstevaluation, insofern die Evaluatorin eine teilnehmende Beobachterin ist, die bereits im Vorfeld als Vertreterin der Bundeskonferenz der wissenschaftlichen Mitarbeiter/innen an Katholisch-Theologischen Fakultäten an der Rahmenkonzeption der Weiterbildung beteiligt war und dann selbst am Pilotprojekt teilgenommen hat. Insofern die Evaluation von der Kursleitung entkoppelt ist, handelt es sich also um eine interne Fremdevaluation, während aus der Perspektive der Träger eine Form der Selbstevaluation vorliegt.[7] Solche mehrperspektivischen Zugänge haben sich in der jüngeren Evaluationsforschung als besonders produktiv erwiesen und sind in den Sozialwissenschaften zunehmend selbstverständlich.[8] Insofern die Evaluierung der Prozess-Verbesserung dienen sollte, hat sich die Planung und Durchführung durch eine Evaluatorin, die das Projekt und den Kontext einzelner Äußerungen gut kennt, bewährt. Die Auswertung konnte nah am Lehr-Lern-Geschehen bleiben und die Ergebnisse wurden direkt in den Kursprozess eingebracht. Gerade bei diesem relativ kleinen Projekt im Umfang eines zweisemestrigen Seminars einschließlich Praxis-Anteilen war es sinnvoll, die Prozessnähe einer internen Auswertung der Distanz und möglicherweise größeren Objektivität einer externen Evaluierung vorzuziehen.[9]

---

fung und damit die Zuverlässigkeit der erhobenen Daten steigt. Vgl. Wesseler, Evaluation 681f.; W. Bos – H.-C. Koller, Die Kombination qualitativer und quantitativer Methoden bei der Ermittlung von Anworttypologien in einer empirischen Untersuchung zur Hochschuldidaktik, in: W. Bos – C. Tarnai (Hg.), Ergebnisse qualitativer und quantitativer empirischer pädagogischer Forschung, Münster 1996, 57–72, 70; Hochschulrektorenkonferenz (Hg.), Wegweiser 2000 durch die Qualitätssicherung in Lehre und Studium, in: Projekt Qualitätssicherung. Dokumente und Informationen (2000) Nr. 2, 16.

[6] Zum Spektrum der Aufgaben und Formen von Interviews in der Evaluation vgl. Wottowa – Thierau, Lehrbuch Evaluation 133f.

[7] Vgl. Wesseler, Evaluation 675f.

[8] Vgl. ebd. – Auch die Evaluierung ganzer Fachbereiche erfolgt zunehmend durch mehrperspektivische und mehrstufige Verfahren. Vgl. Hochschulrektorenkonferenz (Hg.), Wegweiser 13–16.

[9] Vgl. Arbeitsgruppe hochschuldidaktische Weiterbildung an der Albert-Ludwigs-Universität Freiburg, Besser Lehren. Heft 8: Evaluation der Lehre – ein Beitrag zur Qualitätssicherung, Weinheim 2000, 16f.

Der folgende Bericht konzentriert sich auf die Darstellung der Sichtweisen der Teilnehmenden. Zunächst werden die Auswertungsverfahren der Teilnehmerbefragungen beschrieben. Es folgt eine Darstellung der Ergebnisse, die sich auf übergreifende Tendenzen der Teilnehmerbefragungen zur Konzeptevaluation beschränkt und für einen Bericht dieser Art von Interesse ist. Eine zusammenfassende Auswertung mit Empfehlungen für die Fortführung dieses theologiespezifischen Hochschuldidaktik-Kurses und Überlegungen zur Relevanz der Weiterbildung sollen den Bericht abrunden.

2. Auswertungsverfahren der Teilnehmerbefragung

Bei der Auswertung der Teilnehmerbefragungen richtete sich das Interesse zunächst auf die Voraussetzungen zu Beginn der Weiterbildung, doch das Hauptinteresse galt den Wahrnehmungen, Erfahrungen und Einschätzungen der Teilnehmenden im Verlauf des Kurses und den eventuellen Veränderungen in Verständnis und Bedeutung des hochschuldidaktischen Handelns bei den Teilnehmenden.[10] Dazu wurden die Ergebnisse der Teilbefragungen zusammengestellt und verglichen. Zur Auswertung der Skalierungsfragen wurden zunächst die quantitativen Angaben tabellarisch mit Mittelwert und Streuung zusammengestellt. Außerdem wurden die Mittelwerte der Fragen, die nach dem ersten und dem dritten Kursabschnitt beantwortet wurden, zum Vergleich in Diagrammen dargestellt.

Für die Auswertung des qualitativen Materials der Teilnehmerbefragungen und der Protokolle der Kurz-Rückmeldungen wurde folgendes Verfahren entwickelt: Das insgesamt etwa 90 Seiten umfassende qualitative Material wurde auf grundlegende Elemente reduziert und strukturiert zusammengestellt. Die Ergebnisse der Inhaltsanalyse und die Interpretation des qualitativen Materials wurden außerdem zur Überprüfung und Präzisierung der quantitativen Auswertungsergebnisse herangezogen. Beim Zusammenstellen der Äußerungen zu den offenen Fragen stand die inhaltlich-thematische Ebene im Vordergrund des Interesses, so dass auf die Wiedergabe des exakten Wortlauts verzichtet wurde. Ähnliche Äußerungen wurden jeweils in einer Formulierung gebündelt und mit einem Vermerk zur Häufigkeit des

[10] Zu den Komponenten des Frageprogramms veranstaltungsspezifischer Evaluationen von Lehrveranstaltungen und Fortbildungen vgl. H.-D. Daniel – M. Thoma – W. Bandilla, Das Modellprojekt „Evaluation der Lehre“ an der Universität Mannheim. Planung und Durchführung von Befragungen in Lehrveranstaltungen, in: Mohler (Hg.), Universität und Lehre 81–90, 83f.; H.-D. Daniel, Methoden und Instrumente der Evaluation von Studium und Lehre, in: Hochschulrektorenkonferenz (Hg.), Im Aufbruch. Evaluation an Hochschulen, in: Beiträge zur Hochschulpolitik (2000) Nr. 9, 37–44, 38f.

Vorkommens versehen.[11] Anschließend wurden die Aussagen allgemeinen, vorher festgelegten Kategorien zugeordnet. Gleichzeitig wurden auffällige Einzelaussagen, fragliche Textteile und diejenigen Teilthemen sondiert, die relativ häufig vorkamen.[12] Bei dieser Sichtung und Strukturierung des Datenmaterials erwies es sich als sinnvoll, das Kategoriensystem induktiv anhand des vorliegenden Materials von drei auf acht Kategorien zu erweitern.[13] Die Kategorien wurden nummeriert und die einzelnen Äußerungen den vorher festgelegten sowie den neu gebildeten Kategorien zugeordnet. Drei zentrale, didaktisch relevante Kategorien der Auswertung sind bereits in der Formulierung der Fragen enthalten: 1. Lehren und Lernen bzw. didaktische Aspekte allgemein, 2. Kommunikation in Lerngruppen und 3. die Rolle als Lehrende/r. Aussagen, die sich diesen drei Kategorien zuordnen lassen, finden sich u. a. in den Antworten zum Lernertrag, zu den weiteren Lernbedürfnissen und zum Lernprozess in der Weiterbildung. Darüber hinaus wurden bei der Auswertung des qualitativen Materials folgende zusätzliche, relativ stark vertretene Teilthemen sondiert: 4. Fachdidaktik der Theologie und ihrer einzelnen Disziplinen, 5. interdisziplinäre Kooperation in der Lehre, 6. kollegiale Vernetzung, 7. Bereitschaft zu didaktischen Experimenten und 8. situative Voraussetzung der Lehre bzw. Lernvoraussetzungen der Studierenden. Diese mit Blick auf das vorliegende Auswertungsmaterial gebildeten Kategorien sind Ausdifferenzierungen der ersten drei Kategorien. Weil das qualitative Material des ersten und des dritten Kursabschnitts mit einem ähnlichen Kategoriensystem zusammengefasst und strukturiert wurde, ermöglichte das Vorgehen auch Vergleiche zwischen dem ersten und dem dritten Kursabschnitt.

Im Rückblick auf das Auswertungsverfahren ist festzustellen, dass die entwickelten Instrumente und die Struktur des Frageprogramms sich – sowohl in den kursabschnittspezifischen Teilnehmer-Fragebögen als auch in den teilstrukturierten bzw. halboffenen Interviews mit den Kursleitern und den dafür entwickelten Interviewleitfäden – bewährt haben. Die ermittelten Daten haben realistische Informationen über den Verlauf[14], den Ertrag und die Qualität der Weiterbildung geliefert. Die Evaluierung zeigt, dass im sensiblen Bereich der Lehrveranstaltungs- und Weiterbildungsevaluation

---

[11] Damit wurde eine erste, zusammenfassende Inhaltsanalyse erstellt. Vgl. P. Mayring, Einführung in die qualitative Sozialforschung, München 1990, 86.

[12] Zu den Methoden der strukturierenden und der explizierenden Inhaltsanalyse vgl. ebd.

[13] Vgl. S. Nolda – K. Pehl – H. Tietgens (Hg.), Programmanalysen, Frankfurt/M. 1998, 173; U. Flick, Qualitative Sozialforschung, Reinbek ^{2}1996, 196–211; W. Bos, Was fällt Ihnen zur akademischen Lehre ein? Ein inhaltsanalytischer Beitrag zur Validierung der Evaluation der Hochschullehre durch Befragungen, in: Mohler (Hg.), Universität und Lehre 61–80, 68.

[14] Zum Verlauf der Weiterbildung vgl. den Beitrag von J. Wildt in diesem Band.

eine aussagekräftige Erhebung durchgeführt werden kann, wenn die Kursleiter die Ziele der Evaluation kennen und sie der Teilnehmer-Befragung zustimmen. Wenn die Leiter außerdem bereit sind, den Kursverlauf selbst kritisch zu reflektieren und ihre Überlegungen z. B. in einem Interview transparent zu machen, kann der Vergleich zwischen den Sichtweisen der Teilnehmer und denen der Kursleitung zur Verständigung über den Ist-Stand und Verbesserungsmöglichkeiten der Weiterbildungsmaßnahme beitragen.

Zur weiteren Entwicklung der Teilnehmer-Befragung für die Auswertung eines Folgeprojekts sollten insbesondere die Ergebnisse der Inhaltsanalyse des qualitativen Materials berücksichtigt werden. Vor allem die induktiv gebildeten Auswertungskategorien können als Orientierung zur Erstellung eines kursadäquaten, reduzierten Frageprogramms dienen. Bei der Evaluierung ähnlicher Weiterbildungsprojekte muss berücksichtigt werden, dass eine Auswertung der Größenordnung und Komplexität, wie sie für dieses Pilotprojekt vorgenommen wurde, sich nur mit einem hohen personellen und zeitlichen Aufwand bewältigen lässt. Deshalb sollte eine Überarbeitung der Fragebögen und der Interview-Leitfäden vor allem auf eine elementarisierende Reduktion des Frageprogramms ausgerichtet sein, damit eine überschaubare Menge aussagekräftiger Daten zu den zentralen Aspekten der Weiterbildung erhoben wird.

3. Ergebnisse der Teilnehmerbefragung im Überblick

Weil eine detaillierte Dokumentation der Auswertung den Rahmen dieses Berichts sprengen würde, werden die Informationen im Folgenden verdichtet dargestellt: es sollen nur ausgewählte Ergebnisse und übergreifende Tendenzen beschrieben werden.[15] Die Darstellung beginnt bei den hochschuldidaktischen Vorkenntnissen der Teilnehmenden. Anschließend werden die Antworten auf die offenen Fragen zum Lernertrag und den weiteren Lernbedürfnissen gebündelt. Drittens geht es um die quantitativen Ergebnisse der Teilnehmerbefragung zu den Inhalten, zum Lehr-Lernprozess und zur allgemeinen Einschätzung des Kurses. Viertens werden die Ergebnisse zur Konzeption und Durchführung des mittleren Kursabschnitts mit der Gruppensupervision und den wechselseitigen Hospitationen in den Lehrveranstaltungen während des Wintersemesters 1999/2000 beschrieben. Fünftens geht es um die Ergebnisse zur Strukturqualität, d. h. um Organisation und Rahmenbedingungen des Pilotprojekts, aus der Sicht der Teilnehmerinnen und Teilnehmer.

[15] Zu den Ergebnissen im Detail vgl. Anm. 4.

3.1 Hochschuldidaktische Vorkenntnisse der Teilnehmenden

Die Angaben über die eigenen Vorkenntnisse und -erfahrungen, die durch einen Kurzfragebogen im Vorfeld des ersten Seminarblocks erhoben wurden, zeigen: Alle Kursteilnehmer/innen haben bereits Erfahrungen mit selbständiger Uni-Lehrtätigkeit[16] oder mit Lehrtätigkeiten in Kooperation mit einem Professor oder einer Professorin. Elf von vierzehn Personen geben an, dies sei ihre erste hochschuldidaktische Weiterbildung. Zwei Teilnehmende hatten bereits an einer didaktischen Fortbildung ihrer Universität teilgenommen und für einen Teilnehmer war dies schon die dritte hochschuldidaktische Weiterbildung. Nur ein Teilnehmer gibt an, seine didaktischen Kompetenzen in der zweiten Ausbildungsphase für den pastoralen Dienst erworben zu haben. Niemand hat das Referendariat in der Schule gemacht. Allerdings haben fünf Personen bereits im Kontext von Schulpraktika und außerschulischer Bildungsarbeit didaktische Kompetenzen erworben. Fast die Hälfte der Teilnehmenden[17] hat Kenntnisse über Didaktik durch die Lektüre didaktischer Fachbücher erworben. Dreizehn Personen geben an, sich autodidaktisch, in der eigenen Lehrpraxis Kompetenzen angeeignet zu haben. Insgesamt fällt die Einschätzung der eigenen hochschuldidaktischen Kenntnisse relativ niedrig aus. Es fällt auf, dass vor Kursbeginn nur wenige der Nachwuchswissenschaftler/innen systematisch an der Entwicklung didaktischer Kompetenzen gearbeitet haben.[18]

3.2 Lernertrag und weitere Lernbedürfnisse

An den Antworten der Teilnehmer/innen zu den offenen Fragen wird deutlich, dass im Verlauf des Kurses auf der kognitiven und der pragmatischen Ebene der Einstieg in die zentralen Dimensionen didaktischen Handelns in der Hochschule gut gelungen ist. Die Reflexion des systematischen Zusammenhangs von Inhalten, Zielen, Methoden und Medien des Lernens geschah nicht nur auf einer abstrakten Ebene, sondern insbesondere im zweiten Kursabschnitt während des Wintersemesters 1999/2000 bei der Planung und Durchführung der Lehrveranstaltungen auch im je eigenen Fach. Damit verbindet sich bei den meisten eine neue Aufmerksamkeit für die Kommu-

---

[16] Die Lehrtätigkeit während des Wintersemesters 1999/2000 an einer theologischen Fakultät oder einem Institut war eine der Voraussetzungen zur Teilnahme am Pilotprojekt der Weiterbildung.

[17] Weil bei dieser Frage Mehrfachnennungen möglich waren, übersteigt hier die Zahl der gegebenen Antworten die vierzehn ausgefüllten Fragebögen.

[18] Zu verschiedenen Wegen und Mustern des „Lernens der Lehre“ vgl. H. Schaeper, Lehrkulturen, Lehrhabitus und die Struktur der Universität. Eine empirische Untersuchung fach- und geschlechtsspezifischer Lehrkulturen, Weinheim 1997, 210–222.

nikation in universitären Lehr-Lernprozessen und für die Studierenden mit ihren Lernvoraussetzungen. Die Nachwuchswissenschaftler/innen haben eine ihnen vorher unbekannte didaktische Experimentierfreude entwickelt und ihre Rolle als Lehrende reflektiert. Bezüglich des fachdidaktischen Handelns in der Theologie ist die Reflexion der Lernziele des Theologiestudiums und der Fächergruppen gelungen. Außerdem wurden theologiespezifische Fragen in der Auseinandersetzung mit dem Thema Prüfungen, mit den Problemen der Stoffreduktion in theologischen Lehrveranstaltungen und der Frage nach Formen der interdisziplinären Kooperation in der Lehre behandelt. Den Rückmeldungen der Teilnehmer/innen zufolge sind diese theologiespezifischen Arbeitseinheiten gut gelungen. Einige Kursteilnehmer schlagen vor, bei einer Wiederholung des Kurses noch ausführlicher auf theologiespezifische Fragen einzugehen.

Während die Nachwuchswissenschaftler/innen ihre hochschuldidaktischen Kenntnisse vor Beginn des Kurses relativ niedrig einschätzten, fällt die Einschätzung nach Abschluss des Kurses signifikant höher aus. Ein Vergleich der Äußerungen zu den offenen Fragen nach dem ersten Kursabschnitt mit den Antworten nach dem dritten Kursblock, zeigt, dass die Teilnehmenden

- die didaktische Fachsprache kennen und sie nach Abschluss des Kurses in ihren schriftlichen Äußerungen angemessen nutzen können
- didaktische Kategorien kennen und ihre auf die Lehrpraxis bezogenen Beobachtungen/Reflexionen diesen Kategorien zuordnen können
- Kriterien guter Hochschullehre kennen und sich bei der Planung, Durchführung und Reflexion der eigenen Lehrveranstaltungen daran orientieren
- in den hochschuldidaktischen Praxis-Theorie-Praxis-Zirkel eingestiegen sind und didaktische Probleme präzise wahrnehmen und reflektieren
- eine Vielfalt didaktischer Fragestellungen auch mit Bezug auf ihre Rolle als Lehrende wahrnehmen und für sich persönlich als bedeutsam einstufen.

Bezüglich des Lernertrags der Weiterbildung sind nicht zuletzt die zahlreichen im qualitativen Material verstreuten Äußerungen zur Entdeckung des Potenzials kollegialer Vernetzung und Beratung zu beachten. Viele Aussagen belegen, dass die Kollegialitäts- und Solidaritätserfahrungen, die Förderung der Feedback-Kultur und das Einüben sachlicher Kritik im Kollegenkreis von den Teilnehmenden als ausgesprochen wichtige Erträge dieser hochschuldidaktischen Weiterbildung gewertet werden.

Zur Frage nach weiteren didaktikbezogenen Lernbedürfnissen melden die Nachwuchswissenschaftler/innen vor allem den Bedarf an, die im Rahmen des Kurses entwickelten Kenntnisse und Kompetenzen zu erweitern – z. B. hinsichtlich der Gesprächsführung[19] und der wissenschaftlichen Textarbeit in Seminaren, hinsichtlich der speziellen didaktischen Herausforderungen in den verschiedenen theologischen Disziplinen, hinsichtlich interdisziplinärer Kooperation und Team Teaching in der Lehre.[20] Insgesamt ist angesichts der zeitlichen Begrenzung von zweimal fünf Kurstagen festzustellen, dass die Quantität und Qualität des Lernertrags ausgesprochen hoch ist. Auch und gerade die Artikulation weiterer Lernbedürfnisse ist als Indikator für den Erfolg und die Wirksamkeit des Kurses zu werten.

3.3 Inhalte und Lehr-Lernprozesse

Die wichtigsten Ergebnisse zu den Skalierungsfragen, die sich auf die Inhalte, die Lehr-Lernprozesse und die allgemeine Einschätzung der Weiterbildung beziehen, werden zur Verdichtung der Information in den Diagrammen dargestellt.

Die Ergebnisse zu den Inhalten der Weiterbildung spiegeln, dass die Nachwuchswissenschaftler/innen in diesem Bereich besonders hohe und vielfältige Erwartungen hatten. Diese konnten in der Detailplanung des Kurses insgesamt gut, aber in den zweimal fünf Kurstagen nicht in jedem Einzelfall berücksichtigt werden. Nach dem dritten Kursabschnitt liegen die Einschätzungen zu den Inhalten der Weiterbildung im oberen Drittel der Skala. Dass die Mittelwerte der Skalierungsfragen zum Lehr-Lernprozess verglichen mit den Mittelwerten zu den Lerninhalten höher ausfallen, ist darauf zurückzuführen, dass die Teilnehmenden bezüglich der Qualität der Lernprozess-Gestaltung eher niedrige Erwartungen hatten und sie diesbezüglich im Verlauf der Weiterbildung positiv überrascht wurden. Die Ergebnisse zur Einschätzung des Lehr-Lernprozesses fallen nach dem dritten Kursabschnitt noch positiver aus als nach dem ersten und dokumentieren die hohe Zufriedenheit mit der teilnehmer- und prozessorientierten Gestaltung[21] des Kurses, mit der Kursleitung und der Arbeitsatmosphäre. Mit sehr

---

[19] Das Thema Gesprächsführung stand im dritten Kursblock neben anderen brennenden Themen für einen offen geplanten Kurstag zur Auswahl, bekam jedoch bei der Abstimmung nicht genügend Stimmen von den Teilnehmenden und konnte dann in der zur Verfügung stehenden Zeit nicht behandelt werden.

[20] Zum didaktischen Potenzial interdisziplinärer Kooperationen vgl. L. Duncker – W. Popp, Über Fachgrenzen hinaus. Chancen und Schwierigkeiten des fächerübergreifenden Lehrens und Lernens, Bd. 1, Heinsberg 1997; J. Wildt, Lehre – Studium. Reflexion über eine Differenz, in: W.-D. Webler, Der Ort der Lehre in der Hochschule, Weinheim 1991, 179–197, 188ff.; J.-H. Olbertz (Hg.), Zwischen den Fächern – über den Dingen? Universalisierung versus Spezialisierung akademischer Bildung, Opladen 1998.

[21] Vgl. J. Knoll, „Ihr wisst schon was, also könnt ihr reden …“ Für eine erwachsenengerechte Didaktik im Seminar, in: Seminar (1995) Nr. 2, 64–71; E. Meueler, Didaktik der

hohen Mittelwerten bestätigen die Teilnehmenden die fachliche Kompetenz der Kursleiter und die Aussage, dass sie durch die Weiterbildung motiviert wurden, ihre eigenen Lehrveranstaltungen didaktisch kreativer zu gestalten. Insgesamt bestätigen die Ergebnisse der Teilnehmerbefragung zu den Inhalten und zum Lehr-Lernprozess, dass das Rahmenkonzept der Weiterbildung, der dezidiert teilnehmer- und prozessorientierte Ansatz sowie die Detailkonzeption und Durchführung der Arbeitseinheiten für eine hochschuldidaktische Weiterbildung in der Theologie sehr geeignet sind.

Abb. 1: Inhalte im ersten und dritten Kursabschnitt:

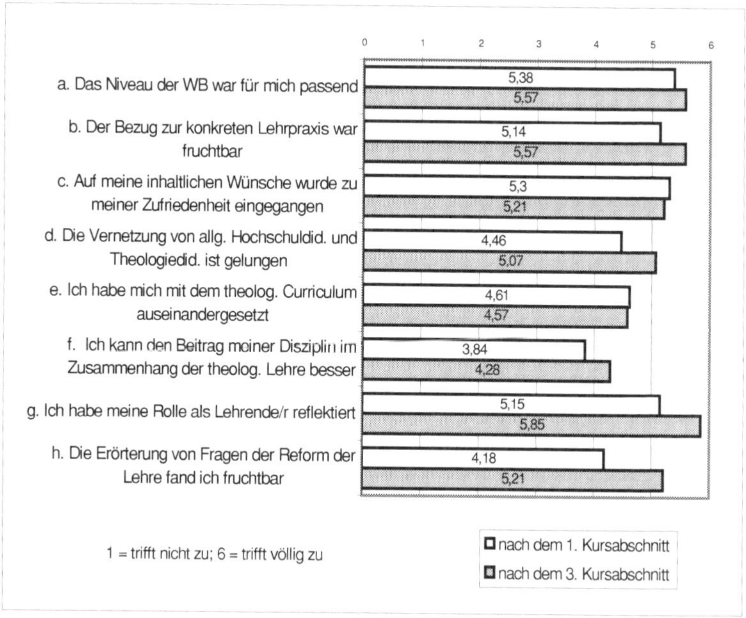

Erwachsenenbildung/Weiterbildung als offenes Projekt, in: R. Tippelt (Hg.), Handbuch Erwachsenenbildung/Weiterbildung, Bd. 2, Opladen 1994, 615–628.

Abb. 2: Lehr-Lernprozesse im ersten und dritten Kursabschnitt:

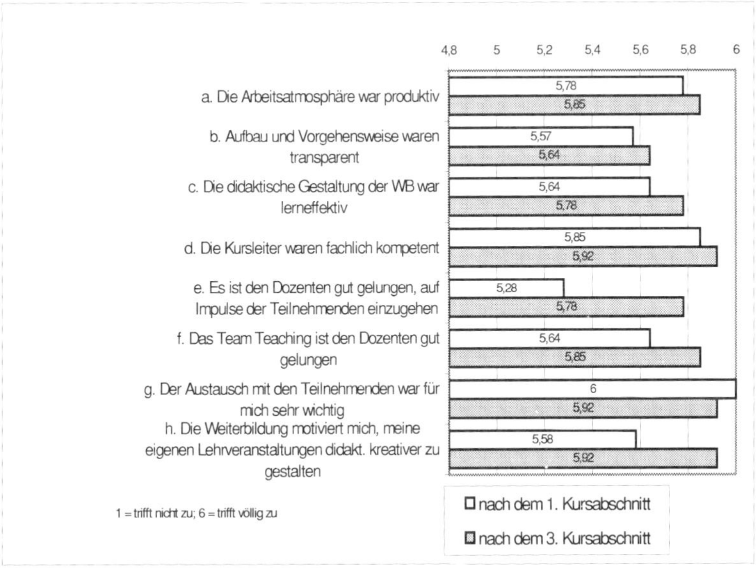

Abb. 3: Allgemeine Einschätzung der Weiterbildung:

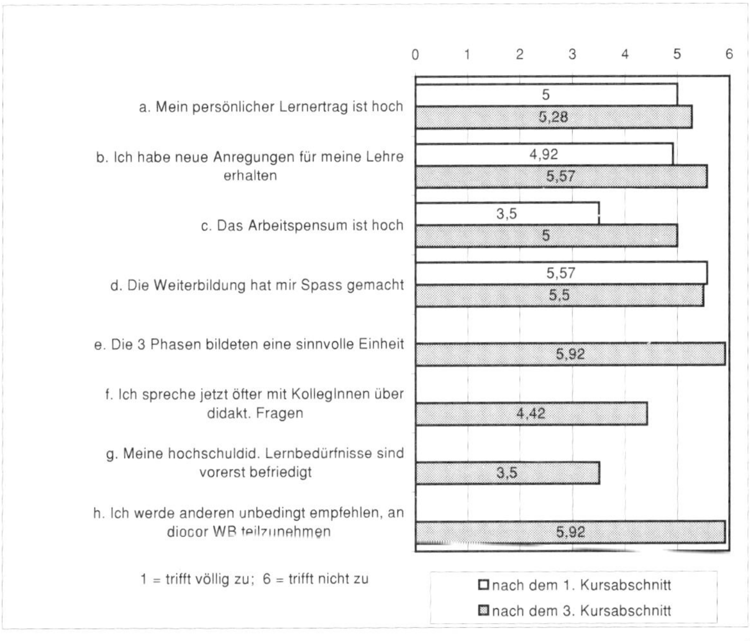

Die Ergebnisse zur allgemeinen Einschätzung des Kurses spiegeln die Zufriedenheit mit der Weiterbildung insgesamt. Vier Fragen wurden bereits nach dem ersten Kursabschnitt gestellt, so dass die Ergebnisse mit denen vom Ende der Weiterbildung verglichen werden können. Insbesondere die Ergebnisse zur Höhe des persönlichen Lernertrags und zu den Anregungen für die eigene Lehre weisen darauf hin, dass die Konzeption und Durchführung der Weiterbildung aus der Sicht der Teilnehmenden gelungen ist. Ein hohes Lob auf die Rahmenkonzeption und die Verknüpfung der drei Kursabschnitte artikulieren die Teilnehmenden mit ihrer Einschätzung, dass die drei Kursphasen eine sinnvolle Einheit bilden. Obwohl die Aussage: „Ich spreche jetzt öfter mit Kolleginnen und Kollegen über didaktische Fragen", nur einen relativ niedrigen Mittelwert erreicht, ist dies ein durchaus gutes Ergebnis. Die Streuung der Antworten verteilt sich über die Werte „Sechs" bis „Zwei". Siebenmal wurde der Wert „Fünf" und viermal „Vier" angekreuzt. Die Mehrheit der Kursteilnehmer stimmt also der Aussage zu, dass sie infolge der Weiterbildung häufiger mit Kollegen über Fragen der Lehre sprechen. Weil Lehrende nicht nur an theologischen Fakultäten, sondern an Hochschulen überhaupt, im Kollegenkreis nur selten didaktische Fragen diskutieren, ist gerade dieses deutlich über dem Mittelwert der Normalverteilung liegende Ergebnis ein erfreulicher Ertrag des Kurses. Einen niedrigen Mittelwert erreicht die Aussage: „Meine hochschuldidaktischen Lernbedürfnisse sind mit dieser Weiterbildung vorerst befriedigt." Dies spiegelt sowohl die hohen Erwartungen der Teilnehmenden als auch die Erfahrung, dass im Verlauf des Kurses fast jede Klärung einer hochschul- oder theologiedidaktischen Frage weitere Fragen nach sich zog, die in den zeitlichen Grenzen dieses Kurses nicht in allen Details besprochen werden konnten. Letzteres hat aber auch das Interesse der Teilnehmenden gefördert, sich z. B. im Rahmen des Netzwerkes weiter mit didaktischen Fragen auseinander zu setzen. Die Aussage: „Ich werde anderen unbedingt empfehlen, an dieser Weiterbildung teilzunehmen", erreicht einen hohen Mittelwert, was ein Indikator dafür ist, dass der Kurs in der Vielfalt seiner Aspekte für die Nachwuchswissenschaftler/innen der Theologie lohnenswert war und unbedingt wiederholt werden sollte. Insgesamt bestätigen die Ergebnisse zur allgemeinen Einschätzung, dass die Kurskonzeption sich in der Durchführung des Pilotprojekts im Wintersemester 1999/2000 bewährt hat.

3.4 Konzeption und Durchführung der zweiten Kursphase

Auch die Ergebnisse der Teilnehmer-Befragung über die zweite Phase der Weiterbildung sind insgesamt positiv. Die Rückmeldungen lassen darauf schließen, dass die Bedeutung der Kursphase während des Semesters zwischen den beiden Kursblöcken vor allem im direkten Praxisbezug liegt. Allerdings ist diese Praxisphase nicht nur hinsichtlich der Förderung didaktischer Kompetenzen, sondern auch hinsichtlich der Feedback- und Kollegialitätserfahrungen unter den Teilnehmerinnen und Teilnehmern von sehr hoher Relevanz. Die Ergebnispräsentation und Auswertung dieses Kursabschnitts erfolgt in zwei Schritten: zunächst geht es um die Gruppensupervision und anschließend um die wechselseitigen Hospitationen in den Lehrveranstaltungen mit den kollegialen Feedbackgesprächen.

3.4.1 Gruppensupervision

Die Gruppensupervision war als Teil der Weiterbildung darauf ausgerichtet, die Teilnehmenden in der Praxisphase des Wintersemesters bei der Reflexion ihrer Lehrveranstaltungen und den wechselseitigen Hospitationen mit den Reflexionsgesprächen zu unterstützen.[22] Die Äußerungen der Teilnehmenden zu den in der Supervision behandelten Themen, zu den Erwartungen und zum Ertrag lassen sich folgenden Kategorien zuordnen, die zugleich die Zielfelder der Supervision im Kontext dieser Weiterbildung markieren:

1. didaktische Fragen des Unterrichts (aus eigenen und hospitierten Lehrveranstaltungen und den Reflexionsgesprächen ...)
2. Probleme aus dem weiteren Arbeitsfeld an der Hochschule (aus dem komplexen Bezugsfeld der Universität; Beziehungen mit Studierenden, Vorgesetzten, Kolleginnen und Kollegen; spezifische Bedingungen des institutionellen Rahmens ...)
3. Fragen aus dem Spannungsfeld zwischen der jeweiligen Berufsrolle an der Fakultät sowie der persönlichen und beruflichen Identität
4. Probleme, die sich aus der Zusammenarbeit, aus den kollegialen Hospitationen und den Besprechungen der Lehrveranstaltungen, in der regionalen Gruppe ergeben.

Aus der Teilnehmerbefragung nach dem zweiten Kursabschnitt geht hervor, dass in den Gruppensupervisionen überwiegend didaktische Aspekte der Hochschullehre thematisiert wurden: Probleme aus laufenden Lehrveranstaltungen und Situationen aus den Hospitations-Nachgesprächen. Diese Themen aus der Unterrichtspraxis und den kollegialen Reflexionsgespräche werden von den Teilnehmenden als besonders wichtig eingestuft. Weniger häufig wurden Probleme aus dem weiteren Arbeitsumfeld an der Hochschule thematisiert. Verhältnismäßig selten wurden die berufliche Rolle und persönlichkeitsorientierte Fragen thematisiert. Entsprechend dem Setting der Gruppensupervision ist allerdings davon auszugehen, dass diese Ebene auch bei einer schwerpunktmäßig auf Lehr-Lernsituationen bezoge-

---

[22] Zu allgemeinen Zielen, Inhalten und Formen der Supervision beruflichen Handelns in sozialen und pädagogischen Praxisfeldern vgl. Ausschuß Aus- und Fortbildung des Deutschen Caritasverbandes, Bedeutung und Bedingungsrahmen von Supervision, in: Caritas 93 (1992) 40–47.

nen Supervision nicht ausgeblendet bleibt. Auch wenn die didaktische Ebene im Vordergrund der Supervisionsarbeit steht, spielen immer wieder berufsrollen- und persönlichkeitsorientierte Ebenen hinein.[23] Ein relativ wichtiger Themenbereich ergab sich aus der Zusammenarbeit in den regionalen Gruppen. Dies zeigt sich an der großen Bedeutung, die den Rückmeldungen zufolge das Thema „Feedback/Kritik geben und annehmen" in den Supervisionsgesprächen hatte. Bei der Besprechung von Themen, die sich aus der Zusammenarbeit in den Gruppe ergaben, hatten die Supervisionen auch die Funktion der Teamsupervision.[24]

Zur Frage, was die Gruppensupervision vor allem gebracht habe, meinen die Teilnehmenden, dass dieses Element der Weiterbildung Erlebnisse der Kollegialität und der Solidarität[25] in einem Arbeitsfeld ermöglicht habe, in dem man sich sonst oft als Einzelkämpfer oder als Einzelkämpferin erlebt. Häufig wird als Ertrag der Supervision ein „intensiver Austausch über Lehr-Erfahrungen im Kreis von Kolleginnen und Kollegen" genannt, „der ohne die externe Unterstützung durch den Supervisor nicht so gut funktioniert hätte." Außerdem werden genannt: die Ermutigung zu didaktischen Experimenten, zum persönlichen Lehrstil und zur Reflexion von Lehr-Lernprozessen im Kollegenkreis. Zur Frage nach Verbesserungsvorschlägen für diesen Kursabschnitt wird angemerkt, dass eine ausführliche Vorbesprechung der Supervision den Prozess in den regionalen Gruppen zur Sondierung und Entscheidung – bezüglich des Ansatzes der Supervision, der Person des Supervisors, des Ortes und der Termine – erleichtern könnte. Weiterc Rückmeldungen zeigen aber, dass die notwendige Selbstorganisation der Teilnehmenden in der zweiten Kursphase gut funktioniert hat. Insgesamt ist festzustellen, dass die Supervision sich als wirkungsvolle Form der Unterstützung in der Praxisphase dieser Weiterbildung erwiesen hat, und die Selbstorganisation der regionalen Gruppen sich ausgesprochen positiv auf das Engagement in der Weiterbildung ausgewirkt hat.

Die Fokussierung der Supervisionen auf das Handlungsfeld der Lehrveranstaltungen[26] war für die Praxisphase der Weiterbildung sehr produktiv.

---

[23] Vgl. W. Pallasch, Unterrichtliche Supervision, in: ders. u. a. (Hg.), Beratung – Training – Supervision. Eine Bestandsaufnahme über Konzepte zum Erwerb von Handlungskompetenz in pädagogischen Arbeitsfeldern, Weinheim 1992, 200–212, bes. 205ff.; Arbeitsgruppe Hochschuldidaktische Weiterbildung an der Albert-Ludwigs-Universität Freiburg, Besser Lehren. Heft 7: Lösungsorientierte Beratung durch expertengestützten Erfahrungsaustausch, Weinheim 1998, 8f.

[24] Vgl. J. Fengler, Wege zur Supervision, in: Pallasch u. a. (Hg.), Beratung – Training – Supervision 173–187, 178.

[25] Vgl. ebd. 185f.; J. Schlee, Beratung und Supervision in kollegialen Unterstützungsgruppen, in: ebd. 188–198.

[26] Vgl. Pallasch, Unterrichtliche Supervision 200–212.

Die Supervisionsgespräche gingen in der Regel von alltäglichen Situationen der Teilnehmenden an theologischen Fakultäten und Instituten aus: von den didaktischen Arrangements bzw. den Entscheidungen bzgl. der Ziele, Inhalte, Methoden und Medien eines Seminars oder einer Vorlesung, von der Art und Weise des Umgangs des/der Lehrenden mit den Studierenden oder von den Kommunikations-, Sozial- und Arbeitsformen in einer Lehrveranstaltung, die Aufschlüsse darüber geben, was einer Lehrperson wichtig ist und welches ihre zumindest implizierten educational beliefs sind. Der zunächst enge, unterrichtsbezogene Blickwinkel weitete sich im Verlauf der Gespräche oft auf grundlegende Fragen des Lehrens und Lernens, die einerseits das handwerkliche Geschick tangieren und andererseits allgemeine Ziele und Perspektiven der Lehrperson berühren. Der fachliche, auf die konkrete Unterrichtspraxis bezogene Austausch eröffnete den Supervisanden nicht nur neue Sichtweisen für die Lehre, sondern auch grundlegende pädagogische, psychologische und soziologische Perspektiven auf ihr Arbeitsfeld an der Hochschule. Insofern bei den Gesprächen persönlichkeitsorientierte Fragen oder durch den institutionellen Rahmen bedingte Probleme angesprochen wurden, reflektierten die Gruppen auch diese ausführlicher.

Hinsichtlich der Intention und der Fokussierung der Gruppensupervision ist den Rückmeldungen der Teilnehmenden zu entnehmen, dass am allgemeinen Ziel der Unterstützung der praxisorientierten Kursphase bei einer Wiederholung der Weiterbildung unbedingt festgehalten werden sollte, weil dadurch nicht nur die Bereitschaft zu didaktischen Experimenten und Veränderungen der bisherigen Lehrpraxis gefördert werden, sondern auch die kollegialen Hospitationen und Reflexionsgespräche. Insofern die Teilnahme an der Gruppensupervision ein Pflichtelement der Weiterbildung ist, die Gruppen sich also nicht völlig freiwillig und nur nach Sympathie zusammenfinden können, gibt es im Kontext der Hospitationen immer auch thematischen und gruppendynamischen Zündstoff, den die Gruppen in der Regel besser mit Hilfe eines externen Supervisors als in Eigenregie bearbeiten können. Obwohl die Gruppenmitglieder aufgrund eigener Erfahrung und Kompetenz viele Fragen der Lehre und des weiteren Arbeitsfeldes an den Fakultäten und Instituten in Peer-Gesprächen klären können, ist es ergänzend zu den Gesprächen im Kollegenkreis sehr hilfreich, in regelmäßigen Abständen mit einem externen, professionellen Supervisor, der u. a. für die Arbeitsfähigkeit der Gruppe sorgt,[27] einzelne Probleme neu zu beleuchten und weitere Lösungen zu entwickeln. Vor diesem Hintergrund ist für eine Wiederholung des Kurses zu empfehlen, dass die Gruppen in der Sondierungsphase entsprechend der Vorgaben im Pilotprojekt Supervisorinnen und Supervisoren bevorzugen, die neben der Bereitschaft mit katholischen

[27] Vgl. Fengler, Wege zur Supervision 177.

Theologinnen und Theologen zu arbeiten auch entsprechende Feldkenntnisse der Hochschule und didaktische Kompetenzen mitbringen.[28] Für das Engagement der Supervisanden, für die Funktionstüchtigkeit der Gruppen und die Produktivität der Supervision ist nicht zuletzt die freie Wahl des Supervisors im Rahmen der Selbstorganisation der Gruppen wichtig.

3.4.2 Hospitationen und kollegiale Reflexionsgespräche

Bei den gegenseitigen Hospitationen und Feedbackgesprächen ging es darum, mit den im ersten Kursblock erarbeiteten hochschuldidaktischen Elementen zur Planung, Durchführung und Reflexion theologischer Lehrveranstaltungen in der Lehrpraxis des Wintersemesters zu experimentieren und die Reflexion im Praxis-Theorie-Praxis-Zirkel durch Feedback und kollegialen Austausch zu vertiefen. Insgesamt zeigen die Rückmeldungen zum zweiten Kursabschnitt, dass die Teilnehmenden die Hospitationen und Feedbackgespräche als ein besonders wichtiges Element der Weiterbildung erlebt haben. Allerdings dürfte die Relevanz dieses Kursbausteins ohne die Zuarbeit aus den anderen Teilen des Kurses erheblich niedriger sein.

Aus der Teilnehmer-Befragung zu den Hospitationen ergibt sich ein Bild der vielen, auf die konkrete Lehrpraxis bezogenen Themen der Feedbackgespräche. Die Markierungen von besonders wichtigen Themen weisen darauf hin, dass dieser Kursbaustein wegen des individuellen Zuschnitts der Gespräche auf die hospitierte Veranstaltung und die Lehrperson sehr fruchtbare Momente im hochschuldidaktischen Praxis-Theorie-Praxis-Zirkel beinhaltet. Die Teilnehmenden geben an, dass es in den Unterrichtsbesprechungen meistens um Alternativen zu den gewählten Methoden, Medien und Sozialformen ging, um Alternativen zum Verhalten der Lehrperson, um den persönlichen Lehrstil und die Gesprächsführung. Häufig ging es um die Begrenzung der Stofffülle und die Visualisierungen, um Vergleiche zwischen der Planung und dem tatsächlichen Verlauf der Lehrveranstaltung, um die Lernvoraussetzungen der Studierenden und um Möglichkeiten des Arbeitens mit heterogenen Lerngruppen. Hinsichtlich der Intentionen der Unterrichtsbesprechungen zeigen die Rückmeldungen, dass in der Regel nicht nur kurze Feedbackgespräche, sondern Reflexionsgespräche über die didaktische Anlage und den Verlauf der Lehrveranstaltung geführt wurden. Die primäre Intention der Unterrichtsbesprechungen bestand darin, der/dem Hospitierten offene, konstruktive und sachliche Rückmeldung zu ihren/seinen Äußerungen und zum Verhalten während der Lehrveranstaltung zu geben. Die Person, die das Feedback erhält, kann dann jeweils entscheiden,

---

[28] Vgl. ebd. 181f.; Pallasch, Unterrichtliche Supervision 205; O. Fuchs, Supervision in der Krise der Pastoral, in: R. Bärenz (Hg.), Theologie, die hört und sieht, Würzburg 1998, 169–185.

was sie mit der positiven und negativen Kritik, mit den unterschiedlichen Wahrnehmungen und Änderungsvorschlägen der Hospitanten machen will. Weitere Intentionen der Gespräche bestanden darin, die hospitierte Lehrveranstaltung zu reflektieren, indem man den tatsächlichen Verlauf mit Blick auf den Plan, die Erwartungen, die Lernziele und die neu gewonnenen Einsichten bespricht, die Abweichungen vom Plan mit ihren Ursachen und Konsequenzen analysiert und Alternativen entwickelt.

Obwohl es insgesamt recht gut gelungen scheint, die Reflexionsgespräche im Kollegenkreis spontan zu moderieren und zu strukturieren, ist es besonders in Dreier- und Vierergruppen hilfreich, vorher nicht nur die Rahmenbedingungen abzusprechen, sondern auch festzulegen, wer das Gespräch als prima/us inter pares moderiert.[29] Weil die Gesprächssituation einer Unterrichtsbesprechungen für Nachwuchswissenschaftler/innen sehr ungewohnt ist, zugleich aber ein großes Lernpotenzial enthält, sollten diese Gespräche bei einer Wiederholung des Kurses gründlicher vorbereitet werden. Das Lernpotenzial der Reflexions- und Feedbackgespräche liegt nicht nur auf der sachlich-didaktischen Ebene, sondern besteht auch darin, dass die Feedback-Geber lernen, wie man anderen positive und negative, aber zugleich konstruktive und sachliche Kritik geben kann. Die Feedback-Empfänger lernen, wie sie sich für Kritik öffnen und nachfragen können, wenn sie etwas genauer wissen wollen; sie lernen, erforderlichenfalls Grenzen zu setzen und selbst zu entscheiden, was sie mit der Kritik machen wollen.[30] Weil der Umgang an den Universitäten vielfach durch Konkurrenz bestimmt ist, fällt Kritik nicht selten einseitig, negativ und niedermachend aus. Gleichzeitig müssen Lehrende aber in vielen Situationen den Studierenden Rückmeldung geben und ihrerseits bereit sein, Rückmeldungen von den Studierenden zu empfangen. Vor diesem Hintergrund haben die Teilnehmenden die alternativen Erfahrungen mit dem Geben und Empfangen von Kritik im Rahmen der Weiterbildung als sehr wertvoll eingeschätzt.

Die Antworten zur Frage nach den (nicht) erfüllten Erwartungen an die kollegiale Beratung zeigen, dass das besondere Potenzial dieses Kursbausteins in der Praxisnähe der Unterrichtsnachgespräche liegt, in den konkreten und persönlichen Rückmeldungen, in der gemeinsamen Entwicklung von Alternativen und den vielfältigen Anregungen aus hospitierten Lehrveranstaltungen. Außerdem hatten die Kursteilnehmer im Zusammenhang mit den Hospitationen die Möglichkeit, andere Hochschulen und Fakultäten kennen zu lernen. Zur Frage nach den Änderungsvorschlägen für den zweiten Kursabschnitt wird insbesondere der Bedarf nach einer gründlicheren Anleitung zu den Reflexionsgesprächen artikuliert. Insgesamt erscheinen

[29] Vgl. Schlee, Beratung 195.
[30] Vgl. ebd. 198.

die Hospitationen den Rückmeldungen zufolge als Herzstück des Kurses. Dieser Kursbaustein wäre allerdings ohne die begleitende Gruppensupervision mit einem externen Supervisor sowie die Vor- und Nacharbeit in den beiden Seminarblöcken weniger ertragreich ausgefallen. Weil kollegiale Hospitationen an den Universitäten äußerst selten realisiert werden,[31] gehören die positiven Erfahrungen mit den Hospitationen und den anschließenden Feedback- und Reflexionsgesprächen, zu den besonders wertvollen Erträgen des Kurses.[32] Bei den Hospitationen war die Selbstorganisation und Selbstleitung der Gruppen vor Ort noch stärker herausgefordert als bei den Supervisionen. Dies hat allerdings auch die Kollegialitätserfahrungen unter den Teilnehmenden verstärkt.[33]

Einige Teilnehmerinnen und Teilnehmer werden sich auch zukünftig Hospitationen und Feedbackgepräche mit Kollegen organisieren, weil diese Form der Rückmeldung und Reflexion auf die eigene Lehre viel bringt und mit relativ geringem Aufwand realisierbar ist. Weil es nicht selbstverständlich ist, dass in der Alltagspraxis an den Hochschulen Gesprächssituationen für ein konstruktives Feedback und Reflexionen über Lehr-Lernprozesse entstehen, sind die Erfahrungen des Pilotprojekts mit der kollegialen Hospitation und der Peer-Beratung sehr ermutigend. Unterstützt durch die Gruppensupervision schaffen die Hospitationen und Unterrichtsbesprechungen im Kollegenkreis Bedingungen, die Veränderungsprozesse nicht nur im Bereich des Lehrens und Lernens, sondern auch in der Arbeitsatmosphäre und speziell der Feedbackkultur an Fakultäten und Instituten erleichtern.

3.5 Strukturqualität der Weiterbildung

Die Ergebnisse der Befragung zur Strukturqualität der Weiterbildung spiegeln die insgesamt hohe Zufriedenheiten der Teilnehmenden mit der Organisation und den Rahmenbedingungen des Kurses. Besonders positiv schätzen die Teilnehmenden die Verpflegung, die Unterbringung und die für den Kurs förderliche Atmosphäre in Benediktbeuern ein sowie die Organisation der Weiterbildung insgesamt. Auch die Einschätzung der Aussage: „Die Gottesdienste/Meditationen haben der Weiterbildung einen angemessenen Rahmen gegeben", fällt positiv aus. Dass die Streuung der Antworten zu dieser Frage größer ist als beispielsweise zur Unterbringung, dürfte auf un-

---

[31] Vgl. D. Wahl, Handeln unter Druck. Der weite Weg vom Wissen zum Handeln bei Lehrern, Hochschullehrern und Erwachsenenbildnern, Weinheim 1991, 221.

[32] Vgl. Schlee, Beratung 188–199.

[33] Zu ähnlichen Erfahrungen vgl. E. Arnold u. a., Gemeinsam arbeiten, selbstbestimmt lernen. Entwurf eines Konzepts für die hochschuldidaktische Weiterqualifizierung von Assistentinnen und Assistenten, in: dies. u. a. (Hg.), Lehren lernen. Ergebnisse aus einem Projekt zur hochschuldidaktischen Qualifizierung, Münster 1997, 157–178.

terschiedliche spirituelle Prägung und den individuellen Geschmack zurück zu führen sein, dem die Gruppe dadurch gerecht geworden ist, dass die Kursteilnehmer/innen im Wechsel die Gestaltung je eines Gottesdienstes übernommen haben. Einen relativ hohen Mittelwert erreicht auch die Einschätzung der Länge des Anreiseweges nach Benediktbeuern, doch die Angaben hierzu sind über alle Felder der Skala verstreut. Hier zeigt sich, dass einige Kursteilnehmer einen längeren Anreiseweg hatten.

Das Gespräch mit Bischof Dr. Heinrich Mussinghoff, Vorsitzender der Kommission für Fragen der Wissenschaft und Kultur der Deutschen Bischofskonferenz, und das Gespräch mit Prof. Godehard Ruppert als Vertreter des Katholisch-Theologischen Fakultätentags wurden von den Teilnehmenden als wichtig für den Kurs eingeschätzt, weil durch die Begegnungen mit Vertretern der Träger des Pilotprojekts nicht nur der Rahmen dieser Weiterbildung, sondern auch die Rahmenbedingungen des Lehrens und Lernens an den theologischen Fakultäten und Instituten noch deutlicher in den Blick gekommen sind. Das Gespräch mit dem Bischof war für die Kursteilnehmer/innen eine Gelegenheit, auch die Frage des „Nihil obstat“ zu thematisieren und dem Bischof ihre diesbezügliche Erwartungen und Befürchtungen mitzuteilen. Nicht zuletzt bekundeten die Kursteilnehmer in diesen Gesprächen das Anliegen, die Weiterbildung möge wiederholt werden, damit auch andere Theologinnen und Theologen davon profitieren können.

Die Einschätzungen zu der Aussage: „Die Eigenbeteiligung an den Kosten lag für mich an der Obergrenze“, liegen nah am Mittelwert der Skala, und die Antworten verteilen sich über die ganze Skala. Dies weist auf die unterschiedlichen finanziellen Verhältnisse der Nachwuchswissenschaftler/innen in der Theologie hin. Weil die eine Hälfte der Antworten im „Trifft-zu-Bereich“ der Skala liegt und die andere Hälfte im „Trifft-nicht-zu-Bereich“, ist anzunehmen, dass die Eigenbeteiligung an den Kurskosten in Höhe von DM 780,- für den Teilnehmerkreis relativ gut gepasst hat. Die Abwicklung der Finanzen über die Zentralstelle Bildung der Bischofskonferenz lief nach Rückmeldung der Teilnehmenden sehr unkompliziert.

4. Zusammenfassende Auswertung und Empfehlungen

Nachdem die Ergebnisse der Teilnehmerbefragungen in den vorangegangenen Abschnitten überblicksweise dargestellt wurden, sollen aus der Zusammenschau der Teilergebnisse nun die wichtigsten Erkenntnisse zur Qualität der Kurskonzeption beschrieben und Empfehlungen für eine Wiederholung des Projekts formuliert werden.

(1) Das Konzept, das für dieses Pilotprojekt einer hochschuldidaktischen Weiterbildung mit Theologinnen und Theologen entwickelt wurde, hat sich aus der Sicht der Teilnehmenden als ausgesprochen fruchtbar und lerneffektiv erwiesen.

Dies ist vor allem auf die Vernetzung von allgemeiner und theologiespezifischer Hochschuldidaktik, auf die konsequente Verzahnung zwischen didaktischer Theorie und der Lehrpraxis der Teilnehmenden in den drei Kursphasen und nicht zuletzt auf die Kollegialitätserfahrungen der Nachwuchswissenschaftler/innen im Rahmen der Weiterbildung zurückzuführen. Bei einer Wiederholung des Kurses sollten deshalb folgende Grundelemente der Kurskonzeption unbedingt beibehalten werden:

a. die beiden Kursabschnitte am Anfang und am Ende des Semesters und die Praxisphase während des Semesters mit den gegenseitigen Hospitationen, den Reflexionsgesprächen im Kollegenkreis und den Gruppensupervisionen mit externem Supervisor
b. die konsequente Vernetzung von allgemeiner und theologiespezifischer Hochschuldidaktik im Ziel-Inhalt-Zusammenhang der drei Kursphasen, die insbesondere durch entsprechende fachliche, interdisziplinäre und praktisch-didaktische Kompetenzen der Kursleiter und ihr Team Teaching gewährleistet wird
c. das teilnehmerorientierte Arbeiten im hochschuldidaktischen Praxis-Theorie-Praxis-Zirkel mit Schwerpunkten im theoretischen Bereich während des ersten und dritten Kursblocks und im praktischen Bereich während der mittleren Kursphase.

(2) Die teilnehmer- und prozessorientierte Gestaltung der Lehr-Lernprozesse hat entscheidend zum Gelingen der Weiterbildung beigetragen.

Die hohe Zufriedenheit der Teilnehmenden mit dem Lernertrag, der Arbeitsatmosphäre und der Gestaltung des Kurses ist vor allem darauf zurückzuführen, dass die Kursleiter sich bei der Planung und Durchführung der Weiterbildung an den Lernbedürfnissen der Gruppe orientiert haben – nicht zuletzt, indem sie während der Kursabschnitte mehrfach Feedback von den Teilnehmenden eingeholt haben und die Evaluationsergebnisse des ersten und zweiten Kursabschnitts in der weiteren Planung berücksichtigt haben.

(3) Aufgrund der fachspezifischen Zusammensetzung der Kursgruppe hatten die Nachwuchswissenschaftlerinnen und -wissenschaftler nicht nur elementare, allgemeine hochschuldidaktische Erwartungen, sondern auch sehr hohe und spezielle Erwartungen an die theologiespezifischen Inhalte der Weiterbildung.

Im Rahmen der zweimal fünf Kurstage wurden die hochschuldidaktischen Erwartungen weitgehend erfüllt; im Bereich der Theologiedidaktik wurden grundlegende Aspekte erarbeitet, einige spezielle Fragestellungen konnten jedoch nicht ausführlich diskutiert werden. Wenn bei einer Wiederholung des Kurses von Seiten der Teilnehmenden ähnlich dezidiert die Auseinandersetzung mit theologiespezifischen Didaktik-Fragen gewünscht wird, könnten die Themen einiger Arbeitseinheiten noch stärker auf die Theologie bzw. ihre Fächergruppen zugespitzt werden.

(4) Trotz der fachlichen Homogenität der Kursgruppe hat sich die Verschiedenheit unter den Teilnehmenden als ausgesprochen groß und produktiv für das Pilotprojekt erwiesen.

Weil bei der Auswahl der Teilnehmerinnen und Teilnehmer nicht nur die verschiedenen Fächergruppen der Theologie, sondern auch verschiedene Hochschultypen und -orte berücksichtigt wurden, und auf ein ausgewogenes Verhältnis von Frauen und Männern sowie eine gute Mischung von Laien, Ordensleuten und Priestern geachtet wurde,[34] entsprach die Gruppe in etwa der Zusammensetzung einer theologischen Fakultät. Aufgrund dieser Mischung der Gruppe kam beim Arbeiten immer wieder etwas von der Einheit der Theologie in der Vielfalt der Stimmen zum Ausdruck. Eine besondere, mit der fachspezifischen Zusammensetzung verbundene Chance liegt darin, dass die Teilnehmenden sich in Theorie und Praxis intensiv mit Fragen des Lehrens und Lernens in der Theologie auseinander setzen. Wenn der Kurs wiederholt wird, verbessern sich die Chancen, dass dies auch an den theologischen Fakultäten und Instituten langfristig zur Entwicklung einer neuen Didaktik-Kultur beiträgt.

(5) Für das Pilotprojekt haben sich die interdisziplinäre Kursleitung und das konsequente Team Teaching eines Hochschuldidaktikers mit einem didaktisch erfahrenen Theologen als sehr fruchtbar erwiesen.

Von den Teilnehmenden wurden die Kursleiter des Pilotprojekts nicht nur als „Dream-Team" bezeichnet, sondern ihr Team Teaching wurde auch als Modell interdisziplinärer Kooperation in der Lehre wahrgenommen. Mit der Bereitschaft von Wildt und Hilberath, gemeinsam einen weiteren Kurs zu leiten, ist eine zentrale Voraussetzung für eine Wiederholung des Kurses erfüllt. Wenn in späteren Jahren zur Fortführung dieser Form einer hochschul- und theologiedidaktischen Weiterbildung kompetente Kursleiterin-

[34] Empfehlenswert ist außerdem, dass die teilnehmenden Theologinnen und Theologen eher in der Anfangs- als in der Schlussphase ihrer Habilitation sind, weil sie dann mehr freie Kapazitäten für das Engagement im Kurs haben und mit dem Gelernten frühzeitig experimentieren können. Sie sollten allerdings schon vor Beginn des Kurses über eigene Lehrerfahrungen verfügen. Ungünstig ist auch, wenn die Teilnahme an der Weiterbildung mit der Schlussphase der Dissertation kollidiert.

nen und -leiter gesucht werden, sollte unbedingt darauf geachtet werden, dass diese nicht nur ähnlich fachkompetent und interdisziplinär kooperativ sind, sondern auch ein entsprechendes Team Teaching realisieren.

(6) Mit der Organisation und den Rahmenbedingungen des Pilotprojekts waren die Teilnehmenden zufrieden.

Das Kloster Benediktbeuern, die Unterbringung, die Verpflegung und die Räumlichkeiten für den Kurs und der Organisation insgesamt wurden von der Kursgruppe sehr positiv bewertet. In der zweiten Kursphase hat die Selbstorganisation in den regionalen Gruppen gut funktioniert und sollte in jedem Fall beibehalten werden, weil dadurch ein großes Potenzial an Eigeninitiative und Solidarität unter den Teilnehmenden freigesetzt wird. Allerdings würde eine gründlichere Vorbereitung der Praxisphase die Selbstorganisation erleichtern. Förderlich für das Pilotprojekt waren auch die Gespräche mit Bischof Mussinghoff und Prof. Ruppert. Dadurch wurde nicht nur die Bedeutung des Fakultätentags und der Bischofskonferenz als Träger des Pilotprojekts evident, sondern es kamen auch die Rahmenbedingungen der Lehre an theologischen Fakultäten noch deutlicher in den Blick.

(7) Den Rückmeldungen zufolge hat das Pilotprojekt in den drei Phasen entscheidend dazu beigetragen, dass die Teilnehmenden in einem weitgehend individualisierten Arbeitsfeld Kollegialitätserfahrungen machen konnten.

Weil die institutionellen Bedingungen an den Universitäten eher Konkurrenz und Einzelkämpfertum fördern als Kooperationen, sind die vielfältigen Möglichkeiten zu Gesprächen mit Kolleginnen und Kollegen verschiedener theologischer Fächer wertvolle Elemente dieser Weiterbildung. Die Erfahrungen der Kollegialität und der Solidarität wurzeln insbesondere in den positiven Erfahrungen der kollegialen Feedbackgespräche zu den Hospitationen und wurden durch die Gruppensupervision verstärkt.

(8) Dass die Teilnehmenden aufgrund der positiven Erfahrungen der Weiterbildung beschlossen haben, gemeinsam an didaktischen Fragen weiter zu arbeiten, ist ein wichtiger Indikator für den Erfolg des Pilotprojekts.

Die Bildung des Netzwerkes „Theologie und Hochschuldidaktik“ zeigt, dass die Teilnehmenden motiviert wurden, selbständig an didaktischen Themen zu arbeiten. Wenn der begonnene hochschul- und theologiedidaktische Diskurs durch die Vernetzung und durch einschlägige Buchprojekte wie diesen Band fortgesetzt wird, verbessern sich die Voraussetzungen zur Entwicklung der didaktischen Kultur in der theologischen Lehre, die langfristig auch den Fakultäten und Instituten zu Gute kommt.

5. Fazit zur Relevanz der Weiterbildung

Die Rückmeldungen zeigen einerseits, dass die Teilnehmenden ihren kognitiven und praxisbezogenen didaktischen Lernertrag hoch einschätzen. Andererseits wird deutlich, dass der kollegiale Austausch, der bei den Hospitationen und Unterrichtsbesprechungen, in der Gruppensupervision und während der Kursblöcke in Benediktbeuern praktiziert wurde, als wichtiges Element des Pilotprojekts geschätzt wird. Der didaktische Aspekt und der kollegiale Aspekt dieser Weiterbildung sind nicht nur für diese Kursgruppe, sondern langfristig auch für die theologischen Fakultäten und Institute von hoher Relevanz.

Das Engagement, die didaktische Experimentierfreude und Kreativität der Teilnehmer/innen sind Indikatoren dafür, dass eine hochschuldidaktisch angemessene Planung, Durchführung und Reflexion der Lehrveranstaltungen auch an den theologischen Fakultäten wichtiger wird. Im Zuge des allgemeinen Trends, dass die Bedeutung der Lehre an den Hochschulen steigt, artikuliert sich auch an theologischen Fakultäten und Instituten die Notwendigkeit, dass die Lehrenden ihre Aufgabe nicht länger auf die Darstellung von Lehrinhalten beschränken, sondern konsequent die verschiedenen Elemente des didaktischen Zirkels berücksichtigen – beispielsweise durch die Abstimmung der Ziele und Inhalte einer Veranstaltung auf die Lernvoraussetzungen der Studierenden. Die im Pilotprojekt initiierte Vernetzung von allgemeinen hochschuldidaktischen Fragen und theologiespezifischen Problemen der Didaktik ist für die Kursgruppe inzwischen formal abgeschlossen, doch der begonnene Lernweg wird fortgesetzt. Die Teilnehmer-Befragung zeigt, dass hochschul- und theologiedidaktische Fortbildungen der Entwicklung einer zeitgemäßen didaktischen Kultur an den Fakultäten zu Gute kommt.

Die Kollegialitätserfahrungen, die von den Teilnehmenden als besonders wertvoll eingeschätzt werden, sind auch für die theologischen Fakultäten und Institute, für die Kirche und die Universitäten, von hoher Relevanz, weil das allgemeine Arbeitsklima an den Hochschulen durch vielfältigen Konkurrenzdruck bestimmt ist und Nachwuchswissenschaftler/innen in der Regel früh lernen, sich als Einzelkämpfer/innen zu bewähren. Dass im Gegensatz dazu für die Qualität der Lehre soziale Haltungen und kommunikative Kompetenz entscheidend sind, entdecken manche Lehrende erst spät oder nie. Weil die Förderung hochschuldidaktischer Kompetenz nicht zuletzt mit der Entwicklung sozialer und kommunikativer Kompetenz verbunden ist, wirken entsprechende Fortbildungen auch positiv auf die Kooperationsbereitschaft und die Arbeitsatmosphäre an den Universitäten. Wo Lehrende der Theologie solche Erfahrungen und Kompetenzen erwerben, trägt man langfristig dazu bei, dass an den theologischen Fakultäten und in der Kirche ein kommunikativer und communialer Geist vorherrscht. Dass die Nachwuchswissenschaftler/innen, die an dieser Weiterbildung teilnehmen konnten, keine Hemmungen hatten, sich wechselseitig in ihren Lehrveranstaltungen zu hospitieren und kollegiale Feedbackgespräche zu führen, dass sie gerne und mit Gewinn an der Gruppensupervision teilgenommen haben, dass sie eine hohe Bereitschaft zu interdisziplinären Lehr-Kooperationen haben und gemeinsam weiter an didaktischen Fragen arbeiten wollen, sind Anzeichen für eine kommunikative und didaktische Trendwende in der theologischen Lehre.

B. FACHSPEZIFISCHE BEISPIELE

„Verstehst du, was du liest?“ (Apg 8,30)

Neutestamentliche Wissenschaft und universitäre Lehre

von Maria Neubrand, Eichstätt

1. Die Ausgangssituation

Lehrende an Hochschulen und Universitäten haben es immer wieder mit neuen Studierenden zu tun. Mit jeder neuen Generation kommen nicht nur neue Fragen an die Lehrenden heran, sie müssen sich auch mit den veränderten Motiven der Studierenden zum Theologiestudium, ihren sozioreligiösen Voraussetzungen und Herkunftswelten sowie ihren Erwartungen an das Studium auseinander setzen[1], soll die Lehre erfolgreich sein. Denn für einen gelingenden Lehr-Lern-Prozess kommt es entscheidend auf die Vermittlung zwischen theologischen Inhalten auf der einen Seite und der gegenwärtigen persönlichen, kirchlichen und gesellschaftlichen Lebens- und Glaubenspraxis auf der anderen Seite an.

Stärker als früher werden die theologischen Fakultäten heute damit konfrontiert, dass unter den gegenwärtigen gesellschaftlichen Bedingungen eine „selbstverständlich“ kirchlich-religiöse Sozialisation bei den Studierenden nicht mehr vorauszusetzen ist. Die geringe gesellschaftliche Akzeptanz von Religion und Kirche weist diesen einen Sonderstatus zu. Wer sich dennoch heute entscheidet, Theologie zu studieren, tut dies meist aufgrund positiver Erfahrungen in Familie, kirchlicher Jugendarbeit oder anderen christlichen Gemeinschaften. Dies bedeutet aber, dass das Lernfeld des „Glaubens“ nicht unbedingt mehr deckungsgleich ist mit der sonstigen Lebenswelt. Oftmals wird der christliche Glaube in einer Sondernische gelernt, oftmals bleibt er auch dort. Oftmals kommt es aber auch zu einer Spannung zwischen „Glauben“ hier und „Leben“ dort. Zunehmend ist darüber hinaus festzustellen, dass Studierende der Theologie bei Studienantritt kaum theologisches Grundwissen besitzen. Lehrende der Theologie stehen

[1] Vgl. dazu die empirischen Studien von T. Köhler – B. Schwaiger (Hg.), Wer studiert heute noch Theologie? Studienbeweggründe und Studienverläufe bei Theologiestudierenden. Eine Langzeitstudie, Weinheim 1996; A. A. Bucher – S. Arzt, Vom Katecheten zur Religionspädagogin. Eine empirische Untersuchung über die Studienmotive, die religiöse Sozialisation und die Studienerwartungen von jungen Theologinnen und Theologen, in: Religionspädagogische Beiträge 42 (1999) 19–47.

deshalb vor der Herausforderung, die besondere Situation der Studierenden zu berücksichtigen und ihnen zuerst einmal das nötige theologische Grundwissen zu vermitteln, zugleich aber auch den Lern- und Lehrzielen einer wissenschaftlich verantworteten Theologie gerecht zu werden. Im Folgenden ist auf die Besonderheiten einzugehen, die sich für Lehrende in den Bibelwissenschaften, näherhin in der Neutestamentlichen Wissenschaft, ergeben.

In den letzten Jahren beobachte ich in den unterschiedlichen Lehrveranstaltungen (Vorlesungen, Pro- und Hauptseminare, Lektürekurse) immer stärker, dass die Studierenden kaum über Bibelkenntnisse verfügen bzw. die Bibel in ihren zwei Teilen (Altes und Neues Testament) nur mehr rudimentär über einzelne Texte aus liturgischen Lesungen oder biblisch-thematischen Wochenenden kennen. Um es überspitzt auszudrücken: Man weiß noch von Abrahams Aufbruch, von Moses Durchzug durch das Rote Meer, man kennt die „Zehn Gebote", das Weihnachtsevangelium von Lk 2 oder die Gleichnisse vom barmherzigen Samariter und vom „verlorenen Sohn".[2] Größere Textzusammenhänge oder gar ganze Bücher der Bibel sind nicht bekannt bzw. wurden noch nie ganz gelesen. Kurz: Die Bibel ist zu einem fremden Buch geworden.[3] Zwar haben die meisten Studierenden aufgrund besonderer Lernerfahrungen in irgendeiner Weise den Wert der biblischen Botschaft für sich entdeckt, dies aber meist in meditativen und subjektiven Kontexten; eine wissenschaftlich objektivierende Arbeit mit alt- und neutestamentlichen Texten ist ihnen jedoch fremd und erscheint oftmals bedrohlich. Zugleich aber wissen die Studierenden, dass sich ihr Glaube der biblischen Offenbarung verdankt und ihnen hier das „Wort Gottes", das sie später im Beruf verkündigen wollen und sollen, entgegentritt. Zu den häufigsten Erwartungen an ein Theologiestudium gehört deshalb nicht zufällig, gründliche Kenntnisse der Bibel zu erwerben.[4]

2. Lehr- und Lernziele Neutestamentlicher Wissenschaft

Als Lehr- und Lernziele in der Neutestamentlichen Wissenschaft lassen sich folgende formulieren[5]: Die Studierenden der Theologie müssen am Ende ihres Studiums befähigt sein, neutestamentliche Texte mit Hilfe exegeti-

---

[2] Bei Kursen oder auch Vorlesungen ist zu erleben, dass bei der Nachfrage, was von Jesus bekannt ist, meist Texte aus dem Lukasevangelium genannt werden.

[3] Es ist z. B. auch keineswegs selbstverständlich, dass Studierende in einem neutestamentlichen Seminar eine eigene Bibelausgabe dabei haben!

[4] Vgl. Bucher – Arzt, Katecheten 37–39.

[5] In Anlehnung an die DPO (Diplomprüfungsordnung) der Theologischen Fakultät der Katholischen Universität Eichstätt.

scher Methoden auszulegen und die theologischen Aussagen des Neuen Testaments zu verstehen. Dazu müssen den Studierenden verschiedene Textzugänge vermittelt werden, damit sie die biblischen Texte nicht nur lesen, sondern auch verstehen (vgl. Apg 8,30).[6] Sie müssen in der Welt von heute fähig sein, Rechenschaft über das Wort der Hoffnung zu geben, das sie und die Kirche erfüllt (vgl. 1 Petr 3,15). Diesem Studienziel dienen nach wie vor die Vorlesungen zum Neuen Testament, die neutestamentlichen Seminare unterstützen und vertiefen die vermittelten Inhalte in anderen Formen. Die Einleitung in das Neue Testament bietet eine Hinführung in das exegetische Arbeiten und vermittelt grundlegende Informationen zur Entstehung, zur literarischen Eigenart und zu wichtigen Inhalten der Evangelien, der Apostelgeschichte und der neutestamentlichen Briefe. Ferner ist es notwendig, einen Überblick über die Zeitgeschichte und die frühjüdische und hellenistisch-römische Umwelt zu geben, damit der historische Kontext des Neuen Testaments und die Jesusbewegung als Teil des Frühjudentums verstanden wird. Die Exegese einzelner Evangelien und anderer neutestamentlicher Schriften erschließt die theologisch relevanten Aussagen unter diachroner und synchroner Perspektive. Die Studierenden sollen befähigt werden, die Grundlagen des christlichen Glaubens im Neuen Testament zu erkennen und mit den neutestamentlichen Schriften verantwortlich in Verkündigung, Unterricht und Glaubensweitergabe umzugehen.

Die Lehrenden in der Neutestamentlichen Wissenschaft haben entsprechend dieser Lehr- und Lernziele eine zweifache Aufgabe: Sie müssen den Studierenden ein solides biblisches Grundwissen vermitteln und das Interesse an einer wissenschaftlichen, methodisch geleiteten Auseinandersetzung mit den neutestamentlichen Texten schmackhaft machen. Und sie müssen die Studierenden so zu einem Verstehen der neutestamentlichen Texte in ihrem geschichtlichen Charakter hinführen, dass dadurch auch der Gegenwartsbezug des „Wortes Gottes" und die Aktualität der biblischen Botschaft für Kirche und Gesellschaft aufscheint.[7] Dazu gehört z. B. auch, die provokative und kritische Funktion neutestamentlicher Texte für die Gegenwart aufzuzeigen. Denn häufig werden diese nur selektiv gelesen oder für sich in ihrer bestätigenden Funktion „vereinnahmt". Dies geschieht immer dort, wo man zwar positive Aussagen Jesu unmittelbar auf sich bezieht, kritisierende und korrigierende Worte Jesu jedoch „bei den Juden" oder „bei den Pharisäern" belässt. Hier kommt der historisch-kritischen Exegese die Funktion

[6] Vgl. dazu P. Müller, „Verstehst du auch, was du liest?" Lesen und Verstehen im Neuen Testament, Darmstadt 1994.

[7] Vgl. zum Auftrag der Exegeten und Exegetinnen die Aussagen im Dokument der Päpstlichen Bibelkommission „Die Interpretation der Bibel in der Kirche" (Verlautbarungen des Apostolischen Stuhls 115), hg. vom Sekretariat der Deutschen Bischofskonferenz, Bonn, 2., korr. Auflage 1996, 89–94.

zu, zunächst die historische Distanz der Texte zu verdeutlichen und sie so vor einem subjektivistischen Gebrauch zu schützen, so dann aber den Zeitbezug der biblischen Texte in ihrer Entstehungssituation und den gegenwärtigen Zeitbezug in allen Dimensionen aufeinander zu beziehen.

3. Seminare als Lernorte

Neben den Vorlesungen, die stärker auf die kognitive Wissensvermittlung ausgerichtet sind, bieten vor allem die Seminare die Chance, die Studierenden aktiv in die Auseinandersetzung mit dem jeweiligen Stoff mit einzubeziehen. Ganz allgemein gesprochen müssen exegetische/neutestamentliche Seminare der Ort sein, wo die Studierenden sowohl den eigenständigen und kritischen Umgang mit neutestamentlichen Texten und Themen erlernen als auch angeleitet werden, in Diskussionen und Gesprächen die Bedeutung des jeweiligen Themas für Gegenwart und Zukunft zu erfassen. Beides ist keineswegs selbstverständlich gegeben, sondern bedarf der sachgemäßen Vermittlung durch die Lehrenden. Denn die theoretische und methodengeleitete Textarbeit führt nicht von selbst zu gegenwärtigen Fragen. Christliche Praxis in Kirche und Welt ihrerseits findet in einem Kontext statt, der von der neutestamentlichen Zeit unterschieden ist. Die einzelnen Seminarsitzungen müssen deshalb in der Regel zwei Pole miteinander verbinden: Einerseits müssen neutestamentliche Texte in ihrer Aussageintention verstanden werden. Dazu ist Sachwissen zur neutestamentlichen Zeitgeschichte ebenso unerlässlich wie die Kenntnis der verschiedenen exegetischen, nicht nur historisch-kritischen, Methoden.[8] Andererseits genügt es noch nicht, einen Text in seinen zeit- und glaubensgeschichtlichen Zusammenhängen zu kennen. Vielmehr gilt es, die neutestamentlichen Glaubensaussagen so zu verstehen und so zu bearbeiten, dass der Bezug zur eigenen Glaubenspraxis sowie zum kirchlichen Leben und zur gesellschaftlichen Realität hergestellt werden kann und so innovierende, eventuell korrigierende Relevanz erhält. Die größte Aufgabe für Lehrende in den Bibelwissenschaften heute sehe ich darin, den Studierenden zu helfen, die wissenschaftliche Beschäftigung und Auseinandersetzung mit neutestamentlichen Texten nicht als beziehungslos zu Glauben und Glaubenspraxis zu erfahren oder beides nebeneinander – ohne Bezug aufeinander – herlaufen zu lassen.

---

[8] Einen guten Überblick über die wichtigsten exegetischen Methoden mit jeweiliger Bewertung sowie Hinweise für ihre Bedeutung in Wissenschaft und Glaubenspraxis gibt das oben genannte Dokument der Päpstlichen Bibelkommission, Interpretation. Dieses Dokument eignet sich auch hervorragend zur gemeinsamen Lektüre mit Studierenden. Vgl. auch C. Dohmen – C. Jacobs – T. Söding – T. Sternberg (Hg.), Neue Formen der Schriftauslegung? (QD 140), Freiburg/Br. – Basel – Wien 1992.

Die Studierenden brauchen Hilfen durch die Lehrenden, damit es nicht zur Trennung von „Wissenschaft" und „Glauben" kommt. Gewiss ist „geistliche Schriftlesung" etwas anderes, doch gilt es heute dringender denn je, den Studierenden die wissenschaftliche Exegese selbst als eine „geistliche" Wissenschaft zu vermitteln, beschäftigt sie sich doch mit den schriftlichen Grundlagen des Christentums und den biblischen Texten als „Gotteswort in Menschenwort".[9] Die Studierenden müssen die Vielfalt der Textzugänge als Chance erfahren, mit den Texten selbst „ins Gespräch" zu kommen, und sie müssen den Zusammenhang von Lesen, Analysieren, Verstehen und Bezug zum eigenen Leben herstellen können. Hilfen von Seiten der Lehrenden sind aber auch da gefragt, wo durch das Studium der biblischen Texte der eigene „Kinderglaube" angefragt wird und neue Erkenntnisse verunsichern, so dass sich ängstliche Abwehr breit macht oder es zu einer fundamentalistisch verengten Bibelauslegung kommt, wie dies immer wieder zu beobachten ist. Um solche Hilfen geben zu können, müssen die Lehrenden selbst ihre Lehre und Forschung transparent machen und sich mit den Studierenden auf den gemeinsamen Lernprozess einlassen. Fachliche und soziale Kompetenz, didaktische Fähigkeit und die Kraft christlich geformter und gelebter Überzeugung sind dabei entscheidende Faktoren. Aber auch die konkrete Durchführung von Seminaren trägt dazu bei, dass die Studierenden die Universität oder Hochschule als Lernort erfahren, an dem sie zu Fragen und Anfragen ermutigt werden, mit ihnen umgehen lernen und an dem sie angstfrei erleben können, dass – frei nach Elie Wiesel – jede Frage eine Kraft hat, die die Antwort nicht mehr in sich trägt.

4. Lernen in Seminaren

Bei der Gestaltung und inhaltlichen Planung von neutestamentlichen Seminaren ist zunächst die veränderte Ausgangssituation der Studierenden zu berücksichtigen. Da die Kenntnis biblischer Texte nicht mehr grundsätzlich vorausgesetzt werden kann, müssen die Seminare so gestaltet werden, dass die Studierenden Geschmack finden an der Lektüre des (Alten und) Neuen Testaments. Dazu ist es nötig, dass nicht nur *über* neutestamentliche Texte (meist mit Hilfe von Sekundärliteratur) geredet wird, sondern diese selbst gelesen werden und Einzelwissen und Einzelfakten zusammengeführt und in größere Zusammenhänge gestellt werden können. Hierfür ist es notwendig, den traditionellen Seminarstil aufzubrechen, nach dem ein schriftlich

[9] Vgl. dazu und zu den Aufgaben der Exegese die Aussagen in Dei Verbum Art. 12 und 23. In Dei Verbum Art. 24 wird das Studium der biblischen Schriften „gleichsam als Seele der heiligen Theologie" bezeichnet.

ausgearbeitetes Referat von Studierenden vorgetragen wird, an das sich eventuell eine Diskussion anschließt. Denn dies führt meist dazu, dass sich einer oder eine zwar intensiv mit einem Thema auseinander gesetzt hat, andere aber den behandelten Spezialfragen nicht folgen können. Der Lernertrag ist dadurch für die Zuhörenden vergleichsweise gering. Viel sinnvoller ist es, die Referenten dazu anzuhalten, das Wesentliche ihres Themas in ca. 15 Minuten zu präsentieren (und eventuell dazu noch ein Ko-Referat zu hören). Dadurch können die Studierenden auch einüben, was in der Praxis von ihnen erwartet wird, wenn sie z. B. Gruppen oder Gemeinden kurz in eine Thematik einführen müssen. Für die Vermittlung kognitiver Inhalte ist es darüber hinaus zunehmend wichtig, innerhalb von Seminarsitzungen ein größeres Methodenspektrum anzuwenden, durch das alle Teilnehmenden stärker in den Lernprozess einbezogen werden können. Für die Exegese als Textwissenschaft bieten sich dafür alle Formen an, die zu einem lebendigen Umgang mit Texten führen. Gut geeignet ist eine Textarbeit, in der in Kleingruppen etwa die Struktur eines neutestamentlichen Textes erarbeitet und graphisch dargestellt wird. Als lohnend erweist sich immer auch, in Zweier- oder Dreiergruppen einen synoptischen Vergleich durchführen zu lassen mit dem Ziel, die besonderen Akzente der einzelnen Evangelien herauszuarbeiten und anhand konkreter Einzeltexte selbst zu bestimmen. Beide Formen geben den Studierenden konkrete Möglichkeiten in die Hand, später in Predigt, Verkündigung und Schulunterricht selbständig mit Texten umzugehen. Bei beiden Formen ist die eigenständige Beobachtung gefragt, die durchaus zu „Aha-Effekten“ führt. Auch der Zugang zu Texten über die Wirkungsgeschichte, sei es in darstellender Kunst, Musik, Literatur oder anderen theologischen Disziplinen, ist eine gute Möglichkeit, sich in Seminaren gemeinsam neutestamentlichen Texten zu nähern.

All dies erfordert von den Lehrenden natürlich im Vorfeld bereits die nötige Hilfestellung und einen stärkeren Kontakt mit den Studierenden. In Vorgesprächen sind dabei Hinweise zu thematischen Akzentsetzungen ebenso zu geben wie zu Möglichkeiten zur Visualisierung z. B. durch paper und Folien, Dias, Graphiken etc. Dabei ist aber auch den Studierenden Mut zu machen, eigene kreative Vorstellungen zu entwickeln und nach Formen zu suchen, wie sie ihren Kommilitonen den jeweiligen Stoff am besten vermitteln können. Dies wird meist gerne aufgegriffen, es macht auch den Studierenden Spaß, zu „experimentieren“ und neue Seminarstile zu erproben.

Im Folgenden will ich einige konkrete Beispiele und methodische Bausteine für die Durchführung von neutestamentlichen Seminaren aufzeigen, die sich in meiner eigenen Praxis bewährt haben und die ein effektiveres Lehren und Lernen ermöglichten.

5. Erfahrungen mit Formen von Lehren und Lernen in Seminaren[10]

5.1 Formale Gestaltungselemente

(1) Durch die Teilnahme an der Hochschuldidaktischen Weiterbildung und den damit verbundenen Gruppensupervisionen wurde mir besonders die Notwendigkeit bewusst, Anfang und Ende einer Seminarsitzung gut zu gestalten. Es ist für den Lernerfolg wichtig, zu Beginn einer Seminarsitzung deutlich zu machen, worum es im Folgenden gehen wird, und am Ende das angestrebte Lernziel nochmals aufzugreifen und das Erreichte festzustellen bzw. feststellen zu lassen. Ähnliches gilt für das Seminar insgesamt: Das Lernziel des Seminars muss am Anfang artikuliert werden. Dies lässt sich gut damit verbinden, die Studierenden nach ihrer Motivation, ihren Fragen und Kenntnissen zum Thema, ihren Voreinstellungen und ihren Erwartungen an das Seminar zu fragen. In der Abschlusssitzung kann dann nochmals daran erinnert werden, so dass sich die Studierenden des eigenen Lernerfolgs und Erkenntnisfortschritts vergewissern können.

(2) Einen inzwischen festen Bestandteil der Seminare bilden in der Regel zwei Fragen, die am Anfang einer Seminarsitzung schriftlich gestellt werden. Sie beziehen sich auf den Inhalt der vorherigen Sitzung und werden von den Studierenden je für sich schriftlich beantwortet. Auf diese Art und Weise wird nicht nur das behandelte Thema in Erinnerung gerufen, sondern den Studierenden auch eine Möglichkeit zur „Eigenkontrolle" gegeben. Die Referenten der vorigen Stunde haben dann die Möglichkeit, einzelne Studierende zu befragen und eventuell wichtige Ergänzungen anzufügen. Dieses Gestaltungselement führt nicht nur zur größeren Aufmerksamkeit in den Sitzungen selbst, sondern es ermöglicht auch den thematischen Anschluss an das bereits behandelte Thema. In Rückmeldungen zu Seminaren wird dies von den Studierenden als wertvoll und hilfreich begrüßt.

(3) Sehr bewährt hat sich für die eigene Nacharbeit und für weitere Seminarplanungen die studentische Seminarauswertung am Ende eines Semes-

[10] Gute Anregungen und Ideen erhielt ich durch die Veröffentlichungen der Arbeitsgruppe Hochschuldidaktische Weiterbildung an der Albert-Ludwigs-Universität Freiburg i. Br. (Hg.), Besser Lehren. Praxisorientierte Anregungen und Hilfen für Lehrende in Hochschule und Weiterbildung, Heft 1–7, Weinheim 1998 sowie durch die Hochschuldidaktische Weiterbildung in Benediktbeuern 1999–2000. „Methoden" allein genügen freilich nicht, jede/r Lehrende muss ihren/seinen eigenen Stil finden; wichtig für eine Verbesserung der eigenen Lehre ist der Mut zum „Experimentieren".

ters. Dazu werden in der letzten Sitzung Fragebögen verteilt, die von den Studierenden anonym ausgefüllt werden. Damit wird ein Doppeltes erreicht: Einerseits können dadurch die Studierenden den persönlichen Ertrag reflektieren, andererseits erhalten die Lehrenden konkrete Rückmeldungen mit eventuellen Verbesserungsvorschlägen oder Anregungen. Folgende oder ähnliche Fragen, für die auf dem Papier jeweils Platz zur Beantwortung ist, wurden gestellt:

- *Bitte, geben Sie eine kurzen Kommentar zum Seminar ab (Thema, Verlauf, Gestaltung etc.), der als Rückmeldung für den/die Lehrenden informativ ist. Schreiben Sie (in Stichpunkten) auf, was Sie in diesem Seminar inhaltlich und methodisch gelernt haben.*
- *Welche Fragen sind für Sie offen geblieben? Welche Fragen stellen sich für Sie neu?*
- *Was war an der Gesamtplanung und Durchführung des Seminars:*
- *eher gelungen?/weniger gelungen?*
- *Das Seminar hat mir insgesamt viel ( ) einiges ( ) wenig ( ) gebracht.*

Diese Art der Evaluation eines Seminars wird von den Studierenden positiv aufgenommen, ihre Mitarbeit ist dabei sehr konstruktiv. Die gegebenen Rückmeldungen dienten häufig der Verbesserung der Lehre oder beeinflussten den weiteren Seminarstil. Positiv bewertet wird in der Regel das konkrete Einüben verschiedener exegetischer Methoden und Zugänge zu biblischen Texten; dies bestärkte darin, der Methodenvielfalt der wissenschaftlichen Exegese mehr Raum in den Seminaren selbst zu geben. Die inhaltlichen Rückmeldungen konnten wir als Lehrende auch als Kontrolle dafür auswerten, ob Lehr- und Lernziele erreicht wurden; denn hier kann festgestellt werden, was bei den Studierenden hängen blieb bzw. was nicht. Auf diese Weise wurde z. B. in der Auswertung eines Seminars zu Ostererzählungen[11] deutlich, dass die Frage, was theologisch mit „Auferstehung" gemeint ist, zu wenig verstanden wurde. Aus den Rückmeldungen wurde ersichtlich, dass wir als Seminarleiter bei den Studierenden mehr biblisches Grundwissen vorausgesetzt hatten als tatsächlich vorhanden war. Auch hier ist die Lehre dahingehend zu verbessern, dass bei so einem Thema stärker auf die Grundsatzfragen eingegangen wird und z. B. auch ein Fachvertreter der Dogmatik eingeladen werden kann, der von systematischer Seite zum Thema Stellung nimmt.

---

[11] S. dazu unten 6.3.

In einem Hauptseminar zum Thema „Annäherungen an Jesus. Neue exegetische Jesusliteratur“ ging es darum, neuere Forschungsansätze und -ergebnisse zur historischen Rückfrage nach Jesus kennen zu lernen. Lehr- und Lernziel bestanden darin, anhand neuerer Veröffentlichungen zum „historischen Jesus“ („Third Quest“) Wirken und Botschaft Jesu inhaltlich nachzugehen und sie in ihrer Bedeutung für Kirche und Gesellschaft heute aufzuzeigen. Dabei sollten die Studierenden einen Bezug zum eigenen Jesusbild herstellen und eventuelle einseitige Vorstellungen eines vorreflexiven Jesusbildes korrigieren. Für die Auseinandersetzung mit neuerer Literatur in der Jesusforschung bot es sich für die Semesterplanung an, exemplarische Texte und Aussagen zu einem Reader zusammenzustellen. Die Texte, die pointiert wesentliche Akzente der jeweiligen Forschungsposition zum Ausdruck bringen sollten, wurden von den Studierenden selbst ausgewählt und in der jeweils vorangehenden Stunde ausgeteilt, so dass sich alle Teilnehmer auf die nächste Sitzung und das Thema vorbereiten konnten. Dieses Verfahren war lohnenswert, weil die einzelnen Referenten nach passenden Texten suchen mussten, mit denen sie ihren Kommilitonen den entsprechenden Forschungsansatz verdeutlichen konnten, und zugleich alle Studierenden die Texte vor Augen hatten. Weniger gelungen war in der Durchführung des Seminars jedoch die konkrete Arbeit mit den ausgewählten Texten selbst. Sie wurden zu wenig in den Seminarablauf mit einbezogen und zu schnell „abgeheftet“. Hier ist für weitere Seminare stärker gemeinsame Textarbeit gefragt, so dass zunächst Fragen und Beobachtungen der Einzelnen gesammelt werden oder in Textarbeit z. B. Zwischenüberschriften gesucht werden können. Dazu kann der studentische Referent aufgrund seiner Vorarbeit Stellung nehmen bzw. Erklärungen geben, so dass auch der Effekt des „Lernens durch Lehren“ deutlicher wird.

Gut gelungen dagegen war in diesem Seminar das Element der Gruppenarbeit in den Sitzungen, wodurch alle Teilnehmenden aktiv mitarbeiten konnten. So lautete ein Arbeitsauftrag für Zweiergruppen, verschiedene unbekannte Kurztexte von Autoren den verschiedenen Epochen der Jesusforschung, die in der vorherigen Sitzung vorgestellt wurden, zuzuordnen. Die Studierenden sollten dann im Plenum ihre Ergebnisse präsentieren und begründen. Auf diese Weise wurde der bereits behandelte Stoff rekapituliert und war es möglich, dass die Studierenden das Gelernte selbst anwendeten. Die ausgewählten Texte konnten so von ihrem geistesgeschichtlichen Hintergrund her transparent gemacht und die damit verbundenen erkenntnisleitenden Interessen der Autoren entdeckt werden. Dies war eine gute Basis für die weitere Behandlung und Beurteilung neuerer Forschungspositionen. Denn es gehörte auch zum Ziel des Seminars, die Studierenden zu befähigen, fremde und eigene Positionen zu erkennen, zu hinterfragen und zu beurteilen. Dies ist angesichts der Vielfalt der vertretenen Meinungen, denen die Studierenden bei der Lektüre von Sekundärliteratur oft hilflos gegenüber stehen, nicht hoch genug anzusetzen.

Eine gute Möglichkeit für die Studierenden, die Bedeutung des Themas für das eigene Leben zu reflektieren bzw. den Ertrag des Seminars für sich zu beurteilen, ist ein kurzes statement der Studierenden, das niedergeschrieben werden soll. Dazu wurden ca. in der Mitte des Semesters schriftlich folgende Fragen gestellt: „Warum halten Sie es für wichtig, sich mit dem ‚historischen Jesus' zu beschäftigen bzw. die historische Rückfrage nach Jesus zu stellen? Worin liegt für Sie die Bedeutung des Themas für Ihr Leben/Ihren Glauben?" Durch die schriftliche Form konnte der Bezug des Themas zum eigenen Leben hergestellt und zugleich eine gewisse „Intimsphäre" gewahrt werden, zudem gab es präzise und kurze Äußerungen, die die Studierenden im Plenum präsentieren konnten. Dabei war z. B. auffallend, dass zwar alle ihren Wissenszuwachs betonten und diesen als wertvoll im Gespräch mit anderen hervorhoben, dass aber eine Bedeutung für die Glaubens*praxis* nicht zur Sprache kam. Darauf konnte im anschließenden Gespräch aufmerksam gemacht werden, so dass eine gute Diskussion zustande kam und die kognitiven Inhalte in handlungsorientierte Situationen überführt werden konnten.

6. Kooperationen – Konkrete Beispiele und Möglichkeiten

6.1 Motivation zur Kooperation

Mein Kollege vom Lehrstuhl für Religionspädagogik und Didaktik der Religionslehre und ich veranstalten seit drei Jahren gemeinsame Seminare zu einem biblischen Thema. Anlass dazu waren einerseits die eigene Unzufriedenheit über das Nebeneinanderher der einzelnen theologischen Fächer an der Fakultät und andererseits der Reiz, gemeinsame Themen von zwei unterschiedlichen Disziplinen her anzugehen und dabei auch gegenseitig von einander zu lernen. Denn ich als Neutestamentlerin bin mit religionspädagogischen und didaktischen Überlegungen kaum vertraut, soll jedoch auch Lehrer und Lehrerinnen ausbilden. Als Religionspädagoge und -didaktiker ist umgekehrt mein Kollege daran interessiert, die gegenwärtigen Erkenntnisse und Methoden der Neutestamentlichen Exegese kennen zu lernen und in seine Arbeit aufzunehmen. Über diese persönliche Motivation als Lehrende hinaus, die sich in vielen Gesprächen herauskristallisierte und uns zu neuen Versuchen in der Lehre lockte, gab natürlich auch das Anliegen einer guten Theologenausbildung weitere Impulse zur Zusammenarbeit. Denn wenn sich schon die Lehrenden nicht um die gegenseitige Vermittlung ihrer

Inhalte bemühen, wie soll sie dann den Studierenden gelingen können. Gründe genug zur Kooperation, die wir auf jeden Fall weiterführen wollen, auch deswegen, weil die Seminare durchwegs gut besucht und von studentischer Seite gut beurteilt wurden. Auch der Lernertrag von meinem Kollegen und mir ist hoch einzuschätzen. Dies gilt für die gemeinsamen Vor- und Nachbereitungen des Seminars und der einzelnen Sitzungen, betrifft aber auch die konkrete Zusammenarbeit im Seminar selbst. Von den Studierenden wurde immer wieder rückgemeldet, dass sie eine Seminarleitung durch zwei Fachvertreter als Bereicherung empfanden. Dies bezog sich auch auf die fachlichen Auseinandersetzungen und Diskussionen zwischen meinem Kollegen und mir in den Sitzungen; da wir nicht immer einer Meinung waren, wurde dadurch die Diskussion im Seminar angeregt, weil Position und Gegenposition jeweils mit Argumenten dargestellt oder auch verändert werden mussten.

6.2 Wie kooperieren?

Mit dem ersten gemeinsamen Seminar zum Thema „Gleichnisse" waren wir zufrieden und unzufrieden zur gleichen Zeit. In diesem Seminar sollten einerseits Grundlagen der (modernen) Gleichnisforschung vermittelt werden, andererseits Gleichnisse als Inhalt in Religionspädagogik und -didaktik behandelt werden. Die Studierenden sollten befähigt werden, eigenständig mit Gleichnissen Jesu in exegetischer und religionspädagogischer Sicht umzugehen und ihre Relevanz für die Gegenwart zu entdecken. Zufrieden waren wir über die zahlreiche und engagierte Teilnahme der Studierenden am Seminar; unzufrieden, weil wir im Nachhinein die Seminarplanung insgesamt für nicht gelungen hielten. Dies deshalb, weil die einzelnen fachspezifischen Ansätze zu ausgewählten Gleichnissen zu sehr nebeneinander herliefen. Ein Grund lag darin, dass wir das Seminar in zwei Blöcke aufteilten, für die jeweils einer von uns die Verantwortung übernahm, und zunächst ausgewählte Gleichnisse aus exegetischer, dann aus religionspädagogischer Sicht behandelten. Auch bei der studentischen Schlussauswertung wurde dies negativ beurteilt. Zufriedenheit bei den Studierenden hingegen herrschte darüber, dass in *einem* Seminar zwei theologische Disziplinen miteinander kooperierten und sie modellhaft, z. B. durch die Entwicklung konkreter Unterrichtsentwürfe und ihrer Erprobung im Seminar, selbst erleben konnten, wie es möglich wird, „vom Leben zur Bibel und von der Bibel zum Leben" (Carlos Mesters) zu kommen. Vor allem die negative Erfahrung führte uns jedoch dazu, die nächste Seminarplanung zu verändern und beide Bereiche stärker aufeinander zu beziehen.

Dies gelang im gemeinsam veranstalteten Seminar zu „Neutestamentliche Ostererzählungen in Exegese und Religionspädagogik". Lernziel des Seminars war, das Bekenntnis zur Auferweckung Jesu im Neuen Testament in seinen vielfältigen Ausgestaltungen wahrzunehmen, die Textaussagen zu verstehen und zu sehen, wo und wie dieses Bekenntnis im persönlichen, im kirchlichen und gesellschaftlichen Leben seinen Ort hat und bedeutsam ist. Dafür sollten die Studierenden selbst in eine Lernsituation gebracht werden, in der sie die zentrale Aussage des christlichen Glaubens, „Gott hat Jesus, den Gekreuzigten, auferweckt", in ihrem Gehalt besser verstehen und integrieren lernen konnten. Die beiden ersten Sitzungen dienten deshalb der Klärung der Ausgangsposition und Verstehensvoraussetzungen der Studierenden. Diese wurden eingeladen, sechs Bilder moderner Kunst, denen die Künstler durch den Titel selbst einen Bezug zur Auferweckung Jesu und Ostern gaben, zu betrachten. Dazu wurden mit Hilfe von Farbfolien die Kunstwerke an die Wände des Seminarraums projeziert. Die Studierenden wurden gebeten, ein Bild für sich auszuwählen und nach persönlicher Betrachtung (ca. 15 Minuten) schriftlich zu beschreiben, was sie sehen und was für sie damit mit dem Thema Auferweckung verbunden ist (wieder ca. 15 Minuten). Die Ergebnisse teilten alle anschließend im Plenum mit unter der Fragestellung, warum sie welches Bild im Hinblick auf das Seminarthema ausgewählt hatten. Interessant und aufschlussreich dabei war, dass nicht nur genaue Einzelbeobachtungen und gute Bildbeschreibungen gemacht wurden, sondern das eigene Vorverständnis auch in die Bildinterpretation einbezogen wurde. Darüber hinaus wurde deutlich, dass die Kunstwerke dazu anregten, selbst in bildhafter und vergleichender Sprache die eigenen Vorstellungen von Auferweckung auszudrücken. An diesen Sachverhalt konnte im Laufe des Seminars immer wieder erinnert werden, wenn die Ostererzählungen nicht als sprachliche „Kunstwerke" verstanden wurden, die mit erzählerischen Mitteln Erfahrungen mit der Auferweckung Jesu thematisieren und den Osterglauben zum Ausdruck bringen. Denn immer wieder wurde von den Studierenden bei der Analyse der Ostererzählungen die historisierende Ebene beschritten („wie war es wirklich?") und ein fundamentalistischer Umgang mit den Texten deutlich, der die Aussage- und Verkündigungsabsicht der Ostererzählungen nicht beachtet. Dieses „Problem" hielt sich bis zuletzt durch und musste immer wieder reflektiert werden. In diesem Seminar mit der zugegeben schwierigen Thematik stellte sich des weiteren das mangelnde biblische Wissen als erschwerend heraus. So musste erst geklärt werden, dass und warum die Hoffnung auf Auferweckung der Toten im Frühjudentum entstanden und keine christliche „Erfindung" ist (was den meisten ganz neu war) und dass das Bekenntnis zur Auferweckung Jesu diese (jüdische) Auferstehungshoffnung voraus setzt (vgl. 1 Kor 15,12–19). Ebenfalls geklärt werden musste, dass das Bekenntnis zur Auferweckung Jesu nichts mit Unsterblichkeitsphantasien zu tun hat – was sich aber immer wieder als unreflektierte Verstehensvoraussetzung herausstellte –, sondern eine theologische Aussage ist: dass Gott Jesus, den Gerechten, der Unrecht erfuhr und gekreuzigt wurde, ins Recht gesetzt und nicht im Tod gelassen, sondern als Messias bestätigt hat (vgl. Apg 2,32f.; 3,13–15). In diesem Seminar erwies sich die Kooperation zwischen Exegese und Religionspädagogik und -didaktik als besonders wertvoll. Denn es wuchs nicht nur das Problembewusstsein bei den Studierenden, sie spürten auch die Schwierigkeit, die theologisch-biblischen Aussagen z. B. in Unterrichtseinheiten zu „übersetzen". Dabei wurde den Studierenden aber auch klarer, dass die Ostererzählungen und kerygmatische Texte wie 1 Kor 15,1–11 keine „Beweise" darstellen, sondern ihre überzeugende Kraft dann erhalten, wenn sie an Erfahrungen zurückgebunden werden können bzw. eine Veränderung in der Lebenspraxis bewirken, wenn man sich in der Nachfolge Jesu Christi mitreißen lässt vom „Aufstand Gottes gegen den Tod".

7. Schluss

Das Dokument der Päpstlichen Bibelkommission stellt fest, „daß die biblische Exegese in der Kirche und in der Welt eine *unersetzliche Aufgabe* erfüllt. Wollte man die Bibel ohne sie verstehen, würde man sich einer Illusion hingeben. Es wäre auch ein Mangel an Ehrfurcht vor der inspirierten Schrift."[12]

Unersetzlich ist die biblische Exegese, weil sie verdeutlicht, dass der jüdisch-christliche Glaube nicht auf geschichtslose Kontexte ausgerichtet ist. Dies zeigt die historisch-kritische Exegese für die biblischen Texte selbst, es gilt aber auch für den Anspruch der Bibel als Wort Gottes heute. Hochschuldidaktische Überlegungen in der Exegese beziehen sich auf diese beiden Bereiche und müssen sie miteinander vermitteln. Darin liegt auch das Spannende der exegetischen Wissenschaft, weil sie neben Wissensvermittlung immer auch den Kontextbezug – zu den Studierenden, zur kirchlichen und gesellschaftlichen Situation etc. – herstellen muss.

Eine *unersetzliche Aufgabe* hat die biblische Exegese aber auch für die verschiedenen theologischen Disziplinen. Stärker als bisher sollten an den Universitäten und Hochschulen Kooperationen mit anderen theologischen Fächern geschehen und fächerübergreifende Veranstaltungen angeboten werden. Meine eigene Erfahrung hat gezeigt, dass gemeinsame Seminare

[12] Interpretation 114.

von zwei verschiedenen Fachgebieten sowohl für Studierende wie für Lehrende ein Gewinn sind und Motivation wie Lernerfolge fördern.

Unersetzlich ist bei allen angestellten Überlegungen jedoch, dass sich die Lehrenden selbst als Lernende verstehen bzw. als Lehrende immer auch Lernende bleiben. Dies schließt den Mut zum Experimentieren und Korrigieren ebenso ein wie eine verstärkte Kommunikation mit Studierenden und Fachkollegen. Dazu hat die hochschuldidaktische Weiterbildung, an der ich in Benediktbeuern teilnehmen konnte, außerordentlich ermutigt. Als Ermutigung dazu versteht sich auch dieser Beitrag.

„Schlechterdings nichts fürs Praktische machen"?[1]

Hochschuldidaktische Perspektiven Dogmatischer Theologie

von Bernhard Nitsche, Tübingen

Im Folgenden werden Perspektiven für eine zeitgemäße Gestalt der Didaktik Dogmatischer Theologie angesprochen und reflektiert, die sich dem Autor aus seiner Kenntnis des Lehrbetriebs – z. B. in einer Reihe von ihm mitverantworteter Seminare in Mainz und Tübingen sowie aus seiner regelmäßigen Zuständigkeit für den „Grundkurs Dogmatik: Einführungen in Grundfragen des christlichen Glaubens" – erschlossen und bewährt haben.[2] Da es sich um Impulse handelt, ist Vollständigkeit weder angezielt noch wünschenswert. Auf das im ersten Schritt skizzierte Leitbild „Dogmatischer Theologie" folgen in einem zweiten Schritt prinzipielle Überlegungen zu der dem Fach eigenen „immanenten Didaktik". Im dritten Schritt werden diese Überlegungen in ihren Konsequenzen unter Berücksichtigung allgemeiner didaktischer Überlegungen in ihren „didaktischen Perspektiven" reflektiert. Zwei Fallbeispiele geben exemplarisch Einblick in „praktische Konsequenzen".

1. Was will Dogmatische Theologie?

Die Dogmatik gilt weithin – auch innerhalb des theologischen Diskurses – als eine „dogmatistische" Disziplin, die anderen Menschen in verknöcherter, verbohrter und unbelehrbarer Weise „wahre Sätze" zu glauben aufnötigt, welche der eigenen Erfahrung ebenso wie dem gesunden Menschenverstand und der wissenschaftlichen Redlichkeit widersprechen. Mag dieses Urteil durch einzelne Erfahrungen aus der Vergangenheit gedeckt sein, so steht dieses Klischee in krassem Widerspruch zum *Selbstverständnis Dogmatischer Theologie* heute, die *das christliche Bekenntnis in seiner Ansprache und seiner inneren Kohärenz zu erschließen* sucht. Freilich kann das Klischee nur dann aufgebrochen werden, wenn Dogmatische Theologie ihr Selbstverständnis offen legt und in der Weise, wie sie agiert, zur Geltung

---

[1] I. Kant, Der Streit der Fakultäten, in: Kants Werke, Akademie-Textausgabe 7, Nachdruck, Berlin 1968, 38.

[2] Ich widme diesen Beitrag den Kolleginnen Margit Eckholt, Barbara Henze, Gudrun Münch-Labacher, Annemarie Mayer, Doris Nauer, Monika Scheidler sowie den Kollegen Rainer Bendel, Reinhold Boschki, Michael Hartmann und Klaus Kießling als Dank für unsere interdisziplinären und didaktischen Kooperationen.

bringt. Dogmatische Theologie zeigt sich dann in mehrfache Relationen eingebunden, die hinsichtlich der Aufgabe und der Methodik sowie der Adressaten und Gesprächspartner skizzenhaft verdeutlicht werden können.

1.1 Was ist Dogmatische Theologie?

Dogmatische Theologie kann als jener Teil der Systematischen Theologie verstanden werden, der sich auf den christlichen Glauben und die christliche Lehre vom Glauben (Dogma) bezieht und klassischerweise am Glaubensbekenntnis (Symbolon der Kirche) orientiert ist. Sie ist in verschiedenen Traktaten (Dogmatische Prinzipienlehre, Gottes- und Trinitätslehre, Christologie, Pneumatologie und Gnadenlehre, Schöpfungslehre, Theologische Anthropologie, Ekklesiologie, Mariologie, allgemeine und spezielle Sakramentenlehre, Eschatologie) organisiert und *dient dem „Logos" des Glaubens, indem sie die Aufgabe wahrnimmt, den christlichen Glauben reflexiv, kritisch und systematisch zu vergewissern, um ein kohärentes, am Humanum orientiertes Selbstverstehen des Glaubens für Christinnen und Christen heute zu ermöglichen.*

Da die Grenzen zwischen „innen" und „außen" gegenwärtig immer flüssiger werden, weicht die klassische Aufgabenteilung zwischen Dogmatischer Theologie („ab intra ad intra") und Fundamentaltheologie („ab intra ad extra") auf. Eine Selbstverständigung „nach innen" ist in unserer Zeit nur angesichts des „Außen" und unter Bezugnahme auf das „Außen" verantwortlich zu leisten. Obgleich das wissenschaftstheoretische Verhältnis zwischen Fundamentaltheologie und Dogmatischer Theologie derzeit umstritten ist, erscheint die traditionell gegenläufige Verhältnisbestimmung zwischen der Dogmatischen Theologie (ad intra) und der Fundamentaltheologie (ad extra) unter pragmatischen Gesichtspunkten immer noch sinnvoll.[3]

In Anbetracht der Pluralisierung und Individualisierung der Lebenswelten wie des Zusammenwachsens der einen Welt zum „globalen Dorf" gehört es zur Aufgabe Dogmatischer Theologie, sich in der Perspektive ökumenischer Verständigung zu entfalten. Daher sind in allen Traktaten *die interkonfessionellen, interreligiösen und interkulturellen Aspekte* und damit sowohl die faktischen Divergenzen als auch die möglichen Konvergenzen der verschiedenen konfessionellen, religiösen oder kulturellen Positionen exemplarisch zu thematisieren.

---

[3] Vgl. B. Nitsche, Göttliche Universalität in konkreter Geschichte. Eine transzendental-geschichtliche Vergewisserung der Christologie in Auseinandersetzung mit Richard Schaeffler und Karl Rahner, Münster 2001, 24. 277–282. W. Pannenberg, Systematische Theologie I, Göttingen 1988, 11–72.

1.2 Wie arbeitet Dogmatische Theologie?

Eine Dogmatische Theologie, die dem Zweiten Vatikanischen Konzil verpflichtet ist, wird im *Dreischritt* von *Schrift* (als norma normans non normata), *Tradition* (als norma normans) und *systematisch-reflexiver Vergewisserung* für das Heute (Dekret über die Ausbildung der Presbyter: OT 16) realisiert. Dieser Dreischritt ist auf den aktuellen Lebens- und Kulturkontext bezogen, d. h. auf die sich in ihm situativ manifestierenden *„Zeichen der Zeit"*, die zur Aufforderung für eine zeitgemäße Gestalt des Glaubens werden. Die Zeichen der Zeit sind im „Licht des Evangeliums" Jesu Christi zu erschließen. Der reflexiv vergewisserte christliche Glaube hat die „integrale Berufung des Menschen" zu verdeutlichen und zu „wirklich humanen Lösungen" der Menschheitsfragen beizutragen (Pastorale Konstitution über die Kirche: GS 4.10.11). Der aktuelle Kontext und die sich in ihm ankündigende Gegenwart des Geistes bestimmt dann sowohl den *Ausgangspunkt* als auch das *Auslegungsziel dogmatischer Reflexion*. Dogmatische Theologie wird deshalb nur in epochal, kulturell und situativ unterschiedlichen Weisen realisiert, und sie kann ihre Aufgabe auch methodisch nur in pluralen und perspektivischen Weisen verwirklichen. Dieser Zusammenhang erklärt, warum es nicht die eine Dogmatik gibt, sondern diese nur im Plural zu betreiben ist.

Von diesem methodologischen Zusammenhang her werden die zwei Haupttypen gegenwärtigen dogmatischen Denkens verständlich – der hermeneutische und der analytische Typ: Der *hermeneutische Typ* geht von den biblisch-historischen Vorgaben aus und fragt nach der bedeutungsvollen wie normierenden Relevanz für das Heute. Er fragt also eher legitimierend nach der bleibenden und aktualisierten Bedeutung, Sinnstiftung oder Geltung normativer Gehalte. Der *analytische Typ* nimmt dagegen die gegenwärtige Problemsituation, ihre Fragen und Wahrnehmungen auf, um in ihrem Horizont die biblisch-historischen Befunde zu sondieren und auszuwerten. Ihm kommt daher eine heuristische und aufklärende Funktion zu, sofern er bleibende Verbindlichkeiten und normative Ansprüche sichtbar macht.[4]

1.3 Für wen arbeitet und mit wem kommuniziert Dogmatische Theologie?

Sind die Menschen die Adressaten sowohl des göttlichen Heilszuspruchs als auch der akademisch und universitär verorteten Wissenschaft, so ist es für die Ortsbestimmung der Theologie im Allgemeinen und der Dogmatischen

---

[4] Vgl. G. Sauter – A. Stock, Arbeitsweisen Systematischer Theologie. Eine Anleitung, München – Mainz 1976, 21–31.

Theologie im Besonderen hilfreich, mindestens fünf Kommunikationsebenen – und damit Gesprächspartner – zu unterscheiden.

Die Dogmatische Theologie als akademisch verortete Wissenschaft ist der menschlichen Vernunft verpflichtet und dient *erstens dem Humanen*, indem sie den göttlichen Heilszuspruch orientierend in den Diskurs um ein gelungenes Menschsein einbringt, dessen zentrale Parameter die Freiheit des Menschen, seine Würde und sein Verlangen nach Heilsein sind. Daher sind die ersten und letzten Adressaten Dogmatischer Theologie die Menschen in ihrer Suche nach einem geglückten und erfüllten Leben.[5]

Ist die Katholische Theologie eine Wissenschaft, die an den kirchlich bezeugten Heilszuspruch Gottes rückgebunden ist, so muss zwischen der fundamentalen Glaubenskommunikation der Menschen im Gottesvolk sowie dem pastoralen Lehramt der Kirche einerseits und dem magistralen Lehramt der Theologie andererseits unterschieden werden.[6] Das pastorale Lehramt der Bischöfe und das magistrale Lehramt der Theologinnen und Theologen sind in je unterschiedlicher Weise (durch lehramtliche Sprachregelungen für die Glaubenskommunikation bzw. durch wissenschaftlich reflexive Begleitung und wissenschaftlich-methodische Vergewisserung) dienend der Glaubenskommunikation im Gottesvolk zugeordnet.[7] Dogmatische Theologie, die durch ihre wissenschaftlich vergewisserten Methoden und Verstehensmodelle in den Erfahrung-Theorie-Praxis-Zirkel eingeordnet ist, weiß sich *zweitens* darum diskursiv auf *die anderen Wissenschaften der universitas* und *drittens* auf *das kirchlich-pastorale Lehramt* sowie *viertens* hermeneutisch-explikativ und dienend auf *die Glaubenskommunikation im Gottesvolk* bezogen. Die methodologische Struktur Dogmatischer Theologie zeigt an, dass sie *fünftens* auch *innertheologisch* auf die Biblische, Historische, Philosophische, Ethische und Praktische Theologie bezogen ist.

Dogmatische Theologie wird deshalb nur dann umfassend wahrgenommen, wenn sie im Dialog mit diesen fünf Kommunikationsinstanzen realisiert wird. Die *Lehrveranstaltungen* berücksichtigen diese fünffache Kommunikationsgestalt vor allem dann, wenn Studierende sich nach Stil, Inhalt

---

[5] Das ist auch das Leitmotiv der Einführung von B. Henze (Hg.), Studium der Katholischen Theologie, Paderborn u. a. 1995.

[6] M. Seckler, Die schiefen Wände des Lehrhauses. Katholizität als Herausforderung, Freiburg/Br. u. a. 1988, 105–155.

[7] K. Rahner – K. Lehmann, Kerygma und Dogma, in: J. Feiner – M. Löhrer (Hg.), Mysterium Salutis. Grundriss heilsgeschichtlicher Dogmatik I, Einsiedeln u. a. 1965, 622–704; E. Schillebeeckxs, Glaubensinterpretation. Beiträge zu einer hermeneutischen und kritischen Theologie, Mainz 1971; B. J. Hilberath, „Treue in lebendigem Wandel“. Dogmatik als Hermeneutik im Spannungsfeld der nachkonziliaren Kirche, in: ders. – D. Sattler (Hg.), Vorgeschmack. Ökumenische Bemühungen um die Eucharistie (FS T. Schneider), Mainz 1995, 23–44.

und Methode selbst als Subjekte entdecken und realisieren können, welche bei ihrer „Suche nach Identität“[8] ihren gemeinschaftlich-kirchlich verorteten Glauben analysieren und vergewissern wollen, indem sie ihn wissenschaftlich und interdisziplinär reflektieren und den Logos des Glaubens sowie seine lehramtlichen Sprachregelungen systematisch verstehen und argumentativ bearbeiten.

2. Die immanente Didaktik Dogmatischer Theologie

Didaktik und Dogmatik sind weder zwei konträre noch zwei sich nur äußerlich berührende Größen. Der Dogmatischen Theologie ist eine innere Logik eigen, welche aus sich selbst heraus eine immanente Didaktik generiert, die als spezifische Kernkompetenz auch in den gesamtdidaktischen Diskurs einzubringen ist.[9] Das Hauptlernziel und das Strukturprinzip geben die Wege an, wie die materiale Fülle der Themen Dogmatischer Theologie sinnvoll elementarisiert werden kann. Daher ist das im universitären Betrieb immer noch vorhandene Missverständnis zu überwinden, als wäre Didaktik eine der eigentlichen Sache nachgeordnete Verkaufsstrategie. Dogmatische Theologie, die den Menschen anzielt und bei ihm Resonanz finden will, kommt gar nicht umhin zu fragen, wie Identität und Relevanz miteinander zu vernetzen sind.

2.1 Hermeneutische Prämisse: Geschichtlichkeit des Dogmas

Wenn im Folgenden vom „Dogma“ gesprochen wird, so ist zunächst *der weite und der enge Dogmenbegriff* zu unterscheiden. Der weite Dogmenbegriff bezeichnet den aus der geschichtlichen Erfahrung mit Gott eröffneten, gemeinschaftlich bezeugten und positiv formulierten Glauben, der im Bekenntnis (Symbolon der Kirche) zusammengefasst ist. Der enge Dogmenbegriff bezeichnet jene lehramtlichen Sprachregelungen für die Glaubenskommunikation im Gottesvolk, welche – wie Leitplanken und Hinweisschilder auf einer Straße mit mehreren Spuren, die legitim befahren werden

---

[8] Innerhalb der verschiedenen didaktischen Konzepte (bildungstheoretische, curriculumstheoretische, identitätstheoretische Didaktik und Animationsdidaktik) scheint mir epochal und vom Fach her eine Prävalenz des identitätsorientierten Ansatzes angezeigt, innerhalb dessen die anderen didaktischen Konzepte ihre Funktion gewinnen. Vgl. H. Siebert, Didaktisches Handeln in der Erwachsenenbildung. Didaktik aus konstruktivistischer Sicht, Berlin ^{2}1996, 73–93.

[9] Instruktiv und ausführlich dazu E. Groß, Dogmatikdidaktische Grundregeln, in: ders. – K. König (Hg.), Religionsdidaktik in Grundregeln, Regensburg 1996, 131–162. Dort weitere Literaturangaben!

können, – die Grenzen sinnvollen Sprechens im Glauben markieren und vor einseitig auswählenden (häretischen) Straßengräben auf dem Glaubensweg schützen. Sie formulieren daher in der Regel „negativ und abgrenzend".[10]

Das Dogma im engeren Sinne setzt daher den Zusammenhang von Erfahrung, Offenbarung und Bekenntnis voraus. Das Dogma im weiten wie im engen Sinne bezieht sich auf die kommunikativ vergewisserten Erfahrungen von Gottes Einbruch und Nähe. Der Glaube, den das Dogma festhält und reflektiert, resultiert daher aus Offenbarung. Umgekehrt wird die Offenbarung nur in der Brechung des antwortenden Glaubens transparent und konkret. Beschreiben Offenbarung (als Initiative Gottes) und Glaube (als Antwort des Menschen) geschichtliche Gestalten des Gott-Mensch-Verhältnisses, so gilt: *Das Dogma ist in einen Zusammenhang der Geschichte eingefügt.* Offenbarung ist in Jesus Christus und im Geist definitiv und unüberholbar, d. h. eschatologisch geworden. Doch ist die Offenbarung nicht abgeschlossen. Gottes Zuspruch wird in der Brechung des Glaubens der Christinnen und Christen auf je neue Weise transparent und konkret. Wenn daher von der Geschichtlichkeit des Dogmas gesprochen wird, so geht es im Wandel der Kontexte, Sprachen und Verstehenshorizonte um eine „*Identität in Entsprechung*"[11]. Jeder neue Kontext erfordert damit eine je neue Versprachlichung der Intentionen des Dogmas. Das Dogma muss in seinem Kontext, in seinen Verstehensvoraussetzungen und seiner Sprachwelt verstanden und in die neue Sprachwelt, den neuen Kontext mit seinen Verstehensbedingungen übersetzt und in ihm „re-identifiziert" werden.[12] Eine bloße Wiederholung alter Sätze in neuen Kontexten verfälscht den Sinn der Aussagen und raubt ihnen ihren Verheißungsüberschuss. Die Vitalität der Glaubensaussagen degeneriert dann zu einer „Konservennahrung ohne Verfallsdatum". Diese hat bekanntermaßen einen faden Geschmack.

Die *Geschichtlichkeit wird didaktisch bedeutsam*, wenn sie zu der Einsicht führt, dass die Dogmen auch in die Kontexte der eigenen Erfahrungen, Fragen und Verstehensvoraussetzungen übersetzt werden müssen, und sie dazu anleitet, sich über die eigenen Rezeptionsbedingungen und die Bedin-

---

[10] Paradigmatisch für den „engen" Dogmenbegriff sind die vier Adjektive des Konzils von Chalkedon (vgl. DH 302). Vom „engen" Dogmenbegriff ist der „technische" Dogmenbegriff des Ersten Vatikanischen Konzils wiederum zu unterscheiden (vgl. DH 3011; J. Wohlmuth, Dogmatik, in: ders. (Hg.), Katholische Theologie heute. Eine Einführung, Würzburg 1990, 258–261).

[11] B. J. Hilberath, Einfach glauben oder kompliziert interpretieren? Hinweise zum symbolischen und geschichtlichen Charakter von Glaubensaussagen, in: ders. u. a., Heute glauben. Zwischen Dogma, Symbol und Geschichte, Düsseldorf 1993, 7–27, hier: 21–23, Herv. B.N.

[12] Vgl. R. Schaeffler, Erfahrung als Dialog mit der Wirklichkeit. Eine Untersuchung zur Logik der Erfahrung, Freiburg – München 1995, 298–354; J. Werbick, Glaube im Kontext. Prolegomena und Skizzen zu einer elementaren Theologie (SPT 26), Zürich u. a. 1983, 37–41.

gungen der Entstehung der Glaubensaussage zu verständigen. Im Grundkurs wird dies deutlich, wenn der paradigmatische Versuch der Übersetzung der neutestamentlichen Christologien und ihrer soteriologischen Intentionen in den Kontext des griechischen Seinsdenkens zum Thema wird, oder wenn abschließend die verschiedenen, auch epochalen Typen christologischer Reflexion nebeneinander gestellt werden und danach gefragt wird, wie etwa das Anliegen der metaphysischen Inkarnationschristologie im Rahmen eines anthropologischen Denkansatzes neu buchstabiert werden kann.[13]

2.2 Hauptlernziel: Der kategorische Indikativ

Das theologische Hauptlernziel im Grundkurs Dogmatik ist bestimmt vom „kategorische(n) Indikativ"[14]. Im Mittelpunkt der dogmatischen Reflexion des christlichen Wahrheitszeugnisses steht *Gottes unbedingter Heilswille und seine rettende Zuwendung* zu den Menschen, die allem Tun und Glauben der Menschen vorausgehen und dieses Tun und diesen Glauben ermöglichen. Der Glaube ist deshalb die vertrauende Antwort auf den göttlichen Verheißungszuspruch. Gottes Zusagen an die Menschen und seine Verheißungen für die Menschen bilden die „Mitte" des christlichen Glaubens und seiner reflexiven Vergewisserung. Diese Mitte kann im Begriff des *„Reiches Gottes"* zentriert werden. Bei aller thematischen Extension Dogmatischer Theologie geht es um die Reflexion dieser unbedingten Ansage von Nähe, Heil, Erbarmen, Hoffnung und Rettung. Daher muss das Dogma „als eine Gestalt des Evangeliums"[15] transparent werden. Die grundlegende christologisch-soteriologische und pneumatologisch-gnadentheologische Axiomatik des Indikativs ist in allen Themen und Traktaten der Dogmatik zur Geltung zu bringen. Sie ist anthropologisch und ökumenisch von höchster Bedeutung.[16]

Weil Gottes Zuspruch unbedingt gilt, dürfen Menschen sich von Gott vorbehaltlos und unbedingt angenommen wissen. Daher „müssen" Christinnen und Christen nicht „etwas" glauben, sondern sie dürfen sich Gottes Verheißungen zusagen und sich von ihnen herausrufen lassen. Weil das

---

[13] Vgl. A. Schilson, Christologische Dogmengeschichte als Ausgestaltung der Korrelationsproblematik, in: KatBl 105 (1980) 96–103; ders., Wandlungen im Spektrum gegenwärtiger Christologie, in: KatBl 105 (1980) 104–108; ders., Kurz-Charakteristiken gegenwärtiger Christologie, in: KatBl 105 (1980) 132–134.

[14] G. Fuchs, Glaubenserfahrung – Theologie – Religionsunterricht. Ein Versuch ihrer Zuordnung, in: KatBl 103 (1978) 190–216, 199. Vgl. T. Pröpper, Erlösungsglaube und Freiheitsgeschichte. Eine Skizze zur Soteriologie, München [3]1991, bes. 194–220.

[15] Vgl. W. Kasper, Einführung in den Glauben, Mainz [7]1983, 101.

[16] Vgl. B. J. Hilberath – W. Pannenberg (Hg.), Zur Zukunft der Ökumene. Die „Gemeinsame Erklärung zur Rechtfertigungslehre", Regensburg 1999.

Christentum keine Leistungs-, sondern eine Gnadenreligion ist, können und müssen Christinnen und Christen ihr Heil nicht verdienen. Weil das Heil sich Gottes souveräner Initiative verdankt, umsonst geschenkt ist und unverfügbar frei zugesprochen wird, befreit der kategorische Indikativ von dem Zwang, sich fortdauernd selbst rechtfertigen und legitimieren zu müssen. An die Stelle des „Du musst“ und „Du sollst“ tritt dann das „Du darfst“ und „Du kannst“.[17]

Diese entlastende und befreiende Perspektive eröffnet vielen Studierenden ein Verständnis für das Anliegen der Gnaden- und Inkarnationstheologie. Auf diese Weise kann etwa im Rahmen der Christologie die anthropologische Präferenz vieler Studierender für eine am Menschen Jesus identifizierbare Bewährungs- und Erhöhungschristologie geöffnet werden. Dann bekommt die Zusage – Gott engagiert sich selbst und ohne Vorleistungen wegen seines Heilswillens und seiner unverbrüchlichen Treue in der Geschichte der Menschen, auf besondere Weise im Sohn und im Geist, – einen existenziell identifizierbaren Sinn.

Der kategorische Indikativ des christlichen Bekenntnisses bekommt damit *nicht nur kriteriologische, sondern auch ideologiekritische und praktisch-politische Funktion*, denn das inkarnatorische und gnadentheologische Denken steht kritisch zu jeder Form der Leistungsreligion und zu jener Form der Leistungsgesellschaft, die das Selber-machen-Müssen des Menschen zum ersten und letzten Wert erklärt. Dogmatische Theologie wird ihrerseits häretisch halbiert, wo diese kriteriologischen, ideologiekritischen und praktisch-politischen Implikationen von Gottes unverfügbar geschenkter Zuwendung außer Acht gelassen werden.

Schließlich verdeutlicht der kategorische Indikativ die *Kontinuität zwischen dem hebräischen und dem christlichen Denken*, wenn er die *biblische Theozentrik* zur Geltung bringt. Die „kerygmatische *Grund*formel“[18] gibt eine Bewegung vor (mit Jesus im Geist zum Vater), in deren Zentrum die „Ehre Gottes, des Vaters“ (Phil 2,11) steht. Angesichts des historischen und christologischen Bruchs zwischen Judentum und Christentum kann der Indikativ die zentrale inhaltliche Gemeinsamkeit herausstellen, ohne Israel seiner Berufung zu enteignen. So ist es etwa für die Thematisierung des Judeseins Jesu entscheidend, deutlich zu machen, dass sein Umgang mit dem Gesetz nicht als Ablösung, sondern als Einlösung des Gesetzes, d. h. als Freilegung seiner ureigensten Intention zu verstehen ist. Das Gesetz ist be-

---

[17] Vgl. R. Zerfaß, Menschliche Seelsorge. Für eine Spiritualität von Priestern und Laien im Gemeindedienst, Freiburg/Br. u. a. 1985; B. J. Hilberath, Zwischen Vision und Wirklichkeit. Fragen nach dem Weg der Kirche, Würzburg 1999, 154–171: „Was hat die Kirche den Menschen zu sagen?“

[18] Vgl. K. Rahner, Schriften zur Theologie III, Einsiedeln u. a. ^{7}1967, 402.

freiende „Weisung zum Leben“ und Jesus Christus ist die erfüllte Präsenz des Gesetzes in Person (Joh 1).[19]

Kann dem göttlichen Gesetz nur Genüge getan werden, wenn man ihm in aller Freiheit zuvorkommt, so wird der im kategorischen Indikativ begründete *Freiheits- und Lebenszuspruch* zum entscheidenden *Ansatzpunkt einer didaktisch wirksamen Korrelation.* In diesem reflexiven Sinne arbeitet Dogmatische Theologie durch Lehre und Lernen an den „Bedingungen der Möglichkeit“ für das unverfügbare Ereignis des Reiches Gottes.

2.3 Strukturprinzip: Hierarchie der Wahrheiten

Das Zweite Vatikanische Konzil hat hervorgehoben, dass es in der katholischen Lehre „eine Rangordnung oder ‚Hierarchie‘ der Wahrheiten“ (Dekret über den Ökumenismus: UR 11) gibt, womit gesagt ist, dass der Glaube ein strukturiertes und proportioniertes Ganzes ist, und jeder Aspekt des Glaubens durch das eine Dogma in den vielen Dogmen interpretiert werden muss: „*Gottes Herrschaft als Heil des Menschen*“. Es geht folglich um „das in Jesus Christus offenbare und verwirklichte Gottsein Gottes als Grund der Menschlichkeit des Menschen“[20]. Diese primäre Wahrheit des Glaubens geht allen anderen Wahrheitsaspekten in der „heiligen Rangfolge“ an Wichtigkeit voraus.

Dadurch wird die *innere Struktur des Bekenntnisses* deutlich. Die „ontologische Wesenschristologie“ und die „immanente Trinitätstheologie“ haben gegenüber der erfahrenen Nähe des Heils im Sohn und im Geist eine dienende und begründende Funktion. Sie sind der erfahrenen und bezeugten Nähe von Gottes Heil stiftender Gegenwart dienend und begründend zugeordnet. Entsprechend ist die *christologisch-pneumatologisch-trinitarisch begründete Mitte* allen anderen Lehraussagen und Glaubenswahrheiten vorgeordnet.[21] Diese Vor-Ordnung stellt die anderen Wahrheiten nicht beliebig zur Disposition, aber sie ordnet sie der Mitte nach und unter. Der durch das Strukturprinzip induzierte Wandel in der Optik und in den Interessen Dogmatische Theologie zu betreiben, konnte beim Grundkurs im WS 1999/2000 lehrbuchhaft beobachtet werden. Standen zu Beginn die Fragen nach der „Unfehlbarkeit des Papstes“ und nach „Amt und Frauenordination“ an vorderster Stelle, so wurden im Verlauf des Kurses für viele die Fragen – Wie kann ich heute verantwortet christlich glauben? Wer ist

[19] Vgl. Nitsche, Göttliche Universalität in konkreter Geschichte 34–39. 408–414. 476–480. 499f.

[20] Kasper, Einführung in den Glauben 100; Herv. B.N. Vgl. L. Lies – S. Hell, Heilsmysterium. Eine Hinführung zu Christus, Graz 1992.

[21] Vgl. H. U. v. Balthasar, Einfaltungen. Auf Wegen christlicher Einigung, Einsiedeln ³1987, 87.

Gott und wer ist Jesus Christus für mich? – vordringlich. Die „heißen Eisen“ der Ekklesiologie waren damit nicht vom Tisch, aber sie standen theologisch in einer neuen Zuordnung und sie wurden dann im Lichte des kategorischen Indikativs diskutiert und beurteilt. Dadurch wurde bei einigen auch die Entwicklung einer neuen „existenziellen“ Hierarchie der Wahrheiten angeregt.[22]

3. Weiterführende didaktische Optionen

3.1 Falsche Voreinstellungen und Mißverständnisse abbauen

Problem und Aufgabe: Ein zentrales Moment einer Didaktik Dogmatischer Theologie ist der Abbau jener oben erwähnten Vorurteile und Missverständnisse. Sie halten sich hartnäckig auch bei Kolleginnen und Kollegen im Lehrbetrieb. Sie sind durch eigene Erfahrungen mit dem Fach, meist aber durch die sachlich unzutreffende Identifizierung von Dogmatischer Theologie und kirchlichem Lehramt (blinde Verteidigung lehramtlicher Personen und Positionen) hervorgerufen. Im Grundkurs Dogmatik dokumentiert sich diese negative Voreinstellung regelmäßig in Äußerungen, dass es jetzt wohl darum gehe, die kirchlichen Glaubenssätze auswendig zu lernen, dass mir jetzt etwas übergestülpt wird, was ich nicht will und was nichts mit mir zu tun hat, dass jetzt das Denken verabschiedet werden muss usw. Dogmatische Theologie wird dann identifiziert mit Ratzinger, Papst, Pille, Verbot der Frauenordination, Laieninstruktion usw. Gleichzeitig wird ein großes Unwissen und eine gewisse Neugier deutlich, die sich in Stellungnahmen äußert, dass es hier ja um den Glauben der Kirche geht und damit um das „Eigentliche“ meines Christseins.[23]

Praktischer Umgang: Bekanntermaßen verhindert oder verzögert eine negative Voreinstellung ein offenes und erfolgreiches Lernklima. Solche negativen Voreinstellungen können durch ein offenes und freundliches Klima in

---

[22] Vgl. K. Rahner, Hierarchie der Wahrheiten, in: ders., Schriften zur Theologie XV, Zürich u. a. 1983, 163–168.

[23] Solche Einstellungen haben natürlich auch historische und sachliche Gründe: Eine solche Aversion oder Attraktion kann aus dem Verständnis der Dogmatischen Theologie als einer apologetischen „Exegese des Dogmas“ und „Verteidigung des kirchlichen Lehramts“ resultieren. Dies ist ein Verständnis, welches auf dem Zweiten Vatikanischen Konzil auch kirchenoffiziell überwunden wurde. Solche Aversion oder Attraktion kann aber auch ein Nachklang zum historisch dominanten Status („Königsdisziplin“) sein. Die Emanzipation der anderen Fächer und ihre legitime Selbstbehauptung kann dann ihrerseits wiederum eine regressive Fixierung auf den längst erfolgten Sturz der „Königin“ darstellen.

den Lehrveranstaltungen oder durch die offene und sachlich differenzierende Positionierung der Dozentin oder des Dozenten hinsichtlich von Stil und Inhalt positiv verändert werden. Aus didaktischen Gründen wird diese Voreinstellung im Grundkurs Dogmatik offensiv thematisiert und mit dem gegenseitigen Kennenlernen verknüpft. Daher gestalte ich die erste Sitzung gerne mit einem Partner- bzw. Partnerinnen-Interview, aus dem eine gegenseitige Vorstellung der Interviewten im Plenum resultiert. Inhaltlicher Fokus des Interviews zur Person wie zur Sache ist die Frage: „Was fällt mir ein, wenn ich an Dogmatik denke?“ Bei der gegenseitigen Vorstellung im Plenum ist es wichtig, dass die Teilnehmer ermutigt werden, auch sehr kritische Meinungen und Voreinstellungen zu äußern. Nur so kann von Beginn an ein Klima geschaffen werden, in dem die Erfahrung wächst, dass ich hier mit dem, was ich wirklich denke, auch vorkommen kann. Zugleich eröffnet die ungeschminkte Artikulation der Vorbehalte der Dozentin/dem Dozenten die Chance, sich selbst mit dem, was ihr/ihm einfällt, vorzustellen oder vorstellen zu lassen. Nach der Vorstellungsrunde können dann erste sachliche Klärungen und Differenzierungen angefügt werden. Die erwachte Offenheit und Neugier kann dann mit ein oder zwei zeitgenössischen Kurzfassungen dessen, was Dogma ist, kontrastiert werden.

3.2 Teilnehmerorientierung fördern

Teilnehmerinnen- und Teilnehmerorientierung schafft nicht nur Identifikation, Akzeptanz, Motivation und schließlich auch eine freiwillige Leistungsbereitschaft, sondern sie ist auch durch die Option Dogmatischer Theologie begründet, Lernende selbst als Subjekte ihres Glaubens und ihrer reflexiven Glaubensvergewisserung anzusehen. Daher stelle ich einige Möglichkeiten vor, wie Teilnehmerorientierung gefördert werden kann.

Ein zentraler Faktor der Akzeptanz ist die Beteiligung an der Planung und Gestaltung eines Lernprojektes. Unsere hochschuldidaktische Fortbildung war für mich Anlass und Motor, in eine offene Planung des Grundkurses einzusteigen. Dies ist ein Weg, vor dem ich bisher Hemmungen hatte. Die Evaluation via Fragebogen hat rückblickend ergeben, dass die offene Planung ein wesentlicher und positiver Identifikationsfaktor für diesen Grundkurs war und zur Zufriedenheit mit dem Grundkurs beigetragen hat.[24]

---

[24] Die offene Planung wurde am Ende der ersten Grundkurssitzung vorbereitet, indem die Studierenden ermutigt und aufgefordert wurden, anhand von Handbüchern bis zur folgenden Sitzung selbst zu entdecken und zu erkunden, was Gegenstände und Fragen des Faches sind. Ihre Optionen wurden via Kartenabfrage in der folgenden Sitzung zur Metaplanung benutzt, wobei ich dann nachträglich zur offenen Planung meinerseits den Bereich der Christologie aus fachlichen Gründen ausgeweitet habe. Diese sachlich begründete Intervention wurde grundsätzlich und ohne Vorbehalte akzeptiert.

Allerdings verlangt eine offene Planung ein „Mehr an Erklärung". Dieses kann zugleich fachdidaktisch genutzt werden. So konnte der Wunsch nach dem Thema „Theodizee" der Klärung der historischen, methodologischen und thematischen Zuordnung der Fächer Religionsphilosophie, Fundamentaltheologie und Dogmatische Theologie dienen. Das Thema wurde aufgenommen, weil die Theodizeefrage inzwischen eine zentrale Problematik der Selbstverständigung des christlichen Glaubens „nach innen" geworden ist. Das Thema „Der Freitod und seine theologische Bewertung" diente zur Klärung der Zuordnung von Dogmatischer Theologie und Ethik (Moraltheologie). Es wurde ausgeschlossen, weil die Einordnung und Bewertung menschlicher Handlungsvollzüge genuine Aufgabe des anderen Faches ist.

Ein Element der Beteiligung der Teilnehmenden kann durch die Form der Leistungsnachweise gegeben sein. Leistungsnachweise im Grundkurs Dogmatik sind Kurzklausur, Essay und die qualifizierte mündliche Beteiligung.[25] Die Problemerörterung (Essay) kann alle dogmatisch relevanten Themen und Fragen behandeln, sofern diese nicht unmittelbar aus dem thematischen Bereich der Kurzklausur stammen.[26] Das gibt den Studierenden die Möglichkeit, eine Problemstellung ihrer Wahl zu bearbeiten. Dabei ist regelmäßig eine hohe Leistungsmotivation zu beobachten. Zwei Drittel der Problemerörterungen beziehen mehr Literatur ein als die vereinbarte Literatur, die in der Regel einen Umfang von vier Aufsätzen hat. Ein Drittel der Studierenden verwendet erheblich mehr Literatur.

Ein weiterer Faktor der Teilnehmerinnen- und Teilnehmerbeteiligung im Seminarbereich ist der grundsätzliche Verzicht auf ausführliche Referate im klassischen Stil. Alle arbeiten und diskutieren auf der Basis eines gemeinsamen Textes, der durch Leitfragen zur Bearbeitung thematisch und zielorientiert vorstrukturiert ist. Daher sind alle Teilnehmenden ihrer Möglichkeit nach auf basale Weise kompetent. Diese Voraussetzung fördert die Fähigkeit aller Teilnehmenden, in der Sache zu diskutieren. Kurzreferate (max. 20 Min.) dienen im Normalfall dann zur ergänzenden Information.

---

[25] Die mündliche Beteiligung wird allerdings nur positiv eingerechnet, d. h. sie kann die Ergebnisse der schriftlichen Arbeiten verbessern, aber nicht verschlechtern. Damit wird die Option unterstützt, dass das universitäre Lernen einerseits kein schulisches Lernen ist und andererseits der öffentliche mündliche Diskurs konstitutiv zum akademischen Diskurs hinzugehört.

[26] Die Kurzklausur von 45–50 Minuten kann Fragestellungen und Stoffe von 5–7 Sitzungen umfassen. Bewusst wird der Gesamtstoff in kleinere „Portionen" aufgeteilt. Die Prüfungsform der Klausur wird beibehalten, weil sie zum Abschluss des Hauptstudiums als eine gängige Prüfungsform wiederkehrt. Sie hat daher auch die Funktion, die Studentinnen und Studenten frühzeitig auf die Realität „Klausur" einzustellen. Die Differenzierung der Leistungsnachweise ermöglicht zugleich ein umfassenderes und differenzierteres Leistungsprofil und eine tendenziell gerechtere Benotung.

3.3 Pluralität der Lernzugänge und der Gestaltungsmöglichkeiten erkennen

Wurde bereits zwischen einem problemorientiert-analytischen und einem historisch-hermeneutischen Ansatz unterschieden, so bietet es sich an, diese Unterscheidung zu ergänzen durch die Unterscheidung zwischen einem eher „deduktiven", d. h. beim Sachaspekt ansetzenden, oder einem eher „induktiven", d. h. bei der Eigenerfahrung und dem Eigeninteresse der Personen ansetzenden, Lernen.[27] In der Praxis werden diese vier Bezugspunkte sinnvollerweise nie in Reinform zur Anwendung kommen, aber sie haben didaktisch dennoch einen heuristischen, orientierenden Wert.

Gilt noch immer, dass die Person „Programm" ist, so hängt die Wahl der Zugänge nicht nur am Angeeigneten und an den eigenen persönlichen Vorlieben und Interaktionsformen der Dozentin/des Dozenten, sondern auch an den Vorlieben der Teilnehmerinnen und Teilnehmer. Innerhalb eines Seminars zur Ekklesiologie des Zweiten Vatikanischen Konzils war es z. B. möglich, eine hochqualifizierte und äußerst packende Debatte um die Grundoptionen der Konstitution über die Kirche zu führen, weil an diesem Seminar eine Reihe von Hilfskräften teilnahmen, die zugleich im Rahmen des Forschungsprojektes zur Communio-Ekklesiologie damit beschäftigt waren, die Voten der Väter in der Konzilsaula sowie Stellungnahmen außerhalb derselben auf ihren Einfluss auf die Konzilstexte hin zu sondieren. Diese hochaktive Gruppe zog andere Seminarteilnehmerinnen und -teilnehmer mit, so dass es gelang, mehrere konträr argumentierende Fraktionen in Form eines Fish-Bowl auf hohem Niveau miteinander diskutieren zu lassen. Jenseits dieser Sternstunde ist die Form der ausgewählten und stellvertretenden Diskussion in vielen Seminaren möglich, wenn die einzelnen Gruppen genügend Zeit, geeignetes Material und genaue Hinweise zur Vorbereitung bekommen.

Bewährt hat sich auch die regelmäßige Arbeit in Kleingruppen, weil sie das voneinander und miteinander Lernen fördert und durch das gemeinsame Auftreten als Gruppe auch die Eigenständigkeit gegenüber der Dozentin/dem Dozenten erleichtert. Schließlich kann die Gruppe durch den Be-

[27] Der „induktive Ansatz" muss selbst differenziert werden, insofern er „direkt" oder „indirekt" operationalisiert werden kann. Indirekt kommt er zur Geltung, wenn er klassisch als „fides quaerens intellectum" oder sokratisch als „Dialog" konzipiert ist. Diese indirekte Form ist von der direkt und explizit biographisch ansetzenden Glaubensreflexion zu unterscheiden, welche eine existenzielle Buchstabierung konkreter Lebensgeschichte intendiert. Letztere hat ihren Ort außerhalb der Universität. Von daher möchte ich mein Statement zur Verhältnisbestimmung von „induktivem" und „deduktivem" Ansatz im Rahmen der Grundkursdebatte präzisieren. Vgl. B. Nitsche, Spiritualität und/oder Wissenschaft?, in: R. Zerfaß (Hg.), 20 Jahre Theologischer Grundkurs. Bilanz und Perspektiven, Bonn 1995, 111–113.

richt der Ergebnisse eines Arbeitsauftrags im Plenum die Fähigkeit einüben, Dinge öffentlich zu präsentieren, sei es alleine oder gemeinsam. Dennoch darf die Kleingruppe nicht zum Selbstzweck werden. Im Rahmen der Fortbildung ist mir klar geworden, dass die „Trennung“ von Gruppen und Themen genau überlegt sein will und eines durchdachten Prozesses der Wiederzusammenführung bedarf. Daher sind die Zugangsweisen, Inhalte, Methoden und Gestaltungsformen usw. innerhalb des „didaktischen Zirkels“ zu bestimmen.[28]

3.4 Chancen sich differenzierender Lebenskontexte und Altersstrukturen nutzen

Als ich in Tübingen startete, mussten fünf Grundkurse parallel organisiert werden. Die Kurse wiesen eine hohe Homogenität in der Altersstruktur und in der Studiensituation (Grundstudium) auf. Durch die veränderte gesellschaftliche Situation von Kirche und Theologie, durch veränderte Seminarformen sowie durch die Einführung neuer Studiengänge (z. B. Magister) wandelt sich die Teilnehmerinnen- und Teilnehmer-Struktur im Seminar wie im Grundkurs.

Im zurückliegenden Grundkurs machte sich das v. a. dadurch bemerkbar, dass Personen teilnahmen, die bereits eine andere Ausbildung hinter sich hatten und dabei waren, sich beruflich um oder zum Ende der Familienphase neu zu orientieren.[29] Von daher ergaben sich andere Fragen und Beiträge als in der altersmäßig homogenen Grundstudiumssituation. Ich habe diese Veränderung vor allem positiv erlebt, weil sie die Lebensbezogenheit der Auseinandersetzung und die Kompetenz der Gruppe gestärkt hat. So konnte eine lebenserfahrene Mutter von drei Kindern auf die Frage, ob es möglich sei, dass ein Mensch im Angesicht Gottes sich noch sündig verweigern und selbst zur Hölle bestimmen könne, und ob Gott, der die Menschen liebt und das Heil der Menschen will, eine solche Selbstverweigerung noch zulassen könne, aus ihrer Perspektive als Mutter eine Antwort geben, welche das Be-

---

[28] Innerhalb der TZI-Balance von Ich-Wir-Sache ergibt sich das Thema der Lerngruppe. Dieses Thema ist im didaktischen Zirkel aufzubereiten. Er umfasst Ziele, Inhalte, Methoden, Medien, Kommunikationsformen, Sozialformen, kognitive Strategien und Evaluation/Feedback. Dieser didaktische Zusammenhang ist im Rahmen der Globe-Bedingungen von reflektierender Wissenschaft und konkreter Praxis einerseits wie von individuellen und institutionellen Bedingungen andererseits zu bedenken. Vgl. Kursmaterial 7; C. Löhmer – R. Standhart, TZI. Pädagogisch-therapeutische Gruppenarbeit nach Ruth C. Cohn, Stuttgart ²1993.

[29] Z. B. nahm eine Heilpädagogin teil, die Philosophie und Theologie mit Abschluss Magister studiert und sich für den Bereich Ausbildung weiter qualifizieren möchte; oder ein Ingenieur, der sich entschieden hat, Diakon zu werden; oder ein Biologe, der Referent eines Jugendhauses wird.

ziehungsproblem zutreffend beschrieb und prägnant auf den Punkt brachte.[30] Ein promovierender Biologe stellte innerhalb der Themensitzung „Naturwissenschaft und Schöpfungsglaube" der Gruppe wie dem Dozenten die verschiedenen naturwissenschaftlichen Positionen zur Schöpfungsfrage vor. Er half mit, durch seine Diskussionsbeiträge zu klären, welche Form theologischer Theoriebildung der Schöpfungsfrage im Diskurs zwischen Theologie und Naturwissenschaft methodisch angemessen ist.

In einem Seminar „Zum Profil der pastoralen Dienste" wurden die Ausbildungsleiterinnen und -leiter der Berufseinführungsphase der pastoralen Berufsgruppen aus den Diözesen Rottenburg-Stuttgart und Freiburg eingeladen mitzuarbeiten. Darüber hinaus beteiligten sich drei Pastoralreferentinnen und ein Repetent des Theologenkonvikts am Seminar. Die Grundfragen nach einem jeweils angemessenen Profil sowie das Gemeinsame und die Konflikte zwischen den Berufsgruppen, die im Studium eher verdeckt zum Zuge kommen, wurden durch die Protagonistinnen und Protagonisten wirklichkeitsnah und sehr kompetent eingebracht. Interessant für beide Seiten war es, dass die Diskussionen im Seminar parallel verliefen zu der Profildebatte, welche in der Diözese Rottenburg-Stuttgart im Gang ist. Das Kompetenzdefizit zwischen externen Spezialistinnen und Spezialisten und Studierenden konnte durch regelmäßige Rückfrage- und Diskussionsrunden sowie durch die studentische Erarbeitung theologischer Begründungskonzepte für die Dienste ausbalanciert werden.

4. Praktische Konsequenzen

Das im Leitbild skizzierte Selbstverständnis Dogmatischer Theologie (Aufgaben, Methodik und Kommunikationsinstanzen), die dem Fach eigene immanente Didaktik (hermeneutische Prämisse, Hauptlernziel, Strukturprinzip) sowie die weiterführenden didaktischen Optionen können nicht ohne Folgen für die Inhalte, die Arbeitsweise und die didaktische Situation des Faches bleiben. Dies soll exemplarisch an zwei Beispielen konkretisiert werden.

[30] Sie sagte: „Ich kann nicht ausschließen, dass mein Kind etwas tut, was meinen Vorstellungen total widerspricht, z. B. rechtsradikal und rassistisch zu werden, aber ich werde dieses Kind auch dann noch lieben, wenn es sich von mir und dem, was mir wichtig ist, abkehrt."

Entsprechend dem skizzierten Leitbild von Dogmatischer Theologie und den geltend gemachten Kommunikationsinstanzen, mit denen Dogmatische Theologie in Beziehung steht, werden seitens des Tübinger Lehrstuhls für Dogmatische Theologie und Dogmengeschichte seit Jahren regelmäßig interdisziplinär angelegte Seminare praktiziert, wobei die interdisziplinäre Zusammenarbeit sowohl innertheologisch (v. a. historisch-biblische und praktische Fächer) als auch außertheologisch (Betriebswirtschaft, Pastorale Mitarbeiter, Psychologie) verortet sein kann.

Im Rahmen des Grundkurses Dogmatik habe ich v. a. regelmäßig mit dem Kollegen des Neuen Testaments zusammengearbeitet, um im Zentrum christlicher Identitätsbildung – der christlichen Re-Identifikation Jesu von Nazareth als Christus Gottes – die Kooperation thematisch und personal identifizierbar zu praktizieren. Diese Kooperation sollte auch zeigen, wie angesichts der immer noch anzutreffenden Grabenkämpfe zwischen den exegetischen und den systematischen Fächern aus differenten Aufgabestellungen heraus konstruktiv zusammengearbeitet werden kann.

Diese Kooperation war wissenschaftstheoretisch von der Voreinstellung bestimmt, dass exegetische Forschung philologisch und historisch präzise die pluralen Deutungsmöglichkeiten der im Text benannten Sachverhalte zu eruieren habe und von daher die legitimen wie die vorrangigen Interpretationsmöglichkeiten des im Text Ausgesagten bewerten kann. Allerdings ist die klassische Form historisch-kritischer Forschung zu einer multiperspektivischen Methodik zu erweitern, die narrative Analyse und intertextuelle Bezüge sowie kulturanthropologische Fragen ebenso einbezieht wie produktions- und rezeptionsästhetische Fragen.[31] Die Schnittfläche zwischen der exegetischen Arbeit und der systematischen Reflexion auf die innere Kohärenz des christlichen Wahrheitszeugnisses wurde v. a. wirkungsgeschichtlich bzw. rezeptionshermeneutisch verortet.[32] Leitend wurde die Frage: Kann sich die christliche – auch die nachneutestamentlich-dogmatische – Bekenntnisbildung legitim auf zentrale Texte des Neuen Testamentes stützen und dabei nicht nur eine mögliche, sondern eine sich von den Texten selbst her primär nahe legende Sinnintention beanspruchen? Die Kooperation wurde jeweils quantitativ und thematisch unterschiedlich realisiert. Konstant blieb die Zusammenarbeit zur Frage: Jesus Christus - Gottes

[31] Vgl. M. Hartmann, Der Tod Johannes' des Täufers. Eine exegetische und wirkungsgeschichtliche Studie auf dem Hintergrund narrativer, intertextueller und kulturanthropologischer Zugänge (SBB 45), Stuttgart 2001.

[32] Zum wissenschaftstheoretischen Verhältnis von Historischer (Biblischer) und Systematischer (Dogmatischer) Theologie vgl. W. Pannenberg, Wissenschaftstheorie und Theologie (stw 676), Frankfurt/M. 1982, 349–442.

Sohn? Dabei wurde regelmäßig der Philipperhymnus „textexegetisch“[33] bearbeitet und die im Hymnus nahe gelegte Komplementarität von Erhöhungs- und Inkarnationsdenken inhaltlich thematisiert. Dies geschah vor dem Hintergrund eines bibeltheologisch, systematisch und existenziell einführenden Textes, der selbst Gegenstand der Diskussion wurde.[34] In dieser Weise wurde eine Vertiefung der Sachproblematik angezielt.

Wenn sich solche Kooperationen nicht darauf beschränken, die Arbeit zu teilen und mehr oder weniger unverbunden jeweils das eine oder andere Fach nacheinander zu Wort kommen zu lassen, dann verlangen solche Kooperationen ein wesentlich größeres Maß an je eigener und an gemeinsamer Vorbereitung. Dass dieser Mehraufwand nicht nur vom Selbstverständnis Dogmatischer Theologie her notwendig ist, sondern sich auch didaktisch wie vom Erkenntnisgewinn her lohnt und von Studentinnen und Studenten honoriert wird, durfte ich immer wieder erfahren.

4.2 Fallbeispiel: Prüfungsgespräch

Durch die Arbeitseinheit „Prüfung und Benotung“[35] der Fortbildung ist mir noch deutlicher geworden, dass auch das mündliche Prüfungsgespräch eine hohe fachdidaktische Qualität besitzt. Dies ist eine Einsicht, die ich erfreulicherweise mit vielen Erfahrungen aus Prüfungen als protokollierender Beisitzer positiv und reflektierend identifizieren konnte. Neben den eher allgemeinen Fragen einer „dem kategorischen Indikativ entsprechenden Gestaltung“[36] der Prüfungssituation insgesamt (z. B. des Ankommens und der

---

[33] Paradigmatische Beispiele für eine exegetische Strukturanalyse dogmatischer Bekenntnistexte bieten: A. Stock, Umgang mit theologischen Texten. Methoden – Analysen – Vorschläge, Zürich u. a. 1974, 76–84; T. Schneider, Was wir glauben. Eine Auslegung des Apostolischen Glaubensbekenntnisses, Düsseldorf ^{3}1988, 228–231.

[34] Vgl. K.-J. Kuschel, Gottessohn von Ewigkeit. Jüdische Wurzeln – christliche Entfaltung – existentielle Bedeutung, in: Hilberath u. a., Heute glauben 28–70, hier: 36–41. 47–65. Zur Diskussion um Kuschels Ansatz vgl. R. Laufen (Hg.), Gottes ewiger Sohn. Die Präexistenz Christi, Paderborn u. a. 1997.

[35] Vgl. dazu J. Stary, „Doch nicht durch Worte allein …“. Die mündliche Prüfung, in: Handbuch Hochschullehre, Stuttgart 1994, F 3.1., 1–23.

[36] Diese Aufgabe stellt sich grundlegend für alle Lehrveranstaltungen. Vgl. Groß, Dogmatikdidaktische Grundregeln 155–160. Groß spricht von der Gefahr einer „Häresie durch Methode“, worunter er die Diskrepanz zwischen intendierter Inhaltlichkeit und praktizierter Kommunikationsstruktur und Lernkultur begreift: „Wer sich vor ‚Häresie durch Methode‘ hütet, der wirkt mit, des Schülers Menschenwürde und Freiheit zu wahren und wirksam sein zu lassen. 1. Religiöse Kommunikation in Vermittlungsprozessen kann der Wahrheit des Evangeliums zuwider sein, das richtig gesagte Dogma beschädigen und um seine Wahrheit bringen. Harte und sanfte Gewalt in der Methode erzeugen eine spezifische Häresie; sie verstößt gegen das Dogma als auch gegen den Schüler. 2. Das Dogma stellt eine kirchliche Äußerung auf der kognitiven Ebene dar. Eine wirkliche Begegnung des

Eröffnung, des Fragestils und Frageziels sowie des Beendens und der Verabschiedung) ist mir ganz klar geworden, dass ein gelingendes Prüfungsgespräch einer inhaltlichen Struktur bedarf, die sich an Grundkategorien dogmatischen Denkens orientiert und dadurch den „roten Faden“ für die einzelnen Fragebereiche bereitstellt.[37] Diese inhaltliche Struktur ermöglicht es, die entsprechenden thematischen Module aus unterschiedlichen Traktatbereichen in eine sinnvolle Ordnung zu bringen. So kann der Sakramentsbegriff dazu dienen, die innere Verschränkung von Christologie, Ekklesiologie und Einzelsakrament zu verdeutlichen (Ursakrament, Grundsakrament, Einzelsakrament). Der Problemkomplex Opfer kann quer durch Christologie, Eucharistietheologie, Gnadenlehre und Anthropologie führen. Die Kennzeichnung des Menschen als Ebenbild Gottes kann den Strukturzusammenhang zwischen Schöpfungstheologie, Anthropologie, Christologie, Ekklesiologie (Amtsfrage) und Eschatologie aufzeigen. Die Kategorien der Person und der Relation können die inhaltliche Verschränkung von Trinitätstheologie, Anthropologie und Ekklesiologie deutlich machen.

Eine in dieser Weise strukturierte Prüfung macht am Ende des Studiums damit nochmals die inhaltliche Ordnung und systematische Verknüpfung unterschiedlicher Bereiche als wichtige Aufgabe des Faches transparent. Diese Strukturierung kann dann selbstverständlich mit Fragen unterschiedlicher Schwierigkeit verknüpft werden (Einstiegsfrage, Wissensfrage, Transferaufgabe, Metareflexion), so dass die inhaltliche Vernetzung der Traktate mit einer qualitativen Sondierung des Reproduktionswissens und der unterschiedlichen Reflexionsniveaus einhergeht.

Schülers mit dem Geist im Dogma, ein Streiten, Entscheiden, Erproben, ein diesbezüglicher Prozess und ein solches Gericht um Glauben und Nichtglauben wird auf dieser abstrakten Ebene selten stattfinden. Die ausschließlich begrifflich und spekulativ ausgerichtete Methode müsste – unter der Intention ‚Begegnung des Schülers mit dem Dogma‘ – als dreist und überheblich und damit als häretisch verklagt werden. Erst die Drehung der kognitiven Ebene in den pneumatologischen Blickwinkel – ‚offen für den Heiligen Geist‘ – vermag echte Begegnung zwischen Schüler und Lehrer und Dogma in den Blick zu nehmen.“ (160)

[37] Im Sinne von Sauter – Stock, Arbeitsweisen Systematischer Theologie 150–158, können diese Grundkategorien als normative, topische, organisierende bzw. methodologische Kategorien spezifiziert werden.

Ziele und Wege des Lernens in der Theologischen Ethik

von Elmar Kos, Siegen und Heike Sturm, Erfurt

„Der Student soll nicht Gedanken sondern denken lernen;
man soll ihn nicht tragen, sondern leiten,
wenn man will, dass er in Zukunft von sich selbst zu gehen geschickt sein soll."
Immanuel Kant

Um die Ziele und Wege des Lernens in der Theologischen Ethik zu bestimmen, soll im ersten Schritt geklärt werden, welche Themen und Fragestellungen den Lehrinhalt der Theologischen Ethik bilden: Was soll eigentlich gelehrt bzw. gelernt werden? Welche zentralen Anliegen bilden das Fundament der Vermittlung und bilden das Ziel einer Auseinandersetzung mit Theologischer Ethik? Im Anschluss an diese Klärung wird zweitens nach angemessenen hochschuldidaktischen Vermittlungsformen gefragt. Drittens werden Grenzen und Möglichkeiten von Lehr-Lernprozessen in der Theologischen Ethik diskutiert.

In einem vorgreifenden Überblick lässt sich sagen, dass zwar inhaltliche Kenntnisse und Faktenwissen ein wesentlicher Bestandteil Theologischer Ethik sind (historische Entwicklungen, spezielle Positionen etc.), sich das Anliegen Theologischer Ethik aber keineswegs allein auf ein Lernen von „Buchwissen" reduzieren lässt. Vielmehr ist es das Verstehen der unaufhebbaren Verflochtenheit von Theorie und Praxis, das sich hinter all den Einzelaussagen (auf der Grundlage dieser Inhalte als Material) als primäres Ziel erweisen muss. In dieser Form nimmt die Theologische Ethik die Grundfrage auf, ob „Moral" überhaupt lehrbar sei.

Die herausfordernde Aufgabe, die sich an die Theologische Ethik und ihre Lehr-Lernprozesse stellt, gründet in der Mehrpoligkeit von zu erlernendem Faktenwissen, welches insbesondere in der Speziellen Ethik noch mal um zusätzliche Wissensgebiete aus den hineinragenden und angrenzenden Wissenschaften (Medizin, Wirtschaft, Ökologie – um nur einige wenige Beispiele zu nennen) erweitert werden muss, der Suche nach der sachgemäßen Umsetzung von theoretischen Lösungsansätzen sowie in der Befähigung zu begründeten Stellungnahmen zu ethischen Fragestellungen. Die besondere Stellung der Theologischen Ethik als einem Fach mit direktem Bezug zu Fragen nach der konkreten Gestaltung ethischen Handelns und der damit verbundenen Wahrnehmung der geforderten Verantwortung für die Konsequenzen dieses Handelns erfährt noch mal speziell von der heutigen gesellschaftlichen Situation, die sich durch einen raschen Informationszugewinn bzw. -wandel auszeichnet, eine Richtlinie, der sie in der Vermittlung gerecht werden muss: Die Ausbildung der Fähigkeit, die notwendigen Informationen qualifiziert zu recherchieren und zu analysieren sowie die stets wechselnden Themenstellungen in das Gesamt einer Theologischen Ethik einzubinden und ihren Horizont als bereichernden „Mehrwert" in die Diskussion einzubringen, muss als ein zentrales Lernziel innerhalb der Theologischen Ethik angestrebt werden.

Die bleibende Spannung von theoretischen Grundkenntnissen einerseits und dem persönlichen Bezug zu den verschiedenen Themenstellungen andererseits skizziert eine weitere Facette des Horizontes der Fragen nach Grenzen, Problemen, aber auch nach sich eröffnenden Möglichkeiten des Lehrens und Lernens von Theologischer Ethik, die nun im Weiteren näher betrachtet werden sollen.

1. Theologische Ethik – ein Fach zwischen Theorie und Praxis

Im Folgenden soll die Frage erörtert werden, welche elementaren Strukturen die Theologischen Ethik bestimmen. Welche Schwerpunkte liegen der Fundamentalmoral zugrunde, welche Spezifika hat die Spezielle Moral bzw. die Spezielle Ethik zu behandeln?

1.1 Fundamentalmoral

Weitgehend übereinstimmend wird in der wissenschaftlichen Literatur Ethik als die Reflexionstheorie der Moral bezeichnet.[1] Da Moral aber nie als eigenständige Größe fixiert und zu greifen ist, sondern immer nur als konkretes Handeln vorliegt, geht es zunächst hauptsächlich darum zu klären, was Handeln zu moralischem Handeln macht, was also das Entscheidende an moralischem Handeln ist.

Hier kann die Entfaltung einer vollständigen Handlungstheorie nicht geleistet werden.[2] Es genügt die Bestimmung des Handlungsbegriffs durch eine doppelte Abgrenzung. Entscheidend ist einerseits die Unterscheidung der Handlung von einem Ereignis. Es geht dabei um den Begriff der Ursächlichkeit. Während einem Ereignis eine empirische Kausalität zugrunde liegt (Kausalgesetze), geht eine Handlung auf intentionale Kausalität zurück

[1] Darin stimmen so unterschiedliche Autoren wie N. Luhmann und A. Pieper überein. Vgl. N. Luhmann – R. Spaemann, Paradigm lost, Frankfurt/M. 1990, 37; A. Pieper, Einführung in die Ethik, Tübingen 1991, 24–30. In Einzelfällen wird von dieser Begriffsbestimmung jedoch abgewichen. Vgl. J. Habermas, Erläuterungen zur Diskursethik, Frankfurt/M. 1991, 100ff.

[2] Vgl. dazu F. Ricken, Allgemeine Ethik, Stuttgart ^{3}1998, 77–108; A. Maurer, Homo Agens, Frankfurt/M. 1994.

(Absichtlichkeit).[3] Andererseits ist die Abgrenzung vom Herstellen nötig. Das Herstellen verfolgt ein Ziel, das wiederum Mittel ist. Demgegenüber geht es beim Handeln um ein letztes, um seiner selbst willen gewolltes Ziel.

Das Handeln hat folglich sein Ziel in sich selbst. Wie aber lässt sich moralisches Handeln von unmoralischem Handeln unterscheiden? Hier kann auf zwei Begründungstypen zurückgegriffen werden. Die sogenannte teleologische Begründung geht davon aus, dass alle Handlungen ausschließlich von ihren Folgen her sittlich beurteilt werden können. Demgegenüber behauptet die sogenannte deontologische Begründungsform, nicht alle Handlungen lassen sich ausschließlich durch ihre Folgen sittlich bestimmen. Hier wird also die Überzeugung vertreten, dass es Handlungen gibt, die unabhängig von möglichen Umständen in sich sittenwidrig sind, gleichgültig welche Folgen damit verbunden sind.[4]

Da es sich bei dieser Überprüfung der Handlung letztlich um die Frage nach einer Begründung für die Geltung des sittlichen Urteils handelt, das hinter der jeweiligen Handlung steht, werden diese Positionen auch als „Typen der Normbegründung" bezeichnet.

Konkret begegnet uns in der jeweils herrschenden Moral als Komplex von Regeln und Normen der Anspruch, dass diesen Vorgaben Folge zu leisten ist. Wenn aber Normen in der genannten Weise kritisiert werden können, dann wird damit der Anspruch erhoben zu prüfen, ob bestimmte Regeln oder Normen zu Recht gelten. Darin besteht die kritische Funktion der Ethik.[5] Diese kritische (normative) Funktion ist jedoch nur möglich, wenn die Normen der jeweiligen Moral bzw. das moralische Urteil hinter einer Handlung an einem unbedingten Anspruch gemessen werden können. Es muss einen allgemeinen Grund geben, der unabhängig ist von den empirischen Bedingungen, der einen unbedingten Anspruch erhebt und so universale Geltung beansprucht.[6]

A. Pieper zeigt an dem Verhältnis von Moral und Moralität, worum es geht.[7] Moral umfasst alle Ordnungs- und Sinngebilde, die in Form eines Katalogs materialer Normen und Wertvorstellungen innerhalb einer Ge-

---

[3] Im Rahmen von Lehrveranstaltungen an der Hochschule stellt sich immer wieder das Problem, Freiheit gegen den Determinismus zu verteidigen. Als Texte erscheinen dafür besonders geeignet: Pieper, Einführung 136–142 und T. Nagel, Was bedeutet das alles?, Stuttgart 1990, 41–50.

[4] Vgl. F. Böckle, Fundamentalmoral, München [6]1994, 306. 315.

[5] Vgl. zur Unterscheidung von der deskriptiven Ethik Pieper, Einführung 12f. 100–108.

[6] Die Notwendigkeit eines solchen von allen empirischen Bedingungen unabhängigen Grundes weist überzeugend nach: Nagel, Was bedeutet das alles? 51–64. Die inhaltliche Bestimmung eines solchen obersten Prinzips lässt sich als Suche nach dem Moralprinzip nachzeichnen. Vgl. dazu O. Höffe, Sittlich-politische Diskurse, Frankfurt/M. 1981, 52–74.

[7] Vgl. Pieper, Einführung 41–48.

meinschaft vorliegen. Solche Regelsysteme können sich aber grundlegend voneinander unterscheiden und machen „auch selber im Verlauf kultureller, sozio-ökonomischer, politischer, wissenschaftlicher und anderer Entwicklungen einen dem sich verändernden menschlichen Selbstverständnis entsprechenden Wandel durch"[8]. Wie lässt sich nun einerseits innerhalb einer bestimmten Moral überprüfen, ob eine Norm zu Recht besteht (bzw. ob eine Handlung, die auf eine bestimmtes sittliches Urteil zurückgeht, moralisch ist) und wie lassen sich andererseits verschiedene Moralen miteinander vergleichen? Sollte das nicht möglich sein, drohen Relativismus und Beliebigkeit.[9]

Wie sieht das entscheidende Argument von A. Pieper aus? Während wir als Moral (wie unter anderen *Ordnungs*begriffen auch) mannigfaltige empirische Gegebenheiten unter einem bestimmten Aspekt zusammenfassen, kann dieses Ordnungsgebilde selbst nicht den *Sinn* der zugrunde liegenden Ordnung begründen. „Eine derartige Begründung geschieht durch Prinzipienbegriffe."[10] Den Prinzipienbegriff für die Ordnungsgebilde „Moral" nennt Pieper Moralität. Andere Autoren sprechen auch von Sittlichkeit. Die terminologischen Unterschiede sind für uns nicht bedeutsam.[11] Entscheidend ist der Grundgedanke, alle Moralformen auf etwas zurückzuführen, das sie allererst zu *Moral*-formen macht.[12] Das kann selbst nicht empirisch sein. Ausgehend von diesem Prinzip aber ist eine konkrete Moral (bzw. eine konkrete Norm) kritisierbar oder begründbar.

Es gibt also einen unbedingten Anspruch, vor dem sich jede konkrete Moral rechtfertigen können muss bzw. an dem sie gemessen werden kann. „Eine Moral heißt daher so lange zu Recht eine Moral, als sie Ausdruck von Moralität ist und die Realisierung eines Unbedingten im Bedingten fordert."[13]

Soweit ist die Bestimmung des Prinzips aber noch rein formal. Ohne inhaltliche Anhaltspunkte kann jedoch eine Kritik bzw. eine Rechtfertigung nicht erfolgen. Für Pieper schlägt sich in der Moralität der unbedingte Anspruch der Freiheit nieder. Für die Moral ist konstitutiv, dass sich die Freiheit diese Regeln selbst gibt. Das ist der entscheidende Unterschied zum Recht. Dann kann unbedingt gut nur eine Handlung heißen, „die sowohl aus

[8] Ebd. 43.
[9] Vgl. zur Auseinandersetzung mit dem Relativismus ebd. 48–57.
[10] Ebd. 42.
[11] Vor allem für Hegel hat die Unterscheidung von Moralität und Sittlichkeit in der Auseinandersetzung mit Kant systematische Bedeutung. Gegenwärtig spielt diese Unterscheidung in der Diskussion um die Diskursethik eine wichtige Rolle.
[12] „Der Begriff der Moralität ist somit das Prinzip aller Moral(en), der eine Moral als Moral legitimierende Sinngrund." Ebd. 45.
[13] Ebd. 43.

Freiheit geschieht als auch Freiheit (des Handelnden und der durch die Handlung Betroffenen) zum Ziel hat“[14].

Aufgrund dieses Wechselverhältnisses von Moralität und Moral muss die Theologische Ethik in Bezug auf die Unterscheidung deskriptiv – normativ beides berücksichtigen. Sie muss zunächst zur Kenntnis nehmen, welche Moralvorstellungen vorliegen (Beschreibung). Hier ist sie auf die Erkenntnisse der Sozial- und Humanwissenschaften angewiesen.[15] Darüber hinaus muss sie sich von diesen Disziplinen sagen lassen, welche Faktoren (sozial, psychologisch, anthropologisch, etc.) auf das menschliche Handeln Einfluss ausüben. Doch gleichzeitig stellt sich ihr die Aufgabe der Kritik, der Bewertung und letztlich der Sinnauslegung.[16]

Zusammenfassend lässt sich soweit als Ziel der Ethik die Bestimmung des sittlich Richtigen und Guten der menschlichen Praxis festhalten.[17]

Vor diesem Hintergrund würde sich die Frage nach der Didaktik darin erschöpfen, möglichst effiziente Methoden zu entwickeln, sich Kenntnisse, Informationen und Buchwissen anzueignen. Doch die Frage nach dem moralischen Handeln lässt sich nicht auf Kenntnisse dieser Art reduzieren. Es kann dabei nicht einfach um technisches Wissen gehen, denn zu den Charakteristika der Moral gehört, dass moralisches Handeln von der Einsicht des Einzelnen abhängt und von daher auf einen inneren Zwang zurückgeht (auf den Unterschied zum Recht haben wir bereits hingewiesen). Nicht die äußerliche Übereinstimmung einer Handlung mit moralischen Optionen, sondern erst die dahinter stehende Überzeugung des Handelnden macht letztlich aus einer Handlung eine moralische Handlung.[18]

Wenn auf diese Weise das jeweilige Individuum für die Frage nach dem moralisch Guten die letzte Instanz ist, dann wird deutlich, dass es letztlich um die Frage der eigenen Lebensführung geht. Erst dieser Aspekt radikalisiert die Frage nach der Lehrbarkeit. Sicherlich darf Ethik als Reflexionsebene nicht mit Moral verwechselt werden. Ethik ist die Theorie, nicht die

---

[14] Ebd. 48.

[15] Insofern ist Interdisziplinarität nicht ein Zusatz, auf den gegebenenfalls verzichtet werden kann, sondern konstitutiver Bestandteil der Theologischen Ethik. Darauf werden wir noch zurückkommen.

[16] Vgl. G. W. Hunold – T. Laubach – A. Greis (Hg.), Theologische Ethik. Ein Werkbuch, Tübingen 2000, 33–35.

[17] Das sittlich Richtige und das sittlich Gute muss unterschieden werden. Auf die Bedeutung dieser Unterscheidung kann hier im einzelnen nicht eingegangen werden. Vgl. dazu B. Schüller, Die Begründung sittlicher Urteile, Düsseldorf ^{2}1980, 133–141; H. Weber, Allgemeine Moraltheologie, Graz – Wien – Köln 1991, 88–91; W. Korff, Kernenergie und Moraltheologie, Frankfurt/M. 1979, 38–40.

[18] Vgl. dazu die Unterscheidung von „aus Pflicht“ und „pflichtgemäß“ bei Kant. Vgl. A. Anzenbacher, Was ist Ethik?, Düsseldorf 1987, 30–32.

Praxis des moralischen Handelns.[19] Insofern verlagert die Problematisierung der Lehrbarkeit von Moral den Akzent. Dennoch weist diese Frage auf ein Grundproblem der Ethik hin. Es kann ihr nicht einfach nur um theoretisches Wissen gehen. Die Einsicht in den Zusammenhang von Theorie und Praxis gehört dazu.

Wenn die moralische Verpflichtung als innerer Zwang erfahren wird und (damit) auf freie Zustimmung zurückgeht, dann ist der eigentlich Gegenstand der ethischen Theorie das moralische Bewusstsein. Moralische Werte werden schließlich nur anerkannt, wenn sie den Überzeugungen (Idealen) der individuellen Person entsprechen. Dem Anspruch der Moral, ihren Vorgaben sei Folge zu leisten, steht der individuelle Anspruch gegenüber, dass diese Vorgaben den eigenen Überzeugungen genügen müssen.[20] Deshalb kann F. Fellmann auch von Moralität als unbedingter Wahl und von der Absolutheit des Willens sprechen.[21] Diese Absolutheit des Willens leitet sich gerade nicht aus Werten ab[22], sondern bezieht sich auf das Selbstwertgefühl, auf die personale Selbstbehauptung.

Die moralische Verpflichtung (das „Sollen") resultiert aus dem Bestreben, in jeder einzelnen Handlung dem Selbstbild als verpflichtendem Ganzen gerecht zu werden.[23] Damit wird nachvollziehbar, wie sich die Verschiebung innerhalb der Ethik von der Frage „Was soll ich tun?" zu der Frage „Wer bin ich?" auch aufgrund der historischen Entwicklung nahe legt. Während Kants Frage (Was soll ich tun?) zur Zeit der Aufklärung revolutionär war, da sie die Emanzipation des Individuums von der Bevormundung durch traditionelle Autoritäten vollzog, ist dies nicht mehr das Problem der modernen Gesellschaft. Hier werden vielmehr vorrangig die Folgen dieser Autonomie als Problem wahrgenommen. Für unseren Zusammenhang wird diese Entwicklung in der gegenwärtigen Orientierungslosigkeit greifbar, die nicht einfach durch ein Subjektverständnis, das handlungs- und entscheidungstheoretisch bestimmt wird, beseitigt werden kann.

Erst die Frage nach dem authentischen Selbstverständnis, nach der personalen Identität (die mehr ist als ein abstrakter Handlungsträger), also die Frage „Wer bin ich?", kann auf diese Problemstellung angemessen reagieren. Der genannte Orientierungsverlust ist konkret in der Einschätzung der eigenen Handlungen zu beobachten. Während die normative Ethik morali-

---

[19] „Die Ethik betreibt nicht selber Moral, sondern redet über Moral." Pieper, Einführung 23. Ohne Hervorhebung des Originals.

[20] Vgl. Hunold – Laubach – Greis (Hg.), Theologische Ethik 33.

[21] Vgl. F. Fellmann, Die Angst des Ethiklehrers vor der Klasse. Ist Moral lehrbar?, Stuttgart 2000, 16.

[22] Dies würde zu einem moralischen Rigorismus führen, den es gerade zu vermeiden gilt. Vgl. das instruktive Beispiel in Hunold – Laubach – Greis (Hg.), Theologische Ethik 46f.

[23] Vgl. Fellmann, Die Angst des Ethiklehrers 17.

sches Bewusstsein als konstantes Subjekt der Handlung, für die es verantwortlich ist, versteht, zeigen sich in der modernen Gesellschaft vor allem die Instabilität des moralischen Bewusstseins (irrendes Gewissen) und seine Abhängigkeit vom jeweiligen Erfahrungshorizont, in dem sich das jeweilige Selbstbild niederschlägt.[24]

Auf diese Weise wird deutlich, dass die Angemessenheit des Selbstbildes zum eigentlichen Problem wird. Wenn das moralische Subjekt den Bildern entspringt, die wir von uns selbst machen, dann sind die Selbstbilder jene Instanz, die das Verhalten vor uns selbst rechtfertigen.[25] Demnach müsste eine realistische Selbsteinschätzung zu moralischem Handeln führen, denn durch die Beseitigung der Selbsttäuschung kann die Kunst eingeübt werden, die eigenen Handlungen richtig zu deuten. Gleichzeitig wird jedoch die Fixierung auf die einzelnen Handlungen aufgebrochen und die Gesamtheit des Wollens zum Bezugspunkt.[26] Der Mensch wechselt die um ihrer selbst willen verfolgten Ziele nicht in jedem Augenblick. Menschliches Leben vollzieht sich nicht als eine Abfolge zusammenhangloser Einzelentscheidungen. „Der Mensch hat konstante Gesichtspunkte, nach denen er seine Entscheidungen trifft; sie machen seinen sittlichen Charakter aus; in ihnen kommt seine Auffassung von einem glücklichen, lebenswerten Leben zum Ausdruck."[27] Dann wird aber Moral doch lehrbar – und zwar in der Form der Aufdeckung und Auslegung der Wirklichkeit, in der der Mensch sich selbst und anderen begegnet.[28]

1.2 Die „Spezielle Ethik" als Ort moraltheologischer Konkretion

Das Feld der Themen und Fragestellungen, dem sich die Spezielle Ethik heute gegenübergestellt sieht, erscheint unbegrenzt – hinsichtlich der Vielfalt, aber auch hinsichtlich der zu leistenden Ansprüche.

Was sich heute als „Bereichsethik" für und in verschiedensten Diskussionsforen findet und als Konkretion der Allgemeinen Ethik verstanden wird, ist in der Theologie historisch betrachtet dieser vorgelagert: die Ursprünge in der moraltheologischen Reflexion waren keine abstrakten Theorien, sondern die Antworten auf konkrete, im Leben verankerte Fragestel-

[24] Vgl. ebd. 44.
[25] Vgl. ebd. 46.
[26] Vgl. ebd. 49.
[27] Vgl. Ricken, Allgemeine Ethik 100.
[28] Vgl. Fellmann, Die Angst des Ethiklehrers 52. Theologisch wird dieses existenzielle Moment der sittlichen Verpflichtung als Individualwille Gottes und in der Grundentscheidungstheorie thematisiert. Das wird uns noch beschäftigen. Auf die Grenzen einer solchen Position (Situationsethik und Allgemeines, Bezug zum Guten), die von sich aus auf eine notwendige theologische Perspektive verweisen, können wir hier nicht näher eingehen.

lungen.[29] Eine Kasuistik[30], die sich aus diesem „Frage-Antwort-System" entwickelte, „hat sich im katholischen Raum bis in das 20. Jh. hinein behaupten können"[31], erfuhr aber – nicht zuletzt infolge wachsender Kritik[32] an einer allzu engen Festlegung – mit dem II. Vatikanischen Konzil eine begrenzende Wende: Statt der Weisung für Einzelfälle wurde nun stärker die Freiheit des Gewissens und damit die Fähigkeit zur Wahrnehmung von Gestaltungsfähigkeit ethischer Handlungen betont.[33] Eine Allgemeine Ethik, die einem aufkommenden „Nachholbedarf an Reflexion über die Grundlagen der Moral"[34] entsprechen sollte, wurde entwickelt und stand für die Folgezeit im Zentrum moraltheologischer Darstellungen.

Obwohl die Theologische Ethik sich nie ganz aus dem Bereich der konkreten „Anwendungsethik" zurückgezogen hat[35], rückte erst in neuerer Zeit die dringliche Notwendigkeit einer Speziellen Ethik als Beitrag in der Auseinandersetzung mit den immer komplexer werdenden Anfragen ethischen Handelns wieder ins Bewusstsein. Aus der Allgemeinen Ethik allein lassen sich die Problemfelder wie die des medizinischen oder umwelttechnischen

---

[29] „Die christliche Ethik hat sich nie darauf beschränkt, nur allgemeine Themen wie Gesetz und Gewissen oder die ‚Quellen der Moralität' zu behandeln. Sie ist immer auch auf konkrete Fragen und Probleme eingegangen. Sie hat dies sogar zunächst und vor allem getan. Mit dem Bedenken sittlicher Einzelfragen hat es überhaupt begonnen. ... Konkrete Moral ist aber nicht nur der ältere Teil der christlichen Ethik, sie war in vielen Jahrhunderten auch ihr nahezu einziger Inhalt." H. Weber, Spezielle Moraltheologie. Grundfragen des christlichen Lebens, Graz – Wien – Köln 1999, 17.

[30] „Vor allem nach dem Ende der Theologie der Väterzeit haben fast ausschließlich die kasuistischen Einzelentscheidungen der Bußbücher und kirchlicher Partikularsynoden das Bild bestimmt." Ebd. 17.

[31] Ebd. 18.

[32] „Die erste Distanzierung setzte bei protestantischen Autoren ein, aber auch katholische Theologen der Aufklärungszeit versuchten, sich, jedenfalls im deutschen Sprachgebiet, vom Übergewicht der Kasuistik in der Moraltheologie zu lösen. Ein zweite Welle der Minderung des kasuistischen Moments setzte zu Beginn des 20. Jh.s ein und fand einen ersten Niederschlag in dem betont biblischen Entwurf der christlichen Sittenlehre bei Fritz Tillmann." Ebd.

[33] „Vor allem die Betonung des Gewissens und der Gewissensfreiheit ließen die bisherige kasuistische Darlegung, die alles bis ins Letzte hinein klären und festlegen wollte, überflüssig und obsolet erscheinen. Bei der weitgehenden Autonomie des Einzelnen – der Mündigkeit des Christen – war eine Moraltheologie dieses Stils schlechterdings nicht mehr plausibel." Ebd.

[34] Ebd.

[35] „Die Themen der Allgemeinen Moral verlangten eine solche Aufmerksamkeit, dass nur noch wenig Zeit und Kraft verblieb für die Beschäftigung mit dem Feld der konkreten moralischen Fragen. Selbstverständlich sind auch weiterhin einzelne Sachthemen erörtert worden ..., aber eine Bündelung dieser Themen oder gar eine Gesamtdarstellung dessen, was man durch Jahrhunderte hindurch als „Spezielle Moraltheologie" verstanden hat, wurde nach dem Konzil zunächst nur selten versucht." Ebd.

Fortschritts und die damit verbundenen neuen Fragestellungen nicht mehr beantworten. Sie erfährt durch die Spezielle Theologische Ethik eine konkretisierende Dimension zur Umsetzung der in ihr aufgezeigten Inhalte und bleibt für die Spezielle Ethik Referenzgröße im Aufweis des Begründungshorizontes.

Die veränderte Anfrage an die Ethik lässt aber auch Spezielle Ethik, die sich vorher durch autoritative Kasuistik darstellte, in einer neuen Weise erscheinen: Spezielle Ethik trägt verstärkt die Züge einer dialogisch ausgerichteten Orientierungshilfe, die selbst durch Suchbewegungen und der Notwendigkeit einer dynamischen Offenheit geprägt ist.[36]

Die Fragen, die die Ausgestaltung konkreter Lebenssituationen betreffen oder die aus der sich immer rascher weiterentwickelnden naturwissenschaftlichen Forschung zu einer ethischen Stellungnahme mahnen, lassen sich nicht zuletzt durch die veränderte gesellschaftliche Situation immer weniger durch den Verweis auf bestehende Richtlinien beantworten und finden selten im Verweis auf die Tradition eine hinreichend überzeugende Beantwortung. So stellt sich die Frage, woher denn „die Maßstäbe für eine angemessene, rationale Bewertung heutiger Konflikte ... genommen werden können. Das Gewicht bestimmter gesellschaftlicher Gruppen wie etwa der christlichen Kirchen oder einflussreicher Weltanschauungen ..., die lange Zeit als *die* Ressourcen moralischer oder politischer Orientierung gedient haben, scheint verblasst. Die zeitgenössische moralische Orientierungssuche wird offenbar zwangsläufig und unumkehrbar vom Pluralismus der Denkmodelle, Theorieansätze, Begründungsfiguren, Evidenzannahmen dominiert. Jenseits religiöser, politischer oder wissenschaftlich-rationaler monolithischer Sinnsysteme drängen die *konkreten* ethischen Fragen – sei es die Frage nach einer humanen Gestaltung moderner, intensiver Spitzenmedizin oder die Suche nach einer sinnvollen Steuerung des weltweiten Bevölkerungswachstums – unaufschiebbar zu zahlreichen, voneinander unabhängigen, widersprüchlichen, aber ethisch doch irgendwie reflektierten Entscheidungen."[37]

Die Problemstellungen sind aber auch im Bereich der individuellen Lebensgestaltung komplexer geworden: Die Offenheit der Lebensentwürfe und die Bereitschaft, sich eher nur für überschaubare Zeiträumen in der jeweiligen Planung des Lebensweges festlegen zu wollen, lässt eine Vielfalt entstehen, die kein eindeutiges Schema im Ablauf des Lebens mehr zu-

---

[36] Die veränderten, im Weiteren noch deutlicher aufzuzeigenden Anfragen an die Spezielle Ethik „lassen eine kasuistische Moral des früheren Stils nicht mehr möglich erscheinen. So selbstsicher und apodiktisch wie man es dort jahrhundertelang gewohnt war, kann man heute ... nicht mehr reden." Ebd. 20.

[37] J. Römelt, Ethik 2000. Information und Konsens, in: Ethica 8 (2000) 3f.

lässt.[38] Es ist somit *die* Herausforderung für die Spezielle Ethik, sich auf die veränderte gesellschaftliche Situation einzustellen und diese begleitend mitzugestalten. Und so muss die „moralische Orientierung der modernen und postmodernen Gesellschaft … bei dem Versuch der konkreten Weiterentwicklung ethischer Tradition unter den Bedingungen pluraler komplexer Gesellschaft – um der Sachgerechtigkeit dieser Entwicklung willen – offen bleiben für die komplizierten Fragestellungen einer sich komplex differenzierenden und immer weiter verändernden Welt. Sie darf aber auch – trotz dieses Bewusstseins um eine immer weiter treibende Entwicklung – die darin erfahrene Relativität nicht *zur Flucht aus dem konkreten moralischen Engagement missbrauchen,* damit die moralische Begleitung der schwierigen und z. T. risikoreichen Entfaltung differenzierter Kultur tatsächlich umgesetzt wird."[39]

Angesichts dieser Neubestimmung hinsichtlich der angefragten Funktion Spezieller Ethik wird die Interdisziplinarität, der gegenseitig bereichernde Austausch mit anderen Wissenschaften deutlich und zur Aufgabe: Einerseits ist es für die Spezielle Ethik konstitutiv, sich durch die Informationen aus anderen Wissenschaften kundig zu machen, um sachgerechte Hilfestellungen zur Lebensgestaltung geben zu können, andererseits vermag die Theologische Ethik selber auch den komplexen Fragestellungen innerhalb verschiedener Wissenschaften eine qualitativ weitere Dimension z. B. zur verantworteten Ausgestaltung forschungsimmanenter Machbarkeitsfragen hinzuzufügen, die sich durch eine nicht erfolgs- bzw. finanzorientierte Werthaftigkeit auszeichnet.

Dieser besonderen Stellung der Theologischen Ethik als Scharnierfunktion muss hinsichtlich der Lehre Rechnung getragen werden: Sachwissen und Befähigung zur kritischen Auseinandersetzung mit der Informationsvielfalt aus anderen Wissenschaften müssen miteinander verknüpft werden.

Ein kurzer Überblick über einige Bereiche der medizinischen Ethik, der sich die Spezielle Theologische Ethik zu stellen hat, soll das bisher dargestellte konkretisieren:

Das Gebiet der medizinischen Ethik umfasst einen der sensibelsten Bereiche der Ethik, da in ihm die Fragestellungen oftmals den persönlichen Lebensentwurf bzw. das einzelne Lebensschicksal in unmittelbar existenzieller Weise betreffen. Pränatale Diagnostik, Gentechnologie oder Fragen nach Euthanasie sind nur einige wenige der Stichwörter, die den Problemhorizont dieses ethischen Bereiches bestimmen. „Das Selbstverständnis des

---

[38] Wurde noch vor wenigen Jahrzehnten die langjährige Zugehörigkeit zu einer Firma – auch im Bereich der Firmenleitung – als Positivum betrachtet, haftet einer solchen Biographie heutzutage schon fast der Makel mangelnder Flexibilität an.

[39] J. Römelt, Ethik für das dritte Jahrtausend? Problemfelder und Methodenfragen einer wissenschaftlichen Disziplin in der Jahrtausendwende, in: Ethica 8 (2000) 17.

Menschen als existenzielle Identität und die funktionale Emanzipation rationaler Technik prallen in den Spitzen medizinischer Technologie aufeinander"[40] und stellen in ihren jeweiligen Begründungsgrundlagen bisweilen eine nicht aufhebbare Differenz dar. „Ist der Wunsch nach einem eigenbestimmten Ende und dem damit verbundenen Wiederaufleben der Diskussion um dic aktive Euthanasie Ausdruck einer hilflosen Suche nach Selbstvergewisserung der freien Identität des Menschcn gegenüber solcher technischen Verobjektivierung?"[41] Gerade am Beispiel der Euthanasie wird die Dimension der Annahme und Gestaltung des gesamten eigenen Lebens und die Frage nach dem zugrunde liegenden Sinn deutlich. In welcher Weise kann Leid „tragbar" gemacht oder sogar mit einer eigenen Sinnhaftigkeit verbunden werden? Welche ausschöpfbaren Möglichkeiten bietet die Palliativmedizin, körperliche Schmerzen in einem Maße zu mindern, dass ein Mindestmaß an persönlich empfundener Lebensqualität erhalten bzw. wiedergewonnen werden kann? Und welche Möglichkeiten können seitens der Religion angeboten werden, eine Begleitung im Sterbeprozess zu gestalten, die eine Annahme der eigenen Endlichkeit als wertvolle und zugehörige Phase im Leben des einzelnen erfahrbar werden lässt?

Der Sorge des Menschen, Objekt einer „ausgeschöpften" Medizintechnik zu werden, steht aber auch die Gefahr, die Grenzen der Machbarkeit in der Medizin zu überschätzen, gegenüber: Die Hoffnung durch medizinische Interventionen den scheinbar unerfüllbaren Kinderwunsch Wirklichkeit werden zu lassen, führt nach ergebnisloser medizinischer Hilfe oftmals in eine kaum integrierbare Leere, die es nahezu unmöglich macht, den eigenen Lebensentwurf alternativ zu gestalten. Neben der Sorge der Ethik, die dem gesamten medizinischen Prozess künstlicher Befruchtung gilt und sich nicht zuletzt mit der Grundfrage nach der Würde des Menschen zu befassen hat, steht immer auch die Frage nach möglicher Hilfe zur sinnerfüllten Ausgestaltung des Lebens, das sich letztlich aller Planbarkeit entzieht.

Ein letztes hier angeführtes und aktuelles Beispiel der Herausforderung der Medizin für die Theologische Ethik ist die Gentechnik, die die Ambivalenz von helfender Intervention und zutiefst beängstigender Tendenz zur Hybris des Menschen als „Schöpfer" von Leben in sich trägt. Die angefragte Verantwortung – gerade auch für die *Theologische* Ethik – muss schon in den Anfängen der Entwicklung dieser Technik liegen und muss die Unverfügbarkeit des Lebens als unaufgebbaren Wert herausstellen.

Neben der medizinischen Ethik wären noch weitere Bereiche wie z. B. die Frage nach irreversiblen umwelttechnischen Eingriffen und dem theologisch begründeten Auftrag zur Bewahrung der Schöpfung, der Rationalisie-

[40] Ebd. 10.
[41] Ebd. 11.

rung im Wirtschaftsbereich und der Bedeutung der Arbeit für das Selbstverständnis des Menschen und noch viele mehr zu nennen. Es mögen die hier angeführten Beispiele genügen, um die Verzahnung von Spezieller Ethik mit der gesellschaftlichen Situation, die als Lebenswirklichkeit die Rahmenbedingungen für die Ausgestaltung konkreten Lebens bildet, aufzuzeigen. Es stellt sich angesichts dieser Verflochtenheit die Frage nach dem Charakteristikum Theologischer Ethik. Wie vermag die Theologische Ethik die Gestaltung von Leben, das individuell wie in der Gesamtheit auf ein „gelingendes Leben" ausgerichtet sein soll, zu bereichern?

1.3 Was ist das Spezifische an der Theologische Ethik?

Bislang war von der Dimension des Glaubens noch nicht die Rede. Was ist dann aber das Spezifische der *Theologischen* Ethik? Die Frage nach dem spezifischen Beitrag des Glaubens zur ethischen Reflexion wurde in den 70er Jahren sehr kontrovers geführt. Es standen sich die Positionen der sogenannten „Glaubensethik" und der „Autonomen Moral" gegenüber.[42] Mittlerweile hat sich in dieser Frage weitgehend ein Konsens durchgesetzt, der die Autonomie der Theologischen Ethik festhält und gleichzeitig die Relevanz des christlichen Glaubens aufweisen und festhalten kann.

Zunächst ist wichtig zu zeigen, dass der Glaube nicht einfach von außen an die Ethik herangetragen wird, sondern genau genommen integraler Bestandteil der Ethik ist. Dies ist möglich, wenn nach den Sinngehalten menschlicher Handlungsweisen gefragt wird. Die Suche nach sinnvollen Handlungsweisen des Menschen ist auf leitende Grundüberzeugungen angewiesen. Diese beanspruchen, den Sinn der Wirklichkeit widerzuspiegeln. Insofern bezieht sich alle Ethik auf das, was Menschen glauben.[43] Gleichzeitig ist jedoch zu beachten, dass sich sinnvolle Handlungsanweisungen nicht einfach unmittelbar aus Glaubensüberzeugungen ableiten lassen und dass sich Glaubensüberzeugungen widersprechen können. Beides weist auf die notwendige kritische Prüfung durch die Vernunft hin.

Wenn nun über diese allgemeine Bedeutung des Glaubens als Sinnhorizont hinaus nach dem spezifischen Beitrag des christlichen Glaubens gefragt wird, dann geht es in erster Linie um die Rolle der Glaubensinhalte. In diesem Zusammenhang hält A. Auer eine dreifache Funktion des Glaubenswissens fest. Zunächst bedeutet die Autonomie der Ethik zwar, dass der christliche Glaube keine direkten materialen Normen vorgibt. Auer vermag seine Position mit Beispielen zu belegen, die zeigen, dass keine der morali-

---

[42] Vgl. A. Auer, Autonome Moral und christlicher Glaube, Düsseldorf ²1989. Vgl. E. Gillen, Wie Christen ethisch handeln und denken, Würzburg ²1989.
[43] Vgl. Hunold – Laubach – Greis (Hg.), Theologische Ethik 51.

schen Forderungen, die in der Bibel enthalten sind, ohne Parallele in den Religionen des jeweiligen Umfeldes ist. Das Proprium christlicher Moral kann also nicht auf der inhaltlichen Ebene liegen.

Dennoch ist der christliche Glaube nicht irrelevant. Als spezieller Sinnhorizont hat er eine integrierende, eine kritisierende und eine stimulierende Funktion.[44]

In welcher Weise aber verbindet die Theologische Ethik Glaube und Handeln? Wir haben schon darauf hingewiesen, dass der Glaube letztlich integraler Bestandteil der Ethik ist. Aber auch von der Theologie her ergibt sich ein konstitutiver Zusammenhang, denn die Ethik wird nicht erst durch einen Zusatz theologisch, sondern die Theologie ist von sich aus ethisch.[45] Damit ist die Verbindung von Glauben und Handeln vorgezeichnet. Es geht nicht um spezifische Handlungsanweisungen oder Normen, sondern um die Entscheidung zur Person Jesu Christi und zu dem damit einhergehenden Verständnis des Menschen. Dieses Menschenbild (Gleichwertigkeit, Einmaligkeit)[46] als spezifischer Sinnhorizont hat für alle Ebenen der Ethik Relevanz. So verändert es bspw. den Entdeckungszusammenhang des sittlichen Handelns, aber es verändert auch das Verständnis des Scheiterns (durch die Vorstellung von der erlösten Freiheit).[47]

Damit zeigt gerade das Reden und Handeln Jesu, dass es ihm wohl nicht um neue inhaltliche Regeln ging, sondern um die Kreativität der Einzelnen. So lässt sich sein eigenes Handeln als modellhaftes Handeln verstehen, das eine neue Sinnperspektive eröffnet und gerade nicht handlungsleitende Gesetze aufstellen soll.[48] Auf diese Weise ist die oben genannte These, das entscheidend Neue und Eigene bestehe in der neuen Sinnperspektive des christlichen Glaubens, positiv belegt.

Einschlägiges Beispiel dafür sind die Antithesen der Bergpredigt. Die paradox formulierten Regeln unterlaufen jeden Versuch, Entscheidungen an Regelgehorsam abzugeben und geben doch gleichzeitig eine Perspektive wieder, die das Individuum in seiner Kreativität herausfordert. Die Verweigerung von definitiv gültigen Regeln durch die Eröffnung einer Sinnperspektive überantwortet den Einzelnen die Frage nach dem Individualwillen Gottes.

---

[44] Vgl. Auer, Autonome Moral 189–197. Vgl. zur Funktion des Glaubens als Vertrauen Hunold – Laubach – Greis (Hg.), Theologische Ethik 56f.

[45] Vgl. Maurer, Homo Agens 32. Vgl. die oben angesprochene These, dass die Ethik generell einen Glauben impliziert.

[46] Vgl. Hunold – Laubach – Greis (Hg.), Theologische Ethik 83.

[47] Vgl. ebd. 82–86.

[48] Vgl. P. Hoffmann – V. Eid, Jesus von Nazareth und eine christliche Moral (QD 66), Freiburg/Br. 1975.

Hier lässt sich das existenzielle Moment der sittlichen Verpflichtung unter christlichen Vorzeichen aufgreifen. Wir haben davon gesprochen, dass damit die persönliche Einmaligkeit als moralische Aufgabe erkannt wird. Durch die Entscheidung legt man zugleich sich selbst fest. Dieser Gedanke (sittliches Handeln als Selbstvollzug des Menschen) findet sich in der Tradition der theologisch-ethischen Reflexion als Grundentscheidungstheorie. Indem sich der Mensch auf das Zielgut umfassend gelungenen Lebens hin entwirft, vermag er erst zwischen Einzelgütern zu wählen. Diese sittliche Grundentscheidung steht in einer permanenten Wechselwirkung mit den Einzelentscheidungen. Diese vermitteln einerseits die Grundentscheidung in die konkrete Tat, andererseits wirken konkrete Taten auf die Grundentscheidung auf lange Sicht entweder konsolidierend oder zerstörend.[49]

Dieses existenzielle Moment der sittlichen Verpflichtung prägt ganz entscheidend die Gestaltung der Lernprozesse. In den Lernsituationen wird es folglich nicht um enzyklopädisches Wissen gehen; die Lehr- und Lernprozesse werden sich nicht an dem Ziel einer Vollständigkeit der Kenntnisse ausrichten, sondern sie richten sich darauf aus, die dargestellten elementaren Strukturen zu erschließen.

2. Hochschuldidaktische Überlegungen zur Theologischen Ethik

2.1 Allgemeine Überlegungen

Wir haben gesehen, dass sich die Frage „Was ist moralisches Handeln" nicht allein über Wissensinhalte und pure Kenntnisse klären lässt. Auch die Konsequenzen für die akademische Beschäftigung bzw. für die Frage nach der Vermittlung (sie kann sich nicht in satzhafter Wissensvermittlung erschöpfen) haben wir genannt. Sicherlich bleibt die Aufgabe bestehen, sich Kenntnisse anzueignen, aber wenn sich das Lehren und Lernen im Fach

---

[49] Vgl. H. Reiners, Grundintention und sittliches Tun (QD 30), Freiburg/Br. 1966; B. Häring, Frei in Christus (Bd. 1), Freiburg/Br. 1979, 171–224; J. Fuchs, Personale Grundfreiheit und Moral, in: ders., Für eine menschliche Moral (Bd. 1), Freiburg/Br. 1988, 35–51.
Die zum Teil sehr massive Kritik an der Grundentscheidungstheorie in der Enzyklika „Veritatis Splendor" (Nr. 65–70) wird den jeweiligen Positionen nicht gerecht. Das zeigt K. Demmer, Optionalismus – Entscheidung und Grundentscheidung, in: D. Mieth (Hg.), Moraltheologie im Abseits? (QD 153), Freiburg/Br. ^{2}1994, 69–87.
Hiermit hängt das Problem zusammen, welche Bedeutung die Instanz des Lehramtes für Fragen der individuellen Lebensführung hat. Festzuhalten ist, dass es hier keinen Anspruch auf Unfehlbarkeit erheben kann. Vielmehr ist das Individuum die Letztinstanz, da der Individualwille Gottes nur für den Einzelnen in seinem Innersten zugänglich ist und nicht von außen beurteilt werden kann. Vgl. Hunold – Laubach – Greis (Hg.), Theologische Ethik 230f.

Theologische Ethik an der Leitperspektive orientiert, zu eigenständigem Urteilen und Weiterdenken zu befähigen, dann besteht das primäre Ziel in dem Verstehen und dem Erfahren der konstitutiven Verschränkung von Theorie und Praxis. Nachdem das im ersten Teil skizziert wurde, soll jetzt die praktische Umsetzung reflektiert und mit Beispielen illustriert werden.

2.2 Lernprozesse in der Theologischen Ethik gestalten

2.2.1 Orte der Vermittlung

Um die Frage nach den Inhalten nicht zu vernachlässigen, bietet es sich an, in den Veranstaltungen mit Vorlesungscharakter das Ziel zu verfolgen, im Sinne eines Überblicks die zentralen Inhalte und Kenntnisse zu präsentieren. So ist es in der Vorlesung möglich, ein Doppeltes anzustreben: Fundiertes Grundwissen als „Handwerkszeug" zu vermitteln und Anregungen für das eigenständige Weiterstudium zu geben. In Vorlesungen kann eine systematische Darstellung und Bewertung von Sachinhalten und Positionen dargeboten bzw. erarbeitet werden, die es den Studierenden ermöglicht, in einem weiteren Schritt selbständig fundiert zu argumentieren.

Demgegenüber eignet sich die Arbeitsform der Seminare dazu, Verstehensprozesse anzuregen und durch Diskussionen die eigene Fähigkeit in der fachlichen Auseinandersetzung mit anderen einzuüben.[50] In diesem Zusammenhang sind Zugeständnisse bei Umfang und Art des Materials zu rechtfertigen, d. h. die Quantität eines Themenbereiches nur in Auswahl, dafür aber intensiver zu behandeln. Das Seminar birgt für viele Studierende auch die erste Möglichkeit, sich – vorbereitet durch die Aneignung entsprechenden Wissens (z. B. durch Lektüre) – vor einer Gruppe als wissenschaftlich arbeitende Referierende darstellen (und ausprobieren) zu können. Der wissenschaftliche Vortrag weicht von dem schulischen Referat oftmals allein schon durch die Qualität und Quantität des zugrunde liegenden Materials so sehr ab, dass eine Begleitung des Entstehungsprozesses (gerade in den ersten Semestern) von der Auswahl der Literatur bis hin zu Fragen der Darstellung angezeigt ist. Dabei ist die Eigenart des jeweilig Referierenden genauso zu beachten wie die Überlegung, welche Methode für den darzubietenden Inhalt am besten zum Ziel führt. Die aus diesen Variablen entstehende Vielfalt vermag das oft eher zäh anmutende Schema von Studierendenvortrag und anschließender Diskussion bereichernd aufzubrechen. Es zeigt sich bereits hinsichtlich der klassischen Seminarform (Vortrag – Dis-

[50] Bei Vorlesungen spricht die Rahmenordnung von einer problemorientierten Vermittlung der wesentlichen Lehrinhalte. Seminare sollen die aktive Teilnahme fördern. Vgl. Deutsche Bischofskonferenz, Rahmenordnung für die Priesterbildung Nr. 137.

kussion) also mindestens eine Dreiheit von Lernzielen: die eigenständige Beschäftigung mit einem Spezialthema innerhalb des Gesamtthemas des Seminars, die fachlich qualifizierte Auseinandersetzung mit der Seminargruppe sowie die Ermutigung zur kreativen, sachgemäßen Ausgestaltung der methodischen Darstellung eigener Ergebnisse.

2.2.2 Interdisziplinarität

Von zentraler Bedeutung für Überlegungen zu den Lernprozessen in der Theologischen Ethik ist die Frage der Interdisziplinarität. Wie schon für die Ethik allgemein festgehalten, gilt auch für die Theologische Ethik die Notwendigkeit, die humanwissenschaftlichen Erkenntnisse zu integrieren. Folglich bedarf die Theologische Ethik der empirischen Sachanalyse, der kritischen Vernunft und des ethischen Diskurses. Dabei darf diese Interdisziplinarität nicht als verzichtbare „Dekoration" verstanden werden. Vielmehr ist sie für die Theologische Ethik essenziell.[51] Lässt sie bspw. humanwissenschaftliche Erkenntnisse unberücksichtigt, so droht sie zu einer Eigentlichkeitsethik (wie W. Korff nachgewiesen hat) oder zu einem diffusen Personalismus (wie G. W. Hunold gezeigt hat) zu verkommen.

Es gilt also zum einen die innertheologische Interdisziplinarität zu bedenken. Hier ist zunächst auf die Nähe zu den traditionell der Systematik zugeordneten Fächern Dogmatik und Fundamentaltheologie einzugehen. Die Konzeption einer autonomen Theologischen Ethik wirft Fragen auf, die sowohl nach innen (innerhalb der christlichen Glaubensgemeinschaft) als auch nach außen (gegenüber Menschen, die den christlichen Glauben nicht teilen) eine Zusammenarbeit der genannten Fächer notwendig machen. Die dazu bereits vorliegenden Überlegungen müssen hier nicht wiederholt werden.[52] Aber auch mit den anderen theologischen Disziplinen bieten sich

---

[51] Klaus Demmer sieht in der Interdisziplinarität einen unverzichtbaren Prüfstein der Auseinandersetzung: „Für die Moraltheologie ist das interdisziplinäre Gespräch eine Lebensnotwendigkeit. So bleibt das philosophische Instrumentarium auf seine Eignung zu prüfen: Wird es der zugrunde liegenden theologischen Problematik gerecht, und bringt es zudem genügend kritische Gesichtspunkte ein, damit das Gesamtspektrum der Lebenswirklichkeit abgedeckt werde und die theologische Reflexion nicht an ihrem fehlenden Wirklichkeitsbezug zugrunde gehe?" Ders., Art. Moraltheologie, in: TRE, Bd. 23, Berlin – New York 1994, 301.

[52] Vgl. Auer, Autonome Moral; ders., Theologische Ethik und Fundamentaltheologie, in: ders., Zur Theologie der Ethik, Freiburg/Br. 1995, 290–301; A. Lob-Hüdepohl, Kommunikative Vernunft und theologische Ethik, Freiburg/Br. 1993, 331–391. Auf die Unterschiede in Bezug auf die beiden profiliertesten Vertreter der genannten Position (A. Auer, F. Böckle) kann hier nicht eingegangen werden. Ob die Darstellung und Kritik der Position von Auer bei Lob-Hüdepohl haltbar ist, sei dahingestellt. Sehr gut nachvollziehbar wird hier jedoch der Zusammenhang von Dogmatik und Moraltheologie für das Programm „Auslegung des Glaubens im Medium der Ethik".

vielfältige Möglichkeiten der Zusammenarbeit an. Die Bedeutung der neutestamentlichen Exegese für die Theologische Ethik wurde bereits angedeutet. So können die Bergpredigt aber auch der Dekalog exemplarische Themen für eine interdisziplinäre Veranstaltung darstellen. Gleichzeitig lässt sich in Auseinandersetzung mit den exegetischen Fächern die Kernthese (keine neuen materialethischen Normen innerhalb des biblischen Ethos) u. U. kontrovers diskutieren.

Ein weiterer gemeinsamer Bezugspunkt zwischen Theologischer Ethik und Fundamentaltheologie, aber auch mit der Praktischen Theologie, liegt in der Wahrnehmung und Auseinandersetzung mit der zunehmend pluralistisch werdenden Welt, in der Religion und Glaube an Bedeutung verlieren bzw. in zweifelhafte Bereiche abwandern. Wie kann sich Religion im Feld der verschiedenen Sinnangebote als qualifizierte Alternative darstellen und welche Möglichkeiten der Vermittlung lassen sich erkennen?

Zum anderen stellt sich die über die Theologie selbst hinausgehende Interdisziplinarität mit den Humanwissenschaften als genuine Notwendigkeit dar, um die Handlungswirklichkeit des Menschen verstehen zu können (Psychologie, Soziologie). Eine enge Zusammenarbeit mit empirischen Wissenschaften ist eine unverzichtbare Forderung der konkreten Fragen der Speziellen Ethik (Medizin, Biologie etc.). Dies geht primär auf die Notwendigkeit zurück, die jeweiligen Wirklichkeitsbereiche und Handlungsbedingungen zu kennen, wenn die Frage nach dem moralischen Handeln (und letztlich nach dem gelingenden Leben) gestellt wird.

Erfahrungsgemäß ist es aber bei dem Versuch authentischer interdisziplinärer Zusammenarbeit schwierig zu vermeiden, dass eine Disziplin auf Zuträgerdienste reduziert wird oder beide Disziplinen ihre Erkenntnisse letztlich unvermittelt nebeneinander stehen lassen. Das Problem liegt nicht zuletzt darin, einen wechselseitigen Einfluss zu schaffen und zuzulassen. Die Gestaltung einer interdisziplinären Veranstaltung bedeutet für die Durchführenden eine zusätzliche Arbeit in Vorbereitung und Koordination. Persönliche Gründe (z. B. das Gefühl, in der eigenen Arbeit „überwacht" zu werden) sowie technische Hindernisse (das Finden von gemeinsamen Terminen) erschweren oftmals die Gestaltung. Dennoch sollte die Aussicht auf Bereicherung – fachlich wie didaktisch, sowohl für Lehrende als auch für Studierende – für das Bemühen um die gemeinsame Gestaltung und Durchführung von Seminaren einen bleibenden Anreiz darstellen.

Wenn Lehren und Lernen in der Theologischen Ethik unter der Leitperspektive stehen, das Verstehen im Sinne von Sich-zu-eigen-machen, einen

---

Vgl. speziell zu gemeinsamen Bezugspunkten beim Thema Offenbarung K. Demmer, Naturrecht und Offenbarung, in: M. Heimbach-Steins u. a. (Hg.), Brennpunkt Sozialethik, Freiburg/Br. 1995, 29–44.

persönlichen Zugang anzuregen und zu eröffnen, stellt sich die Frage, wie Situationen geschaffen werden können, in denen die genannten Ziele erreicht werden. Dazu steht eine Vielzahl von unterschiedlichen Methoden zur Verfügung.[53]

2.3 Praxisbeispiele

2.3.1 Unbedingtes im Bedingten (Der „Fall Joan" in der Diskussion)

Der Fall Joan wird vorgestellt. In einer Chatgroup, die sich ausschließlich aus Frauen zusammensetzt, beteiligt sich Joan. Sie gibt ihre Identität als behinderte Frau an. Nach einiger Zeit outet sich die Person hinter Joan aber als Mann, der bewusst einen Frauenchat über längere Zeit belauschen wollte, „um im Alltag (real life!) Frauen besser verstehen zu können". Die beteilgten Frauen aber hatten kein Verständnis für dieses Verhalten und fühlten sich betrogen/verletzt/missbraucht. Dieser Fall wird in Kleingruppen diskutiert. Die Teilnehmerinnen und Teilnehmer sind aufgerufen, Stellung zu beziehen und ihre Position zu begründen.

Hier wird sich zeigen, dass alle Befürworter und Gegner bei ihren Begründungen (das Verhalten ist legitim weil ... bzw. nicht legitim, weil ...) immer einen allgemeinen Grund implizieren, der sich leicht als formaler (inhaltlich variabler) Sollensanspruch identifizieren lässt. Besonders groß ist der Effekt, wenn unmittelbar davor dieser Sollensanspruch theoretisch behandelt wurde. Die Diskussion eines Beispiels (wie der Fall Joan) macht (meist erst bei der Besprechung im Plenum) deutlich, dass dieses in der Theorie behandelte Element allen geläufig ist und im Alltag präsent ist.

Auf diese Weise kann die sehr abstrakte und schwer zugängliche Konstruktion „Unbedingtes im Bedingten" (A. Pieper) nicht nur veranschaulicht, sondern unmittelbar verortet werden. Der allgemeine Grund, der einen unbedingten Anspruch erhebt, bleibt dann nicht einfach eine theoretische Aussage.

Gegenüber einer rein theoretischen Mitteilung und Veranschaulichung durch den konkreten Fall, erarbeiten die Teilnehmerinnen und Teilnehmer vor allem durch die eigene Stellungnahme den unmittelbaren Bezug dieser theoretischen Aussage (Unbedingtes im Bedingten) zu sich selbst und zu ihrer Praxis und machen die Erfahrung, alltäglich in Anspruch zu nehmen, wovon die Theorie spricht. Zur Vorbereitung oder Unterstützung kann mit Th. Nagel[54] gearbeitet werden.

---

[53] Vgl. Handbuch Hochschullehre: Informationen und Handreichungen aus der Praxis für die Hochschullehre, Bonn, fortlaufende Loseblattsammlung seit 1994.
[54] T. Nagel, Recht und Unrecht, in: ders., Was bedeutet das alles? 51–64.

2.3.2 Gewissensthematik

Durch einen Text[55] werden als wesentliche Elemente identifiziert: Praktische Vernunft, natürliche Hinneigungen (inclinationes naturales), synderesis, conscientia, Autonomie. Alle Teilnehmerinnen und Teilnehmer sollen zunächst für sich ein Schaubild (Diagramm) entwerfen, aus dem das Verhältnis dieser Elemente zueinander deutlich wird. Danach werden möglichst viele dieser Schaubilder zentral an der Tafel mittels Karten vorgestellt und diskutiert. Erfahrungsgemäß wird erst durch diesen Schritt das Ineinander der Elemente wirklich nachvollzogen. Gleichzeitig werden Schwierigkeiten artikuliert, deren Problematik vorher noch nicht gesehen wurde (häufig das Zusammenwirken von natürlichen Hinneigungen und Autonomie).

Dieser spielerische und zugleich sehr anschauliche Umgang mit den zentralen Faktoren erlaubt zunächst eine intensivere Durchdringung der Wissensinhalte. Darüber hinaus haben die Teilnehmenden die Möglichkeit, verschiedene Konstellationen durchzuspielen und dadurch die Pointe der im Text enthaltenen Zuordnung zu vertiefen. Vor allem aber haben sie die Möglichkeit, ihre eigenen Vorstellungen zum Zusammenhang dieser Strukturelemente zu klären und damit über ihre eigenen Erfahrungen Rechenschaft zu geben. Erst durch das Ausprobieren mittels der Karten wird eine unmittelbare Betroffenheit möglich.

2.3.3 Die Polarität von Verantwortlickeit und empirischen Bedingungen

Mit A. Anzenbacher[56] kann die Problematik erarbeitet werden, dass wir in einem unaufgelösten Widerspruch einerseits aufgrund von empirischen Faktoren eine Verantwortung des Handelnden leugnen, aber grundsätzlich an der möglichen Zurechenbarkeit der Handlungen festhalten. Dies lässt sich besonders dramatisch veranschaulichen, wenn eine Gerichtsverhandlung inszeniert wird, in der eine Gruppe die Anklage vertritt (und folglich Gründe für die Verantwortung des Angeklagten nennen), die andere Gruppe die Verteidigung übernimmt.

Gegenüber einer rein verbalen Beschäftigung mit diesem Sachverhalt macht eine solche Inszenierung die Problematik unserer alltäglichen Haltung in dieser Frage unmittelbar erfahrbar. Gleichzeitig eröffnet das Rollenspiel die Möglichkeit, Positionen zu vertreten, die man nicht teilt, aber gerade dadurch besser verstehen kann. Dabei erlaubt der Umstand, eine Rolle zu spielen, den Teilnehmerinnen und Teilnehmer große Freiheiten, da die Auseinandersetzungen nicht persönlich zugewiesen werden. Auf diese Weise können auch festgefahrenen Positionen und starre (vielleicht oberflächli-

---

[55] Bspw. E. Schockenhoff, Das umstrittene Gewissen, Mainz 1990, 77–82.

[56] Vgl. Anzenbacher, Was ist Ethik? 9–17.

che) Überzeugungen durch die Einzelnen aufgebrochen oder zumindest in Frage gestellt werden.

2.3.4 Die Bedeutung von Glaubensaussagen

Am Beispiel des Schöpfungsgedankens lässt sich zeigen, in welcher Weise Glaubensaussagen für die Entdeckung von Werten/Normen relevant sein können, ohne eigene materiale Normen zu formulieren.

Dazu wird im Plenum zunächst die Argumentationskette auf farbige Karten übertragen und an einer Pinwand befestigt, die zur gegenwärtigen industrialisierten Verwertung von Tieren führt. Dann werden Argumente dagegen gesammelt, die (wie sich zeigen wird) nahezu ausschließlich den Eigennutz des Menschen als Grundlage haben. In einem weiteren Arbeitsschritt sollen Kleingruppen Argumentationsketten entwerfen, die zustande kommen, wenn auf der Grundlage des Schöpfungsglaubens argumentiert wird. Dies wird schließlich von mehreren Kleingruppen auf die ursprüngliche Argumentationskette (Verzweckung der Tiere) übertragen. Dabei zeigt sich, welchen Einfluss der Schöpfungsglaube entfaltet.

Aus dem Gedanken der Geschöpflichkeit des Menschen ergibt sich der Respekt vor dem Tier als Mitgeschöpf. Dies legt nahe, Handlungsregeln zu formulieren, die eine reine Verzweckung der Tiere vermeiden. Auch für die Diskussion um das Klonen hat der Gedanke des Menschen als Geschöpf eine mittelbare Konsequenz.

Der Schöpfungsglaube selbst enthält keine spezifische Norm, aber verhilft zur Entdeckung neuer Normen.

Das Arbeiten mit auf Karten fixierten Argumentationsketten ermöglicht (auf der technischen Ebene) zunächst, eine Sensibilität für die Struktur einer Argumentation zu schaffen, dann aber auch das Einüben eigenständiger Argumentation. Der Vorteil liegt vor allem darin, dass hier die Teilnehmenden sehr große Gestaltungsfreiheiten haben, jedoch immer auf eine gemeinsame Grundlage bezogen sind, und so die Gefahr ausgeräumt ist, sich in weiterführende inhaltliche Details zu verlieren. Schließlich bietet dieses Vorgehen allen Beteiligten die Möglichkeit, eigenständig die zentrale These zu überprüfen.

2.3.5 Die Frage der Euthanasie als Herausforderung an die Theologie

Das allgemeine Ziel des Seminars während eines Semesters ist die qualifizierte Auseinandersetzung mit der Frage nach der Erlaubtheit von Euthanasie, den möglichen Folgen einer gesetzlichen Änderung sowie der Überlegung, welchen Beitrag die Theologie bzw. die Religion zur Gestaltung von „Hilfe zum Sterben“ leisten kann. Die persönliche Auseinandersetzung mit der Frage, wie der Einzelne der Anfrage einer zu leistenden Sterbehilfe begegnen würde, ist einerseits ein Ziel des Seminars, stellt aber aufgrund einer oft schon vorwissenschaftlichen Auseinandersetzung (durch Erlebnisse im privaten Bereich) mit diesem Thema auch die Grundlage für das Interesse dar. Es ist wichtig, diese Lernvoraussetzungen einzubeziehen, aber auch darauf hinzuarbeiten, dass eine Auseinandersetzung nicht auf der Ebene der „Betroffenheitsethik" verbleibt.

Im Seminar über die aktuelle Euthanasiedebatte wurden die Studierenden in der ersten Stunde aufgefordert, ihre Positionierung und ihre Interessen bezüglich der Frage – gerade auch einer möglichen aktiven – Sterbehilfe in Kleingruppen zu besprechen und im Plenum die Ergebnisse dieser ersten Auseinandersetzung in Form einer „Wandzeitung" darzustellen. Das Gespräch in den Kleingruppen diente neben einer ersten Beschäftigung mit der Thematik und der Bewusstwerdung der eigenen Haltung auch dem Erweis der notwendigen fachlichen Klärungen, was begrifflich und lebenswirklich mit dem Begriff „Euthanasie" verbunden ist. (Der Gesprächsraum der Kleingruppe vermag für diesen ersten Zugang einem geschützteren Raum zu bieten und dazu beizutragen, offener die eigene Position äußern zu können.)

Die in den Kleingruppen angesprochenen Themenbereiche wurden gemeinsam nach Kategorien verschiedener Zugänge zur Euthanasieproblematik systematisiert: Juristische, medizinische und theologische Aspekte wurden als zu behandelnde Zugänge ausgemacht. Aus den vorgestellten Ergebnissen ließ sich die Interessenlage der Studierenden erkennen und in die weitere Gestaltung des Seminars einbringen.

Als fachliche Begleitung des medizinischen Aspektes des Seminars ließ sich ein Arzt, Leiter einer Palliativstation, gewinnen, der nicht nur als Experte einen Vortrag über Chancen und Grenzen der Palliativmedizin hielt, sondern in verschiedenen Seminarsitzungen den medizinischen Aspekt mit den Studierenden diskutierte und vertiefte.

Zur Vorbereitung auf die Diskussion mit dem Mediziner wurden in der vorangehenden Stunde Fragen formuliert (von einem Studenten schriftlich fixiert und dann für alle kopiert), in denen die Anliegen der Studierenden zum Ausdruck kamen. Die Vorformulierung der Fragen diente zum einen der Klärung des „Wissensbedarfs", zum anderen aber auch der Vermeidung von „Sprachlosigkeit" in der Diskussion. Die vorformulierten Fragen bildeten in der Diskussion jedoch nur die „Joker" für Momente, in denen das Gespräch ins Stocken geriet; im Vordergrund standen spontane, sich aus der aktuellen Diskussion ergebende Fragen und Äußerungen.

Zur juristischen Fundierung wurden Unterlagen der Gesellschaft für Humanes Sterben sowie gesetzliche Regelungen verschiedener Länder dargestellt und durch eine Diskussion über die sogenannte „Patientenverfügung" ergänzt. In diesem Abschnitt wurde jeweils ein Studierender zum „Experten", der sich durch geeignetes Material auf eine kurze Darstellung des Sachverhalts, aber auch auf eine Diskussion vorbereitete, in der er sein Thema zu vertreten hatte. Ein Thesenpapier, das den Umfang einer Seite nicht überschreiten sollte, sollte als „Sicherung“ von Fakten gestaltet und ausgeteilt werden. In einer Einzelvorbesprechung wurden Möglichkeiten der Darstellung und Aufbereitung des „Spezialwissens“ angeregt – z. B.: Durch die Schilderung konkreter Fallbeispiele, an denen in Zweiergruppen der juristische Sachverhalt aufgedeckt und bewertet wird, kann der Zusammenhang von abstrakter juristischer Festlegung und speziellem Einzelfall deutlich werden.

Der dritte Teil des Seminars war dann auf die Verankerung in der Theologie bezogen: Zum einen wurden Stellungnahmen verschiedener Autoren und kirchenamtliche Äußerungen in Form einer Pro-Kontra-Debatte diskutiert, zum anderen wurden aber auch die Erfahrungen der Teilnehmer aus der Arbeit in Hospizbewegungen sowie aus ihrem privaten Erleben angesprochen und mögliche Wege, die sie später als Theologen in der Praxis gehen bzw. anregen können, überlegt.

Das Gesamt des Seminars wurde durch den exemplarische Aufweis aus dem Bereich der Psychologie abgerundet: Ein Psychologe, der in einer Psychiatrie, die im Besonderen ältere Menschen betreut, arbeitet, konnte aus seiner konkreten Erfahrungen von der Schwierigkeit des Erkennens eines unabänderlichen Todeswunsches in Unterscheidung zu einer therapierbaren Todessehnsucht berichten und damit eine weitere Dimension in die zu bedenkenden Aspekte hinsichtlich einer verantworteten ethischen Stellungnahme einbringen.

Die Vielfalt der Zugänge zu der Frage nach der Erlaubtheit von Sterbehilfe und der Notwendigkeit einer Gestaltung des Sterbens vermochte die zuvor gefassten, oftmals aus dem rein persönlichen Empfinden entsprungenen Einstellungen (die in der ersten Stunde festgehalten wurden) qualifiziert zu bereichern und auch die Grenzen der Eindeutigkeit innerhalb dieser Fragestellung aufzuzeigen. Durch den lebenspraktischen Bezug dieser Frage wurde es den Studierenden auch möglich, eine Verknüpfung zu ihrer späteren Tätigkeit z. B. als Theologe in der Krankenhausseelsorge herzustellen und – rückwirkend aus dieser Erkenntnis – die Notwendigkeit eigener Sachkundigkeit auch in fachfremden Bereichen als Ziel ihres Lernens zu erkennen. Die fachliche Begleitung „von außen“ bildete einerseits hinsichtlich der Thematik eine wertvolle Bereicherung, vermochte aber auch, die Seminarstruktur „Leitung – Hörende“ aufzubrechen und die Situation des „Unter-sich-seins“, die sich gerade bei kleinen Seminargruppen leicht einstellt, zu bereichern.

3. Möglichkeiten und Grenzen der Lehre in der Theologischen Ethik

Welche Möglichkeiten und Grenzen ergeben sich, wenn Lehren und Lernen in der Theologischen Ethik unter der genannten Perspektive unternommen werden? Die Rahmenordnung nennt generell für das Studium der Theologie u. a. als Ziel die Befähigung, sich persönlich ein theologisches Urteil bilden zu können (Nr. 69). Speziell für die Moraltheologie fordert die Rahmenordnung u. a. eine fundierte Urteilsbildung in allen Bereichen menschlicher Existenz und sittlich relevanter Praxis (Nr. 103). Das ist im außerordentlichen Maße möglich, wenn in der dargestellten Form die wechselseitige Bezogenheit von Theorie und Praxis der Ethik nachvollziehbar und erfahrbar werden.

Auf Grenzen dieses Vorgehens wurde bereits hingewiesen, als die notwendigen Zugeständnisse in Bezug auf den Umfang und Menge behandelter Inhalte genannt wurden. Als gravierendere Problematik zeigt sich jedoch die Gefahr, in eine Eigentlichkeitsethik oder in einen Betroffenheitsjargon abzugleiten. Um dies zu vermeiden, muss die argumentative Ebene immer im Vordergrund stehen. Nur so sind Wissenschaftlichkeit und Kommunikabilität zu erhalten.

In diesem Zusammenhang ist die Interdisziplinarität der Lehre von zentraler Bedeutung. Wird sie ernst genommen, dann stellen sich diese Gefahren erst gar nicht. Doch damit ist das Problem nur verlagert, denn wie eine authentische Interdisziplinarität geschaffen werden kann, ist durchaus nicht eindeutig geklärt. Die hier bestehenden Gefahren (Reduktion auf vernachlässigbare Zusätze, bloßes/unvermitteltes Nebeneinander) wurden schon genannt. Vorstellbar wäre das notwendige wechselseitige Aufeinander-einlassen durch Stellungnahmen zu konkreten Fragen. Dadurch wäre im Idealfall ein Dreifaches erreicht: Konkrete Fragen und Probleme werden von mehreren Seiten analysiert. Durch die Antworten wird das Zusammenwirken der beteiligten Disziplinen deutlich. Gleichzeitig können darüber hinaus grundsätzlich Gemeinsamkeiten bzw. Unterschiede der Disziplinen erkennbar werden.

So kann bei der gemeinsamen Behandlung der Frage nach einem materialethischen Proprium der christlichen Ethik das fruchtbare Zusammenwirken und Ergänzungsverhältnis von Exegese und Theologischer Ethik deutlich werden. Anders wird es sich verhalten, wenn die Interdisziplinarität die Theologische Ethik und eine empirische Wissenschaft umfasst. Beispielsweise bei der Frage nach dem Status eines Embryos zeigt sich einerseits die Angewiesenheit der Theologischen Ethik auf die empirischen Erkenntnisse. Umgekehrt besteht die Grenze dieser empirischen Wissenschaft in der Unfähigkeit, daraus Schlüsse zu ziehen (will sie nicht ihre Kompetenzen überschreiten), die zur Grundlage von Handlungsorientierungen werden können.

In den weitaus meisten Fällen aber wird der Versuch, in den Lehr-Lernprozessen der Theologischen Ethik interdisziplinär vorzugehen, ein offenes Problem bleiben, das aber trotz dargestellter Schwierigkeiten als bleibende Herausforderung wahrgenommen werden sollte.

Die Nichtlehrbarkeit der Philosophie als hochschuldidaktische Herausforderung

von Heinrich Watzka, Frankfurt

An der amerikanischen Fordham-Universität (Bronx, New York) sind Philosophie und Theologie baulich unter einem Dach vereinigt. Betritt man das Gebäude, so findet man zur Linken die Räume der einen Fakultät, zur Rechten die der anderen. Die entsprechenden Wegweiser waren eines Tages, sicherlich nicht von offizieller Seite, mit Kommentaren „verziert" worden. Auf dem Wegweiser zur Philosophie fand sich der Zusatz „unbeantwortete Fragen", auf dem Wegweiser zur Theologie: „ungefragte Antworten". Die Universitätsleitung erwies sich als humorlos und lies die Kritzeleien schnell entfernen.[1]

Im Curriculum des Diplomstudiengangs der Theologie in den deutschsprachigen Ländern stehen die philosophischen Fächer am Beginn des Studiums. Neben den alten Sprachen, der Kirchengeschichte, der „Einführung in die Theologie" und gegebenenfalls der Liturgiewissenschaft werden die Studienanfänger der Theologie in erster Linie mit Philosophie konfrontiert. Für die Mehrheit der Studierenden fällt dieser Anfang mit dem Beginn des Hochschulstudiums überhaupt zusammen. Viele werden ihr erstes Hauptseminar, ihr erstes Referat, ihr erstes Examen in der Philosophie absolvieren. Die Positionierung der Philosophie an den Anfang des Theologiestudiums ist am wenigsten theologiedidaktisch motiviert. Ihre historischen Wurzeln liegen in der Zweiteilung das Fachs in rationale und positive Theologie.[2] Es waren theologieimmanente systematische Gründe, die es zwingend erscheinen ließen, mit der Philosophie zu beginnen. Didaktisch ist diese Reihung eher schwierig. Kaum einer meiner Studenten hat sich für die Philosophie entschieden. Sie wird in Kauf genommen. Sie ist für nicht wenige eine schwere Hürde und ein Risiko. Nach Platon kann man erst mit etwa 50 Jahren Philosoph sein.[3] Sind die meisten meiner Studenten zu jung für das Fach? Die Philosophie ist Fach und Nichtfach zugleich. Es erheben sich Zweifel, ob Philosophie lehrbar ist und daher gelernt werden kann wie jedes andere Fach. Kant war der Auffassung, dass nicht Philosophie, sondern nur das Philosophieren lehrbar ist. Wir haben also (erstens) ein Moti-

---

[1] Quelle: Conversations on Jesuit Higher Education Nr. 18/Fall 2000, 24.

[2] Der Wissenschaftscharakter der Theologie wurde in Abhängigkeit gesehen von der Möglichkeit eines Existenzbeweises Gottes in der Philosophie, vgl. Thomas von Aquin, Summa Theologiae I 1,2 ad 1.

[3] Politeia 540 a.

vationsproblem, (zweitens) eine Frage der curricularen Positionierung der Philosophie, (drittens) ein didaktisches Rätsel der Philosophie selber.

Ich bin mir nicht sicher, ob die Qualität meines Unterrichts angesichts der prekären Situation des Fachs im Gesamt der Theologie tatsächlich Auswirkungen auf die Motivation vieler Studierenden hat. (Soviel zur ersten Frage.) Es gibt curriculare Modelle der Theologie, die die rigide Zweiteilung in einen propädeutischen philosophischen und den aufbauenden theologischen Teil unterlaufen und Philosophie sowohl vor als nach der Zwischenprüfung vorsehen. Die Frage einer curricularen Neuordnung der Theologie ist aber nicht unser Thema. Faktum ist die bisherige Zweiteilung des Studiums. Faktum ist aber ebenso, dass die Philosophie ganz wesentlich von den Fragen und Problemen, dem Lebenshintergrund und den Bildungsvoraussetzungen der Studierenden mitgeprägt wird. Es steht zu erwarten, dass eine Beschäftigung mit Philosophie am Ende des Theologiestudiums dem Fach ein völlig anderes Gesicht geben würde. Karl Rahner konstatiert bereits 1967, dass es „faktisch und so didaktisch" eine an die Bedürfnisse der Theologie adaptierte Philosophie, die von der Theologie einfach vorausgesetzt werden könnte, nicht mehr gibt. Er zieht daraus den Schluss, dass das Philosophieren heute primär „innerhalb der Theologie" zu geschehen hat.[4] Welche curricularen Konsequenzen sich aus diesem Schluss ergeben, ist meines Wissens noch nicht diskutiert worden. Damit gehe ich zur dritten und wichtigsten Frage dieses Beitrags über.

Es wissen und es doch nicht wissen

Platon vertrat bekanntlich die These, dass das, was wir Lernen nennen, in Wahrheit Wiedererinnerung ist. Uns interessiert in diesem Zusammenhang nicht so sehr, ob Platon dem Mythos präexistenter Seelen, die alle Dinge „im Hades und auf Erden geschaut haben" und sich hier auf die entsprechende Anregung hin an alles wieder erinnern, buchstäblich Wahrheit beimaß. Im Gespräch mit Menon will sich Sokrates für diesen Mythos nicht verbürgen.[5] Er erfüllt seinen Zweck, wenn er die Menschen zum Forschen und Fragen anhält. Sokrates kommt auf ihn zu sprechen, als Menon einen berüchtigten „Satz der Eristiker" zitiert, wonach es dem Menschen nicht möglich sei zu forschen, „weder nach dem, was er weiß, noch nach dem, was er nicht weiß" [80 e]. Nach dem, was er weiß, wird er nicht forschen, denn er weiß es bereits. Nach dem, was er nicht weiß, kann er nicht for-

---

[4] K. Rahner, Philosophie und Philosophieren in der Theologie, in: ders., Schriften zur Theologie Band VIII, Einsiedeln 1967, 66–87, 68.

[5] Menon 86 b.

schen, denn er weiß nicht, wonach er forschen soll. Es gibt also keinen Fortschritt vom Nichtwissen zum Wissen. Sokrates' Lösung im *Menon* lautet, dass Nichtwissen im Grunde verborgenes Wissen ist und durch entsprechende Verfahren jederzeit aktiviert werden kann. Um seine Behauptung zu exemplifizieren, führt er das bekannte Experiment an einem jungen Sklaven aus der Gefolgschaft des Menon durch. Menons Sklave hat keinen Unterricht in Geometrie erhalten, kann aber durch geschicktes Fragen von Seiten des Sokrates dahin gebracht werden, eine geometrische Rechenaufgabe zu lösen. Es ist Sokrates alles daran gelegen zu demonstrieren, dass er den Sklaven „nichts lehrt, sondern alles erfragt" [82 e]. Das Experiment lässt sich gut an, der Sklave beantwortet zunächst alle Fragen korrekt, bis er einen groben Schnitzer begeht. Sokrates kann ihm verständlich machen, worin sein Fehler liegt. Der Sklave sieht ein, dass er den Lösungsweg nicht kennt. Dies markiert einen Wendepunkt im Verlauf des Gesprächs. Bisher glaubte er zu wissen, obwohl er es nicht wusste. Jetzt hat er sein Nichtwissen eingesehen. Sokrates bemerkt dazu, Nichtwissen sei besser als Falschwissen und Zu-Wissen-Glauben, weil es zum Fragen und Suchen anregt [83 c]. Die Verlegenheit, in die ihn Sokrates gebracht hat, ist ihm jetzt ein doppelter Ansporn, die Lösung zu finden. Sokrates zieht einige Hilfslinien und macht es ihm ganz leicht, selber auf die Lösung zu kommen. Damit ist der „Beweis" erbracht, dass Lernen im Grunde Wiedererinnern ist: „Nicht durch Belehrung, sondern durch bloßes Fragen wird … [der Nichtwissende] zum Wissen gelangen, indem er aus sich selbst das Wissen gewinnt" [85 d]. Es ist ein Beweis „mit Augenzwinkern": „Im Übrigen, Menon, möchte ich für das Gesagte nicht mit vollem Nachdruck eintreten. Dass wir aber bei dem Glauben an die Notwendigkeit des Nachforschens nach dem, was man nicht weiß, tüchtiger und tapferer und weniger träge sein werden als bei dem Glauben an die Unmöglichkeit der Auffindung dessen, was wir nicht wissen …, dafür trete ich nach Kräften ein." [86 b–c]

Ein didaktischer Mythos

Der Mythos von der Wiedererinnerung ist vor allem ein didaktischer Mythos. Er entzieht einer Konzeption von Fachdidaktik den Boden, die ihre Aufgabe in der „Übersetzung", dem „Transfer", der geschickten „Abbildung" oder „Vermittlung" eines immer schon als fertig und abgeschlossen vorausgesetzten Wissenszusammenhangs sieht. Sokrates *lehrt* keine Philosophie, er stellt Fragen. Ob wir ihm seine Selbststilisierung als Nichtwissenden in den frühen Dialogen ganz abnehmen sollen, ist eine andere Frage. In den mittleren und späten Dialogen zeichnet Platon einen Sokrates, der auch „Meinungen" preisgibt. Das, was ihn in den Augen seines Schülers Platon zum Richtmaß aller Philosophie macht, ist nicht das Entwickeln und

Darstellen einer „Lehre“, sondern die „Unterredungskunst“, die nicht minder sach- als adressatenorientiert ist, d. h. an der Wahrheit und am Erkenntniszuwachs der Dialogisierenden (Sokrates eingeschlossen) interessiert ist. Sokrates „lehrt“ nicht Philosophie, nicht, weil er keine besäße, sondern weil die Seele nicht wirklich weiß, was sie weiß, wenn sie es nicht aus sich selbst gewonnen hat und, so müsste man ergänzen, sich und anderen „Rechenschaft geben“ kann.[6] Philosophieunterricht ist Anleitung zum Selberdenken. Es wäre also zwecklos, die Philosophie zu dozieren, weil eine bloß „gelernte“ Philosophie es nicht verdiente, Philosophie genannt zu werden. Auch für Kant ist Philosophie nicht lernbar. „Man kann schon aus dem Grunde Philosophie nicht lernen, weil sie noch nicht gegeben ist. Gesetzt aber auch, es wäre eine wirklich vorhanden: so würde doch keiner, der sie auch lernte, von sich sagen können, dass er ein Philosoph sei; denn seine Kenntnis davon wäre doch immer nur *subjektiv-historisch*.“[7] Es genügt nicht, dass eine Lehre objektiv gesehen eine „Vernunfterkenntnis“ darstellt. Wir müssen auch nach den Bedingungen fragen, unter denen Kenntnisse von Menschen erworben werden. Subjektiv gesehen kann eine Erkenntnis entweder „rational“ oder „historisch“ sein. Wer die Philosophie bloß historisch erworben hätte, wäre Philosoph, ohne philosophieren zu können. Er hätte von seiner Vernunft keinen „freien“, sondern bloß einen „nachahmenden“, „mechanischen“ Gebrauch gemacht und könnte sich nicht wirklich Philosoph nennen.[8]

Die einzig angemessene Methode, Philosophie zu lehren, wäre diejenige, die nichts lehrte, sondern alles erfragte. Nur diese Methode würde sicherstellen, dass die Lernenden im Sinne unseres didaktischen Mythos das Wissen aus sich selbst gewinnen und gleich auch mitlernten, davon „Rechenschaft“ zu geben, indem sie im Antwortgeben zunehmend gewandter würden.[9] In diesem Sinne stilisiert sich Sokrates, der Prototyp des Lehrenden, ironisch als „Hebamme“. Es sei ihm das Schicksal der Artemis, der jungfräulichen Patronin der Geburtshelferinnen beschieden, die selber keine Kinder haben konnte und der gerade deswegen der Schutz der Kindsgeburt aufgetragen wurde.[10] „Zum Hebammendienst zwingt mich der Gott, das

---

[6] In die zuletzt angedeutet Richtung zielt die Schriftkritik im Phaidros. Die Philosophie lässt sich nicht als Text objektivieren und konservieren, weil sich ein Text nicht gegen Fehldeutungen verteidigen kann und einen Interpreten benötigt. Die „eigentliche Schrift“ ist „... mit Einsicht geschrieben in die Seele des Lernenden, wohl im Stande, sich selbst zu helfen und zu unterscheiden, wem gegenüber sie zu reden und wem gegenüber sie Schweigen zu bewahren hat.“ [276 a].

[7] Logik, Werke in Sechs Bänden, Bd. III, hg. v. W. Weischedel, Wiesbaden 1958, 448f.

[8] Ebd. 445.

[9] Zur Forderung des „Rechenschaftgebens“ siehe Phaidon 76 a–b.

[10] Theaitetos 149 b

Gebären hat er mir vorenthalten. Ich bin also überhaupt nicht klug und kann auch keinen Fund als Erzeugnis meiner Seele vorweisen. Dagegen lassen einige von denen, die mit mir zusammen sind, anfangs zwar recht wenig an Klugheit sehen, aber im Laufe unseres Zusammenseins machen alle, denen es der Gott vergönnt, für sich selbst und auch die anderen überraschende Fortschritte. Und dabei lernen sie offensichtlich nie auch nur irgend etwas bei mir, sondern finden selber viele hervorragende Wahrheiten bei sich selbst heraus und bringen sie hervor. Urheber der Entbindung sind jedoch der Gott und ich."[11] Im Ton nüchterner, der Sache nach nicht weniger entschieden als Sokrates äußert sich Wittgenstein in einer Vorlesungsreihe im Studienjahr 1934/35 zu seiner Methode: „Über alle Fragen, die wir diskutieren, habe ich keine Meinung, und wenn ich eine hätte, die mit der Meinung des anderen nicht übereinstimmte, würde ich sie um der Argumentation willen sogleich aufgeben, denn für unsere Diskussion wäre sie ohne Bedeutung. Wir bewegen uns ständig in einem Bereich, in dem wir alle dieselben Meinungen haben. Ich habe nichts weiter zu geben als eine Methode; neue Wahrheiten kann ich nicht lehren ... Man könnte Philosophie lehren, indem man ausschließlich Fragen stellt."[12]

Ein anamnetisches Philosophiekonzept

Die „sokratische" Methode (Wittgensteins Methode inbegriffen) ist nicht nur aus dem Grund die „einzig richtige Methode", weil sie adressatenorientiertes Philosophieren und kooperative Wahrheitssuche miteinander kombiniert, sondern auch deswegen, weil sie sich aus einem Philosophiebegriff ergibt, der dem am nächsten kommt, was wir tatsächlich tun, wenn wir philosophieren.[13] Ich würde den kategorialen Unterschied von Philosophie und Wissenschaften mit Hilfe des Begriffspaars „begrifflich" vs. „sachlich" beschreiben wollen. Philosophische Untersuchungen sind „begriffliche Untersuchungen"[14]. Die Philosophie ist nicht die Fortsetzung unserer wissenschaftlichen Weltbeschreibungen und Erklärungen mit anderen Mitteln (Interpretation, Spekulation, Intuition etc.). In ihr lassen sich keine Entde-

---

[11] Theaitetos 150 c–d.

[12] Ludwig Wittgenstein. Vorlesungen 1930–1935, hg. v. D. Lee u. A. Ambrose, Frankfurt/M. 1984, 271.

[13] Zugegeben, in der Philosophie ist alles kontrovers, sogar die Bedeutung des Wortes „Philosophie", vgl. dazu R. Spaemann, Die kontroverse Natur der Philosophie, in: ders., Philosophische Essays, Erw. Ausgabe, Stuttgart 1994, 104–129.105.

[14] „'Philosophie' könnte man auch das nennen, was *vor* allen neuen Entdeckungen und Erfahrungen möglich ist." (L. Wittgenstein, Philosophische Untersuchungen § 126, Werkausgabe Bd.1, Frankfurt/M. 1984).

ckungen machen oder zukünftige Ereignisse vorhersagen. Parmenides hat nicht das „Sein" entdeckt wie Madame Curie die Radioaktivität, er hat eine bestimmte Sprechweise, unser „ist"-Sagen, auf seine Implikationen hin untersucht und möglicherweise ein sehr einseitiges Bild dieses Sprachgebrauchs gezeichnet. Die Philosophie stellt keine Hypothesen auf, sie erklärt nichts (kausal, genetisch, funktional, historisch etc.). In ihr spielen streng genommen auch Interpretationen keine Rolle (Philosophie ist nicht „Weltanschauung"). Ihre Domäne ist das „Apriori" unseres Vorverständnisses der Welt, in der wir leben und uns auskennen bzw. auszukennen meinen, der „Horizont" des Unausgesprochenen, Mitgesagten, Mitgemeinten, vielleicht auch des Unaussprechlichen. Um es in einem anderen Bild auszudrücken: die Domäne der Philosophie ist unser „begriffliches Durcheinander"[15] im Doppelsinn des Worts: Gewimmel und „Ideengeflecht". Die Mehrzahl unserer zentralen Begriffe in der Metaphysik, Ethik, Erkenntnistheorie etc. sind ihrem Charakter nach „porös"[16], d. h. auf andere mehr oder weniger verwandte Begriffe hin durchlässig. Unsere Sprache bildet ein Netzwerk von Verweisungen und wechselseitigen Ein- und Ausschlussverhältnissen. Kaum dass wir angefangen haben, einen einzelnen Begriff zu untersuchen, sehen wir ihn als Aspekt eines anderen. Kein Begriff ist für sich eine abgerundete Wesenheit, die wenigsten Wörter unserer Sprache funktionieren wie Eigennamen, am wenigsten unsere großen Wörter („Freiheit", „Wahrheit", „Gegenstand", „Wirklichkeit" etc.). Keine der von uns vorgenommenen begrifflichen Unterscheidungen wird daher endgültig sein können. Die Fähigkeit zu verstehen, worin z. B. „Tugend" besteht, setzt die Fähigkeit voraus, diesen Begriff auf eine Reihe verwandter Begriffe beziehen und Beispiele geben zu können. Dieser Prozess ist prinzipiell unabschließbar. Es ist niemandem verwehrt, neue Vergleiche zu finden, Bezüge herzustellen, Unterscheidungen einzuführen und Anwendungen durchzuspielen, die bisher keiner gesehen hat. Es steht also zu erwarten, dass „Wahrheit" in der Philosophie etwas anderes bedeutet als „Wahrheit" in einer empirischen oder historischen Untersuchung. Die „Wahrheit" einer philosophischen Untersuchung wird sich am ehesten darin manifestieren, dass wir Bezüge hergestellt haben, die wir als „tief" empfinden. Wir sehen jetzt mehr „Zusammenhänge" als früher.[17] Wir haben Grenzen gezogen, die uns helfen, ein ganzes Begriffsfeld in einem neuen Licht zu sehen. Die „Wahrheit" in der

[15] Vgl. L. Wittgenstein, Das Blaue Buch, Werkausgabe Bd. 5, Frankfurt/M. 1984, 21.

[16] I. Murdoch, Metaphysics as a Guide to Morals, London 1993, 323.

[17] Vgl. Wittgensteins Begriff der „übersichtlichen Darstellung": „Die übersichtliche Darstellung vermittelt das Verständnis, welches eben darin besteht, dass wir die ‚Zusammenhänge sehen'" (Philosophische Untersuchungen § 122). Der Begriff ist ein Synonym für „Philosophie".

Philosophie ähnelt in gewisser Weise der „Wahrheit“ großer Kunstwerke.[18] Es gibt in der Philosophie keine andere Verifikation als die Anerkennung durch die Dialogpartner: was sie als Ausdruck einer Schwierigkeit anerkennen, als Argument gelten lassen, als passenden Vergleich oder als Gegenbeispiel akzeptieren. Vor dem Hintergrund dieses schwachen „grammatischen“ Philosophiekonzepts[19] wird überhaupt erst die Pointe als der sokratischen „Was ist ...?“-Frage deutlich („was ist Tugend?“, „... Erkenntnis?“, „... Frömmigkeit?“). Solche Fragen wären als wissenschaftlichen Fragen völlig missverstanden. Welche Wissenschaft könnte uns definitiv darüber aufklären, was „Wahrheit“, „Tugend“, „Erkenntnis“ etc. bedeuten? Die Rolle derartiger Wörter erschöpft sich nicht darin, eine (geistige, spirituelle) Realität zu beschreiben. Mit diesen Wörtern drücken wir aus, wie wir uns selbst verstehen und wie wir leben wollen. Die „Was ist ...?“-Frage zielt auf etwas, das wir irgendwie schon wissen und auch wieder nicht wissen. Für Wörter wie „Wahrheit“, „Tugend“, „Erkenntnis“, „Liebe“ gibt es in unserer Lebenswelt, unserer religiösen, moralischen, wissenschaftlichen Praxis eine Vielzahl von Anwendungen. Was wir nicht verstehen, sind die „Zusammenhänge“. Platon war der Überzeugung, dass uns das Sehen der Zusammenhänge (des Geflechts der Ideen) zu einem besseren, realitätsgerechteren Leben befähigt; dass wir moralisch, religiös, intellektuell bessere Menschen werden, wenn wir versuchen uns „wiederzuerinnern“.

Auch Wittgenstein gebraucht die Anamnesis-Metapher, um sein Ziel in der Philosophie zu beschreiben: „Die Arbeit des Philosophen ist ein Zusammentragen von Erinnerungen zu einem bestimmten Zweck“.[20] Wir sollen uns daran erinnern, wie wir bestimmte Wörter, vor allem die „großen Wörter“, in der Sprache tatsächlich gebrauchen. Wissen wir denn nicht, wie wir unsere Wörter gebrauchen? Nicht in jedem Fall. Wir sind im Alltag und in der Philosophie Gefangene gewisser „Bilder“, die sich aufdrängen, weil wir den Gebrauch unserer Wörter nie vollständig überblicken. Wir nähren unser Denken mit einseitigen Beispielen und einer bestimmten Art von Vergleichen (denken z. B. an einen Pflichtenkodex und den Hiatus von „Tatsachen“ und „Werten“, wenn wir das ethische Phänomen beschreiben wollen, oder an Gehirne und funktionale Zustände, wenn wir von „Bewusstsein“ und „Selbst“ reden). Die Vermehrung der Beispiele und Bezüge eines Wortes kann dazu beitragen, gewisse Bilder aufzugeben oder sie durch bessere zu ersetzen. Man denke an den Aufstieg aus der Höhle im berühmten Höh-

---

[18] Murdoch, Metaphysics as a Guide to Morals 321

[19] Platon vergleicht die Kunst des Dialektikers, die Ein- und Ausschlussverhältnisse unserer Begriffe durchzugehen, mit der des Grammatikers: Sophistes 253 a–b.

[20] Philosophische Untersuchungen § 127.

lengleichnis der *Politeia* (von der Welt der Schatten und Kunstfiguren zu einer Welt ohne Bilder).

Philosophie in ihrem „Schulbegriff"

Dem Ideal, die Studierenden nicht zu „belehren", sondern sie durch „bloßes Fragen" zu einem eigenständigen Suchen und Auffinden relevanter „Zusammenhänge" zu bewegen, werde ich in meiner Unterrichtspraxis selten gerecht. In der Regel füttere ich meine Studenten in den Vorlesungen mit Meinungen und Theorien der Klassiker. Die Seminare sind mit Textarbeit angefüllt. Die Argumente, die wir gemeinsam durchgehen und prüfen, stammen nicht von den Studenten, sondern von den gelesenen Autoren. Die Sprache, die wir im Logikkurs benutzen, ist nicht die von Unklarheiten und Vagheiten gereinigte Alltagssprache, die Platon und Wittgenstein für ihre Zwecke vollkommen genügte, sondern eine normierte Kunstsprache. In den Examina „erfrage" ich nichts, ich „frage ab". Ich habe, didaktisch gesehen, aus der Philosophie ein Fach wie jedes andere gemacht. Mein Unterricht ist in seinen Grundzügen „historisch" und „enzyklopädisch" ausgerichtet – daran ändert auch der systematische Anspruch des Fachs wenig. Ich habe die Philosophie, mit Kant gesprochen, auf ihren „Schulbegriff" reduziert, mit dem Unterschied, dass Kant die „Schule" nur im Singular als zeitlosen Systemzusammenhang einer begrenzten Menge von Vernunfterkenntnissen (Begriffen a priori) kannte, während wir heute nur noch von „Schulen" sprechen können, die nicht mehr im Bewusstsein und mit den Anspruch auftreten können, sie verkörperten je auf ihre Weise *die* Philosophie im Ganzen. Gibt es für die Verschulung des Philosophieunterrichts didaktische Gründe, die über die Erwägung hinausreichen, dass die künftigen Theologen/Theologinnen mit den Ansätzen zeitgenössischer Schulen (Heidegger-Thomismus, Transzendentalthomismus, analytische Religionsphilosophie etc.) vertraut gemacht werden müssen?

Ich mache aus meiner Vorliebe für die „analytische Richtung" keinen Hehl. Die Vorteile der analytischen Art zu philosophieren sind hauptsächlich formaler Natur. Die einzelnen Fachtermini werden sauber eingeführt und definiert „und so weit wie möglich einer klar aufgebauten und nachvollziehbar normierten Sprache angeglichen".[21] Die einzelnen inhaltlichen Thesen werden in einer Weise präsentiert, dass es ersichtlich wird, in wel-

[21] E. Runggaldier, Zum Philosophieunterricht an kirchlich-theologischen Fakultäten, in: Zeitschrift für katholische Theologie 114 (1992) 153–165, 164. Vgl. auch ders., Von der Dienstfunktion der Philosophie an theologischen Fakultäten, in: Zeitschrift für katholische Theologie 119 (1997) 284–295.

chem Ableitungszusammenhang sie stehen und wie sie zu begründen sind. Die aus dem analytischen Training hervorgehende Gedankendisziplin und Gesprächskultur ist für die Theologie von nicht zu unterschätzendem Wert, aber eine „Kultur des Talents und der Geschicklichkeit“ (Kant) kann kein Ersatz für ein genuines Philosophieren sein. „Man frägt doch immer am Ende, wozu dient das Philosophieren ... – die Philosophie selbst als Wissenschaft nach dem *Schulbegriffe* betrachtet?“[22] Wer so fragt, nähert sich der Philosophie in ihrer anderen, wie Kant sagt, „weltbürgerlichen Bedeutung“. Die Philosophie „nach ihrem Weltbegriff“ entspricht unserem Wunsch, die „Zusammenhänge“ zu verstehen und der Frage nachzugehen, wie wir leben wollen und was wir wollen sollen, um im Einklang mit uns (unserer Natur?) zu sein. Kant denkt hier an eine „Wissenschaft von den letzten Zwecken der menschlichen Vernunft“ im Rang einer „Lehre der Weisheit“.[23] Es ist natürlich die Frage, ob wir diesem Ziel mit den Mitteln einer Theorie nahe kommen, indem wir uns über die „letzten Zwecke“ unseres Daseins belehren lassen, oder ob wir unserem Bedürfnis nicht eher entsprechen, wenn wir die Zusammenhänge und Unterschiede von „gut“, „wahr“, „gerecht“ etc. in Platonisch-Wittgensteinscher Manier selber auffinden.

Die Grenzen des didaktischen Handelns

Das sokratische Fragen steht auf einer höheren Stufe als das bloße Dozieren und Üben vorgefundener Lösungen. Sokrates kann seinen Schülern die „Schule“ ersparen, weil er so zu fragen versteht, dass der gesamte Bildungsprozess der Seele sich gleichsam en passant im Plauderton eines Gesprächs ereignen kann. Seine Fragetechnik weist ihn trotz aller Beteuerung des Gegenteils als den eigentlich Wissenden aus. Als Lehrer, dem im Unterschied zu Sokrates kein göttlicher Dämon innewohnt, sehe ich mich außer Stande, ein Dialoggeschehen zu inszenieren, dass mir und meinen Studenten private Lektüre, gemeinsame Textarbeit, Prüfen fremder Argumente oder hartnäckiges Diskutieren ersparen könnte. Die Fragen, die ich mir und ihnen vorlege, entstammen (in der Regel) nicht meinem eigenen Nachdenken, sondern der Philosophiegeschichte. Gleiches gilt für die Antworten, die wir im Unterricht behandeln. Es gibt Dinge, die meine Studenten nicht von mir, sondern nur aus der Tradition des Fachs lernen können:

---

[22] I. Kant, Logik 446.
[23] Ebd. 446f.

(1) Die richtigen Fragen zu stellen. Die ganze Fruchtbarkeit des Nachdenkens in unserem Fach hängt an den richtigen Ausgangsfragen. Bestimmte Fragen können der Philosophie zum Verhängnis werden und dem Denken jeden Ausweg versperren. Es sind in erster Linie nicht Lösungen und Antworten, die uns in der Philosophie weiterbringen, sondern Fragen. Man denke an Sokrates' „Was ist ...?"-Frage, an die vierfache Unterscheidung der Frage nach dem „warum?" (den Ursachen) bei Aristoteles, an die Descartes'sche Skepsis („wie komme ich überhaupt dazu, meinen Sinnen zu vertrauen und nicht an der Existenz der Außenwelt zu zweifeln?"), an Wittgensteins Obsession („wie kann ich jemals sicher sein, dass der andere wirklich Schmerzen hat?"), an Heideggers Lesart der „Grundfrage der Metaphysik" („warum ist überhaupt etwas und nicht vielmehr nichts?"). Für Robert Spaemann ist die Philosophie definiert durch „diejenigen Fragen, die sich ihrer konsensuellen Beantwortung bisher widersetzt haben".[24] Man könnte von „letzten Fragen" sprechen. „Letzte Fragen sind solche, die am Ende der normalen Diskurse offen bleiben und auf deren Nichtaufwerfen die konsensuelle Stabilität unserer normalen, persönlichen, sozialen und wissenschaftlichen Lebenspraxis beruht."[25] Es ist nicht zwingend, solche Fragen diskutieren zu wollen, geschweige denn sie überhaupt als Fragen anzuerkennen. Wenn wir dies jedoch tun, merken wir sehr schnell, wie wenig originell wir in unserem eigenen Fragen und Nachdenken sind und wie sehr wir in unserem Fach auf den Schultern weniger stehen, die zur richtigen Zeit die richtigen Fragen gestellt haben.

(2) Wie Antworten in der Philosophie aussehen. Die Genialität einer gefundenen Lösung hat häufig etwas mit der Genialität eines Vergleichs oder einer Analogie zu tun. Platons Ideen sind inspiriert von den Phänomenen der Spiegelung und des Schattenwerfens, die „Substanzen" des Aristoteles verdanken sich der Beobachtung, dass „der Mensch einen Menschen zeugt", Kant stilisiert seine „anthropologische Wende" in der Metaphysik (nicht wir richten uns nach den Gegenständen, sondern die Gegenstände richten sich nach unserem Denken) nach dem Vorbild der „kopernikanischen Wende", Wittgensteins „Sprachspiele" sind nach der Analogie des Schachspiels konzipiert. Die „Theorien", die uns die großen Autoren vorlegen, sind Ausgestaltungen solcher Bilder, Beschreibungen im Lichte solcher Bilder, die sich von unseren Erfahrungen und der Alltagssprache nicht allzu weit entfernen dürfen, um noch verständlich zu sein.

[24] Spaemann, Die kontroverse Natur der Philosophie 114.

[25] Ebd. 106.

Die Fragen, die Sokrates seinen Schülern vorlegte, ließ sie beredt und versiert im Antwortgeben werden und führte sie, nachdem der Anfangsschock des Nichtwissens überwunden war, zu einem geschärften Problembewusstsein und einer Ahnung, wie die Lösung gefunden werden könnte. Die Fragen, die ich meinen Studenten aus der Tradition vorlege, bringen sie vielfach zum Verstummen. Ich referiere Antworten, bei denen ich mich manchmal selber wundere: „Und was war die Frage?" Ich wünschte mir, meine Studenten würden mir *diese* Frage wieder und wieder stellen, wenn ich sie, wie für gewöhnlich, mit fertigen Lösungen und scheinbar bewährten Theorien konfrontiere. Um diesen Schein des Fertigen und Abgeschlossenen zu durchbrechen, drehe ich manchmal den Spieß um und frage meine Studenten: „Und was war die Frage?" Die daraufhin einsetzende Verblüffung hat sich für das weitere Gespräch schon manchmal als sehr fruchtbar erwiesen.

Dialektik und Dialog

Didaktische Möglichkeiten der Philosophie im Theologiestudium

von Manfred Negele, Augsburg

1. Einleitung

> *„Die Idee der Universität als einer wissenschaftlichen Hochschule droht im Mahlstrom zunehmender Pädagogisierungen unterzugehen. Schon im Blick auf seine eigene Disziplin erweist sich der Hochschuldidaktiker als wissenschaftlicher Bock, der zum hochschuldidaktischen Gärtner gemacht wird. Eine ‚pädagogische Vernichtung des Studiums' vernichtet auch die Universität."*[1]

So oder ähnlich hätte ich bis vor kurzem wohl auch noch argumentiert. Und ganz möchte ich diesen Gedanken auch jetzt noch nicht von der Hand weisen. Es ist darin eine Gefahr ausgedrückt, die durchaus ernst zu nehmen ist. Man kann die Bedeutung der Pädagogik bzw. Didaktik so überbewerten, dass die Wissenschaftlichkeit, die ein akademisches Studium, wie die universitäre Lehre und Forschung auszeichnen sollte, auf der Strecke bleibt. Andererseits musste ich einsehen: Lässt man außer Acht, dass wir immer Vermittlungsformen benutzen, droht die Gefahr, dass wir Wissen so verpacken, dass es kaum jemand noch anspricht ob seiner Trockenheit und Kantigkeit. Mir scheint der einzig sinnvolle Weg hier wieder einmal zwischen Skylla und Charybdis hindurchzuführen.

Wegbeschreibungen gibt es, wie ich feststellte, eine ganze Menge. Nur an der Umsetzung in die Praxis scheint es noch zu fehlen. Da alles Wesentliche m. E. schon gesagt bzw. geschrieben ist,[2] möchte ich es nicht noch

---

[1] J. Mittelstraß, Die Häuser des Wissens. Wissenschaftstheoretische Studien, Frankfurt/M. 1998, 219 – i. O. alles kursiv.

[2] Die beiden wichtigsten Werke zum Thema Didaktik der Philosophie, die ich gefunden habe, sind der Sammelband von W. D. Rehfus – H. Becker (Hg.), Handbuch des Philosophie-Unterrichts, Düsseldorf 1986 und die Monographie von J. Schmucker-Hartmann, Grundzüge einer Didaktik der Philosophie, Bonn 1980. Wie diese zwei Bände widmen sich die meisten Werke zu einer Didaktik der Philosophie primär dem Philosophieunterricht an Schulen. Vieles, was hier erprobt und reflektiert wird, lässt sich jedoch auch für die Hochschuldidaktik der Philosophie nutzen. Eine gut sortierte Literaturliste zum Thema findet sich in dem Band von Rehfus und Becker und unter *www-opac.uni-duisburg.de/ghb/node273.html.* Zu nennen ist noch die Zeitschrift für Didaktik der Philosophie, Han-

einmal abschreiben. Dagegen versuche ich meinen Zugang zu der Thematik darzustellen als einen Diskussionsbeitrag zur Frage nach der Didaktik der Philosophie.

In der Bearbeitung haben sich zwei wesentliche Blöcke herauskristallisiert: Der eine ist theoretischen Überlegungen gewidmet, die einer Umsetzung in die Praxis vorangehen müssen, der andere stellt eine Reflexion meiner bisherigen didaktischen Versuche dar.

2. Theorie

2.1 Zielvorstellungen

Die erste Überlegung muss den Zielen gelten, die die Lehre anstrebt. Nur auf dieser Grundlage lässt sich eine didaktische Konzeption entwickeln. Ein Ziel verfolgt jede Lehre, wie jede Handlung überhaupt, ob man sich dessen bewusst ist oder nicht. Nun gilt es aber, dieses Ziel sich bewusst zu machen und bewusst darauf hinzuarbeiten. Die grundlegende Zielsetzung der Philosophie kann man z. B. folgendem Text Heideggers entnehmen:

> „Mit der albernen Frage ‚Von wem hat er's, was er da sagt?', mit der man die Philosophie der Philosophen zu erforschen glaubt, hat man sich schon ausgeschlossen aus der Möglichkeit, je von einer Philosophie betroffen zu werden. Jeder wirkliche Philosoph steht neu und allein inmitten derselben wenigen Fragen, und so, dass ihm kein Gott und kein Teufel helfen kann, wenn er nicht sich aufgemacht hat, selbst Hand anzulegen an die Arbeit des Fragens. Erst wenn das geschehen ist, kann er von den anderen seinesgleichen lernen und so wirklich lernen, wie es der eifrigste Schüler und Nachschreiber nie vermag."[3]

Heidegger beschreibt mit diesen Worten, worum es der Philosophie zu tun sein muss. Es geht darum, ein „wirklicher Philosoph" zu werden (was nicht auf eine Elite beschränkt ist!). Philosophie, betrieben als rein historische Wissenschaft, führt uns nicht weiter. Es gilt, „selbst Hand anzulegen an die Arbeit des Fragens." Erst wenn dieser Schritt getan ist, kann von einem „Lernen" in der Philosophie die Rede sein. Erst dann erschließen sich die Denkwelten, die große Denker in der Geschichte eröffnet haben. Zugleich

---

nover – Wien 1.1979–15.1993, die ihre Fortsetzung fand in der Zeitschrift für Didaktik der Philosophie und Ethik, Hannover 16.1994–22.2000. Sie widmet sich ebenso mehr dem Bereich Philosophie in der Schule!

[3] M. Heidegger, Aristoteles, Metaphysik Θ 1–3. Von Wesen und Wirklichkeit der Kraft, Frankfurt/M. 1981 [GA 33], 28.

wird aber klar, wie einfach und kompromisslos die eigentlichen Fragen sind, die wir stellen können bzw. die sich uns stellen. Trotz ihrer Unscheinbarkeit bleiben sie uns ein Dorn im Auge. Denn unsere Versuche, sie zu beantworten, sind zum Scheitern verurteilt.

Ist so verstandene Philosophie eine Sisyphos-Arbeit? Es könnte so scheinen, wenn man bedenkt, dass alles Fragen nur in die Aporie, d. h. zu keiner endgültigen Lösung führt. Versucht man die Aporie auszuhalten und sieht sich die Situation genauer an, so zeigt sich noch eine andere Seite dieses Fragens: Es führt ins „Offene" durch den Aufweis der Grenzen unseres Denkvermögens. Für dieses Offene können wir auch Freiheit oder Wahrheit sagen.[4] Beide setzen wir im täglichen Leben einfach voraus, ohne darüber nachzudenken, ohne daran einen Zweifel zuzulassen. Machen wir uns jedoch auf die Suche nach einem Beweis für diese Wahrheit und Freiheit, so entziehen sie sich unserem Zugriff. Wir enden im Weglosen. Das ist enttäuschend. Das bedeutet: Wir täuschen uns im Alltag, wenn wir so leben, als ob wir die Wahrheit sprächen, als ob wir frei wären. Die Philosophie deckt diese Täuschung auf, befreit uns also von einer Illusion. Den scheinbaren Verlust, der dabei entsteht, ersetzt die Philosophie durch die Eröffnung eines anderen Blickwinkels. Wahrheit und Freiheit werden nicht einfach negiert, sondern sie werden zur Aufgabe. Die Erfüllung dieser Aufgabe muss die Philosophie anderen überlassen. Was theoretisch, denkend nicht gelingt, kann praktisch sehr wohl möglich sein – wie nicht zuletzt das Leben selbst durch seine bloße Existenz zeigt. Zum praktischen Bereich, der jenseits der Theorie beginnt, gehört u. a. die Religion.[5] Die Reflexion der religiösen Praxis (z. T. unter Einbeziehung der anderen Bereiche) ist die Theologie. Diese führt aber keine von der Philosophie unabhängige Existenz (was vielleicht möglich wäre; aber die geschichtliche Entwicklung ging eben in eine andere Richtung). Die Reflexion über die Praxis muss wieder auf die Praxis selbst zurückwirken, damit beide in diesem Wechselspiel ihr Ziel nicht verfehlen.

Von dieser grundsätzlichen philosophischen Position aus stellt sich die Frage, was das Ziel ist, das die Philosophie im Rahmen des Theologiestudiums verfolgt. Für eine Beschreibung des Ziels des Faches Philosophie im theologischen Curriculum greife ich auf die „Rahmenordnung für die Pries-

---

[4] M. Heidegger, Vom Wesen der Wahrheit, Frankfurt/M. [6]1976, 13 identifiziert die Freiheit als das Wesen der Wahrheit.

[5] J. Möller, Menschsein: ein Prozess. Entwurf einer Anthropologie, Düsseldorf 1979, 273–293 beschreibt als die wesentlichen Aspekte des Menschseins den homo ethicus, homo aestheticus, homo sociologicus und homo religiosus, wobei die Übergänge zwischen diesen Bereichen fließend sind. Deswegen kann man hier von den „Transzendentalien des Menschseins" (Ausdruck von mir) sprechen.

terbildung“ zurück, die mit wenigen Worten das Wesentliche festhält. Der Text sei hier zitiert:

> „Ziel des Faches Philosophie ist es, die Studenten zu eigener Einsicht in die Voraussetzungen menschlichen Erkennens, Sprechens und Handelns und damit zur Verantwortung für das eigene Urteilen und Entscheiden zu befähigen. Der spezifisch philosophische Weg zu diesem Ziel ist die Reflexion des Menschen auf sich selbst, seinen Welt- und Gottbezug sowie auf die Möglichkeiten und Grenzen des Erkennens, insbesondere des wissenschaftlichen Erkennens.
>
> Im Hinblick auf das Studium der Theologie und die daran anschließende Praxis soll das Philosophiestudium den Studenten befähigen, den Ort von Religion und Glauben im Vollzug menschlicher Existenz angemessen zu bestimmen, den Glauben vor der Vernunft zu verantworten und die in den theologischen Fächern implizit enthaltenen philosophischen Probleme und Voraussetzungen explizit zu erfassen. Ferner soll das Philosophiestudium ihm dazu verhelfen, die vielfältige Verwurzelung unseres Denkens im philosophischen Denken der Vergangenheit zu erkennen, dadurch zugleich die gegenwärtig wirksamen philosophischen Strömungen besser verstehen und die spezifischen Schwierigkeiten und ‚Anknüpfungspunkte‘ für das Gespräch des Glaubens mit der ‚Welt von heute‘ bestimmen zu können.“[6]

Der erste Abschnitt, der sich allgemein dem Ziel des Faches Philosophie widmet, entspricht ziemlich genau den Forderungen, die Heidegger aufgestellt hat. Das wesentliche Moment ist die „eigene Einsicht“. Was ist damit gemeint? Es ist die Fähigkeit und der Mut, sich seines eigenen Verstandes ohne Hilfe eines anderen zu bedienen. Dies hat Kant in der kleinen Schrift „Was ist Aufklärung?“[7] als das Wesen der Aufklärung beschrieben. „Sapere aude“[8] ist der „Wahlspruch der Aufklärung.“ Doch der Mut allein genügt nicht. Wie Hegel feststellt, kann nicht jeder, dessen Gehirn soweit intakt ist, dass es Gedanken hervorbringt, schon philosophieren; sonst müsste jeder, der Füße hat, auch Schuhe machen können, da er ja das Maß für ein Paar Schuhe ständig mit sich herumträgt.[9] Es bedarf also einer Erlernung und

---

[6] Arbeitshilfen 100 (hg. vom Sekretariat der Deutschen Bischofskonferenz), München 1992, 346f.

[7] I. Kant, Beantwortung der Frage: Was ist Aufklärung?, in: Kants gesammelte Werke, hg. v. der Preußischen Akademie der Wissenschaften, Bd. VIII, Berlin 1912/23 (Photomechanischer Nachruck, Berlin 1968), 33–42.

[8] Kant zitiert Horaz, Ep. I, 2, 40f.; dieser wiederum Aischylos, Prometheus desmothes, 999f.

[9] G. W. F. Hegel, Phänomenologie des Geistes (hg. v. W. Bonsiepen u. R. Heede †), Hamburg 1980 [GW 9], 46.

Einübung spezieller Formen des Denkens, damit von Philosophie bzw. Philosophieren gesprochen werden könne. An erster Stelle ist die Reflexion des Menschen auf sich selbst genannt. Ein anderer Ansatz scheint heute nicht mehr greifen zu können.

Der zweite Abschnitt stellt den Bezug dieses grundlegenden, allgemeinen Ziels zum Theologiestudium her. Es geht darum, dass wir die Herkunft unseres Denkens, das unsere Gegenwart prägt, verstehen, und damit unsere Gegenwart selbst und die Menschen, die in ihr leben. Es geht also um die Gegenwart. Um uns an sie heranzutasten, um an den Erfahrungen und dem Denken der heutigen Menschen (zu denen natürlich auch wir selbst gehören) anknüpfen zu können, betreiben wir diesen ganzen Aufwand, zurückzugehen in der Geschichte, zurückzugehen in die Wurzeln unseres Denkens. Die grundlegende Aufgabe der Philosophie dabei ist die Bestimmung des Verhältnisses von Glauben und Wissen.

Auch hier bleibt oberstes Ziel, die Studierenden zu einer eigenen Einsicht zu führen. Doch wie bewerkstelligt man das? Einen Wegweiser hat Heidegger aufgestellt mit seinem Diktum von der „Arbeit des Fragens". Diese will zuerst gelernt und aufgenommen sein. Dazu muss man sie vorführen und zur Nachahmung anbieten. Zwingen sollte und kann man niemand dazu.[10] Ist es aber möglich, jemand ohne Zwang zu diesem Ziel führen?

2.2 Ein gangbarer Weg

Es ist keine Frage: Die wichtigste Voraussetzung ist, dass der Lehrende selbst sich auf den Weg gemacht hat und versucht, auf ihm weiterzugehen. Er muss ferner eine Begeisterung für sein Fach mitbringen, sonst wird es mit Sicherheit uninteressant. Der beste Weg, diese Begeisterung auf andere zu übertragen und sie in die philosophische Denkweise einzuführen, ist – darüber herrscht in der Literatur Einigkeit – der Dialog. Als Prototyp für den Dialog wird immer wieder auf Sokrates verwiesen.[11] Er versuchte sich immer wieder Rechenschaft zu geben darüber, was er eigentlich dachte. Und er forderte diese Rechenschaft auch von seinen Gesprächspartnern ein. Er hat sich der „Arbeit des Fragens" solange gewidmet, bis es ihn das Le-

[10] Platon spricht im Höhlengleichnis (Politeia 514a–517a) von einer gewaltsamen Umwendung eines in der Höhle Gefesselten. Aber er spricht im Konditional: Wenn einer gezwungen *würde*, sich umzuwenden und ins Licht zu schauen, dann würde das Beschriebene mit ihm geschehen.

[11] Es sei als Beleg nur auf folgende Titel aufmerksam gemacht: G. Heckmann, Das sokratische Gespräch. Erfahrungen in philosophischen Hochschulseminaren, Hannover 1981; D. Horster, Das sokratische Gespräch in Theorie und Praxis, Leverkusen ²1997; R. Mugerauer, Sokratische Pädagogik. Ein Beitrag zur Frage nach dem Proprium des platonisch-sokratischen Dialoges, Marburg 1992; L. Nelson, Die sokratische Methode, Kassel 1996.

ben kostete. Das bleibt zumindest im übertragenen Sinne ein warnender Hinweis auf die Gefahr, in die man sich begibt, wenn man den Dialog sucht.

2.2.1 Spielregeln

Damit ein Dialog zustande kommt, ist zuerst Zuhören erforderlich. Es gilt, genau hinzuhören, das von anderen Gesagte aufzunehmen und zu versuchen, es zu verstehen. Jede Position ist zunächst ernst zu nehmen. Das bedeutet aber, dass sie auf ihren Gehalt geprüft werden muss. Es ist zu fragen, ob sie in sich stimmig ist, ob sie argumentativ haltbar ist. Wo die Argumente versagen, muss man bereit sein, seine ursprüngliche Position oder Setzung zurückzunehmen. Das aber gehört wohl zu unseren schwersten Aufgaben; denn wer gibt schon gerne einen Fehler zu und verlässt gewohnte Denkschemata?

Das Ergebnis der Debatte muss offen sein. D. h. es muss sich aus der Prüfung ergeben, und darf nicht von Anfang an vorgegeben sein. Es darf keine ausgeschlossenen Fragen geben. Alle Fragen müssen erlaubt sein – wenn auch nicht alle beantwortbar sind. Als Maßstab für die Richtigkeit einer Argumentationskette bleibt nur der Satz vom Widerspruch. Das bedeutet, dass man die in einem Argumentationsgang verwendeten Begriffe nicht einmal als A und ein andermal als nicht-A einsetzen darf. Das hört sich einfach an, hat aber weitreichende Folgen. Denn achtet man diesen Grundsatz, so zeigt sich bei einer einfachen Frage wie der des Sokrates „Was ist es (denn, wovon wir reden)?“[12] bald, wie wenig wir imstande sind zu sagen, was wir meinen. Auch wenn wenigstens für die Dauer des Dialogs die genannten Spielregeln zu befolgen sind, so muss doch die Freiheit bestehen, dass jemand, der nicht mitgehen will oder kann, sich zurückzieht. Zudem muss es einen Raum geben für jemand, der (zunächst) nur zuhören will. Denn oft sind schweigsame Teilnehmer, wie sich später herausstellt, sehr konzentriert beim Thema.

Trotz dieser Aussichten muss man es wagen, seine Überzeugung oder Meinung zu äußern. Denn nur, indem man sie zur Disposition stellt, kommt ein gedanklicher Fortschritt zustande. Das Zuhören ist schon ein erster Schritt über den eigenen Bereich hinaus. Es erfordert Mut. Bleibt es nicht bei einer bloßen Kenntnisnahme, entsteht ein dialektischer Prozess, der alle aus ihren Positionen herauslöst, indem er sie gerade darin ernst nimmt. Es entwickelt sich eine gemeinsame Gedankenbewegung, die von allen getragen wird und allen wieder zur Verfügung steht. Eine gemeinsame Basis, vielleicht sogar Einigkeit, findet man nur auf dem Umweg über die Auseinandersetzung. Erst wenn man die fremde Position als fremde erkannt und

---

[12] Z. B. Platon, Phaidon 63d.

angenommen hat, kann man sie zu seiner eigenen machen oder eben ablehnen (d. h. aber nicht verurteilen, sondern sein lassen).

2.2.2 Folgen

Dialektik ist gerade diese Bewegung, in der sich aus einer als sicher angenommenen Position durch das Ernstnehmen und Prüfen derselben die Gegenposition entwickelt, der es am Ende genauso ergeht wie der ersten. So entsteht eine „Synthese" zwischen beiden, ein Neues, ein Drittes, in dem die Grundposition und ihr Gegenstück „aufgehoben" (nach Hegel im dreifachen Sinn: tollere, elevare, conservare) sind. Dem Dritten ergeht es wie dem Ersten und so entwickelt sich die Sache weiter, bis wir an eine Grenze stoßen.

Wir reklamieren für all unsere Aussagen die Wahrheit, meist ohne uns dessen bewusst zu sein.[13] In der Philosophie (im klassischen Sinne) suchen wir dieser Wahrheit auf den Grund zu gehen. Doch diese Suche scheitert. Wir können nämlich denkend nicht den Grund des Denkens erreichen. Wir enden immer wieder in der Aporie. Was wir suchten, müssen wir schließlich „jenseits" unserer Denkmöglichkeiten ansetzen. „Religion" nenne ich allgemein die menschlichen Handlungen, die uns zu jenem höchsten Ziel, Gott genannt, führen sollen, zu dem das Denken aufgrund seiner Verfasstheit, dem Verhaftetsein im Gegensätzlichen, d. h. Endlichen nicht kommen kann.[14]

Philosophie verweist also an ihrem „Ende" auf die Religion. Aber nicht nur! Denn nach der Einsicht in unsere Beschränktheit ist sie zugleich auch wieder zurückgeworfen auf die (profane, weltliche) „Lösung" von Lebensproblemen. Nach der Einsicht in die Beschränktheit unseres Denkens sehen diese Lösungen unter Umständen anders aus, oder sind zumindest anders plausibel zu machen. Es gibt dann keine Behauptung einer letzten Wahrheit mehr, sondern die Suche nach der bestmöglichen Variante. Doch diese ist nicht einer Beliebigkeit anheim gestellt, wie viele irrtümlich annehmen, die dem Gedankenfortschritt gefolgt sind und das Ergebnis sehen. Die bestmögliche Lösung (oder vorläufig auch eine schlechtere) ist genauso ernst zu nehmen, „als ob" sie wahr wäre. Wir enden also dort, von wo wir mit

---

[13] Denjenigen, die – postmodern oder wie auch immer – behaupten, ohne die Wahrheitsfrage auszukommen, kann man mit einem sehr einfachen Mittel nachweisen, dass sie es doch entgegen aller Beteuerungen nicht wirklich tun: Man braucht ihnen nur zu widersprechen!

[14] Eine sehr schöne Darstellung dieser Grenze und des „Jenseits" findet sich bei Nikolaus von Kues in seiner Schrift „De visione Dei". Auf andere Weise, aber im selben Sinne beschreibt Anselm von Canterbury das Verhältnis von Glauben und Denken. (Vgl. zu Anselm: K. Kienzler, Glauben und Denken bei Anselm von Canterbury, Freiburg/Br. u. a. 1981).

unserem Alltagsbewusstsein ausgingen, beim „als ob“ – nur sind wir uns dessen nun bewusst. Das ist der entscheidende Unterschied.

Damit kehre ich zurück zu unserer Leitfrage: Wie lässt sich dies vermitteln? Um es gleich vorwegzunehmen: Eine Einsicht, z. B. die Einsicht in die Grenzen unseres Denkvermögens, lässt sich nicht vermitteln. Sie lässt sich nur vorbereiten. Evident werden muss etwas sozusagen „von selbst“. Vermitteln lässt sich eine Dialogkultur und vermitteln lässt sich die Dialektik.[15] Im Folgenden stelle ich meine Versuche, Dialog und Dialektik zu lehren, dar, wie schon erwähnt als einen Diskussionsbeitrag zur Frage nach der Didaktik der Philosophie.

3. Praxis

3.1 Ausgangspunkt

> „Das Fundament der Didaktik der Philosophie ist die Daseinsorientierung im Bewusstsein jedes Menschen. Es ist daher identisch mit dem Fundament aller möglichen Philosophie überhaupt. *Didaktik der Philosophie ist daher immer Anleitung zum Selbstdenken.*“[16]

Das „selbst Hand anlegen“ gilt nicht nur für die Philosophie. Es gilt ebenso für die Religion, die Ethik, die Theologie. Und es gilt für die Didaktik. Was sich hinter diesem bekannten Wort verbirgt, zeigt sich nur in der Praxis. Auch hier kann man von anderen nur lernen, wenn man versucht hat und versucht, selbst zu stehen und zu gehen. Dies wurde mir in mehreren Schritten deutlich.

Auch wenn ich in einigen Jahren Lehrtätigkeit an der Universität positive Erfahrungen sammeln konnte, war ich doch mit dem Erreichten nicht zufrieden, beschäftigte mich die Frage, wie ich es anders, besser machen könne. Ein zugegebenermaßen flüchtiger Blick in die spezifische Literatur zur Didaktik der Philosophie zeigte, dass das eine „zu praktisch“, das andere „zu theoretisch“ war. Eine tiefere Einsicht war dort nicht zu gewinnen. So kamen mir Bedenken, ob nicht Didaktik nur ein Fach für Lehrer an Schulen sei, das womöglich für den akademischen „Unterricht“ in Philosophie gar hinderlich sei.

---

[15] So beschreibt es Friedrich Wilhelm Joseph Schelling, Vorlesungen über die Methode des akademischen Studiums (1803), in: Schellings Werke (hg. v. M. Schröter), 3. Hauptband: Schriften zur Identitätsphilosophie (1801–1806), München 1965, 229–374, hier: „Sechste Vorlesung“, 288–297.

[16] J. Schmucker-Hartmann, Grundzüge einer Didaktik der Philosophie § 88, 30.

3.2 Die „Kehre“

Eine erste Anregung brachte eine Veranstaltung des Hochschuldidaktischen Zentrums der Universität Augsburg. Doch diese bot aufgrund der kurzen dafür anberaumten Zeit „nur“ allgemeine Hinweise. Das eigentliche „Handanlegen“ brachte erst die hochschuldidaktische Fortbildung, aus der dieser Band hervorgeht. Das Entscheidende war, selbst wieder in der Rolle des Schülers zu sein und verschiedene didaktische Methoden zu erleben und zu reflektieren. Zu erleben, wie andere lehren, andere Fachgebiete der Theologie wieder einmal einzusehen, war für mich schon länger ein Desiderat. Zudem scheint mir die Kommunikation zwischen den einzelnen Fächern lebenswichtig für die Theologie. Die Fortbildung bot hierfür einen passenden Rahmen, innerhalb dessen diese Vorstellungen wirklich werden konnten. Weitere Schritte waren, das Gelernte zu testen, sich mit den Kurs-Kollegen darüber auszutauschen, in Hospitationen wahrzunehmen, wie andere arbeiten.

Das ganze Fortbildungssemester war, wie sich später zeigen sollte, eine Sondersituation. Es war eine Art Laborversuch, der erst im Nachhinein seine eigentliche Wirkung entfalten sollte. So floss an der einen oder anderen Stelle ganz von selbst eine gelernte Methode in den Unterricht ein. Vor allem aber wurde meine Haltung gegenüber dem Lehren und dem Lernen eine andere. Es wurde mir klar, dass man als Lehrender eine Rolle spielt. Diese Rolle steht im Dienst an den Lernenden. Diese müssen jedoch die komplementäre Rolle übernehmen, damit das Unternehmen gelingt. Da man aber auf der Seite der Lernenden ebenso wenig wie auf der Seite der Lehrenden voraussetzen kann, dass sie ihre Rolle einfach von sich aus beherrschen, muss der Lehrende dazu Hilfestellung geben. Das sehe ich als eine zweite wichtige Seite der Lehrsituation an, deren man sich bewusst sein muss.

Soweit schien alles ganz gut. Doch ein weiterer Schritt war nötig. Dies zeigte sich bei dem Versuch, nicht nur über Didaktik nachzudenken, mit anderen darüber zu sprechen, eigene Versuche zu unternehmen, sondern selbst etwas darüber zu schreiben. Hier stellte sich für mich ein Problem, das ich häufig beobachtet habe, sowohl bei Seminararbeiten wie auch bei Dissertationen und Habilitationen. Trägt jemand seinen Gedankengang vor und spricht man darüber, so scheint die Sache klar zu sein. Liest man dann das Besprochene, nachdem es verschriftlicht wurde, fehlen oft wesentliche Einsichten, die im Gespräch als geklärt erschienen. Der Weg zur Verschriftlichung scheint besondere Hürden zu haben. Man muss sich festlegen, präzise formulieren, wodurch Brüche in der Argumentation, Unschärfen und Schwachstellen im Inhalt deutlich hervortreten, die in der Rede nicht auffallen. Aus diesem Grunde fordere ich immer die schriftliche Ausarbeitung von Seminarreferaten, sofern damit der Erwerb eines Scheines intendiert wird.

Mir erging es nun ähnlich bei dem Versuch, etwas zur Didaktik der Philosophie zu schreiben. Aber darin zeigte sich noch etwas anderes: Die Werke über die Didaktik der Philosophie lesen sich auf dem Hintergrund der gemachten praktischen Erfahrungen ganz anders. Nun beginnen die Texte auf einmal zu sprechen. Was ich vorher als für mich unbrauchbar wieder aus der Hand gelegt habe, bietet nun Bekanntes und eröffnet sogar noch neue Perspektiven. Überrascht war ich, all das schon gedruckt zu finden, was ich glaubte, hier schreiben zu sollen.

Der Schluss, den ich aus dem Erfahrenen ziehe, ist, dass Didaktik wie Philosophie „Erlebniswissenschaften“ sind. Man kann sie nur verstehen, wenn man sie selbst ausprobiert, sich darauf einlässt. Aus Büchern ist die eine wie die andere nicht erlernbar!

3.3 Methodisches

Wie sieht nun eine dialogisch-dialektische Vermittlung der Philosophie aus? Worüber führt man einen Dialog? Eigentlich bringt jeder genug Probleme mit, die nicht nur er hat, sondern wir alle. Für diese Fragen Antworten zu suchen, böte genug Gesprächsstoff. Sieht man sich diese Dinge an, wird bald deutlich, dass die Fragen und Probleme, die wir haben, auch schon andere hatten, und schon unzählige Lösungsversuche vorliegen. Um das Rad nicht neu erfinden zu müssen, lohnt sich ein Blick in die Vergangenheit, in überlieferte Texte. Der Rückgriff auf solche Texte erleichtert die Analyse der Fragen und Antworten, da man distanzierter zu den Gedanken eines anderen als zu den eigenen ist, und damit leichter Schwächen und Stärken erkennt. Zudem dienen klassische Texte dazu, doxographische Kenntnisse zu vermitteln.

3.3.1 Ausgangspunkt

Wir gehen also von einem klassischen philosophischen Text aus, wie z. B. einem Platonischen Dialog, Thomas von Aquins „De veritate“ oder Kants „Kritik der reinen Vernunft“. Die erste Frage gilt der Überschrift, die der Autor (oder Herausgeber) dem Werk gegeben hat. Sie ist der Ausgangspunkt und Leitfaden für alles Weitere. Widmet Thomas von Aquin also eine Quaestio disputata dem Thema „Wahrheit“, so frage ich zunächst die Seminarteilnehmer, was sie, was wir heute unter „Wahrheit“ verstehen, und ob uns das Thema überhaupt (noch) etwas angeht. Bei dem Versuch, auf diese Frage eine Antwort zu finden, geschieht ein Doppeltes: Was zunächst vielleicht fern und fremd schien, nur von historischem Interesse, wird auf einmal bewusst als persistierendes Problem, das auch wir mit uns herumtragen. Es wird dadurch also ein Bezug des Themas zu unserer Gegenwart hergestellt, ohne den man schwerlich Interesse für eine Sache wecken kann.

Zum anderen wird deutlich, wie schwierig es ist, ein uns geläufiges Wort zu erklären.

Was mich bei diesen ersten Sitzungen im Semester (die Reflexion des Titels eines Werkes hat auch schon mehrere Sitzungen in Anspruch genommen) immer wieder verblüfft, ist, dass in dieser einführenden Diskussion Grundzüge des später zu erörternden Gedankenganges auftauchen, obwohl die meisten Teilnehmer den Text, um den es gehen soll, noch nicht gelesen haben. Dass es nicht einfach ein Nachbeten eines schon bekannten Textes ist, zeigt sich daran, dass der Wiedererkennungseffekt meist nicht vorhanden ist, wenn wir schließlich den Text interpretieren. Die Identifikation des „selbst Gedachten" mit dem, was ein anderer schon gedacht hat, macht immer wieder Probleme. Diesen Transfer, wie jeden Transfer von einem Denkschema zu einem anderen, habe ich immer wieder als eine der größten Schwierigkeiten empfunden, mit der die Studierenden zu kämpfen haben. Mir selbst ging es im Studium ähnlich – und geht es heute noch manchmal so.

3.3.2 Ziele

Zu ebendiesem Transfer anzuleiten, ist eines meiner Hauptziele. Er setzt voraus, dass man mehrere Denkansätze durchdrungen hat und sie in Relation setzen kann. Der primäre Transfer ist der, das im Seminar Reflektierte im Text wieder zu finden und umgekehrt. Den Text kann man nämlich immer wieder lesen, während das Gesprochene leicht vergessen oder in der Erinnerung verändert wird. Das bedeutet, dass notwendig neben dem Dialog, d. h. dem eigentlichen Philosophieren, auch ein Faktenwissen vermittelt werden muss. Der Dialog und diese Wissensvermittlung sind die zwei Standbeine der akademischen Philosophie. Nur mit diesen beiden, wenn sie sich Schritt für Schritt in Bewegung setzen, gibt es ein Fortkommen. Diese beiden Seiten in ein ausgewogenes Verhältnis zu bringen, ist eine Aufgabe, die sich immer wieder neu stellt.

Weil es mir in erster Linie darum geht, dass die Hörer etwas verstehen, gebe ich Nachfragen und Debatten unter den Hörern möglichst viel Raum. Andererseits muss man als Dozent für einen kontinuierlichen Gedankenfortschritt Sorge tragen. Als Lehrender muss man deshalb Autorität für sich beanspruchen, zumindest was die Lehrsituation anbelangt. *Die* Autorität im philosophischen Gespräch sind die besseren Argumente, denen sich auch der Lehrende zu unterstellen hat.

Nun braucht „Verstehen" gerade in der Philosophie viel Zeit. Verstehen, was ein anderer gedacht hat, ist ein langwieriger Prozess. Um den zu durchmessen, ist ein schrittweises Nachvollziehen des vorgedachten Weges nötig. Das bedeutet, dass man einen Gedanken über mehrere Wochen, ja womöglich ein ganzes Semester und länger verfolgen muss. Dazu ist nicht nur eine Gedächtnisleistung erforderlich, sondern darüber hinaus auch geistige Präsenz. In eineinhalb Stunden kommt sehr viel zur Sprache, wenn man den Studierenden Raum lässt. Die Schwierigkeit, die sich dadurch für die „Hörer" wie für den Moderator ergibt, ist, den roten Faden nicht zu verlieren. So muss man als Dozent immer wieder die Beiträge und Exkurse rückbinden an das verhandelte Thema. Man muss erinnern an den Leitfaden und durch Wiederholung die einzelnen Schritte vertiefen und festigen. An dieser Stelle ist es nützlich, Medien einzusetzen (Tafel, Folie, ...), um die durchschrittenen Stationen festzuhalten.

3.3.3 Konkretisierungen

Legt man den Schwerpunkt auf den Dialog und hört wie Sokrates nicht auf zu fragen, bis man „alles" weiß, so scheint oft ein sinnloses Hin- und Hergerede zu entstehen. Oder es tun sich Abgründe auf, wenn unsere Meinungen, die uns bisher Halt und Sicherheit geboten haben, ins Schwanken geraten. Im einen wie im anderen Fall ist es öfter vorgekommen, dass es der eine oder andere nicht mehr aushielt, seinen Emotionen freien Lauf ließ, den Sinn dieser Veranstaltung in Frage stellte und ab der nächsten Stunde nicht mehr kam. Umso erfreulicher war es, einige von diesen in späteren Semestern als eifrige und treue Seminarteilnehmer wieder zu sehen.

Solche „Anfragen" an meine Art der Seminarführung waren manchmal sehr heftig. Es hat sich dann bewährt, die Frage an die anderen Teilnehmer weiterzugeben: „Was sagen Sie dazu? – Geht es Ihnen ähnlich wie Herrn/Frau ...?" Die Antworten, die darauf kamen, zeigten die Akzeptanz durch die Mehrzahl der Teilnehmer und waren meist so einleuchtend, dass ich kaum noch etwas zu ergänzen brauchte. Diese Vorgehensweise, Fragen an mich ans Plenum weiterzugeben, ziehe ich auch bei inhaltlichen Fragen von Einzelnen der direkten Beantwortung durch mich vor. Zum einen beziehe ich auf diese Weise alle mit ein und laufe nicht Gefahr, Einzelgespräche zu führen, denen die meisten nicht folgen. Zum anderen ist der Lerneffekt wesentlich höher, wenn die Studierenden sich gegenseitig weiterhelfen. Das ist etwas, zu dem ich die Studierenden über die Seminarsituation hinaus anregen möchte. Aus diesem Grunde vergebe ich auch gelegentlich Seminararbeiten oder Referate an zwei Teilnehmer, um den Austausch und die Zusammenarbeit zu fördern. Reizvoll ist es auch, zwei Referenten ein Thema bei verschiedenen Autoren bearbeiten zu lassen und im Seminar eine Art „Streitgespräch" führen zu lassen.

Um das im Gespräch Erarbeitete nicht der Vergessenheit anheim fallen zu lassen, muss es auf irgendeine Weise festgehalten werden. *Das* Mittel, einen Inhalt dem Gedächtnis einzuprägen, ist m. E. die Wiederholung. Es gilt, die verschiedenen Standpunkte, den Gedankengang usw. immer wieder zu rekapitulieren, um sie präsent zu halten und darauf aufbauen zu können. Ein wichtiger Arbeitsschritt ist mir die Wiederholung der letzten Stunde am Anfang der neuen, die ich von den Studierenden einfordere. Auf meine Frage nach den wesentlichen Elementen, Gedanken, Ergebnissen der letzten Stunde entsteht zunächst betretene Unruhe. Einige beginnen in ihren Unterlagen zu blättern, den Text noch einmal zu lesen, usw. Nach einigen Minuten kehrt Stille ein. Doch diese Minuten des Schweigens sind mir wertvoller als die Abkürzung, die man gewinnt, indem der Dozent den Hörern die „Anstrengung des Begriffs" (Hegel) abnimmt. Sie führen dazu, dass alle Teilnehmer sich auf die Sache einstellen und präsent sind.

Bei dieser Wiederholung zeigt es sich, wie schwer es ist, einen schon einmal verstandenen Gedanken eine Woche später noch einmal zurückzuholen und daran weiterzuarbeiten. Umgekehrt bedeutet das: Lässt man diese Wiederholung weg, bleibt das schon einmal Erarbeitete im Dunklen, und es bleibt ein Zufall, ob ein Gedankengang als schon einmal begegnet erkannt wird. Noch eines wird bei der Wiederholung deutlich: Die einzelnen Seminarstunden eines Semesters haben einen inneren Zusammenhang und für Wiederholungsteilnehmer wird deutlich, dass auch die einzelnen Seminare einen Zusammenhang haben. Denkfiguren wiederholen sich im Seminar wie in der Geschichte der Philosophie.

3.3.4 Einzelheiten

Referate spielen bei dieser Gestaltung eines Seminars eine untergeordnete Rolle. Bewährt haben sich Kurzreferate (5–10 min.), in denen die Textpassage, die zur Bearbeitung ansteht, vorgestellt wird, eine Hintergrundinformation geboten wird, oder ein über die letzte Stunde hinausgehender Rückblick mit einer Bestimmung des erreichten Standpunkts versucht wird. Für längere Referate zu einem bestimmten Thema, das in den Gedankengang des Seminars passen muss, gebe ich als Richtwert 20 min. an, als Maximum 30 min. Solche Referate sind bei mir nicht die Regel, sondern die Ausnahme. Ich fordere die Referenten jeweils auf, die wichtigsten Inhalte, die sie vermitteln bzw. die entscheidenden Textpassagen, die sie vorstellen wollen (sofern den Text nicht ohnehin alle haben), auf *einem* DIN A4-Blatt zusammenzufassen.

Bei dieser von mir bevorzugten Seminarform, die zum selbständigen Gebrauch des Denkvermögens anleiten will, bleibt natürlich die reine Wissensvermittlung im Hintergrund, auch wenn immer wieder Reminiszenzen an die Geschichte der Philosophie einfließen. In Seminaren, die ein bestimmtes (z. B. prüfungsrelevantes) Stoffpensum zu erfüllen haben, muss man natürlich anders vorgehen. Dann setze ich jede Stunde ein längeres, d. h. in der oben beschriebenen Weise halbstündiges Referat an, das die Grundlagen eines bestimmten Themas vorstellen muss, so dass die Zuhörer (im Idealfall) schon unmittelbar einen Lerneffekt haben. Diese Grundlagen werden dann gesprächsweise vertieft und in den Gesamtzusammenhang des

Semesters eingeordnet. Die Wiederholung am Anfang der Stunde darf auch hier nicht fehlen.

Es hat sich bewährt, interessante Themenbereiche, die in einem zweistündigen Seminar nicht angesprochen oder vertieft werden können, parallel dazu in einer „einstündigen“ Blockveranstaltung oder in einem einstündigen Seminar zu behandeln. Zwar ist die Teilnehmerzahl kleiner, aber die Intensität ist erstaunlich groß. Obwohl es für einstündige Veranstaltungen keinen Schein gibt, sind bisher alle angebotenen Veranstaltungen dieser Art zustande gekommen.

Ich biete es immer an, das Reden zu lernen. Theologie wie Philosophie leben von der Sprache. Mit ihr gilt es umgehen zu lernen. Dies lässt sich in Diskussionsbeiträgen, Kurz- oder Langreferaten üben. Doch fordere ich für Seminarscheine über den Vortrag hinaus eine schriftliche Ausarbeitung – aus den schon genannten Gründen. Denselben Effekt haben auch kurze schriftliche „Abfragen“ wie die Bitte, auf einem ausgeteilten Blatt die wichtigsten Gedanken der bisherigen Seminarsitzungen zusammenzufassen. Die Verschriftlichung scheint auch hier eine eigenständige „Übersetzungsleistung“ zu sein. Diese „Abfragen“ haben den Vorteil, dass man von *allen* Teilnehmern eine Rückmeldung bekommt, auch von denen, die sonst schweigend teilnehmen.

Eine Grenze für die dialogische Führung eines Seminars liegt in der Teilnehmerzahl. Das Ideal scheint mir bei 15 Teilnehmern zu liegen. Mit 25 ist eine kritische Zahl erreicht, jenseits derer ein Gespräch im Plenum, bei dem alle eine Chance haben zu Wort zu kommen, nicht mehr möglich ist. In der Philosophie wie auch in der Theologie sind andererseits auch Seminare mit fünf oder sechs Teilnehmern noch sinnvoll, da man dann genauer auf die Einzelnen eingehen kann und dadurch ein höherer Lerneffekt erreicht wird bei Dingen, die man nicht einfach auswendig lernen kann. Als Untergrenze müsste man annehmen, dass auch zwei Gesprächspartner einen Dialog führen können. Doch diese Art des Gesprächs findet in der Sprechstunde statt.

Den Umgang mit Texten versuche ich folgendermaßen zu trainieren. Ich fordere am Ende einer Stunde jeweils dazu auf, bis zur nächsten Sitzung einen bestimmten Textabschnitt (je nach Schwierigkeitsgrad nicht mehr als 10 Seiten) zu lesen und die wichtigsten Abschnitte, Sätze oder auch nur Wörter herauszusuchen, in denen der Gedankengang kulminiert und konzentriert zusammengefasst ist. Diese zentralen, überschaubaren Texte nehmen wir dann unter die Lupe. So bleibt Zeit und Konzentration für die Interpretation, was durch Lesen langer Textpassagen zunichte gemacht würde.

> „Nur der Dumme merkt nie, dass alles zwei Seiten hat. Er arbeitet mit hölzernen Vorstellungen, mit einfachen, einförmigen, bei denen er verschnaufen kann, und in denen nichts geschieht."[17]

Um Einseitigkeiten zu vermeiden, ist es wichtig, über den eigenen Tellerrand hinauszublicken. Das gilt – wie gesagt – für die Theorie wie für die Praxis. Nur eine Vielfalt von Methoden und Präsentationsformen hält unsere Lehre am Leben. Und noch viel mehr tut dies eine Vielfalt von Persönlichkeiten, die diese Methoden anwenden. Deshalb betrachte ich die beschriebene Art, Lehrveranstaltungen durchzuführen, nicht als normativ, sondern als einen „Diskussionsbeitrag".

Da sich meine Lehrerfahrung im Großen und Ganzen auf Seminare bezieht, habe ich mich hier darauf beschränkt. Das bedeutet nicht, dass ich die Vorlesung für überflüssig halte. Im Gegenteil, ich habe viele Vorlesungen gehört, die so lebendig waren, dass sie sich mir dauerhaft eingeprägt haben. Aber sie alle hatten eines gemein: Sie waren nicht nur das eineinhalbstündige Verlesen eines Manuskripts, sondern sie bezogen den Dialog mit den Hörern mit ein. Doch bleibt für mich die Frage: Was hat die Hörer früherer Zeiten so fasziniert (bei einigen Lehrern)? Warum konnte eine Vorlesung oder ein Seminar so eindrückliche Erkenntnisse vermitteln ohne den Einsatz von Folien, ohne Bilder, ohne didaktische Methoden?

Der Einsatz von Medien erweckt, wenn er gut gemacht ist, immer den Eindruck des Perfekten, der unumstößlichen Richtigkeit des Dargestellten (man „sieht" es ja!). Deshalb habe ich in der Philosophie einen gewissen Vorbehalt gegen alle Formen der Visualisierung. Die Vermittlung muss zumindest in der Philosophie so sein, dass die Hörer immer auch ein Fragezeichen mitnehmen. Dies gilt sowohl für den entwickelten Gedankengang, wie für die doxographischen Inhalte, obwohl ich natürlich den Anspruch erhebe, etwas Stimmiges dargestellt zu haben. Doch das Ziel der Vermittlung ist erst erreicht, wenn die Angesprochenen sich eine Fragestellung zu Eigen gemacht haben, selbständig nach einer Antwort suchen, und diese wieder kritisch reflektieren. Lernen geschieht nicht nur in der Lehrveranstaltung. Diese muss so sein, dass sie weiter wirkt in einen privaten Lernprozess. Die Aufgabe des Lehrers, so sagt Heidegger, ist „lernen lassen." „Deshalb erweckt sein Tun oft auch den Eindruck, dass man bei ihm eigentlich nichts lernt, sofern man jetzt unversehens unter ‚lernen' nur die Beschaffung nutzbarer Kenntnisse versteht."[18] Hilfe zur Selbsthilfe muss also der Weg in der Philosophie sein – wie in der Medizin. Beide sind eine Form von Therapie. (Therapie bedeutet von griechischen θεραπεύειν her in erster Linie „dienen"!) Die Philosophie muss wie die Medizin daran arbeiten, sich überflüssig zu machen.

---

[17] E. Bloch, Subjekt-Objekt. Erläuterungen zu Hegel, Erw. Ausg., Frankfurt/M. ^{2}1981, 121.
[18] Beide Zitate aus: M. Heidegger, Was heißt Denken?, 3. unv. Aufl., Tübingen 1971, 50.

Didaktikfreie Zone oder fachdidaktisches Experimentierfeld?

Zum Konzept eines pastoraltheologischen Hauptseminars

von Doris Nauer, Tübingen

1. Problemaufriss
Im seichten Fahrwasser des „zu wenig" oder „zu viel"

Theologiestudierende, die an einem pastoraltheologischen Hauptseminar teilnehmen, befinden sich mehrheitlich in der zweiten Hälfte ihres Studiums.[1] Sie haben die zum Erreichen des Vordiploms notwendigen Seminare, Übungen und Vorlesungen hinter sich gebracht, das Freisemester vielleicht zur Wahrnehmung der Lehrangebote anderer Universitäten genutzt und ihr Studium inzwischen so strukturiert, dass sie Lehrveranstaltungen nach ihren persönlichen Schwerpunktsetzungen und Erkenntnisinteressen in Anspruch nehmen. Im Regelfall kann deshalb davon ausgegangen werden, dass die Seminarteilnehmerinnen und -teilnehmer am Thema interessiert sind, über ein bereits relativ umfangreiches theologisches Basiswissen verfügen und unterschiedliche Erfahrungen bezüglich der Durchführung theologischer Seminare mitbringen. Der didaktische Anspruch an ein pastoraltheologisches Hauptseminar wird daher nicht nur seitens der Lehrenden, die sich fach- und hochschuldidaktisch mehr oder weniger weiterqualifiziert haben, sondern auch seitens der Studierenden stark variieren! Wie aber soll die Seminarleitung mit den unterschiedlichen Erwartungshaltungen umgehen?

Soll sie sich am niedrigsten Erwartungsniveau orientieren, didaktische Überlegungen auf ein Minimum reduzieren und damit das Hauptseminar zu einer didaktikfreien Zone erklären? Eine derartige Lösungsstrategie scheint gerade unter alltagspragmatischen Gesichtspunkten verlockend zu sein. So verspricht der Rückgriff auf den traditionellen „Dozenten-Schüler-Seminarstil", in dem die Planung im Vorfeld festgelegt und einzelne Seminarstunden durch Referate „sichergestellt" sind; nicht nur, dass die von der Seminarleitung vorgesehene inhaltliche und erkenntnistheoretische Zielsetzung des Gesamtseminars abprüfbar erreicht wird, sondern auch, dass sich

[1] In manchen Universitäten besteht die Möglichkeit, bereits im Grundstudium durch die Teilnahme an entsprechenden Grundkursen erste Erfahrungen mit dem Fach Pastoraltheologie zu sammeln.

der Vorbereitungsaufwand seitens der Lehrenden in Grenzen hält. Da sich aber auch hinter einer derartigen Seminarstrukturierung didaktische Grundentscheidungen verbergen, die allerdings zumeist nicht reflexiv eingeholt bzw. explizit thematisiert werden, lässt sich ein didaktikfreies Sperrgebiet auf Seminarebene selbst dann nicht errichten, wenn dies von den Lehrenden ausdrücklich erwünscht wäre. Ein derart pragmatisches Vorgehen erweist sich daher weniger als ein studentenorientierter Lösungsweg, als vielmehr ein an den Interessen der Studierenden vorbeiführender Holzweg.

Könnte alternativ hierzu der Königsweg darin bestehen, dass sich die Seminarleitung am höchsten didaktischen Erwartungsniveau der Studierenden orientiert und unter Rückgriff auf erworbenes didaktisches Know-How alle zur Verfügung stehenden Register zieht? Doch auch dieser Weg scheint eher in einen Abgrund zu führen, weil dadurch die Gefahr entsteht, dass das Seminar zu einem didaktischen Experimentierfeld mutiert und theologische Inhalte rein methodischen Zielsetzungen zum Opfer gebracht werden.

Ließe sich alternativ zu den Irrwegen „didaktikfreies Sperrgebiet" und „didaktisches Spielfeld" ein Mittelweg denken? Ein Mittelweg, der sich nicht nur einem abstrakten Postulat, sondern einer theologischen Notwendigkeit verdankt? Ein Lösungsweg also, der sich aus dem Selbstverständnis des Faches Pastoraltheologie selbst ableiten ließe? Dass dies tatsächlich der Fall ist, soll im Folgenden zunächst theoretisch expliziert und anschließend an einem praktischen Seminar-Beispiel konkret veranschaulicht werden.

2. Theoretische Grundlegung
Plädoyer für ein Manövrieren im tiefen Wasser!

Inwieweit im Hauptseminar eine didaktische Strukturierung unter Vermeidung eines „zu viel" oder „zu wenig" von der Pastoraltheologie selbst her eingefordert ist, hängt entscheidend vom Selbstverständnis der noch relativ jungen Universitätsdisziplin ab. Würde gegenwärtig noch immer die Ende des 18. Jahrhunderts vom österreichischen Benediktinerabt Rautenstrauch vorgelegte Definition Gültigkeit beanspruchen, verstünde sich die Pastoraltheologie als eine reine Anwendungswissenschaft.[2] Dozentinnen und Dozenten der Pastoraltheologie wären dann vor die Aufgabe gestellt, theologische Inhalte, die z. B. in der Exegese und Dogmatik erarbeitet worden sind, so an Studierende weiterzuvermitteln, dass diese dazu befähigt werden, deren Wahrheitsgehalt in ihrer späteren Tätigkeit alltagspraktisch einzulösen.

[2] „Hier muss demnach die Anwendung der systematischen Dogmatik, und Moral im populären Vortrage gemacht werden." F. S. von Rautenstrauch, Tabellarischer Grundriss der in deutscher Sprache vorzutragenden Pastoraltheologie, Wien 1778, 6.

Da in einem derartigen Lernprozess der biografische, soziale und kulturelle Kontext der Studierenden von untergeordneter Bedeutung ist, erscheinen auch Fragen der didaktischen Vermittlung letztlich sekundär. Für den universitären Lehrbetrieb aber würde dies bedeuten, dass die Lehrenden davon entbunden wären, an Erfahrungen und Lebenskontexte der Studierenden anknüpfen bzw. theologische Inhalte in einer lebensnahen und individuell nachvollziehbaren Art und Weise erschließen zu müssen.

Rautenstrauchs Anwendungskonzept hat sich bis in die Mitte des 20. Jhdts. halten können. Erst im Kontext des Zweiten Vatikanischen Konzils verlor es seine paradigmatische Bedeutung, wobei v. a. die Pastoralkonstitution „Gaudium et Spes" deutliche Wegmarkierungen vorgab. In diesem wirkungsgeschichtlich höchst bedeutsamen kirchenamtlichen Dokument wurde das Modell eines übergeschichtlichen deduktiven Theologieverständnisses zugunsten eines geschichtlich wandelbaren induktiven Modells überwunden. Dies hatte zur Folge, dass sich die Pastoraltheologie nicht länger im Gegenüber zur alltäglichen Erfahrungswelt der Menschen auf dem spekulativen Ruhekissen ewig gültiger Wahrheiten und Praxisformen positionieren kann, sondern dazu aufgefordert ist, gemeinsam mit den Menschen deren Glauben und Handeln in heterogenen kirchlichen und säkularen Lebenskontexten vor Ort zu entdecken und in wissenschaftlicher Distanz kritisch zu überdenken, denn: „Freude und Hoffnung, Trauer und Angst der Menschen von heute, besonders der Armen und Bedrängten aller Art, sind auch Freude und Hoffnung, Trauer und Angst der Jünger Christi."[3]

Auf der Folie dieser Konzilsvorgabe formierte sich ein radikaler Perspektivenwechsel hin zu einem biografie- und kontextbezogenen Verständnis der Pastoraltheologie, deren Aufgabe darin gesehen wird, die Lebensfreude und Nöte heutiger Menschen realitätsgerecht wahrzunehmen und unter Verzicht auf missionarische Strategien nicht nur eine kritische Hinterfragung gängiger zwischenmenschlicher, institutioneller und gesellschafts- bzw. kirchenpolitischer Praxis, sondern auch eine konstruktive Einmischung in diese anzubieten. Erfüllen kann die Pastoraltheologie diese Aufgabenstellung jedoch nur, wenn sie interdisziplinär arbeitet, da nur in Kooperation mit theologieexternen Wissenschaftsdisziplinen der empirische Zugang zur Komplexität menschlicher sowie gesellschaftlicher Realität überhaupt gewährleistet sein kann. Ein derart induktiv-empirisches und multimodal vernetztes pastoraltheologisches Profil findet sich bereits im fünfbändigen „Handbuch der Pastoraltheologie", das im Kontext des Konzils konzipiert worden ist, die Handschrift Karl Rahners und Franz-Xaver Arnolds trägt

[3] Gaudium et Spes. Die pastorale Konstitution über die Kirche in der Welt von heute, in: K. Rahner – A. Vorgrimmler (Hg.), Kleines Konzilskompendium. Freiburg/Br. – Basel – Wien 1967, 1.

und sich bis in die 90er Jahre als Standardwerk nachkonziliarer katholischer Pastoraltheologie behauptet hat.[4] Obwohl das Handbuch an der Schwelle zum Dritten Jahrtausend durch das zweibändige „Handbuch Praktische Theologie“, einem Gemeinschaftswerk bedeutender Pastoraltheologinnen und Pastoraltheologen der Gegenwart, abgelöst worden ist, gilt noch immer, dass auch in dieser aktualisierten Fassung der induktive Ansatz nicht nur beibehalten, sondern radikalisiert worden ist, was v. a. daran erkennbar ist, dass die Praxis aller Menschen explizit als Gegenstandsbereich Praktischer Theologie in den Blick genommen wird.[5]

Eine Pastoraltheologie, die sich in der Traditionslinie des Zweiten Vatikanischen Konzils verortet, darf somit nicht darauf abzielen, vorgefertigte theologische Leitsätze und Wahrheiten in die Lebenswelt der Menschen zu importieren, sondern soll das denkerische und methodische Instrumentarium dafür liefern, im Praxis-Theorie-Praxis-Zirkel[6] die Alltagspraxis von Menschen empirisch zu erfassen, um auf der Basis einer nicht überzeitlichen, sondern an den Lebensbedingungen der Menschen ausgerichteten theologischen Kriteriologie und Optionalität innovative Impulse für zwischenmenschliches, christliches und kirchliches Handeln anzubieten.[7] Inhaltliche Kriterien jedoch kann sie nicht aus sich allein heraus generieren. Hierzu braucht sie die intradisziplinäre Kooperation mit theologischen Fächern, die um die Interpretation der christlichen Offenbarung, wie sie sich in den Texten der Heiligen Schrift sowie in den Dokumenten des christlichen Glaubens niedergeschlagen hat, ringen. Inter- und intradisziplinäre Vernetzung ist somit das Gütesiegel wissenschaftlicher Pastoraltheologie, die im Modus eines streitbaren partnerschaftlichen Miteinanders von der inhaltlichen und methodischen Vielfalt theologieexterner und -interner Disziplinen nur profitieren kann und muss.

---

[4] Vgl. Handbuch der Pastoraltheologie. Praktische Theologie der Kirche in ihrer Gegenwart, hg v. F.-X. Arnold, K. Rahner u. a., 5 Bde., Freiburg/Br. 1964–1972.

[5] Vgl. Handbuch Praktische Theologie, hg. v. H. Haslinger u. a., 2 Bde., Mainz 1999–2000.

[6] Vgl. H. Haslinger u. a., Praktische Theologie – eine Begriffsbestimmung in Thesen, in: Handbuch Praktische Theologie Bd. 1, 386–398.

[7] Hierbei soll jedoch nicht verschwiegen werden, dass in anderen kirchlichen Dokumenten nicht von zwischenmenschlicher Praxis allgemein, sondern von der kirchlichen Praxis die Rede ist, wie folgendes Beispiel der Definition des offiziell vorgegebenen Studienziels der Universitätsdisziplin Pastoraltheologie belegt: „Studienziel ist das Kennenlernen und die exemplarische Analyse von Feldern, Institutionen und Funktionen kirchlicher Praxis sowie die Fähigkeit, ziel- und zeitgerechte Kriterien und Modelle kirchlichen Handelns im Horizont der Lehre und des Lebens der Kirche entwickeln zu können.“ H. Schmitz, Katholische Theologie und Hochschulrecht. Kommentar zu den Akkomodationsdekreten zur Apostolischen Konstitution „Sapientia Christiana“. Dokumentation der kirchlichen Rechtsnormen, Sekretariat der Dt. Bischofskonferenz, Bonn 1992, 351.

In einem derartigen Verständnis von Pastoraltheologie aber spielt die Frage der Hermeneutik, d. h. die nach einem realistischen Verstehen und einer adäquaten Vermittlung von Inhalten aus der Lebenspraxis in die Theologie und von dort zurück in die Lebenskontexte eine elementare Rolle. Zielsetzungen wie „Verstehen" oder „Vermitteln" jedoch sind didaktische Leitkategorien, weshalb eine grundsätzlich didaktische Hermeneutik, die dazu beiträgt, theologische Inhalte mit subjektiven Erfahrungen zu korrelieren, nicht nur eine beliebige Möglichkeit darstellt, sondern zum Wesenskern einer nachkonziliaren (post)moderner Pastoraltheologie gehört.

Im Blick auf den Umgang mit Studierenden heißt dies, dass theologische Inhalte und Methoden so aufeinander abgestimmt sein müssen, dass es den Studierenden ermöglicht wird, den zu erlernenden Inhalt, nicht nur intellektuell zu verstehen, sondern ganzheitlich zu erfassen, und damit in Blick auf den eigenen biografischen Kontext verarbeiten zu können. Didaktisches Vorgehen kann somit dazu beitragen, die Brücke zum Leben und Erleben der Studierenden unter den Bedingungen der individualisierten, säkularisierten, erlebnisorientierten und pluralisierten Gesellschaft herzustellen und damit die Praxisrelevanz Praktischer Theologie real erfahrbar zu machen. Lehren in der Pastoraltheologie setzt demnach metaphorisch gesprochen voraus, nicht im didaktisch seichten Methoden-Gewässer auf Grund zu laufen, sondern auf der Basis einer fundierten hochschul- und theologiedidaktischen Ausbildung im tiefen Wasser so zu manövrieren, dass den Lernenden Stoffinhalte nicht nur methodisch verdaulicher präsentiert werden, sondern ihnen durch die Art und Weise der kommunikativen Stofferarbeitung die induktive und empirische Dimension der Pastoraltheologie als solcher selbst erfahrbar wird.

Auf der Folie des dargelegten Verständnisses moderner Pastoraltheologie führt m. E. aber kein Weg an folgendem wissenschaftstheoretischen Eingeständnis vorbei: Analog zur erläuterten Distanzierung der Pastoraltheologie von übergeschichtlichen Wahrheiten und Praxispostulaten wird es auch eine überzeitlich gültige pastoraltheologische Fachdidaktik letztlich nicht geben, sondern immer nur den Versuch, didaktische Möglichkeiten, die in anderen Wissenschaften entwickelt, erprobt und evaluiert worden sind, pragmatisch als gegenwärtig sinnvolle Instrumentarien zu rezipieren, wobei deren begrenzte Reichweite und Gültigkeit nicht aus den Augen verloren werden darf.

3. Konkretisierung
Das Hauptseminar „Seelsorgekonzepte im Vergleich" auf dem didaktischen Prüfstand

Am Beispiel eines Hauptseminars zum Thema „Seelsorgekonzepte" wird im Folgenden der Versuch unternommen, ein didaktisches Vorgehen zu entwickeln, das nach Meinung der Verfasserin dazu geeignet ist, die Gefahr des Auflaufens in zu seichten Gewässern zu umgehen. An einem konkreten Beispiel soll also der Beweis angetreten werden, dass die theoretischen Reflexionen des letzten Abschnittes nicht praxisferne wohlfeile Spekulationen darstellen, sondern sich in der didaktischen Aufbereitung der Inhalte eines pastoraltheologischen Hauptseminars nicht nur konkret niederschlagen können, sondern sogar müssen, wenn Theorie und Praxis innerhalb der Pastoraltheologie tatsächlich in einem zirkulären Zusammenhang stehen.

Stellen Sie sich also folgendes Szenarium vor: Eine Dozentin hat im Vorlesungsverzeichnis eine spannend klingende und daher verheißungsvolle Vorankündigung eines pastoraltheologischen Hauptseminars zum Thema „Seelsorgekonzepte" verfasst, woraufhin sich fünfzehn Theologiestudierende höheren Semesters (Priesteramtskandidaten, Diplomstudierende und Lehramtsstudierende) bereit erklären, sich 14 Semesterdoppelstunden lang intensiv mit der angekündigten Thematik auseinander zu setzen. Interesse seitens der Seminarleitung und der Teilnehmenden scheint vorhanden zu sein, zumal ein Teil der Studierenden keinen Seminarschein benötigt bzw. der evangelischen Nachbarfakultät entstammt.

Wie aber lässt sich sinnvoll in die Thematik einsteigen? Hinter dieser simplen Frage verbirgt sich die Grundsatzfrage, wie es sich didaktisch einlösen lässt, dass die Studierenden als „living human documents", d. h. als lebende Menschen, deren Alltagserfahrungen ebenso Offenbarungswert besitzen wie die bereits verstorbener Menschen, mit ihren individuellen Anliegen und Sehnsüchten, mit ihren theologischen Fragestellungen und Interessenschwerpunkten in den Seminarprozess so einbezogen werden können, dass ihrer Subjektivität und Kontextualität ernst genommen und ihr Offenbarungs-Potential für den Ablauf des Seminars genutzt wird, damit ein erkenntnistheoretischer Gewinn für alle Beteiligten erzielbar ist?

In einem ersten Schritt könnte dies dadurch gelingen, dass jede/jeder Studierende mit ihrem/seinem biografischen Kontext zu Wort kommt, indem er/sie frei über sich und seinen/ihren theologischen Werdegang, über Erwartungen oder Unsicherheiten bezüglich des Seminars *erzählen* darf, ohne dass damit irgendeine Form von Wertung oder Bewertung seitens der Seminarleitung einhergeht. Da Seelsorgekonzepte keine abstrakten Theorien um der Theorie willen sind, sondern als Arbeitsgrundlage für die konkrete Tätigkeit von Seelsorgerinnen und Seelsorgern vor Ort dienen, bietet sich zudem ein professionsspezifischer Zugang zur Thematik an, wobei ein

Rollenspiel, das das gesamte Seminar als *roter Faden* durchzieht, entscheidende Hilfestellung leisten kann. Indem die Studierenden dazu aufgefordert werden, sich mit einer potenziellen Tätigkeit als Seelsorger/in in einem spezifischen Arbeitsfeld zu identifizieren, wird ihnen die Möglichkeit eröffnet, Seelsorgekonzepte nicht nur als abstrakte Theorie-Konstrukte (auswendig) zu lernen, sondern deren Praxisrelevanz, d. h. deren elementare Bedeutung für die eigene seelsorgliche Tätigkeit, selbst zu erahnen. Da aber nicht alle Teilnehmenden einen genauen Überblick darüber besitzen, in welchen Praxisfeldern Seelsorgerinnen und Seelsorger gegenwärtig arbeiten, d. h. welche Rollen überhaupt in Betracht kommen, steht die Seminarleitung vor der Aufgabe, alle Teilnehmenden diesbezüglich auf den gleichen Kenntnisstand zu bringen. Soll dabei vorhandenes Wissen der Studierenden im Sinne eines nachhaltigen Lerneffektes aktiviert werden, ist nach Methoden Ausschau zu halten, die sich nicht in frontaler Faktenvermittlung erschöpfen, sondern den Raum zur Wissens-Ent-deckung eröffnen. Spontan gebildete *Murmelgruppen*, in denen Studierende assoziativ ihr Erfahrungs-Wissen zusammentragen können, und eine Ergebnissicherung in Form eines gemeinsamen *Brainstormings* mit sich daran anschließender *Dokumentation*, z. B. in Form einer Plakaterstellung bzw. einer Folienanfertigung, bieten nicht nur den Studierenden kreativen Freiraum, sondern auch der Seminarleitung die Möglichkeit der Ergänzung und Systematisierung. Schaubild 1 zeigt eine gemeinsam entwickelte Folien-Variante:

Tätigkeitsfelder professioneller kirchlicher Seelsorge		
Territorial strukturiert	Medienvermittelt	Zielgruppenorientiert
Gemeinde-Seelsorge	**Telefon-Seelsorge**	Kinder- Seelsorge
Stadt- Seelsorge	Internet- Seelsorge	**Jugend- Seelsorge**
Land- Seelsorge	Fernseh-Seelsorge	Senioren-Seelsorge
Klinik- Seelsorge	Brief- Seelsorge	Frauen- Seelsorge
Psychiatrie-Seelsorge		Männer- Seelsorge
Kur- Seelsorge		Familien-Seelsorge
Notfall- Seelsorge		**Obdachlosen-Seelsorge**
Gefängnis-Seelsorge		**Ausländer-Seelsorge**
Bahnhofs-Seelsorge		Behinderten-Seelsorge
Flughafen- Seelsorge		**Gehörlosen-Seelsorge**
Schul- Seelsorge		Blinden-Seelsorge
Hochschul-Seelsorge		Militär-Seelsorge
Betriebs-Seelsorge		Polizei-Seelsorge
Autobahn-Seelsorge		Matrosen- Seelsorge
Camping-Seelsorge		Prostituierten-Seelsorge
Wallfahrts-Seelsorge		Schwulen-Seelsorge
Zirkus-Seelsorge		Touristen-Seelsorge
		Pilger-Seelsorge
		Priester-Seelsorge
		Ordens-Seelsorge
		Akademiker-Seelsorge
Schaubild 1		Sport- Seelsorge

Angesichts der im Schaubild angedeuteten Fülle seelsorglicher Tätigkeitsbereiche gilt es, einige Minuten *Stille* zu wahren, damit sich jede(r) Studierende gezielt für einen Seelsorgebereich entscheiden kann. Dass eine derartige Rollenfindung kein oberflächliches Spiel darstellt, sondern den Rahmen dafür absteckt, dass alle Teilnehmerinnen und Teilnehmer im Anschluss an jedes zu besprechende Seelsorgekonzept dieses aus der Perspektive der gewählten Rolle jeweils kritisch hinterfragen, würdigen und gegenüber anderen ernsthaft verteidigen sollen, ist im Vorfeld deutlich zum Ausdruck zu bringen, wenn das Instrument des Rollenspiels nicht im seichten Brackwasser methodischer Spielerei versanden soll. Auch wenn nicht die ideale Situation eintreten sollte, dass jede(r) Teilnehmer(in) einen anderen Tätigkeitsbereich favorisiert, desavouiert dies nicht den erwünschten Lern-Effekt, weil dadurch den Studierenden hautnah erfahrbar gemacht werden kann, dass ein Seelsorgekonzept selbst aus der Perspektive identischer seelsorglicher Tätigkeit im Blick auf seine Praxisrelevanz völlig unterschiedlich beurteilt werden kann.

In einem weiteren Schritt ist zu überlegen, auf welche Art und Weise die Studierenden mit der Vielfalt existierender Seelsorgekonzepte so konfrontiert werden können, dass sie sich davon nicht überfordert fühlen. Auf spielerische Art und Weise soll persönliche Neugier geweckt und eine aktive Beteiligung am notwendigen Auswahlprozess ermöglicht werden. Eine modifizierte Form der *Metaplanung* scheint hier besonders effektiv zu greifen. Modifiziert deshalb, weil die Konzeptauswahl nicht völlig frei den Studierenden überlassen werden kann, da diese zu Beginn des Seminars nicht im Besitz der notwendigen Informationen sind, welche Inhalte aus theologischen Gründen keinesfalls verloren gehen dürfen. Diese Gefahr bestünde jedoch, wenn das Instrumentarium Metaplanung nicht zur Inhaltssicherung, sondern lediglich um seiner selbst willen zum Einsatz käme. Aufgabe der Seminarleitung ist es daher, durch ermutigendes, provozierendes und unterstützendes *Nachfragen* die Studierenden dazu zu ermutigen, vages Wissen über verschiedene Theorieansätze der Seelsorge so in *Schlagworte* zu transformieren, dass diese jeweils auf eine Karteikarte niedergeschrieben und ungeordnet an eine große *Pinnwand* geheftet werden können. Eine erste Systematisierung lässt sich dadurch initiieren, dass die Studierenden aufgefordert werden, sich direkt vor die Pinnwand zu positionieren und die Karten nach ihrem jeweiligen Ordnungskriterien *umzustecken*. Da sich die Systematisierungsversuche sicherlich nicht decken werden, ist auf diese relativ einfache Art und Weise ein erster Austausch in die Wege geleitet. Erst nachdem die Studierenden ihre Vorschläge unterbreitet haben, sollte die Seminarleitung dazu übergehen, ihre Anordnungs-Kriteriologie offen zu legen und entsprechende Umgruppierungen anzuregen.

Da aber sicherlich mehr Seelsorgekonzepte an der Pinnwand lokalisiert sein werden, als Seminarstunden zur Verfügung stehen, kann es den Interessenschwerpunkten der Studierenden überlassen werden, eine engere Auswahl aus den vorgegebenen vier grundlegenden Konzept-Typen zu treffen. Die entsprechenden Favoriten lassen sich durch ein Abstimmungsverfahren ermitteln, wobei das *Bepunktungsverfahren* besonders einfach und visuell eindrücklich zu handhaben ist: Jeder Studierende erhält 11 Klebepunkte, die für 11 thematische Sitzungen stehen. Diese darf er auf die Kärtchen platzieren, wobei er jedoch aus jedem der vier Themenfelder mindestens ein Konzept wählen muss und kein Konzept mit mehr als zwei Punkten versehen darf. Die sich daraus ergebende thematische Schwerpunktsetzung ist von der Seminarleitung strikt einzuhalten, wenn sie die studentische Einbeziehung in die Seminarplanung tatsächlich ernst nehmen und didaktische Mittel nicht nur zur kommunikativen Auflockerung einsetzen will. Schaubild 2 zeigt ein mögliches Endergebnis dieser Form von Metaplanung. Die durch das Bepunktungsverfahren ermittelten Konzepte, die die Interessenschwerpunkte der Studierenden widerspiegeln und den inhaltlichen Rahmen des Seminarverlaufs abstecken, sind farblich hervorgehoben.

Konzepte mit biblischer Perspektivendominanz

- •••• Verkündigende S••• •••
- • Ermahnende S• •
- ••• • Biblische S ••• ••
- •• Biblisch-Therapeutische S • ••
- •• •Charismatische S•••••••
- • Energetische S••
- Mystagogische S• ••
- ••• • Begleitende S•• •• ••

Konzepte mit soziologischer Perspektivendominanz

- ••••• Diakonische S••• ••
- Kommunikative S• •••
- • • Politische S•
- •••• • Feministische S••
- *Alltagsseelsorge* •
- • Interkulturelle S ••
- Transversale S •••
- •• ••• • • Plural verstandene

Konzepte mit psychologischer Perspektivendominanz

- Pastoral Counseling•
- • Therapeutische S ••
- Pastoralpsychologische S••• •••••
- • Begegnende S•• •
- ••• • Gesprächs S•••• •••
- •Analytische S •••
- Logotherapeutische S• •
- •• Gestalttherapeutische S
- •• • Systemische S••• •• •••
- •• Heilende S•• •••••••••
- Ethische Seelsorge •••

Konzept mit philosophischer Perspektivenpluralität

- • Multiperspektivische S •• ••• •

Schaubild 2

Wenn mit Hilfe der Metaplanung die inhaltliche Grobstrukturierung des Seminars steht, ist von der Seminarleitung gefordert, die *erkenntnistheoretische Zielsetzung* und *Seminarstrukturierung* transparent zu machen. Hierzu gehört auch die Weitergabe von *Informationen* zum geplanten zeitlichen Ablauf, zum Umfang und zur Art und Weise der erwarteten Mit- bzw. Zusammenarbeit der Studierenden, zu den Modalitäten des Erwerbs eines Seminarscheines sowie den strukturellen Möglichkeiten gegenseitigen Feedbacks. Nur auf diesem Hintergrund wird es den Studierenden möglich sein, am Ende des Seminars qualifiziert darüber urteilen zu können, ob die didaktische Strukturierung sinnvoll war und das inhaltliche Ziel des Seminars tatsächlich erreicht worden ist bzw. inwiefern dieses sich mit dem eigenen Interessen trifft.

Ob ein Seminar als Ganzes letztlich für alle zufrieden stellend verlaufen wird, hängt jedoch nicht nur von der Auswahl des zu bearbeitenden Seminarinhaltes und der organisatorischen *Makro-Strukturierung*, sondern v. a. von der didaktischen Aufbereitung des Inhaltes im Blick auf die *Mikro-Strukturierung* jeder einzelnen Sitzung und damit entscheidend von der aktiven Beteiligung der Studierenden sowie der Leitungskompetenz der Dozentin ab. Im Blick auf ein Hauptseminar zum Thema „Seelsorgekonzepte" stellt sich demnach die Frage, wie ein extrem komplexer theologischer Inhalt (ein spezifisches Konzept von Seelsorge) in einer Seminarsitzung so verhandelt werden kann, dass die Studierenden nicht nur inhaltliche Fakten austauschen, sondern auch eine Hilfestellung dafür erhalten, kritisch und innovativ mit diesen Inhalten so umzugehen, dass ein Transfer auf konkrete Praxisfelder vorgenommen und eine eigene Position gefunden werden kann. Um dies zu erreichen, plädiert die Verfasserin für einen Seminarstil, der garantiert, dass alle Beteiligten zu Wort kommen können und müssen, ohne dass dabei Selbstdarstellungstendenzen gefördert oder Vorführeffekte verstärkt werden. Das Thema „Seelsorgekonzepte" eignet sich in geradezu idealer Art und Weise dafür, die Vorbereitung und Erarbeitung auf mehrere Studierende so zu verteilen, dass keinem die alleinige Verantwortung für den Verlauf einer Seminarsitzung aufgebürdet wird, was z. B. der Fall ist, wenn ein(e) Studierende(r) ein vielleicht sogar von ihm/ihr inhaltlich und methodisch exzellent strukturiertes, die gesamte Thematik umfassendes Einzelreferat vorträgt, das im Idealfall eine kontroverse Diskussion zwischen einigen Seminarteilnehmern auslöst. Alternativ hierzu lässt sich ein Seelsorgekonzept auch dadurch erarbeiten, dass z. B. jeweils sechs Studierende zehnminütige *Kurzreferate* zu Teilaspekten des Konzeptes (1. Inhaltliche Beschreibung von Seelsorge und deren Zielsetzung; 2. Theologische Fundierung des Konzeptes; 3. Menschenbild und inhärentes Krankheitsverständnis; 4. Verhältnisbestimmung gegenüber den Erkenntnissen der Human- und Sozialwissenschaften; 5. Konzeptionelle Vorgaben für die seelsorgliche Alltagspraxis und Methodik) vortragen, wobei die Art und Weise des Vortrags auch kreative und *experimentelle Formen* annehmen darf. Erst dadurch, dass sich dieses Procedere in jeder Stunde wiederholt, wird ein systematischer Vergleich der diversen Modelle möglich. Da nach jedem Kurzreferat ein inhaltliches und didaktisches *Feedback* der Mitstudierenden sowie der Seminarleitung erfolgt, wird den Vortragenden die Chance eröffnet, Fehler zu erkennen und diese im nächsten Statement zu vermeiden. Dadurch erhalten die Teilnehmenden die Möglichkeit, ihre Rhetorik und Gestik zu schulen, sich nicht in inhaltliche Einzelheiten zu verstricken, sondern komplexe Zusammenhänge zu elementarisieren und für andere interessant und nachvollziehbar aufzubereiten sowie den Einsatz methodischer Hilfsmittel wie *Folien, Thesenpapiere, Tafel- oder Flipchartanschriften* auf ihren effektiven Nutzen zu überprüfen.

Indem bei der Besprechung psychologisch dominierter Modelle praktizierende Psychotherapeutinnen und -therapeuten als *Fachvertreter* der Psychologie, bei der Besprechung soziologisch dominierter Modelle Sozialarbeiterinnen und -arbeiter als Fachvertreter der Soziologie und bei der Diskussion der multiperspektivischen Konzeptvariante ein/e Fachvertreter/in der Philosophie als Gäste am Seminar teilnehmen, kann den Studierenden der erkenntnistheoretische Schritt erleichtert werden, nicht nur die unterschiedliche Perspektivendominanz der Konzepte in ihrer praktischen Auswirkung besser zu verstehen, sondern auch mit theologie-externen kritischen Anfragen an seelsorgliche Arbeitskonzepte umgehen zu lernen. Eine derartige Arbeitsform jedoch verlangt von der Seminarleitung eine intensive Vorbereitung. Bereits im Vorfeld der Veranstaltung muss dafür Sorge getragen werden, Repräsentanten anderer Berufsgruppen für eine Seminarstunde zu gewinnen und darauf zu achten, dass den Studierenden die für ihr jeweiliges Statement relevanten *Textmaterialien* zur Verfügung stehen. Zu Beginn einer jeden Sitzung fallen der Seminarleitung zudem zwei, den Verlauf der Sitzung stark beeinflussende Aufgabenstellungen zu. Zum einen liegt es an ihr, den roten Faden der Gesamtveranstaltung präsent zu halten. Hierfür bietet sich der Einsatz einer *Seminar-Verlaufsfolie* an, die nach jeder Sitzung stichpunktartig zu ergänzen ist, damit durch die Wiederholung und permanente Aktualisierung ein Lerneffekt erzielt wird. Zum anderen obliegt ihr die Aufgabe, erste *inhaltliche Inputs* über die Hauptvertreter des aktuell zu bearbeitenden Konzeptes, deren Schriften und Abgrenzungsstrategien zu liefern, um auch diejenigen Teilnehmerinnen und Teilnehmer, die sich nicht durch die Vorbereitung eines Statements in die Thematik vertieft haben, für das neue Konzept zu sensibilisieren. Während der Seminarsitzung fällt ihr schließlich die nicht immer einfache Aufgabe zu, die Einhaltung des geplanten *Zeitmanagements* sicherzustellen und aus den dargebotenen Einzelaspekten eines Seelsorgekonzeptes ein Gesamtbild entstehen zu lassen, indem sie nach den Kurzreferaten durch gezielte Fragen versucht, alle Teilnehmenden in eine *Diskussion* zu verwickeln. Indem am Schluss der Sitzung von jede(m) eine kurze Stellungnahme zum besprochenen Seelsorgekonzept aus der Perspektive seiner/ihrer Seelsorger-Rolle abverlangt wird, erhalten alle Studierenden die Möglichkeit zur kritisch-konstruktiven *Stellungnahme* (z. B.: „Als Obdachlosenseelsorger gefällt oder missfällt mir an diesem Konzept ...").

Nachdem alle ausgewählten Seelsorgekonzepte erarbeitet worden sind, lässt sich die individuelle Entscheidung für ein Konzept bzw. einen Konzept-Typus dadurch forcieren, dass Seelsorgerinnen und Seelsorger (z. B. eine Klinikseelsorgerin, ein Gemeindepfarrer) zu einem Gespräch in das Seminar eingeladen werden. Auf der Folie ihrer *Praxisberichte* wird die Frage nach dem adäquaten Seelsorgekonzept automatisch an Brisanz und Praxisrelevanz gewinnen. Eine weitere Vertiefung der persönlichen Positionsklärung bietet sich für die letzte Sitzung an, wobei dynamische Hilfsmittel den Einstieg erleichtern können. So kann ein *Gangbild* die Studierenden dazu anregen, sich in der Auseinandersetzung mit vorgegebenen Fragen nochmals stillschweigend im gemeinsamen langsamen Abgehen einer vorgegebenen Wegstrecke auf die Spezifika der besprochenen Konzepte zu konzentrieren. Ein daran anschließendes *Raumbild* hätte die Funktion, die unter den Teilnehmenden vorherrschende Konzeptpräferenz durch eine gezielte Positionierung im Raum (indem z. B. jeder Ecke ein Konzept-Typ zugeordnet wird) visuell zu verdeutlichen und körperlich erfahrbar zu machen.

Inwieweit die individuelle Verortung jedoch mit der theologischen Kriteriologie und Optionalität tatsächlich korrespondiert, die Frage also, ob es gleich-gültig ist, sich z. B. für ein charismatisches oder ein therapeutisches Modell zu entscheiden, muss zum Schluss explizit thematisiert werden. Hierzu bietet es sich an, den binnentheologischen Diskurs zu suchen, d. h. *Fachvertreter* der Exegese und Dogmatik in das Seminar einzuladen, um mit ihrer Hilfe die theologischen Begründungsversuche der diversen Konzepttypen miteinander zu vergleichen. Idealer Weise könnte dies dazu führen, die inzwischen gewonnene eigene Position nochmals kritisch hinterfragen zu lassen.

Die letzte Sitzung sollte der Überprüfung des erkenntnistheoretischen Gewinns der Gesamtveranstaltung sowie dem Feedback dienen. Hierzu bietet sich ein auszufüllender *Fragebogen* zum inhaltlichen und didaktischen Ablauf des Seminars sowie das Instrument des *1-Minuten-Feedbacks* an, das auch Raum für emotional gefärbte Rückmeldungen, Anfragen und Anregungen eröffnet. Ist es der Seminarleitung gelungen, gemeinsam mit den Studierenden trotz einiger Pannen und Durststrecken ein inhaltlich interessantes und klar strukturiertes pastoraltheologisches Hauptseminar zu gestalten, wird die abschließende Gesamtbeurteilung aller Wahrscheinlichkeit nach positiv ausfallen, da der erkenntnistheoretische Gewinn aller Beteiligten weder durch die Errichtung einer didaktikfreien Zone, noch durch die eines fachdidaktischen Experimentierfeldes verhindert worden ist.

Chancen und Grenzen didaktischen Handelns am Beispiel eines religionspädagogischen Proseminars

von Monika Scheidler, Tübingen

Um Erfahrungen mit den Chancen und Grenzen didaktischen Handelns in der theologischen Lehre soll es im Folgenden gehen – am Beispiel eines religionspädagogischen Proseminars, das im Kontext der hochschuldidaktischen Weiterbildung mit Theologinnen und Theologen im Wintersemester 1999/2000 an der Universität Tübingen durchgeführt wurde. Zunächst wird das Konzept des Tübinger Grundkurses Religionspädagogik vorgestellt. Anschließend werden ausgewählte Lernsituationen aus dem Grundkurs beschrieben und ihr didaktisches Potenzial erläutert. Im weiteren kommen neben den Chancen auch die Grenzen didaktischen Handelns in einem religionspädagogischen Proseminar in den Blick, und schließlich werden Unterschiede zwischen Theologiedidaktik und Glaubensdidaktik erörtert.

1. Das Konzept eines religionspädagogischen Grundkurses

Die in Tübingen seit inzwischen 10 Jahren bewährten Basiselemente des religionspädagogischen Grundkurses sind zum einen Seminarsitzungen, die in die Theorie der Religionspädagogik einführen, und zum anderen Hospitationen im Religionsunterricht sowie Gespräche mit haupt- und ehrenamtlichen Mitarbeitern der Gemeindekatechese. Die Erfahrungen aus den Hospitationen werden sowohl in den Seminarsitzungen besprochen als auch in einem Hospitationsbericht dargestellt und reflektiert. Damit eröffnet sich den Studierenden bereits im Grundstudium ein Zugang zur Arbeit religionspädagogischen Theorie-Praxis-Zirkel.[1]

---

[1] Vgl. R. Englert, Wissenschaftstheorie der Religionspädagogik, in: H.-G. Ziebertz – W. Simon (Hg.), Bilanz der Religionspädagogik, Düsseldorf 1995, 147–174, 165f.; P. Orth, Praxisorientierung in der religionspädagogischen Ausbildung – was ist das? in: RpB 33 (1994) 157–161; B. Jendorff, Zur Praxis der Religionslehrer/innen-Ausbildung. Erfahrungen – Anfragen – Anregungen, in: RpB 38 (1996) 163–171, 168. – Zu entsprechenden Überlegungen für pastoraltheologische Proseminare vgl. N. Greinacher u. a., Ausgangspunkt Kirchenreform: Tübinger Modell, in: R. Zerfaß – N. Greinacher (Hg.), Einführung in die Praktische Theologie, München 1976, 27–40; A. Exeler u. a., Ausgangspunkt Fachrichtungen: Münsteraner Modell, in: ebd., 40–50; Chr. Bäumler – P. Krusche, Ausgangspunkt Handlungsfeld: Münchner Modell, in: ebd., 52–62; R. Zerfaß, Zur Organisation des Studiums der Praktischen Theologie, in: ebd., 63–76.

Für den Erwerb des Leistungsnachweises zählt neben dem Hospitationsbericht eine 90-minütige Klausur und die Mitarbeit in den Seminarsitzungen.

Bei der Planung des Grundkurses gilt es zunächst, geeignete inhaltliche Schwerpunkte aus der Fülle möglicher Themen zu sondieren – von der religiösen Erziehung in der Familie über den Anfangsunterricht in der Grundschule, den Religionsunterricht in den weiterführenden Schulen, die kirchliche Jugendarbeit bis hin zu Sakramentenkatechese und Erwachsenenbildung. Im Wintersemester 1999/2000 wollten Gabriele Miller und ich den Grundkurs gemeinsam durchführen, und mit Blick auf die Vorerfahrungen und die Berufsperspektiven der Studierenden[2] wählten wir zwei Themenbereiche, an denen wir elementare Inhalte der Religionspädagogik erarbeiten wollten: den schulischen Religionsunterricht und die Gemeindekatechese.

Im Verlaufsplan bildeten die Weihnachtsferien eine passende Zäsur. Wir wählten für den ersten und den zweiten Teil des Seminars exemplarische Themen aus und nach dem Prinzip der offenen Planung hielten wir jeweils eine Sitzung im ersten und im zweiten Teil frei, um den im Seminarverlauf entstehenden Fragen der Studierenden Raum zu geben.

Von Mitte Oktober bis Weihnachten erarbeiteten wir die Themen: Verkündigung / Religionsunterricht (RU) und Katechese / Hospitieren im RU und einen Hospitationsbericht schreiben / Konzeptionen des RU in Geschichte und Gegenwart / Elementarisierung / Korrelation / Bibelarbeit im RU / Kirchengeschichtliche Themen im RU.

Parallel zu den Seminarsitzungen hospitierten die Studierenden im November und Dezember in kleinen Gruppen jeweils vier Stunden im Religionsunterricht einer Schulklasse. Zur Organisation der Hospitationen hatten wir vor Beginn des Semesters mit Religionslehrerinnen und Religionslehrern an verschiedenen Schulen Kontakt aufgenommen. Die Studierenden konnten dann selbst wählen, in welcher Klassenstufe, bei welchem Lehrer und wann sie im Religionsunterricht am Gymnasium, an einer Realschule oder einer Berufsschule hospitieren wollten.

Von Januar bis Mitte Februar ging es um folgende Themen: Auswertung der Hospitationen / Gemeinde als Lernort des Glaubens / Erstkommunionvorbereitung als Familienkatechese / Gespräch mit dem katechetischen Leitungsteam einer Gemeinde / Konkurrenz zwischen Gemeindekatechese und Familienkatechese? / Glaubenlernen – geht das? / Vorbereitung der Klausur und Seminarreflexion.

---

[2] Vgl. B. Jendorff, Hochschuldidaktik. Aus studentischen Beobachtungen unsystematische Anregungen, in: RpB 32 (1993) 185–188; M. Blasberg-Kuhnke, Theologie studieren als Praxis. Ein Beitrag zur Korrelationsdidaktik, in: RpB 39 (1997) 3–18, 6f.; Kirchenamt der EKD (Hg.), Im Dialog über Glauben und Leben. Zur Reform des Lehramtsstudiums Evangelische Theologie/Religionspädagogik. Empfehlungen der Gemischten Kommission, Gütersloh 1997, 50–77, bes. 34f.

1.1 Lernziele des Grundkurses Religionspädagogik

Damit den Studierenden nicht nur die thematische Struktur des Grundkurses durch den Verlaufsplan transparent ist, sondern sie auch die mit dem Rahmenkonzept verbundenen Lehr-Lernziele kennen, stellten wir zu Beginn des Seminars die auf einem Plakat festgehaltenen Lernziele vor:

Am Ende des Grundkurses...

- wissen die Studierenden Grundlegendes über die erarbeiteten Themen und haben sich damit auseinander gesetzt
- haben die Studierenden verschiedene Lern-Methoden erprobt und reflektiert
- haben sich den Studierenden exemplarisch Blicke geöffnet auf das Zusammenspiel verschiedener Fächer der Theologie
- haben die Studierenden erste Einblicke in die Verwiesenheit der Religionspädagogik auf die Allgemeine Pädagogik und Didaktik gewonnen
- haben die Studierenden vier Stunden Religionsunterricht hospitiert, religionspädagogisch reflektiert und darüber einen Bericht geschrieben
- haben die Studierenden Einblicke in den religionspädagogischen Theorie-Praxis-Zirkel gewonnen und Ängste vor der Komplexität des Faches abgebaut
- haben die Studierenden erste eigene Vorstellungen von gutem Religionsunterricht und guter Katechese entwickelt
- haben die Studierenden sich anfanghaft mit ihrer zukünftigen beruflichen Rolle in Religionsunterricht und/oder Katechese auseinander gesetzt.

In der letzten Sitzung des Grundkurses reflektierten wir mit den Studierenden anhand dieses Plakats, in welchen Bereichen des Zielspektrums sie ihren Lernerfolg hoch einschätzten und in welchen eher niedrig. Dabei äußerten sie weitere religionspädagogische und theologische Lernbedürfnisse. Dies gab den Seminarleiterinnen die Möglichkeit, auf die weiterführenden Angebote der Religionspädagogik und auf Verknüpfungen zwischen den theologischen Fächern hinzuweisen.

1.2 Der Zusammenhang von Zielen, Inhalten, Methoden und Medien

Bei der Planung war es den Dozentinnen mit Blick auf den Ziel-Inhalt-Zusammenhang des Grundkurses und die Lernvoraussetzungen der Studierenden wichtig, erwachsenengerechte Methoden und Medien für ein Hochschulseminar zu wählen[3] und die Möglichkeiten und Grenzen der im Semi-

[3] Vgl. J. Knoll, „Ihr wisst schon was, also könnt ihr reden …“ Für eine erwachsenengerechte Didaktik im Seminar, in: Seminar (1995) Nr. 2, 64–71.

nar erprobten Methoden mit den Studierenden zu reflektieren. Weil wir vermeiden wollten, das Seminar durch lange Referate umzufunktionieren in eine von den Studierenden gehaltene Vorlesung mit Diskussionsphasen,[4] entschieden wir uns dafür, dass jede/r zur Einarbeitung in jedes Grundkursthema einen grundlegenden Aufsatz eines bekannten Religionspädagogen bzw. einer Religionspädagogin unter einer bestimmten Aufgabenstellung lesen sollte. Bei der Vorbereitung der einzelnen Sitzungen konnten wir davon ausgehen, dass die Studierenden sich den entsprechenden Text bereits (mehr oder weniger gründlich) erarbeitet hatten. Die Texte dienten als Informationsgrundlage, sie gaben Anstöße zu vertiefenden Unterrichtsgesprächen, zu fachlichen Diskussionen, zur Auseinandersetzung mit unterschiedlichen religionspädagogischen Ansätzen und sie regten die Studierenden zur Klärung und Begründung eigener Positionen an.

Aus dem Spektrum der Sozialformen wählten wir für etwa 60% der Seminarzeit verschiedene Formen des Plenumsgeprächs, 20% der Zeit gestalteten wir mit Partner- und Gruppenarbeit (z. T. arbeitsteilig), 10% mit Kurzvorträgen der Lehrenden und 10% mit Einzelarbeit. Die Plenumsgespräche führten wir in diesem Grundkurs als gelenkte (20%) und offene Unterrichtsgespräche (30%), in Form von Rollenspielen (10%), in Pro-Contra-Debatten und Diskussionen im Fishbowl (10%),[5] in Form von Kurz-Präsentationen der Ergebnisse aus Gruppenarbeitsphasen durch Sprecherinnen und Sprecher (10%), durch Kartenabfragen gelenkt (mit Kommentierung der Karten, Clustern und Gewichtungen durch Klebepunkte / 10%)[6] und in Form von Blitzlichtrunden und Feedbackgesprächen (10%)[7]. Die wichtigsten, im Seminar verwendeten Medien waren neben den ausgewählten wissenschaftlichen Texten, Visualisierungen an der Tafel, Folien, von den Studierenden gestaltete Plakate und ein Moderationskoffer. Besondere Bedeutung kam im Verlauf des Grundkurses dem personalen Angebot[8] zu:

---

[4] Zu den häufig in Seminaren beobachtbaren „schwachen" Anstrengungen der Lehrenden, eine breite Partizipation der Studierenden zu erreichen vgl. H. Schaeper, Lehrkulturen, Lehrhabitus und die Struktur der Universität. Eine empirische Untersuchung fach- und geschlechtsspezifischer Lehrkulturen, Weinheim 1997, 194–209. Perspektiven für eine auf partizipatives Lernen ausgerichtete Reform des Theologiestudiums entwickeln: H.-M. Gutmann – N. Mette, Orientierung Theologie. Was sie kann, was sie will, Hamburg 2000, 191.

[5] Vgl. B. Eckstein, Einmaleins der Hochschullehre. Praktische Einführung in die Grundlagen und Methoden, München 1978, 119f., 132; Arbeitsgruppe Hochschuldidaktische Weiterbildung an der Albert-Ludwigs-Universität Freiburg, Besser Lehren. Heft 2: Methodensammlung, Weinheim 1998, 22f. und 35f.

[6] Vgl. Arbeitsgruppe Hochschuldidakt. Weiterbildung Freiburg, Methodensammlung 54–56.

[7] Vgl. ebd. 18f. und 33f.

[8] Vgl. Jendorff, Hochschuldidaktik 188; G. Dohmen, Medien und Medienforschung im didaktischen Problemzusammenhang, in: Unterrichtswissenschaft 1 (1973) 2–26; A. Mön-

die Studierenden haben in Gruppenarbeiten und Plenumsgesprächen durchaus auch mit- und voneinander etwas gelernt, außerdem konnten sie beim Hospitieren in den Schulklassen und bei den Religionslehrern vieles lernen, was nicht aus Büchern oder in Diskussionen lernbar ist; nicht zuletzt haben die Dozentinnen sich jede auf ihre Art, mit ihrer Meinung und in Form des Team Teaching[9] in den Seminarprozess eingebracht, was nach Rückmeldung der Studierenden ihren Lernertrag erhöht hat.

Im Sinne des Primats der Didaktik vor der Methodik[10] gaben wir bei der Planung in der Regel den Entscheidungen im Bereich der Ziele und Inhalte der Sitzungen Vorrang vor den Entscheidungen im Bereich der Methoden. Dennoch haben wir immer wieder abwechslungsreiche, verschiedene Wahrnehmungskanäle und Lerndimensionen ansprechende, Formen und Verfahren gesucht und gefunden, mit denen viele Studierende nicht nur rezeptiv, sondern aktiv in die Erarbeitung der Themen unter dem beschriebenen Zielspektrum involviert werden und zugleich die für das Theologiestudium notwendigen Grundkompetenzen gefördert werden konnten.[11]

---

nich, Der Religionslehrer. Glaubenszeuge als personales Medium im Religionsunterricht der Sekundarstufe II, Altenberge 1989, 13–24.

[9] Im Anschluss an die englische Team Teaching-Bewegung definiert Rainer Winkel das Team Teaching als „Unterrichtsmethode", bei der zwei oder mehr „Lehrer in flexiblen Schülergruppierungen zusammenarbeiten, d. h. im Idealfall (!) Unterricht gemeinsam vorbereiten, durchführen und auswerten" (R. Winkel, Team Teaching als Unterrichtsmethode, in: ders. – E. Meyer, Unser Konzept: Lernen in Gruppen, Hohengehren 1991, 185–199, 188). Wenn die in einer Lehrveranstaltung kooperierenden Dozenten unterschiedliche Qualifikationen in den Lehr-Lernprozess einbringen, steigen die Chancen, dass man den individuellen Bedürfnissen der Studierenden und den diversen curricularen Anforderungen gerecht werden kann. Für den hier beschriebenen Grundkurs war es nach Rückmeldung der Studierenden ein Gewinn, dass die beiden Dozentinnen verschiedene Generationen der Religionspädagogik repräsentierten und ihre je eigenen Zugänge, Erfahrungen und Positionen in den Seminarprozess einbrachten.

[10] Vgl. W. Klafki, Zum Verhältnis von Methodik und Didaktik, in: ders. – G. Otto – W. Schulz, Didaktik und Praxis, Weinheim 1977, 13–39.

[11] Als „Grundkompetenzen", die Studierende der Theologie u. a. in theologischen Lehrveranstaltungen entwickeln sollten, wurden bei der Erarbeitung der Lernziele des Theologiestudiums im Rahmen der hochschuldidaktischen Weiterbildung u. a. genannt: die Kompetenz zum selbständigen Erarbeiten von Stoffen, eigenständiges Argumentieren und kritisches Denken, kommunikative Kompetenz, spirituelle Kompetenz, die Fähigkeit zur Reflexion und Entwicklung der (persönlichen, sozialen, christlichen und beruflichen) Identität.

2. Lernsituationen im Grundkurs Religionspädagogik

Im folgenden werden einige Lehr-Lernsituationen aus dem Tübinger Grundkurs im Wintersemester 1999/2000 beschrieben und ihr didaktisches Potenzial reflektiert.

2.1 In den Grundkurs einsteigen

Zur ersten Sitzung des religionspädagogischen Grundkurses wurden die beiden Dozentinnen in einem relativ kleinen Seminarraum von 40 Studierenden[12] erwartet. Für das erste Kennen Lernen hatten wir eine „geographische Verteilung im Raum" geplant: Tübingen sollte in der Mitte des Raumes liegen, jede/r sollte sich entsprechend dem Herkunftsort nördlich, südlich ... nahe bei Tübingen oder weiter entfernt aufstellen und sich kurz vorstellen mit Namen, Herkunftsort und seit wann sie/er welche Fächer studiert. Dies erschien uns jedoch mit so vielen Teilnehmenden zu aufwendig, und es galt flexibel mit dem Plan umzugehen. Praktikabel mit 40 Personen war eine Verteilung nach Fachsemestern: in den Türbereich stellten sich die Erstsemester, auf die Tafelseite diejenigen, die bereits mehr als vier Semester Theologie studierten, und dazwischen die anderen. Das Ergebnis war nicht nur für die Kursleiterinnen aufschlussreich: mehr als die Hälfte der Teilnehmerinnen und Teilnehmer stand dicht gedrängt bei der Tür, zehn Studierende hatten sich in der Mitte des Raumes verteilt und fünf standen nahe bei der Tafel. Dann sagte jede/r noch kurz ihren/seinen Namen und den Studiengang. Die didaktische Herausforderung dieses Grundkurses stand damit gleich in der ersten Sitzung sichtbar im Raum[13]: insbesondere würde es darauf ankommen, den unterschiedlichen Lernvoraussetzungen und Erwartungen der Studierenden gerecht zu werden, so dass jede/r auf ihre/seine Kosten kommt – sowohl die Studienanfänger als auch diejenigen, die ihr Grundstudium schon (fast) abgeschlossen hatten.

In der anschließenden Lernsituation schrieben die Studierenden mit dicken Stiften Stichworte auf Karten zum Thema: „Wie ich mir einen guten Religionslehrer vorstelle." Dann befestigten sie ihre Karten an Pinnwänden und versuchten, ähnliche Karten nahe beieinander aufzuhängen. Sehr viele

[12] Von den 28 Frauen und 12 Männern, die an dem Grundkurs teilnahmen, hatten zehn das Studienziel Diplom (davon 2 Priesteramtskandidaten), vier gaben „Magister" als Studienziel an und die übrigen studierten für das Lehramt am Gymnasium.

[13] Hier zeigt sich exemplarisch, dass eine gute hochschuldidaktische Planung die Voraussetzung dafür ist, in konkreten Lehr-Lernsituationen die Detailplanung so umzustellen, dass der Lernprozess trotz unerwarteter Faktoren und äußerer Einflüsse möglichst produktiv sein kann. Wenn wir nämlich das Kennen Lernen in Form des klassischen Rundgesprächs durchgeführt hätten, wäre die Herausforderung nicht so deutlich geworden.

Stichworte ergaben einen bunten Strauß von Vorstellungen, der nicht zuletzt die Erfahrungen aus dem Religionsunterricht spiegelte, den die Studierenden selbst als Schülerinnen und Schüler genossen oder erlitten hatten. Außerdem zeigte sich, dass einige bereits recht klare Vorstellungen von ihrer zukünftigen Rolle als Religionslehrerinnen und -lehrer hatten, während andere sich damit noch kaum beschäftigt hatten. Nach der Kennenlern-Phase überraschte dies nicht. Außerdem wurde in dieser Lernsituation jedoch deutlich, dass die unterschiedlichen Voraussetzungen der Studierenden die Arbeit im Seminar nicht nur beflügeln, sondern durchaus auch behindern und blockieren könnten.

2.2 Den Seminarprozess einer heterogenen Lerngruppe organisieren

Aus Lehr-Erfahrungen in unterschiedlich großen Seminargruppen ist hinreichend bekannt, dass es mit mehr als 15 Teilnehmenden kaum möglich ist, Lernsituationen so zu gestalten, dass jede/r Studierende sich möglichst in jeder Sitzung aktiv an der Erarbeitung der Themen beteiligen kann. Deshalb schien es zu Beginn unseres Seminars mit 40 Teilnehmenden nahezu unmöglich, dass die Studierenden sich nicht nur in Gruppenarbeiten, sondern auch im Plenum kontinuierlich einbringen, und sie nicht erst beim Schreiben der Seminararbeit, sondern bereits in den Seminarsitzungen selbst vielfältige Gelegenheiten erhalten, religionspädagogische Fragen im Theorie-Praxis-Zirkel zu reflektieren, sich am wissenschaftlichen Diskurs zu beteiligen, eigene religionspädagogische Optionen zu entwickeln und sich mit der beruflichen Identität als Religionslehrer/in, Pastoralreferent/in oder Pfarrer auseinander zu setzen.

Um Lernmöglichkeiten dieser Qualität nicht wegen der großen Teilnehmerzahl zu schmälern, machte ich den Studierenden das Angebot, den Grundkurs in zwei Gruppen zu teilen: eine am Nachmittag (wie gehabt) und die zweite daran anschließend am frühen Abend.[14] Dieses Angebot wurde von den Studierenden zwar grundsätzlich sehr begrüßt, doch die konkrete Aufteilung fiel ihnen wegen der individuellen Stundenpläne und der Trennung von befreundeten Kommilitonen nicht leicht. Einen Kompromiss fanden wir dadurch, dass wir im Dezember einen gemeinsamen Studientag und im Januar eine vierstündige Sitzung in der Großgruppe planten. Mit dieser Veränderung der Rahmenbedingungen haben die Kursleiterinnen sich das Spektrum der didaktischen Instrumente für den produktiven Umgang mit

[14] Auch die Team-Dozentin war bereit, ihren zeitlichen Einsatz zu verdoppeln, so dass wir in beiden Gruppen Team Teaching praktizieren konnten; glücklicherweise ließ sogar der Belegungsplan darauf schließen, dass unser Seminarraum in der anschließenden Doppelstunde frei sein würde und wir ihn belegen könnten.

den unterschiedlichen Erwartungen der Studierenden erweitert und konnten den Ziel-Inhalt-Zusammenhang des Grundkurses entsprechend der verschiedenen Lernvoraussetzungen erschließen.

Zunächst haben die Seminarleiterinnen mit Hilfe von Namenschildern auf verschiedenfarbigem Papier die Namen der Studierenden recht schnell gelernt und zugleich erfasst, wer die „Anfänger" und wer die „Fortgeschrittenen" waren. Wenn sich im Plenumsgespräch Studienanfänger zu Wort meldeten, wollten wir ihnen „Vorfahrt" geben. So konnten wir die Gespräche und Diskussionen im Seminar gezielt als „Anwälte der Schwächeren" moderieren und vermeiden, dass die wortgewandten Studierenden der höheren Semester die Studienanfänger einschüchterten und in die Zuhörerrolle drängten.

Als für den Studientag in der Großgruppe die Themen „Korrelation" und „Elementarisierung" auf der Grundlage recht schwieriger Texte anstanden, konnten weitere Möglichkeiten des Team Teaching ausgeschöpft werden, um den unterschiedlichen Ausgangsbedingungen, Lernschwierigkeiten und Lernbedürfnissen der Studierenden gerecht zu werden[15] und die verschiedenen Stärken der Dozentinnen zum Zug kommen zu lassen[16]. In der ersten Arbeitseinheit erarbeitete die jüngere Dozentin mit den Studienanfängern das religionspädagogische Konzept der Elementarisierung, während die ältere Dozentin mit den Studierenden der höheren Semester das Konzept der Korrelation diskutierte. In der nächsten Arbeitseinheit tauschten die Gruppen dann die Dozentinnen. So konnte einerseits jede Gruppe mit der Expertin des jeweiligen Themas die religionspädagogischen Anliegen und die pädagogischen bzw. theologischen Eigenarten der Konzepte erarbeiten. Andererseits konnten die Dozentinnen in den relativ homogenen Gruppen besser überprüfen, inwiefern die Lerninhalte von den Studierenden verstanden worden waren. So konnten wir nicht nur den Erstsemestern die notwendigen Verstehenshilfen geben, ohne die Studierenden der höheren Semester zu langweilen, sondern mit letzteren konnten auch weiterführende Fragen der Interdisziplinarität von Systematischer und Praktischer Theologie sowie interdisziplinäre Fragen zwischen Religionspädagogik und Pädagogik ausführlich erörtert werden, ohne die Erstsemester zu überfordern. In der dritten und vierten Einheit des Studientags arbeiteten wir in der Großgruppe mit allen zusammen. Zunächst untersuchten „gemischte Kleingruppen"[17]

---

[15] Zu den diversen Möglichkeiten der Differenzierung in heterogenen Lerngruppen vgl. W. Klafki – H. Stöcker, Innere Differenzierung des Unterrichts, in: W. Klafki, Neue Studien zur Bildungstheorie und Didaktik. Zeitgemäße Allgemeinbildung und kritisch-konstruktive Didaktik, Weinheim ^{5}1996, 173–208.

[16] Vgl. Winkel, Team Teaching 195.

[17] „Gemischt" heißt in diesem Fall, dass in den Kleingruppen Studienanfänger und Fortgeschrittene zusammengearbeitet haben.

am Beispiel der Erzählung über die Stillung des Seesturms (Mk 4,35–41) das Potenzial der Korrelation und die Möglichkeiten der Elementarisierung.[18] Die Ergebnisse aus den Kleingruppen wurden im Plenum vorgestellt und diskutiert. Abschließend wurde ein Vergleich zwischen den Konzepten „Korrelation" und „Elementarisierung" erarbeitet.

Bei der Seminarsitzung im Januar, die ebenfalls in der Großgruppe stattfand, war es wiederum förderlich für den Arbeitsprozess, dass eine Aufgabe von gemischten Kleingruppen bearbeitet wurde. Die kontinuierliche Einübung der Beteiligung vieler Studierender von der ersten Sitzung an, wurde im Laufe der Wochen dahingehend wirksam, dass auch und gerade die Studienanfänger sich rege an den Gesprächen im Plenum beteiligten und die Studierenden immer häufig auch auf die Beiträge ihrer Kommilitonen reagierten. So konnten die Seminarleiterinnen zunehmend Moderationsaufgaben übernehmen und brauchten sich nur in bestimmten Phasen gezielt als Expertinnen in den Seminarprozess einzuschalten.

2.3 Fachwissen und Grundkompetenzen fördern

Bei der Detailplanung der Sitzungen und der Bestimmung der konkreten Lernziele standen die Kursleiterinnen vor der Aufgabe, den Studierenden nicht nur theologisch-religionspädagogisches Fachwissen zu vermitteln, sondern auch Grundkompetenzen zu fördern. Neben den einschlägigen kognitiven Kompetenzen wollten wir die Sozialkompetenz und vor allem die Kompetenz zur Kooperation und Kommunikation fördern, die Theologinnen und Theologen in ihrem Dienst in Gemeinde, Schule, Erwachsenenbildung und anderen Berufsfeldern heute unbedingt brauchen.[19] Wie diese Anliegen im religionspädagogischen Grundkurs verschränkt wurden, soll am Beispiel der Sitzung zum Thema „Religionsunterricht und Katechese" beschrieben werden.

Für den Vergleich von Religionsunterricht und Katechese gab es die vorbereitende Hausaufgabe, Textauszüge aus Beschlüssen der Würzburger Synode[20] zu lesen und die Kernaussagen über 1. die Situation, 2. die institu-

---

[18] Es handelte sich um eine arbeitsteilige Gruppenarbeit: einige Gruppen erarbeiteten, welche in der Perikope überlieferten Erfahrungen mit Erfahrungen heutiger Menschen korreliert werden können, während die anderen Gruppen am Beispiel dieser Perikope Möglichkeiten der Elementarisierung erarbeiteten.

[19] Vgl. B. J. Hilberath, Zwischen Vision und Wirklichkeit. Fragen nach dem Weg der Kirche, Würzburg 1999, 137–140; Deutsche Bischofskonferenz, Rahmenordnung für die Priesterbildung, in: Arbeitshilfe 100, Bonn 1988, Nr. 69–74.

[20] Als Textgrundlage dienten Auszüge aus: Synodenbeschluss „Der Religionsunterricht in der Schule", in: L. Bertsch u. a. (Hg.), Gemeinsame Synode der Bistümer in der Bundesre-

tionellen Rahmenbedingungen, 3. die Gruppen der Teilnehmenden und 4. die Ziele der jeweiligen Lernprozesse zu notieren sowie 5. das Verhältnis von schulischem Religionsunterricht und gemeindlicher Katechese zu reflektieren. Die Textarbeit strukturierte zugleich die erste Arbeitsphase der Seminarsitzung. Nach einer kurzen arbeitsteiligen Gruppenarbeit, in der die Studierenden ihre Notizen zur Katechese oder zum Religionsunterricht aus der häuslichen Textarbeit besprechen und ergänzen konnten, sammelten wir die Ergebnisse und sicherten sie in einer zweispaltigen Tabelle an der Tafel. So wurden die Merkmale von Religionsunterricht und Katechese für alle sichtbar. Zur Klärung der Frage nach Gemeinsamkeiten und Unterschieden zwischen den beiden Lernorten konnten mit Blick auf die Tafel auch die Erstsemester im Plenum vieles beitragen. Die Überlegungen zum Verhältnis von Religionsunterricht und Katechese und ihren Vernetzungsmöglichkeiten standen allerdings noch recht hypothetisch im Raum.

Dies antizipierend hatten die Seminarleiterinnen für die zweite Arbeitsphase ein Rollenspiel geplant. Die Spielsituation sollte die Konferenz eines Pastoralteams mit den Religionslehrerinnen und -lehrern aus Schulen der näheren Umgebung sein. Die Rollen: ein Pfarrer und Sitzungsleiter, der u. a. vier Stunden RU unterrichtet; eine Gemeindereferentin, die für die Erstkommunionvorbereitung zuständig ist und keinen RU erteilt; ein Pastoralreferent, der für die Firmvorbereitung und die Jugendarbeit in der Seelsorgeeinheit zuständig ist; eine Pastoralreferentin, die zwölf Stunden RU an einem Gymnasium erteilt; ein Religionslehrer mit 22 Stunden am Gymnasium; eine Religionslehrerin mit 24 Stunden an einer Grund- und Hauptschule und eine Kollegin mit 24 Stunden an der Realschule. Weil nicht jede/r Studierende eine Rolle übernehmen konnte, bildeten die Spieler/innen einen Innenkreis und die anderen einen Außenkreis. Die Studierenden im Außenkreis bekamen den Auftrag, das Rollenspiel zu beobachten und sich Notizen über die von Seiten der Gemeinde und der Schule geäußerten Erwartungen zu machen. Außerdem stand im Innenkreis ein „heißer Stuhl“, auf dem die Studierenden aus dem Außenkreis Platz nehmen konnten, wenn sie sich als Lehrer oder Gemeindevertreter mit einer einzelnen Äußerung in das Rollenspiel einschalten wollten.

Die Auswertung des Rollenspiels mit den Studierenden zeigte, dass diese Methode nicht nur für die Erarbeitung der unterschiedlichen Perspektiven auf die Probleme der Vernetzung ausgesprochen produktiv war, sondern auch zur Wiederholung und Vertiefung von Ergebnissen der vorangegangenen Arbeitsphase beigetragen hat. Insbesondere hat das Rollenspiel die emotionale Beteiligung angeregt, die Aufmerksamkeit für das Potenzial und die

publik Deutschland. Offizielle Gesamtausgabe, Bd. I, Freiburg/Br. 1976, 123–152; Arbeitspapier „Das katechetische Wirken der Kirche“, in: ebd., Ergänzungsband, 37–97.

Probleme der Vernetzung der Lernorte geweckt und „probeweise“ die Übernahme zukünftiger beruflicher Rollen ermöglicht. Dies hat auf der Spielebene und im Seminarprozess insgesamt die Kooperationsbereitschaft, das Einfühlungsvermögen, die Kommunikations- und Problemlösefähigkeiten der Studierenden gefördert.[21]

2.4 Den religionspädagogischen Theorie-Praxis-Zirkel erschließen

Im Rahmen des religionspädagogischen Grundkurses sind die Hospitationen im Religionsunterricht und das Schreiben des Hospitationsberichts darauf ausgerichtet, einen Brückenschlag zwischen religionspädagogischer Praxis und dem Theoriewissen zu ermöglichen und die Studierenden in das wissenschaftliche Arbeiten im religionspädagogischen Theorie-Praxis-Zirkel einzuführen. Einerseits werden die Studierenden durch die Hospitationen herausgefordert, von der beobachteten Praxis her theoretische Positionen zu reflektieren, zu kritisieren und ggf. zu revidieren. Andererseits liefert die religionspädagogische Theorie Fragestellungen für die Analyse und Kritik der Praxis. Die meisten Studierenden nehmen den Religionsunterricht im Rahmen des Grundkurses zum ersten Mal nicht aus der Schüler-, sondern aus der Beobachterperspektive wahr.[22]

Die Aufgabe, in Auseinandersetzung mit Anregungen aus dem Grundkurs die Schwerpunkte der Unterrichtsbeobachtungen zu bestimmen, die eigenen Beobachtungen in der Form eines Berichts festzuhalten und das komplexe Lehr-Lerngeschehen der Unterrichtsstunden nach religionspädagogischen Kriterien zu analysieren und zu reflektieren, bildet für viele Studierende eine enorme Herausforderung. Zur Bewältigung dieser Aufgabe ist ein Teil der Studierenden auf mehrere Beratungsgespräche mit den Religionslehrern, bei denen sie hospitieren, und mit den Seminarleiterinnen angewiesen. Erhebliche Mühe haben viele Studierende auch im Schreibprozess: die Unterrichtsbeobachtungen sortiert zu sammeln, zentrale Aspekte der Beobachtungen zu fokussieren, das Textprodukt zu gliedern und die Hospitationen schließlich eigenständig und kritisch in schriftlicher Form zu reflektieren,

---

[21] Vgl. G. Gugel, Methoden-Manual II: Neues Lernen, Weinheim 1998, 87–90; Arbeitsgruppe Hochschuldidakt. Weiterbildung Freiburg, Methodensammlung, 74f.

[22] Zum Verhältnis von Theorie und Praxis in der ersten und der zweiten Ausbildungsphase von Lehrer/innen vgl. E. Terhart (Hg.), Perspektiven der Lehrerbildung in Deutschland. Abschlussbericht der von der Kultusministerkonferenz eingesetzten Kommission, Weinheim 2000, 69–71; Jendorff, Hochschuldidaktik 187; Ders., Zur Praxis 167; Orth, Praxisorientierung 157–161; Blasberg-Kuhnke, Theologie studieren 7–9; Kirchenamt der EKD (Hg.), Im Dialog 90–92; V. Ladenthien, Religionslehrerbildung in bewegter Zeit, in: E. Nordhofen – Zentralstelle Bildung der DBK (Hg.), Dokumentation der Fachtagung „Religionslehrerbildung auf dem Prüfstand“, Bonn 2000, 27–45, 42ff.

ist für viele eine neuartige Herausforderung.[23] Dies zeigte sich spätestens bei der Korrektur der Berichte und wurde in den Beratungsgesprächen zum Abschluss des Grundkurses thematisiert. Bei diesen individuellen Beratungsgesprächen geht es im Blick auf den Hospitationsbericht, die Klausur und die Mitarbeit im Seminar um Möglichkeiten zur Verbesserung der persönlichen Lern- und Arbeitstechniken. Bei den Rückmeldungen von Seiten der Studierenden fällt trotz der Anstrengung, die für viele mit der Erstellung des Hospitationsberichts verbunden ist, die Zustimmung zu der Aussage im Evaluations-Fragebogen jedes Jahr erstaunlich hoch aus, dass sie bei den Hospitationen gelernt haben, religionspädagogische Praxis zu reflektieren.

Eine weitere Gelegenheit, zur expliziten Durchdringung des religionspädagogischen Theorie-Praxis-Zirkels bietet die Doppelsitzung zur Familienkatechese. Nachdem die Studierenden auf der Basis einer Textarbeit[24] das Konzept der Familienkatechese kennen gelernt und sich in der Großgruppe mit den grundsätzlichen Chancen und Schwierigkeiten der familienkatechetischen Erstkommunionvorbereitung auseinander gesetzt hatten, konnte die Seminargruppe sich zu einem zweistündigen Gespräch mit den haupt- und ehrenamtlichen Mitarbeitern der Familienkatechese einer Gemeinde treffen. Die Studierenden hatten Fragen zur praktischen Arbeit in den Eltern- und Kindergruppen, zu den Familiengesprächen, zur Arbeit des katechetischen Leitungsteams und zur Verknüpfung der Familienkatechese mit anderen Formen der katechetischen Arbeit in der Gemeinde vorbereitet. Die Pastoralreferentin, der Pfarrer und die ehrenamtlichen Katechetinnen präsentierten sich zunächst mit einem persönlichen Statement darüber, warum sie sich in der Familienkatechese engagieren. Dann stellten die Studierenden ihre Fragen, und es kam zu einem regen Austausch über die „ideale Theorie" der Familienkatechese und die „realistischen Formen" der praktischen Umsetzung in dieser Gemeinde. Die Blitzlichtrunde, in der die Studierenden mitteilten, was sie aus diesem Gespräch in ihr Studium mitnehmen würden, zeigte, dass der Abend sich in vielfacher Hinsicht gelohnt hat.

Im Rückblick am Semesterende hielten viele Studierende die Arbeitseinheit zur Theorie und Praxis der Familienkatechese für eine der besten, wichtigsten und interessantesten Sitzungen. Im Grundkurs sind durch das Hospitieren im Religionsunterricht und das Gespräch mit katechetischen Mitarbeitern einer Gemeinde Lernsituationen entstanden, in denen neben der Vermittlung von Fachwissen und der Einführung in den religionspädagogischen Theorie-Praxis-Zirkel auch Möglichkeiten zur Auseinandersetzung

---

[23] Zu den häufig defizitären Studienvoraussetzungen von Erstsemestern vgl. Jendorff, Zur Praxis 163–166.

[24] Als Textgrundlage dient hier: A. Biesinger, Erstkommunion als Familienkatechese, in: ThQ 174 (1990) 120–135.

mit den beruflichen Rollen von Theologinnen und Theologen eröffnet wurden und viele sich gefragt haben, wie religionspädagogische Berufe in christlicher und spiritueller Weise ausgeübt werden können. Dies hat nicht zuletzt die Entwicklung der menschlichen und beruflichen Identität der Studierenden angeregt und im Kontext konkreter religionspädagogischer Praxis auch zur Entdeckung des Zusammenspiels zwischen persönlicher Zeugniskompetenz, der eigenen theologischen Reflexionskompetenz und der Lehre der Kirche wie der fachwissenschaftlichen Positionen beigetragen.[25]

2.5 Den Lernprozess reflektieren und evaluieren

Zur Förderung der didaktischen Reflexionskompetenz haben wir mit den Studierenden am Ende verschiedener Sitzungen sachlich und methodisch zurück geblickt bzw. einen Austausch darüber angeregt, was die Sitzung inhaltlich und methodisch gebracht hat. Dies geschah mehrmals im freien Gespräch, aber auch in Form von schriftlichen Kurz-Rückmeldungen[26], mit einem Impulsfragebogen und mit Hilfe einer Skala, auf der die Studierenden ihre Einschätzungen zu einer Reflexionsfrage mit Klebepunkten markierten, so dass schnell ein Überblick entstand und wir die Einschätzung der Gruppe diskutieren konnten. Durch diese Meta-Kommunikation über den Arbeitsprozess und die erprobten Lernmethoden wurde auch die didaktische Methodenkompetenz der Studierenden gefördert und sie konnten sich anfanghaft damit auseinander setzen, welche Methoden zum Erreichen welcher Lernziele geeignet sind.

Ergänzend zu diesen Kurz-Formen der Reflexion und des Feedbacks hielten wir vor den Weihnachtsferien eine Zwischenbilanz. Nach einer Präsentation der Themenzentrierten Interaktion[27] und der Visualisierung der Grundstruktur „Ich–Wir–Es" in den Bedingungen des „Globe" überlegten die Studierenden in Kleingruppen, was sie im bisherigen Verlauf des Grundkurses wichtig und was sie schwierig fanden – im Blick auf die Themen, die Gruppe und die eigene Person. Stichworte dazu wurden auf Karten festgehalten und die Karten in der anschließenden Plenumsrunde den Aspekten des TZI-Modells zugeordnet. Dabei zeigte sich, dass die Teilneh-

---

[25] Vgl. Hilberath, Zwischen Vision und Wirklichkeit 139; Gutmann – Mette, Orientierung Theologie 44–47.

[26] Vgl. J. Wildt, Wie wirkt meine Lehre? Zu den Möglichkeiten, Feedback in Lehrveranstaltungen zu erhalten, in: Handbuch Hochschullehre (1996) A 1.4, 8–17.

[27] Vgl. M. Scharer, Begegnungen Raum geben. Kommunikatives Lernen als Dienst in Gemeinde, Schule und Erwachsenenbildung, Mainz 1995; C. Löhmer – R. Standhardt, Themenzentrierte Interaktion (TZI). Die Kunst sich selbst und eine Gruppe zu leiten, Mannheim ^{2}1994; G. Protele – M. Heger (Hg.), Hochschule und Lebendiges Lernen. Beispiele für Themenzentrierte Interaktion, Weinheim 1995.

menden mit der Gestaltung des Seminars weitgehend zufrieden waren und das „Dreieck" unseres Seminars sich in recht guter Balance befand. Allerdings wünschten einige Studierende sich in der Seminargruppe noch mehr Zusammenhalt. Mit Blick auf den „Globe" bzw. die institutionellen Rahmenbedingungen eines universitären Proseminars ließ sich jedoch klären, dass Lehrveranstaltungen im Umfang von zwei Semesterwochenstunden solche sozialen Bedürfnisse nur sehr begrenzt erfüllen können[28] und intensivere Gemeinschaftserfahrungen im Kontext des Studiums eher im theologischen Mentorat, in der Hochschulgemeinde und in anderen Begegnungsräumen möglich sind.

Die Auswertung der Hospitationen ergab eine weitere Gelegenheit zur Reflexion. Die Studierenden sprachen zunächst in Kleingruppen darüber, was nach ihrer Einschätzung in den hospitierten Stunden gut oder weniger gut gelaufen war. Im Plenum wurden die Einzelbeobachtungen zusammengetragen, geordnet und gewichtet und einige der Fragen diskutiert, die im Kontext der Hospitationen entstanden sind. Vor allem wurde das Verhältnis zwischen Glaubenstradition und Erfahrungen heutiger Schüler thematisiert und die Frage, wie ein Lehrer zugleich unterrichten, erziehen und Zeuge des Evangeliums sein kann.

Zur abschließenden Evaluation des Grundkurses füllten die Studierenden einen Fragebogen aus, mit dem ihre Einschätzung zum Erreichen der Lernziele, zu den Inhalten des Seminars, zum Lehr-Lernprozess und zu den ausgewählten Texten erfragt wurde. Die meisten Studierenden fanden die Arbeitsatmosphäre produktiv und die inhaltlichen Schwerpunkte gut gewählt. Sie meinten, dass die zu Beginn formulierten Lernziele weitgehend erreicht wurden. Zur Gestaltung und Leitung des Seminars gaben die Studierenden positive Rückmeldungen und die offene Frage, was ihnen hinsichtlich ihres späteren Berufs wichtig geworden sei, wurde überraschend ausführlich beantwortet. Nach dem Ausfüllen der Fragebögen kam es noch zu einem kurzen Gespräch darüber, was die Einzelnen aus dem Grundkurs „mitnehmen" und was sie lieber „da lassen" würden. Insgesamt war die Bilanz positiv.[29]

---

[28] Zu ähnlichen Erfahrungen an einem theologischen Institut vgl. Jendorff, Zur Praxis 166f.

[29] Die externe Evaluation mit einem standardisierten Fragebogen zeigte, dass der religionspädagogische Grundkurs 1999/2000 im Vergleich mit Proseminaren anderer Fakultäten und Universitäten bei 70% lag – d. h. 30% der mit dem Standardfragebogen ausgewerteten Kurse werden von den Studierenden besser eingeschätzt und 70% schlechter als dieser Grundkurs.

3. Chancen und Grenzen didaktischen Handelns im religionspädagogischen Proseminar

Die theologie- und hochschuldidaktische Reflexion einer Lehrveranstaltung bewirkt, dass die Lehrenden ihr Handeln konsequent auf das Lernen der Studierenden beziehen. Ein religionspädagogisches Proseminar unter Berücksichtigung der Strukturelemente didaktischen Handelns[30] zu planen und durchzuführen, bedeutet nicht nur, den individuellen theologisch-religionspädagogischen Lernvoraussetzungen der Studierenden und den Rahmenbedingungen des Lernorts Hochschule gerecht zu werden, sondern auch das Verhältnis von religionspädagogischer Theorie und Praxis in die Lehrveranstaltung einzubeziehen. D.h., dass auch das Zusammenspiel von Zielen, Inhalten und Methoden immer wiedermöglichst produktiv und erwachsenengerecht in den Kommunikationsprozessen zwischen Lehrenden, Lernenden und Themen auf den verschiedenen Ebenen der Veranstaltung (von der einzelnen Lernsituation bis hin zum Teilstudiengang) auszubalanciert werden muss.

Insofern das Theologiestudium primär die rationale, wissenschaftliche Auseinandersetzung mit der christlichen Glaubenstradition und die kritische Reflexion des je eigenen biographisch verankerten Glaubens intendiert, zielt auch das Studium der Religionspädagogik vor allem auf die wissenschaftliche Auseinandersetzung mit den Lehr-Lernprozessen im Glauben.[31] Das Erreichen entsprechender kognitiver Lernziele kann durch eine hochschul- und theologiedidaktisch konsequente Planung der universitären Lehrveranstaltungen optimiert und z. B. anhand von Klausuren überprüft und benotet werden. Eine Leerstelle, die durch die sachgemäße und didaktische Planung und Durchführung theologischer Lehrveranstaltungen nur ansatzweise gefüllt werden kann, ergibt sich aus dem Bezug der Lerninhalte auf die menschliche, christliche und berufliche Identitätsentwicklung der Studierenden. Eine Besonderheit theologischer Lehr-Lernprozesse liegt darin, dass der Glaube ein Gnadengeschenk Gottes ist und zugleich auf die Entscheidung des einzelnen angewiesen ist, sich auf den Ruf des Evangeliums einzulassen. Somit ist die christliche und berufliche Identität eines Theologiestudierenden didaktisch noch weniger „machbar" als seine personale und soziale Identität. Weil die Identitätsentwicklung eine Leistung des Einzelnen mit kognitiven, emotionalen, voluntativen und pragmatischen Anteilen ist, die in Auseinandersetzung mit dem sozialen Umfeld, in den einzelnen Lebensgeschichten und theologisch gesehen im Zusammenspiel von Freiheit und Gnade geschieht, sind den organisierten Lernprozessen

---

[30] Vgl. den Beitrag von Johannes Wildt in diesem Band.

[31] Vgl. Deutsche Bischofskonferenz, Rahmenordnung für die Priesterbildung Nr. 111.

bzw. dem didaktischen Handeln an theologischen Fakultäten und Instituten[32] Grenzen gesetzt.

Im religionspädagogischen Grundkurs bedeutet dies: die Lehrenden können zwar die Bedingungen für existenziell bedeutsame Lernprozesse schaffen und bei der Vermittlung fachwissenschaftlicher Kenntnisse nicht nur die theologisch-religionspädagogische Reflexionsfähigkeit fördern, sondern den Studierenden auch Anregungen zum Einüben der Lebens- und Glaubenskommunikation inklusive der Kompetenz des Bezeugens geben, doch didaktisch „machbar" ist letzteres nicht – in universitären Lehrveranstaltungen wohl noch weniger als an anderen Lernorten des Glaubens. Diesbezüglich sind dem didaktischen Handeln im Rahmen eines zweistündigen Proseminars in den vierzehn Wochen eines Semesters harte Grenzen gesetzt,[33] obwohl man den Studierenden in universitären Lernprozessen durchaus Anregungen zur Entwicklung ihrer Identität geben kann.[34] Auch bei Blockseminaren und Exkursionen können diese Grenzen nur bedingt geweitet werden, insofern auch diese Veranstaltungsformen universitäre Lehrveranstaltung sind und den Studierenden prüfungsrelevante Lerninhalte von ihren zukünftigen Prüferinnen und Prüfern vermittelt werden. Weil das theologische Mentorat und das Priesterseminar im Unterschied zu den Lehrveranstaltungen der Universität für die Studierenden nicht nur Lernorte, sondern auch Lebensorte „auf Zeit" sein können, sind ihre Angebote wichtige Ergänzungen der universitären Lernmöglichkeiten; hier können den Studierenden die notwendigen, weiterführenden Angebote zur Begleitung ihrer persönlichen Glaubensgeschichten gemacht werden.

---

[32] Zu den je eigenen Herausforderungen der Lehre an theologischen Instituten und Fakultäten vgl. A. Franz, Zwischen Hierarchie und Demokratie. Überlegungen zur Theologie als Universitätswissenschaft heute, in: Bulletin ET 11 (2000) 219–225, bes. 224f.; Jendorff, Zur Praxis 163–171.

[33] Als Beispiel für eine solche Grenze ist die Äußerung einer Studentin – im Kontext der Gruppenarbeit zur Frage nach den in der Erzählung vom Seesturm (Mk 4,35–41) überlieferten Glaubenserfahrungen –, dass sie gar nicht wisse, was Glaube eigentlich sei, und ob sie sagen könne: „Ich glaube." Im Zweiergespräch mit einer Dozentin konnte die Studentin ihre Frage zwar ein Stück weit klären, doch im Rahmen von 90-minütigen Seminarsitzungen mit 40 Studierenden kann man auf solche elementaren Fragen und Zweifel, sofern sie überhaupt zur Sprache kommen, kaum angemessen eingehen.

[34] Vgl. Blasberg-Kuhnke, Theologie studieren 9–18; Gutmann – Mette, Orientierung Theologie 191.

Eine Differenzierung zwischen Theologie- und Glaubensdidaktik hinsichtlich der Ziele und Lernorte trägt zur genaueren Bestimmung der Möglichkeiten und Grenzen didaktischen Handelns in der Lehre der Theologie bei.

Theologiedidaktik bezieht sich primär auf das Lehren und Lernen der wissenschaftlichen Theologie und lässt sich definieren als didaktische Reflexion der Ziele, Inhalte und Methoden in theologisch-reflexiven Lernprozessen. Aufgaben der Theologiedidaktik sind die Planung und Durchführung sowie die Analyse und Kritik von Lernprozessen, die auf die wissenschaftlich-kritische Reflexion des überlieferten Glaubens, der je „individuellen Theologie" der Studierenden und der „Theologie der Leute" ausgerichtet sind. „Im Sinne einer kritisch-diskursiven Vergewisserung" besteht ein Anliegen des Theologiestudiums und somit der Theologiedidaktik darin, „ein lebenslanges Theologie-Lernen" in Gang zu bringen, damit „nicht in verhängnisvoller Weise wissenschaftlich-kritische Reflexion und spirituelle Erbauung auseinander driften"[35]. Eine auf fachliches und existenzielles Lernen ausgerichtete Theologiedidaktik ist aber primär auf die kognitive Lerndimension ausgerichtet, d. h. auf die Strukturierung von Wissen, auf das kritische Hinterfragen und den souveränen Umgang damit. Solches theologiedidaktisches Handeln geschieht primär am Lernort Hochschule.

Glaubensdidaktik bezieht sich auf die Entwicklung des individuellen und gemeinschaftlichen Glaubensverständnisses in Lehr-Lernprozessen mit Kindern, Jugendlichen und Erwachsenen und schließt das Einüben einer christlichen Lebensart ein. Im Unterschied zur Theologiedidaktik ist Glaubensdidaktik zu definieren als didaktisch systematisiertes „Bedenken und Planen der Lehr-Lernmöglichkeiten des Glaubens", das kognitive Lernprozesse einschließt, sich aber „immer im Geheimnisbereich menschlicher Freiheit und göttlicher Gnade"[36] bewegt. Die Lernprozesse, in denen sich auch Studierende der Theologie persönlich auf den Zuspruch des Evangeliums einlassen, einen evangeliumsgemäßen Lebensstil entwickeln und mit den eigenen Haltungen, Handlungen und Worten überzeugend deutlich machen, wofür sie aufgrund ihres Glaubens einstehen, sind von persönlichen

---

[35] Gutmann – Mette, Orientierung Theologie 192. – Zu entsprechenden Überlegungen der Allgemeinen Hochschuldidaktik vgl. L. Huber, Hochschuldidaktik als Theorie der Bildung und Ausbildung, in: ders. (Hg.), Enzyklopädie Erziehungswissenschaft, Bd. 10, Stuttgart 1983, 114–138, 127f. Zu ähnlichen hochschuldidaktischen Überlegungen für Lehr-Lernprozesse in der Anglistik vgl. S. Dany – M. A. Kreienbaum, Von der Vorlesung zur Studierwerkstatt. Hochschuldidaktische Überlegungen zur anglistischen Lehre, in: B. Korte – K. P. Müller (Hg.), Anglistische Lehre aktuell. Probleme, Perspektiven, Praxis, Trier 1995, 261–267, 262.

[36] G. Bitter, Art. Glaubensdidaktik, in: LThK^3, Bd. 4, Freiburg/Br. 1995, 708f.

Erfahrungen und der Entscheidung der einzelnen abhängig. Die Beziehungsgeschichten zwischen Gott und den Menschen können durch didaktische Bemühungen zwar gefördert, aber niemals „hergestellt“ werden. Deshalb kann die Aufgabe einer Glaubensdidaktik „nur“ darin bestehen, Lebens- und Lernbedingungen zu schaffen, die für die individuelle Glaubensgeschichte förderlich sind, und die Glaubensgeschichte des Einzelnen mit dem Glauben einer christlichen Gemeinde zu verknüpfen.[37] Letzteres ist aber nicht die spezifische Aufgabe universitärer Lehrveranstaltungen der Theologie. Die Glaubensdidaktik hat im Unterschied zur Theologiedidaktik ihren eigentlichen Ort in katechetischen Zusammenhängen – für Studierende der Theologie also primär in den Gemeinden, zu denen sie während ihres Studiums gehören, in den theologischen Mentoraten und im Priesterseminar.

Die Theologiedidaktik hat ihren Ort primär an den theologischen Fakultäten und Instituten, die trotz des für sie charakteristischen, kognitiven Schwergewichts glaubensdidaktische Anliegen und existenzielle Lernprozesse nicht ganz an die anderen Glaubenslernorte delegieren können.[38] Weil nicht nur die Studierenden, sondern auch die Lehrenden der Theologie ihre je eigenen Lebens- und Glaubensgeschichte nicht „ablegen“ können, bevor sie einen Hörsaal betreten, und biographische Zugänge auch in universitären Lehr-Lernprozessen besonders fruchtbare Momente eröffnen, ist die Förderung biographischer Glaubensreflexion und existenziellen Lernens durchaus eines der vielen Ziele des Theologiestudiums. Eine darüber hinaus gehende Begleitung der individuellen Glaubensgeschichten, das Entdecken des Glaubens im gegenseitigen Erzählen, Teilen und Feiern christlicher Weggemeinschaften im Glauben, ist jedoch nicht die vorrangige Aufgabe der theologischen Fakultäten und Institute, sondern Aufgabe der Mentorate und Gemeinden, der Jugendverbände und anderer Glaubensgemeinschaften. Am Lernort Hochschule geht es in den theologischen Lehrveranstaltungen vor allem darum, die Studierenden zur wissenschaftlichen Reflexion des überlieferten Glaubens und seiner Praxis angesichts der Zeichen der Zeit zu befähigen, ihre Kompetenz zur eigenständigen theologischen Reflexion und entsprechende kommunikative Kompetenzen zu fördern.

---

[37] Vgl. Ders., Art. Glaubensdidaktik; Ders., Ansätze zu einer Didaktik des Glauben-Lernens – Versuch einer religionspädagogischen Selbstaufklärung, in: H.-G. Ziebertz – W. Simon (Hg.), Bilanz der Religionspädagogik, Düsseldorf 1995, 276–290.

[38] Vgl. Jendorff, Zur Praxis 167; B. J. Hilberath, Welche Theologie brauchen wir in der Fortbildung?, in: K. J. Ludwig (Hg.), Im Ursprung ist Beziehung. Theologisches Lernen als themenzentrierte Interaktion, Mainz 1997, 54–89, 77; K. Lehmann, Lehrerbildung als Herausforderung der Theologie, in: E. Nordhofen – Zentralstelle Bildung der DBK (Hg.), Dokumentation der Fachtagung „Religionslehrerbildung auf dem Prüfstand, 11–26, 25f.

C. INTERDISZIPLINÄRE BEISPIELE

THEOLOGIE IN BILDERN?

Ein Werkstattbericht

von Britta Frede-Wenger, Christian Heckmann, Ines Weber Tübingen

1. Warum Bilder?

1.1 Hinführung

Hätten Adam und Eva gekonnt, sie hätten es wohl geknipst: das Paradies, nach der Vertreibung – bevor sie auszogen. Jetzt leben wir schon lange nicht mehr im Paradies, aber vom Sehnen unserer Urahnen bleibt einiges: Verrät nicht das Klicken der Fotoapparate vor dem Auftritt eines großen Stars, bei Familienfesten oder vor einer bezaubernden Naturkulisse im Urlaub den heimlichen Wunsch Fausts, Herr zu sein über die Zeit, dem Augenblick Ewigkeit zu geben? Fotos halten für uns etwas fest, was wir nicht vergangen sein lassen wollen, was nicht vergessen werden soll. Sie sind greifbar, sinnlich: An ihnen macht sich Erinnerung fest. Sie halten für uns etwas fest, was aus dem Alltag heraus ragte. Nicht alles ist gleich-gültig. Manches hat einen Mehr-Wert. Bilder erinnern uns daran (auf dem Schreibtisch, dem Desktop, über dem Bett). Von ihnen lassen wir uns also unterbrechen, immer mal wieder.

Die meisten Menschen haben Fotos als Zeugnisse ihrer Geschichte. Wo es etwas in Erinnerung zu behalten gibt, wo etwas über den Moment hinaus gilt, dort macht man Bilder. Sie sind Zeugen unserer Geschichten, der kleinen, unbekannten und großen, bekannten, deren Bilder jeder kennt. Sie alle zeugen von Ereignissen, die etwas änderten, sind Zeugen von Schönem oder Schrecklichem. Und spätestens daran wird deutlich: Ein Foto ist nicht schon ein Bild. Es wird erst zum Bild, wenn Menschen ihm Sinn geben, es etwas be-deuten lassen, sonst ist es nur Material – Bild*material* nennen es die Journalisten.

Was aber, wo wir kein Foto mehr von einem solchen Ereignis haben? Was, wenn wir gar keins haben können oder wenn ein Foto nicht genügt? Und was schließlich, wenn wir etwas Verborgenes sichtbar machen wollen? Dann schafft der Mensch sich ein Bild, wird künstlerisch tätig. Insofern ist ein Bild, gleichgültig ob ein Foto oder ein Kunstwerk, immer schon ein produktiver, konstruktiver Umgang mit der Wirklichkeit und so Interpretation. Mit dieser gehen die Betrachter wiederum rezeptiv, konstruktiv, interpretierend um. Und damit ist ein bestimmtes Bild nicht dieses bestimmte Bild für den einen genauso wie für den anderen. Ein und dasselbe Bild kann unterschiedliche Bedeutungen haben. Wovon hängt das ab? Von der Zeit? Von den Menschen? Von ihrem Lebenskontext?

1.2 Bilder in der Christentumsgeschichte

Vom Paradies haben wir kein Foto. Und trotzdem haben seit den ersten Jahrhunderten des christlichen Glaubens Menschen Bilder geschaffen von der Geschichte der Menschen mit ihrem Gott. Was bedeuten Bilder im engeren Kontext der Christentumsgeschichte? Was bedeuten sie für uns Christen heute? Was haben sie für die Gläubigen vergangener Epochen bedeutet? Keine leichte Frage im Zeitalter der Massenmedien und des Internet. Gehen wir nochmals einen Schritt zurück.

Bereits die Ur-Kunden unseres Glaubens, das Alte und das Neue Testament, berichten von einzelnen Menschen in ihrer greifbaren geschichtlichen Situation: von ihren Sorgen und Nöten, von ihrem Glauben und Unglauben, von ihrer Freude und ihrer Sehnsucht nach Heil, und sie berichtet von einem Gott, der den Menschen in ihrer eigenen Geschichte begegnet: als Rettender, als Heilender, als Gebietender, als Richtender, als Tröstender, als Herrschender etc. Er unterbricht ihre Geschichte buchstäblich. So wie dort (im AT und NT) haben Gläubige später in Auseinandersetzung mit der christlichen Botschaft ihre Erfahrungen mit Gott gemacht, haben an ihm gezweifelt, sind gar verzweifelt, haben auf Sein rettendes Eingreifen gehofft.

Mit diesem Zentrum unseres Glaubens müssen wir uns heute als Theologen wissenschaftlich auseinander setzen. Zwar reflektiert die Theologie, wenn sie nach denkerischen Voraussetzungen dafür sucht, dass Menschen heute glauben können, vor allem philosophisch, aber das, wonach die Theologie mit menschlichen Mitteln fragt, hat seinen Ursprung nicht im Menschen selber, sondern liegt ihm voraus: in dem, was der Mensch erfahren hat. „Gott" in der Theologie ist zunächst nicht Objekt unserer Spekulation, sondern Gegenüber unseres Glaubens. Und daraus folgt: „Christliche Theologie gibt es *nicht*, zumindest nicht *primär*, als *Lehre*, sondern nur als Studium, als angespanntes Suchen nach dem, der nach christlichem Zeugnis *die Menschen längst gefunden hat, bevor diese ihn suchen.*"[1] Und obwohl wir diesem unserem Glauben auch in dessen wissenschaftlicher Gestalt gerecht werden müssen, ist Theologie gerade nicht ein in sich stabilisiertes

[1] Th. Freyer, Christliche Theologie – ihre Kontexte und die Frage nach ihrem Subjekt, in: Fachschaft Katholische Theologie (Hg.), Aus Liebe zur Schrift. Festschrift für Meinrad Limbeck, Tübingen (Selbstverlag) 2000, 45–57, 55.

System von Glaubensaussagen und Folgerungen und kann nicht Erfüllung finden als systematische Wissenschaft, als metaphysische Spezialdisziplin. Theologie setzt bleibend die Geschichte Gottes mit den Menschen voraus.

Theologie hat also fundamental etwas mit den Menschen selbst sowie mit dem Kontext der Glaubensgemeinschaft zu tun, die Gottes Wort in der Geschichte anruft und bezeugt. Sie ist eingebunden in das lebendige Zeugnis und wird nicht einzig in Texten jetziger und vergangener Epochen greifbar, sondern findet auch ihren Ausdruck in gemalten Bildern, Skulpturen etc. Mit Aloys Grillmeier gesprochen: „Der christliche Glaube hat nicht bloß in der Verkündigung des Wortes, in Schrift und theologischer Literatur seinen Ausdruck gefunden, er ist auch zum anschaulichen Bilde geworden."[2]

Wenn wir uns deshalb mit der Kirchen- und Theologiegeschichte beschäftigen, ist es nicht einfach die Geschichte von Gott, sondern auch und vor allem die „Geschichte des geglaubten Gottes"[3], auf deren Spuren wir uns begeben müssen. Es sind zunächst die Menschen und ihr Glaube, die es zu entdecken gilt. Die Geschichten und die Geschichte, die wir von unserem Gott erzählen, können nicht erzählt werden, ohne die Geschichten der Menschen, die mit ihm und um ihn rangen.

Für die abendländische westliche Tradition[4] sind Bilder nicht nur Niederschlag der Glaubensgeschichte, Geschichte des geglaubten Gottes, sondern sie versuchen – nun aber vom Menschen her – Gottes Einbruch in die Zeit als Unterbrechung der Zeit, gleichzeitig aber auch als Verweis und Hoffnung auf Erlösung, in der Mitte der Glaubensgemeinschaft lebendig sein zu lassen. Bilder repräsentieren das Erlebte, sie stellen uns die Geschichte Gottes mit den Menschen sinnenfällig vor Augen – aber sie interpretieren auch. In ihnen gibt der Künstler „der Geschichte Sinn" für die Gläubigen in ihrem je eigenen Heute. Warum zum Beispiel zeigen mittelalterliche Krippendarstellungen die Heilige Familie in mittelalterlichen Gewändern vor einer mitteleuropäischen Kulisse, wohingegen die Darstellungen des 19. Jahrhunderts dieselbe (Heilige Familie) eingebettet in die Hausvateridylle – Josef schreinernd am Tisch, Maria das Nähzeug auf dem Schoß, Jesus spie-

---

[2] A. Grillmeier, Der Logos am Kreuz. Zur christologischen Symbolik der älteren Kreuzigungsdarstellung, München 1956, VII.

[3] A. Holzem, Die Geschichte des „geglaubten Gottes". Kirchengeschichte zwischen „Historie" und „Memoria", in: A. Leinhäupl-Wilke – M. Striet (Hg.), Katholische Theologie studieren – Themenfelder und Disziplinen, Münster 2001, 73–103. Dieser formuliert wie folgt: „Indem wir uns mit den Menschen befassen, die vor uns Christen gewesen sind, den Prominenten wie den Marginalen, sprechen wir – mittelbar – von Gott. Wir sprechen von dem Gott, wie er geglaubt, geliebt, gefürchtet, erlitten und zurückgewiesen wurde." (74)

[4] Gerade in Bezug auf die Tradition, Bedeutung und Verwendung der Bilder unterscheiden sich die Kirchen des Ostens und die Kirchen des Westens erheblich. Man denke nur an die liturgische Bedeutung der Ikonen in der Orthodoxie.

lend den Eltern zu Füßen – abbilden? Weil Bilder Inkulturation des Glaubens in die jeweilige Zeit sind. Was François Bœspflug und Christian Heck über Christusbilder schreiben, gilt für Bilder allgemein: „Sie bilden die profane und sakrale Geschichte ihrer Welt ab und sie spiegeln die Leidenschaften und Gefühle der Menschen ihrer Zeit wider.“[5]

1.3 Zwischen Bilderverbot, Bilderverehrung und Bildersturm

Und dennoch sind Bilder weder unproblematisch, noch sind sie in der christlichen Kirche eine Selbstverständlichkeit. Sie haben vielmehr eine wechselvolle Geschichte hinter sich. Einige Schlaglichter seien genannt: Die Bilderlosigkeit des Judentums und auch noch die der Urkirche beruhen auf dem Bilderverbot im Dekalog (Ex 20,4; Dtn 5,8). Gott in seiner Transzendenz lässt sich nicht darstellen, er ist und bleibt unverfügbar – ein diesseitiges Bild anzubeten ist Götzendienst. Diese Bilderlosigkeit ist auch das Unterscheidungsmerkmal der ersten Christen gegenüber den paganen Religionen. Mit der Inkulturation des Christentums in die hellenistisch-römische Umwelt erfolgt der erste große Umschlag. „Der Christianisierung des bilderfreundlichen griechisch-römischen kulturellen Milieus entspricht die Hellenisierung des Christentums – z. B. auch durch die Indienstname der spätantiken Bildersprache der Kunst.“[6] „Das Bilderbedürfnis [der Gläubigen] erweist sich als stärker gegenüber den theologischen Skrupeln, die Theologie zieht nach, sanktioniert und legitimiert ein Faktum, an dem sie nicht mehr vorbei kann.“ Die Bilder setzen sich quasi „‘von unten‘ her durch“.[7] Allerdings ist es nur ein schmaler Grat zwischen dem Visualisierungsbedürfnis der Gläubigen und der Anbetung des Bildes selbst als Objekt. Die Kirchen- und Glaubensgeschichte zeigt nicht zuletzt in der Reformation, dass die Bilder aus der Überzeugung, nur das reine Wort der Schrift spiegele die wahre Lehre Christi, nur Christus allein und keineswegs die Bilder sollten angebetet werden, systematisch aus den Kirchen entfernt werden. Aber immer wieder entwickeln Menschen die Sehnsucht nach sinnlich-anschaulichen Zugängen zum Glauben.

---

[5] F. Bœspflug – Chr. Heck, Die Inkarnation und der Geist der Bilder. Die abendländische Kunst vom 8.–15. Jh., in: Christus in der Kunst. Von den Anfängen bis ins 15. Jahrhundert. Welt und Umwelt der Bibel 14 (1999) Nr. 4, 34–40, 35. Dieses Heft dient insgesamt als Ausgangspunkt und Quelle für unseren didaktischen Versuch.

[6] G. Lange, Christus im Spiegel der Kunst – Einblicke in die Geschichte des Christusverständnisses anhand exemplarischer Bilder, in: P. Biehl u. a. (Hg.), Jesus Christus in Lebenswelt und Religionspädagogik (Jahrbuch der Religionspädagogik 15), Neukirchen-Vluyn 1999, 173–194, 174.

[7] H. Fendrich, Die Christen und die Bilder, in: G. Jászai (Hg.), Imagination des Unsichtbaren. 1200 Jahre Bildende Kunst im Bistum Münster. Teil I, Münster 1993, 110–121, 112.

1.4 Bilder als Zugang zu Christentums- und Theologiegeschichte

Die hier verkürzt dargestellte *spannungsreiche Geschichte der Bilder* ist *Christentumsgeschichte*, ist Teil der Geschichte des geglaubten Gottes. Schrift und Bild waren und blieben seit dem Beginn der christlichen Bilderkunst zwei Spannungspole in der Christentumsgeschichte. Die Fragen, die diese Spannung bestimmten und die immer wieder neu beantwortet wurden, waren: Spiegelt allein die Schrift die wahre Innerlichkeit und gehen die Bilder in Äußerlichkeit auf? Hat allein das Wort geistige Dimension und vermitteln Bilder eher eine sinnliche und sind von daher abzulehnen? Anders formuliert: Stehen sich Text und Innerlichkeit und Bild und Äußerlichkeit gegenüber? Stimmen diese Zuschreibungen überhaupt?

Die *Geschichte der Bilder* ist gleichzeitig auch *Teil der Theologiegeschichte*. Bilder „machen Sinn", sie reflektieren, sie stellen uns den geglaubten Gott vor Augen als den, auf den wir unsere Hoffnung setzen können. Explizit wurde von Gregor dem Großen bis in die Scholastik den Bildern eine dreifache Funktion zugesprochen: „eine didaktische (sie belehren), eine mnemotechnische (sie erinnern) und eine affektive (sie rühren den Betrachter)."[8]

Theologiegeschichte – Christentumsgeschichte: diese beiden Spuren verfolgen wir, wenn wir uns auf die Fährte von ins Bild gesetztem Gottesglaube begeben, wenn wir Bilder vergangener Epochen betrachten und uns fragen, was auf ihnen dargestellt ist, warum Menschen ihrem Glauben so und nicht anders Ausdruck verleihen? Wir stoßen auf uns fremde Glaubensbeziehungen und entdecken, dass sich die Bedeutung von bestimmten Bildern im Laufe der Jahrhunderte verschieben kann, ja dass sie ihren Sinn ganz und gar verlieren können.

Bei der Betrachtung, Erklärung und Einordnung von Bildern in die Theologie und in die Christentumsgeschichte darf der Betrachter als aktiver, agierender Teil nicht außer Acht gelassen werden.[9] Nicht, wie wirkt das vorliegende Bild auch mich heute – das auch –, aber vor allem, wie wirkte das Bild auf den damaligen Betrachter, auf den Gläubigen, muss die Fragestellung sein.[10] Ziel des Bildes ist dann, „die Grenze zwischen den ver-

---

[8] Bœspflug – Heck, Die Inkarnation und der Geist der Bilder 35; A. Angenendt, Geschichte der Religiosität im Mittelalter, 2. überarb. Aufl., Darmstadt 2000, 123–147; H. Belting, Bild und Kult: eine Geschichte des Bildes vor dem Zeitalter der Kunst, München ^{2}1991.

[9] Diesen Fragen geht eine Forschungsgruppe an der Universität Münster nach (http://www.uni-muenster.de/Kultbild/).

[10] Man denke nur daran, wie Grünewalds Darstellung der Versuchung des Hl. Antonius auf einen Betrachter gewirkt haben muss, der von einer oft tödlichen Krankheit gezeichnet ins Isenheimer Hospital kam. Vgl. hierzu: R. Marquard, Mathias Grünewald und der Isenheimer Altar: Erläuterungen – Erwägungen – Deutungen, Stuttgart 1996.

schiedenen Realitätsebenen zu verschmelzen, dass ‚Wirklichkeit' wird, was ‚Bild' ist"[11]. Oftmals wird dem Betrachter „eine der Bildgestalten als Identifikationsfigur"[12] anheim gestellt, so dass er sich in dem jeweiligen Bild wieder finden und integriert wissen kann (vgl. die spätmittelalterlichen Malereien). Ziel ist letztlich die Verwandlung des Betrachters und die Umkehr desselben im Nacherleben des Bildthemas, was auf der nochmals höher angeordneten Ebene zu einer Verinnerlichung und Subjektivierung der Religion führt, die gleichfalls eine Wende in der Kunst nach sich zieht.[13]

2. *Werkstattbericht*

In diesem Sinne ist gerade das Bild als Medium in besonderer Weise geeignet, Studierende mit dem Facettenreichtum des „geglaubten Gottes" vertraut zu machen, Einblicke in die Theologie anderer Epochen zu schaffen, diese Gläubigen zu verstehen, aber eben auch das Werden des heutigen Gottesglaubens nachzuvollziehen. Die dichothomisch anmutende Fragestellung von Text und Innerlichkeit versus Bild und Äußerlichkeit war für uns Ausgangsfrage einer größeren Arbeitseinheit innerhalb eines Proseminars.

Dieses Seminar stellt unter dem Titel „Einführung in Grundfragen des christlichen Glaubens" den dogmatischen Baustein innerhalb des theologischen Grundstudiums dar und ist für Studierende aller Studiengänge verpflichtend. Zwei Teile bestimmen den inhaltlichen Duktus. In einem ersten hermeneutischen Teil werden grundsätzliche Fragen nach der Dogmatik als Glaubenswissenschaft behandelt. Im Sinne des „fides quaerens intellectum" wird nach der Einsichtigkeit des Glaubens im doppelten Wortsinn gefragt: nach der Möglichkeit eines „Wissens" des Transzendenten einerseits und nach dessen Nachvollziehbarkeit und wissenschaftlicher Reflexion andererseits. Im einem zweiten größeren Teil werden in Anlehnung an das Credo zentrale Sachverhalte des Glaubens aus den Bereichen der Gotteslehre, Christologie, Ekklesiologie und Eschatologie besprochen. In 1–2 Doppelstunden lernen die Studierenden exemplarisch an ausgewählten Texten zentrale dogmengeschichtliche Wegmarken kennen und üben eine systematische Reflexion ein.

Im Rahmen der Christologie-Sitzung standen erstmals anstatt des üblichen Textes verschiedene Bilder als Quellen im Mittelpunkt. In einem in-

---

[11] H. Fendrich, Die Christen und die Bilder 117.

[12] Ebd.

[13] Zum Gesamtkomplex vgl. auch Th. Lentes, „Andacht" und „Gebärde". Das religiöse Ausdrucksverhalten, in: B. Jussen – C. Koslofsky (Hg.), Kulturelle Reformation. Sinnformationen im Umbruch. 1400–1600 (Veröffentlichungen des Max-Planck-Instituts für Geschichte, Bd. 145), Göttingen 1999, 29–67.

terdisziplinären Projekt von Dogmatik und Kirchengeschichte ist im Sommersemester 2000 versucht worden, Christusbilder aus verschiedenen Jahrhunderten als Zeugnisse der Nachfolge Christi, aber auch als Ringen der Menschen mit der Person und der Botschaft des Mannes aus Galiläa zu sehen. Dies geschah – und dies liegt an der unaufgebbaren Konstellation von wissenschaftlicher Perspektive und existentiellem Glaubensvollzug, die die Theologie ausmacht – sowohl als theologische Reflexion auf die Aussage der Bilder über Glaube, Frömmigkeit und gesellschaftliche Situation, als auch in der Absicht, die Bilder als Ausdruck des Glaubens zu erfahren.[14]

2.1 Didaktische Grundlegung

Macht man sich im Medium der Bilder auf die Suche nach dem „geglaubten Gott", so heißt das für einen didaktischen Ansatz, dass sich das zu betrachtende Material zunächst erweitert. Die theologische Aussage eines Bildes ist nur zu bestimmen, indem der Kontext des Bildes, das zeitliche, örtliche und soziale Umfeld des Werkes und der ursprüngliche Betrachter in den Blick genommen wird, was eine subjektorientierte Hermeneutik zur Folge hat: Erster Ansatzpunkt ist der zeitgenössische Betrachter des Bildes; durch dessen Augen gesehen erscheint im Bild mehr oder zumindest anderes als das, was uns als heutigem Betrachter vielleicht unmittelbar vor Augen fällt. Der „geglaubte Gott" des damaligen Betrachters unterscheidet sich von unserem „geglaubten Gott" heute. Im „geglaubten Gott" erscheint der Glaube der Zeit und mit ihm die theologische Aussage eines Bildes.

Andererseits bedeutete dieser Anweg in der konkreten Umsetzung neben einer Erweiterung des Materials gleichzeitig eine Beschränkung bei der Auswahl der Bilder: Die bereits erwähnte unterschiedliche Bedeutung von Bildern in der Ost- und Westkirche[15], die erheblichen Änderungen mit Beginn der Neuzeit in der Rolle der Bilder, aber auch in der Kunsttheorie überhaupt machten verschiedene Vorentscheidungen notwendig. Zwar wäre es reizvoll, ein Christusbild von Dalí neben eine mittelalterliche Trinitätsdarstellung zu stellen, hätte aber sicherlich ebenso von der eigentlichen Zielsetzung abgelenkt wie die Reflexion auf die künstlerische und religiöse Suche nach dem wahren menschlichen Gesicht Jesu Christi, nach dem „vera icon", das in der östlichen Ikonographie aber auch in der westlichen Tra-

[14] Vgl. auch A. Stock, Wozu Bilder im Christentum? Beiträge zur theologischen Kunsttheorie, St. Ottilien 1990; C. Gärtner, Ein Bild sagt mehr als 1000 Worte. Warum TheologInnen nicht nur Bücher lesen sollten, in Leinhäupl-Wilke –Striet (Hg.), Katholische Theologie studieren 184–203.

[15] Da es gilt, diese Unterscheidungen wahrzunehmen und ihnen Rechnung zu tragen, haben wir uns sowohl in der Reflexion als auch in der pädagogischen Umsetzung bis auf eine Ausnahme auf mittelalterliche westliche Christusdarstellungen beschränkt.

dition des Schweißtuchs der Hl. Veronika breiten Raum einnahm. Nicht zuletzt das dogmengeschichtlichen Interesse der Einheit führte zur Auswahl eher *typologischer Christusdarstellungen vom frühen bis zum späten Mittelalter*, also Darstellungen, die sich mit dem Sinnbild und nicht mit dem wahren Abbild Christi befassen.[16] Für die Bildauswahl und die Reflexion stützten wir uns über weite Strecken auf das Sonderheft *Christus in der Kunst. Von den Anfängen bis ins 15. Jahrhundert* der Reihe *Welt und Umwelt der Bibel*.

Die eingangs genannte Erweiterung um den „Sitz im Leben“ forderte von den Studierenden, über eine bloße Analyse des Bildes und Aneinanderreihung von kirchengeschichtlichen Fakten hinaus vor allem Verknüpfungen herzustellen zwischen Bild und Kontext und damit Interpretationsleistungen zu erbringen. Beispielhaft sei die „Anbetung des Lammes“[17] genannt: Die theologische Aussage dieses Bildes, nämlich die Niederlegung aller weltlicher Macht, gewinnt einen anderen Aussagewert, wenn man berücksichtigt, dass das Bild sich nicht nur im *Codex Aureus*, also in einem Gebetbuch für König Karl den Kahlen findet, sondern denselben auf der gegenüberliegenden Seite abbildet und ihn so in besonderer Weise ins Bild hinein nimmt. So wird die Bildunterschrift der Illumination, dass Karl „die Vision des Lammes betrachtete und darum betet, sie in Ewigkeit schauen zu dürfen“[18], sinnfälliger Ausdruck.

Freilich geht das Ergebnis eines solchen Anweges nicht in einem rein kultur- oder theologiegeschichtlichen Produkt auf. Im Zeugnis einer Zeit erscheint uns der Christus der Zeit: als Tröster, als Herrscher, als Person der schöpferischen Trinität – immer aber als Gott, der auch unser Gott heute ist.

In dreifacher Weise zeigte sich die Betrachtung von Christusdarstellungen deshalb auch als implizit prozessorientiert, weil durch diese Vorgehensweise in den Studierenden (hoffentlich) eine Anfrage aufgeworfen, ein Prozess in Gang gesetzt wurde, der innerhalb des Projekts nicht thematisiert oder verfolgt werden konnte – und auch nicht unbedingt sollte:

(1) Ein Ansatz, der sich dem Bild „durch die Augen“ des ursprünglichen Betrachters zu nähern versucht, stellt die Frage nach der Aussage des Bildes für mich als Betrachter heute. Ein Kunstwerk hat auch heute „etwas zu sagen“, seine verkündigende Funktion erschöpft sich nicht in der Zeit, in der es entstand. Besonders in der Auseinandersetzung mit Matthias Grünewalds „Isenheimer Altar“ entstand bei Studierenden wie Lehrenden der Wunsch

---

[16] Zur Unterscheidung dieser beiden Darstellungstypen vgl. Lange, Christus im Spiegel der Kunst, v. a. 176–183. Ebenso K. Winnekes (Hg.), Christus in der bildenden Kunst. Von den Anfängen bis zur Gegenwart, München 1989, v. a. 13–31.

[17] „Die Anbetung des Lammes“ (Illumination des Codex Aureus aus St. Emmeran, Mitte des 9. Jh.), in: Christus in der Kunst 41.

[18] Christus in der Kunst 41.

nach einer Begegnung mit dem Kunstwerk. Diese Begegnung wird unter anderem die Frage stellen müssen, welchen Ort das Kunstwerk in einer heutigen Spiritualität haben kann.

(2) In der „Methodenorientierung“ des Ansatzes liegt eine Chance für das „Weitergären“ der Frage – auch in geändertem Kontext. Nun war die Zielgruppe der Einheit ein Seminar von angehenden Priestern, pastoralen Mitarbeitern und Religionslehrern, d. h. von jungen Frauen und Männern, die in ihrem zukünftigen Beruf mit und in Kirchen, und das heißt mit und in künstlerischen Zeugnissen aus der Christentumsgeschichte arbeiten werden. Die Chance unserer Einheit liegt deshalb in einer möglicherweise geschärften Wahrnehmung christlicher Kunst in anderen Zusammenhängen. Warum haben die Baumeister früherer Jahrhunderte „meine“ Pfarrkirche in genau dieser Weise gebaut. Kann ich mich darin wieder finden, wie kann ich mich zu diesem Zeugnis des Glaubens verhalten, wie kann ich es heute für mich fruchtbar machen?

(3) Dies führt zur dritten möglichen Dimension eines angestoßenen Prozesses. Begegnet uns ein religiöses Kunstwerk als das Ergebnis des Ringens von Menschen einer bestimmten Zeit um ihren Gott, so stellt es uns auch vor die Frage nach *unserem* Ringen mit Gott. Wie begegnet uns Gott heute? Welches „Bild“ entspricht unserer Spiritualität? Wie sähe das Christusbild unserer Zeit aus, und warum?

2.2 Projektbeschreibung

Der Kurs bestand aus 31 Teilnehmerinnen und Teilnehmern, die 3 Wochen vor der Projektsitzung in 6 Gruppen aufgeteilt wurden. Jede Gruppe erhielt eine Christusdarstellung als Farbkopie, versehen mit einer für alle Gruppen identischen Arbeitsanweisung, um bei aller Unterschiedlichkeit der Bilder ein gewisses Maß an Vergleichbarkeit herzustellen.

Das Lehrexperiment selbst, das einen zeitlichen Rahmen von einer Doppelsitzung (= 4 Unterrichtsstunden) umfasste, wurde mit Hilfe von Referaten der Studierenden gestaltet. Diese Form gewährte, dass (a) jede und jeder an diesem Tag zum Kursgeschehen beitrug, und (b) durch die Abwechslung der Bilder und der gruppenspezifischen Anwege ein Gesamtbild entstehen konnte.

Die ausgewählten Bilder

1. Heilung der blutflüssigen Frau (Rom, Marcellinus-Petrus-Katakombe, 1. Hälfte des 4. Jh.)[19],

[19] Vgl. die Abb. in: Christus in der Kunst 2.

2. Pantokrator: Kuppeldarstellung (Lagouderá, Zypern, Wandmalerei, 1192)[20],
3. Die Anbetung des Lammes (Illumination des Codex Aureus aus St. Emmeran, Mitte des 9. Jh.)[21],
4. Die schöpferische Dreifaltigkeit und das Sechstagewerk (Miniatur aus der Lothianbibel, um 1220)[22],
5. Bronzekruzifixus (ca. 6. Jh.)[23],
6. Isenheimer Altar: Kreuzesdarstellung (Matthias Grünewald, 1511–1516)[24].

Die Arbeitsanweisung

1. Analyse des Bildes anhand der ausgegebenen Farbkopie! (Wer ist dargestellt? Wie? Welche Szene ist dargestellt? Welche weiteren Personen? Warum? Symbole, Ornamente, Farben ...?)
2. Wann ist das Bild entstanden? Welche Probleme waren zu dieser Zeit in Frömmigkeit und Kirche aktuell? Wo hat das Bild seinen „Sitz im Leben"?
3. Welche theologischen Aussagen finden sich in diesem Bild? Warum?

Ziel: Jede Gruppe sollte mit Hilfe der Fragestellungen ein dreiteiliges, 15–20 Minuten umfassendes Referat gestalten, das neben der Bildanalyse eine und zeit- und theologiegeschichtliche Einordnung leisten sollte. Die Gestaltung stand der Gruppe ebenso frei wie das Einbeziehen von unterstützenden Schrifttexten, Skizzen, weiteren Bildern, Musik etc. Je nach Gewichtung der drei Zugänge und dem vorhandenen Hintergrundwissen zeigten die jeweiligen Gruppen unterschiedliche Gestaltungen, die letztlich die Kreativität derselben spiegelten.

Die praktische Durchführung

Einstieg: Blitzlicht unter der Frage: „Hängt in deinem Zimmer an einer herausragenden Stelle (über dem Bett, am Schreibtisch, an der Wand) ein Bild oder Foto, das dir wichtig ist – und warum hängt das dort?"
Die Äußerungen blieben unkommentiert.

[20] Vgl. die Abb. in: Christus in der Kunst 22; erläuternd sei hier zugefügt, dass an dieser Stelle die Diskussion des wahren Abbildes Christi zugunsten des Typs des Pantokrators zurückgestellt wurde.
[21] Vgl. die Abb. in: Christus in der Kunst 41.
[22] Vgl. die Abb. in: Christus in der Kunst 57.
[23] Vgl. die Abb. in: Chr. Beutler, Der älteste Kruzifixus. Der entschlafene Christus, Frankfurt/M. 1992.
[24] Vgl. die Abb. in: Christus in der Kunst 68.

Ziel: Über den persönlichen Einstieg hinaus sollte der Blick für die einleitend dargestellte „Unterbrechungs- und Erinnerungs“-Funktion von bildlichen Darstellungen geschult werden. Zudem sollten die Teilnehmer darauf aufmerksam werden, dass die Bedeutung eines Bildes von der Interpretation des Betrachters abhängt.
Ergebnis: Die genannten Bilder reichten von einem Teamfoto der Lieblingsfussballmannschaft bis zu einem Kreuz, von einem Foto des/der Partners/Partnerin bis zu einem Mitbringsel aus dem Urlaub. Sie dienen der Erinnerung an bestimmte Ereignisse und Personen, an etwas, was im Leben der Studierenden von zentraler Bedeutung ist.

Erste Einheit Referate:

Die Bilder wurden per OHP-Folie an die Wand projiziert.

1. Die Heilung der blutflüssigen Frau

a. *Darstellung* einer biblischen Szene (Heilung), Jesus Christus in der Tradition eines römischen Gottes (?), starke Gestik;
b. *Kirchengeschichtliche* Situation: Ende der Christenverfolgungen, sich emanzipierende Kirche, die buchstäblich „aus den Löchern kommt“, Sitz im Leben: Katakombenmalerei;
c. *Theologiegeschichtliche* Situation: Auseinandersetzung mit dem Arianismus, Frage nach der Göttlichkeit Jesu.

2. Christus als Pantokrator

a. *Darstellung:* Christus als Erlöser und Herrscher über die Welt, ihn umgebende Propheten und Engel, Farbsymbolik, Segensgeste;
b. *Kirchengeschichtliche* Situation: Zypern als Teil des oströmischen Reiches, besondere Stellung der Bilder (Bilderstreit), rege Kunstproduktion, Stärkung der Bindung der Zyprioten an die orthodoxe Kirche aufgrund der Eroberung Zyperns durch die Kreuzfahrer (Bedrohung aus dem Westen), Sitz im Leben: in der Apsis und damit im Gottesdienst;
c. *Theologiegeschichtliche* Situation: Ausbau der christologischen Theologie, Christus als Schöpfungsmittler, Weltherrscher und göttlicher Logos.

Anschließendes Gespräch

Diskussionsschwerpunkt: Die Darstellung Jesu von Nazareth einerseits als konkretem Menschen, andererseits als Christus und Messias eröffnete die zentrale Fragestellung nach der Darstellbarkeit von göttlicher und menschlicher Natur Jesu Christi. Die Auseinandersetzung führte zur Entdeckung, dass in beiden Bildern Elemente des Menschlichen wie des Göttlichen zu finden sind.

Zweite Einheit Referate:

3. Die Anbetung des Lammes

a. *Darstellung:* Illustration einer Vision (Offb 4,4), Symbolik des Bildaufbaus (oben/unten, innen/außen), der Farben (gold, grün), der Motive (Lamm, Stern, die Ältesten, die Regenbögen etc.), Verweis auf Karl den Kahlen;
b. *Kirchengeschichtliche* Situation: Karolingische Kirchen- und Bildungsreform, weltlicher Herrscher als „rex et sacerdos“, Verbindung von kirchlicher und weltlicher Macht im Frühmittelalter, Einfluss von Wandermönchen, Sitz im Leben: Illumination des Codex Aureus (königliches Gebetbuch);
c. *Theologiegeschichtliche* Situation: Erster Abendmahlsstreit.

4. Die schöpferische Dreifaltigkeit und das Sechstagewerk

a. *Darstellung:* Trinität als Zentrum der kosmischen Ordnung, Farbsymbolik, Symbolik der Gesten (der trinitarischen Figuren), Symbolik der Formen (Nimben, Ranken, Kreise), Darstellung des Sechstagewerks der Schöpfung;
b. *Kirchengeschichtliche* Situation: Entwicklung und Bedeutung der Städte, Funktion von Bildern in der Frömmigkeit, Sitz im Leben: Miniatur aus der Lothianbibel;
c. *Theologiegeschichtliche* Situation: Hochscholastik, Systematisierung des Glaubens, Auseinandersetzung um das filioque, Trennung von Ost- und Westkirche.

Anschließendes Gespräch

Diskussionsschwerpunkt: Zunächst zeigte sich die Möglichkeit der Illustration theologischer Inhalte in verdichteter und symbolischer Form als besonders aussagekräftig in der filioque-Problematik. Weiterhin führte die Reflexion auf die Stellung Karls des Kahlen zur dargestellten Vision zur Frage nach der Rolle des Betrachters und dessen Funktion im Kunstprozess.

Dritte Einheit Referate:

5. Bronzekruzifix

a. *Darstellung:* älterer, untersetzter Toter, der fast schlafend wirkt, mit markantem Gesicht und Oberkörper, Lendentuch, stehend und hängend zugleich;
b. *Kirchengeschichtliche* Situation: Zeit der Kontinuität *und* des Wandels, Abschluss der Völkerwanderung und Neugründung der Germanenreiche, Eigenkirchenwesen, Sitz im Leben: vermutlich kleines Altarkreuz;
c. *Theologiegeschichtliche* Situation: Arian. Kontroverse, Bilderstreit.

6. Kreuzesdarstellung des Isenheimer Altars

a. *Darstellung:* Realismus, extreme Geschundenheit des Körpers, Komposition der verschiedenen Figuren (Maria, Maria Magdalena, Johannes, Johannes der Täufer, der auf den Toten weist), eucharistische und soteriologische Symbolik (Lamm mit Kreuz), Bedeutung des Schriftzitats;
b. *Kirchengeschichtliche* Situation: Zeit des Umbruchs (Reformation, Bauernkrieg), spätmittelalterliche Frömmigkeit, Kirche als Heilsinstitution (Christus, Maria und die Heiligen als Mittler zu Gott), Sitz im Leben: Isenheimer Hospital der Antoniter;
c. *Theologiegeschichtliche* Situation: Reformatorische Fragen.

Anschließendes Gespräch

Diskussionsschwerpunkt: Die Kreuzesdarstellung verweist einerseits auf den heilbringenden Tod als Beginn neuen Lebens und als Zeichen der Versöhnung und Erlösung. Andererseits steht das Kreuz aber auch für die reale Leidens- und Foltersituation. Tod und Erlösung als Themen dieser Darstellung unterstreichen die Bedeutung des Altars für die Kranken des Spitals.

Abschließendes Blitzlicht:

Was bleibt? Was war beeindruckend? Was nicht?

2.3 Gesamteinschätzung

Das Projekt wurde von Lehrenden und Lernenden als auf ganzer Linie gelungen empfunden. Zentrale Fragestellungen, Probleme und Anfragen an die Christologie wurden im vollen Wortsinn „gesehen“ und auch verstanden. Die Studierenden zeigten in den auf diese Einheit folgenden Seminarsitzungen ein deutlich geschärftes Problembewusstsein bezüglich der theologischen und historischen Fragestellungen innerhalb der Christologie und ihrer gegenseitigen Verbindungen und Abhängigkeiten. Die Studierenden selbst artikulierten ihren Lernprozess wie folgt: dass christologische Fragen ohne den historischen Kontext nicht verstehbar sind, dass es auf die Frage Jesu, „ihr aber, für wen haltet ihr mich?“ (Mt 16,15) weder synchron noch diachron eine einfache Antwort gibt, wieviel Theologie in Bildern steckt und dass diese nicht nur Gegenstände in einem Museum sind, dass Bild und Betrachter in einem Verhältnis stehen und Bilder auch nach mehreren hundert Jahren noch zu ihnen sprechen können / lebendig Erfahrungen vermitteln können

Über diese inhaltlichen Fragen hinaus förderte unser Projekt die interdisziplinäre Zusammenarbeit an der Hochschule und machte die theologischen Verbindungslinien zwischen den einzelnen Fachdisziplinen (hier Dogmatik und Kirchengeschichte) auch für Studierende transparent.

Die direkte Zusammenarbeit von uns Lehrenden im Team hat sich auf mehreren Ebenen als sehr erfolgreich erwiesen. In der Planung war das Spezialwissen der anderen eine Bereicherung, zugleich aber auch Motivation. Die konsequente Arbeitsteilung in der Vorbereitung und die abwechselnde Diskussionsleitung der Sitzung wirkte erleichternd. Letztlich aber bekam auch für uns die Theologie mehr Farbe und wurde in den Bildern lebendig. Sie machten uns den direkten Zusammenhang von Glaubensaussagen und Frömmigkeit auf ihre ganz eigene Weise erneut präsent.

Die produkt- und prozessorientierten Fragestellungen griffen so fruchtbar ineinander, dass sich bei den Studierenden der Wunsch nach einer persönlichen Begegnung mit den Kunstwerken einstellte. Dies konnte in Form einer Tagesexkursion zum Isenheimer Altar ins Unterlinden Museum Colmar verwirklicht werden. Sie wurde verbunden mit einem Besuch des Straßburger Münsters.

Insgesamt zeigt sich, dass ein derartiges Projekt nicht auf Christus-Bilder beschränkt bleiben muss. Neben anderen theologischen Inhalten (z. B. Maria, Theodizee, Weltengericht etc.) sind auch weitere Ausdrucksformen menschlicher Religiosität (Architektur, Musik) für einen derartigen Zugang geeignet.

Dieses Projekt ist keineswegs auf den Hochschulbetrieb beschränkt. Je nach Anlass und Inhalt eignet es sich sicherlich ebenso für Lehrerfortbildungen und Erwachsenenbildungsveranstaltungen sowie in der Schule.

Wir leben nicht mehr im Paradies (in der Welt, wie sie sein sollte), Adam und Eva mussten ja ausziehen. Eines aber drückt sich in allen Bildern aus, besonders aber in den religiösen: Das, was ist, ist nicht alles. Bilder zeichnen dieses Mehr gegenüber der Wirklichkeit, wie sie sich etabliert hat, ein in unsere Welt. Sie sind unsere „Negative“ vom Paradies.

Kirchengeschichte und Kirchenrecht in hochschuldidaktischer Kooperation

von Norbert Wolff, Benediktbeuern

1. Überlegungen zum Verhältnis der beiden Disziplinen

Kirchengeschichts- und Kirchenrechtswissenschaft verfügen über eine Gemeinsamkeit, die sie von allen übrigen theologischen Disziplinen – mit Ausnahme der Teildisziplin der Ekklesiologie – unterscheidet: Sie führen die *Kirche* im Namen, was zu der Annahme verleiten könnte, beide hätten es mit demselben Materialobjekt zu tun, das jeweils unter historischer bzw. juristischer Perspektive zu betrachten wäre. Dies trifft allerdings nur bedingt zu, und es ist ferner zu konstatieren, dass auch innerhalb der genannten Fächer nicht immer Einigkeit darüber besteht, wie der Gegenstand zu definieren sei, mit dem man sich zu befassen habe.

Was die Kirchengeschichte anbetrifft, kann festgestellt werden, dass sich in den letzten Jahrzehnten – insbesondere nach dem II. Vatikanischen Konzil – der fachliche Blickwinkel geweitet hat, indem etwa die kirchliche Alltagsgeschichte eine stärkere Berücksichtigung erfuhr und auch Erscheinungsformen religiösen Lebens außerhalb der „offiziellen" Kirche(n) in die Betrachtung mit einbezogen wurden.[1] Hubert Jedin nannte im Jahre 1962 als „*Gegenstand* der Kirchengeschichte ... das Wachstum der von Christus gestifteten Kirche in Zeit und Raum" und wies darauf hin, dass man sich hinsichtlich dieses Gegenstandes an der „Glaubenswissenschaft" zu orientieren habe, wobei er hinzufügte, dass die Kirche geschichtlich – und damit Veränderungen unterworfen – sei. Ausdrücklich betonte er, dass es sich bei der Kirchengeschichte um eine „theologische Disziplin" handele, die sich

---

[1] Literaturangaben dazu bei B. Henze, Menschwerdung im Verstehen der Vergangenheit: Eine kirchengeschichtliche Perspektive, erläutert am Fall der Beginen, in: B. Henze (Hg.), Studium der Katholischen Theologie. Eine themenorientierte Einführung, Paderborn u. a. 1995, 101–130, hier 129f. – Vgl. auch K.-V. Selge, Einführung in das Studium der Kirchengeschichte, Darmstadt 1982; O. Weiß, Religiöse Geschichte oder Kirchengeschichte? Zu neuen Ansätzen in der deutschen Kirchengeschichtsschreibung und Katholizismusforschung – Ein Forschungsbericht, in: Rottenburger Jahrbuch für Kirchengeschichte 17 (1998) 289–312; B. Jaspert (Hg.), Ökumenische Kirchengeschichte. Probleme – Visionen – Methoden, Paderborn – Frankfurt/M. 1998.

„von einer Geschichte des Christentums“ unterscheide.[2] Stärker als Jedin stellt 35 Jahre später Klaus Ganzer die Geschichtlichkeit der Kirche heraus: „Der Kirchengeschichte ist nicht ein von der Dogmatik in übergeschichtlicher Weise formulierter theologischer Begriff der Kirche vorgegeben, in dessen Rahmen sie sich bewegen darf.“ Auf dem Hintergrund dieser Auffassung sieht Ganzer weniger als Jedin die Notwendigkeit, Kirchengeschichte und Christentumsgeschichte voneinander abzugrenzen: „Umfassender als eine Kirchengeschichte ist eine Geschichte des Christentums, da sie auch all jene Formen und Bewegungen umfaßt, die nicht kirchenbildend gewirkt haben“.[3]

Es liegt in der Natur der Sache, dass die Kirchenrechtswissenschaft (Kanonistik) einen engeren Kirchenbegriff verwendet als die Kirchengeschichtswissenschaft, befaßt sie sich doch mit der für eine bestimmte, konfessionell geprägte Gemeinschaft „verbindlichen Lebensordnung“[4]. Winfried Aymans weist darauf hin, dass „katholisches Kirchenrecht, auch *kanonisches Recht* genannt, ... von dem *Recht nichtkatholischer Kirchen und kirchlicher Gemeinschaften* zu unterscheiden“[5] sei. In der heutigen Kanonistik, die ihren akademischen Ort üblicherweise nicht mehr in der juristischen, sondern in der theologischen Fakultät hat,[6] scheint die Tendenz vorzuherrschen, sich auf die Erforschung und Erläuterung des Kirchenrechts innerhalb des von Aymans definierten Rahmens zu konzentrieren und staatliche Gesetze, die die Kirche betreffen, bzw. zwischen Kirche und Staat getroffene vertragliche Regelungen eher am Rande zu behandeln. Zumindest gilt dies für den Diplomstudiengang Katholische Theologie an den meisten deutschsprachigen Fakultäten.[7]

Eine Gemeinsamkeit, die auf einer formalen Ebene zwischen Kirchengeschichte und Kirchenrecht vorliegt, darf nicht unerwähnt bleiben: Die beiden theologischen Disziplinen verfügen über profane Schwesterwissenschaften und üben so eine Brückenfunktion[8] aus zwischen Theologie auf der einen und allgemeiner Geschichts- bzw. Rechtswissenschaft auf der anderen Seite. Denn Kirchengeschichtler und Kirchenrechtler arbeiten jeweils

[2] H. Jedin, Einleitung in die Kirchengeschichte, in: Handbuch der Kirchengeschichte, hg. v. H. Jedin, Bd. 1, Freiburg/Br. – Basel – Wien 1962, 1–55, hier 2.

[3] K. Ganzer, Art. Kirchengeschichte, Kirchengeschichtsschreibung. I. Gegenstand, in: LThK³, Bd. 6, Freiburg/Br. 1997, 1. – Vgl. auch V. Conzemius, Art. Christentum. IV. Geschichte des Christentums, in: LThK³, Bd. 2, Freiburg/Br. 1994, 1118–1120.

[4] W. Aymans, Art. Kirchenrecht. I. Abgrenzungen, in: LThK³, Bd. 6, Freiburg/Br. 1997, 41.

[5] Ebd.

[6] Vgl. R. Weigand, Art. Kanonistik, in: LThK³, Bd. 5, Freiburg/Br. 1996, 1188–1197, hier 1196f.

[7] Von speziellen Ausbildungsgängen – etwa am Kanonistischen Institut in München – ist an dieser Stelle nicht die Rede.

[8] Weigand, Kanonistik 1197 bezeichnet die Kanonistik als „Brückenfach“.

mit einem methodischen Instrumentarium, das auf weite Strecken dem ihrer Kollegen in den weltlichen Disziplinen entspricht.

In der Kirchengeschichte besteht ein grundlegender Konsens, dass die historisch-kritische Methode zur Anwendung gelangen solle.[9] Da sich diese Methode allerdings aufgrund der Verschiedenheit der zu konsultierenden Quellen nicht sehr einheitlich darstellt,[10] wäre es angebracht, von einem Methodenbündel zu sprechen. Zur kritischen Beschäftigung mit den Quellen kommt überdies noch die Wertung hinzu, die vom (theologischen) Standpunkt des Historikers abhängt.

Anders als in der Kirchengeschichte wird in der Kanonistik in der Regel nicht einfach von der Anwendung einer von der profanen Schwesterwissenschaft entlehnten bzw. zusammen mit ihr entwickelten und benutzten Methode – in diesem Fall der juristischen – gesprochen, sondern zusätzlich der theologische Charakter des Faches in seiner Relevanz für das methodische Vorgehen herausgestellt. Bei Georg May heißt es etwa, dass die „juristische Methode unter Beachtung theologischer Prinzipien"[11] anzuwenden sei, während Aymans die Kanonistik als „eine theologische Disziplin" bezeichnet, „die gemäß den Bedingungen ihrer theologischen Erkenntnisse mit juristischer Methode arbeitet."[12] Bei Rudolf Weigand ist von einer „eigenen kanonistischen Methode, die aus einer Mehrzahl von Methoden besteht," die Rede und in diesem Zusammenhang auch davon, dass die Kirchenrechtswissenschaft „bei der Frage nach der konkreten Entstehung der Normen und Rechtsinstitute" historisch vorzugehen habe.[13]

Man könnte sagen, dass die beiden in diesem Aufsatz behandelten theologischen Disziplinen menschliches Handeln in einem christlichen bzw. kirchlichen Kontext thematisieren. Dabei geht die Kirchengeschichte eher deskriptiv, das Kirchenrecht eher normativ vor. Sowohl die von den deutschen Bischöfen erlassene Rahmenordnung für die Priesterbildung[14] als auch die von ihr abhängige Studienordnung der Philosophisch-

[9] Vgl. K. Ganzer, Art. Kirchengeschichte, Kirchengeschichtsschreibung. II. Methode, in: LThK[3], Bd. 6, Freiburg/Br. 1997 1f.; M. Heim, Einführung in die Kirchengeschichte, München 2000, 15–17.

[10] Vgl. Henze, Menschwerdung 124–127.

[11] G. May, Kirchenrechtswissenschaft und Kirchenrechtsstudium, in: Handbuch des katholischen Kirchenrechts, hg. v. Joseph Listl/Heribert Schmitz, Regensburg [2]1999, 92. – Vgl. auch G. May – A. Egler, Einführung in die kirchenrechtliche Methode, Regensburg 1986, 19–22.

[12] W. Aymans (Bearb.), Kanonisches Recht. Lehrbuch aufgrund des Codex Iuris Canonici, begr. v. Eduard Eichmann, fortgef. v. Klaus Mörsdorf, Bd. 1, Paderborn – München – Wien – Zürich 1991, 71.

[13] Weigand, Kanonistik 1197.

[14] Deutsche Bischofskonferenz, Rahmenordnung für die Priesterbildung, in: Arbeitshilfe 100, Bonn 1988.

Theologischen Hochschule Benediktbeuern[15] nennen als eines der Ziele des Studiums der beiden Fächer die Ermöglichung eines verantwortungsbewußten seelsorgerischen Handelns in der heutigen Zeit.[16] Im Bereich der Kirchengeschichte soll dieses Ziel u. a. dadurch erreicht werden, dass die „Fähigkeit zum kritischen Umgang“ mit Quellen und das „Verständnis kirchengeschichtlicher Zusammenhänge“ gefördert werden. Dabei soll auch die „Kontinuität, Komplexität und Relativität kirchengeschichtlicher Entwicklungen“ zur Sprache kommen.[17] Im Bereich des Kirchenrechts soll das Ziel u. a. durch die Aneignung eines „theologisch fundierten und rechtlich orientierten Verständnisses der Kirche“ erreicht werden.[18] Eigens wird noch erwähnt, dass auch „rechtsgeschichtliche Zusammenhänge aufgezeigt werden“ sollen.[19]

2. *Anknüpfungspunkte für eine Kooperation*

In vergangenen Jahrhunderten existierten bisweilen engere Beziehungen zwischen Kirchengeschichte und Kirchenrecht als heute, so dass es als gerechtfertigt erscheint, von *historischen* Anknüpfungspunkten für eine Kooperation der beiden Fächer zu sprechen. Wo beispielsweise Juristen vor der Aufgabe standen, das Vorhandensein alter Rechte zu beweisen, hatten sie häufig Quellenarbeit zu betreiben und damit gewissermaßen eine historische Methode anzuwenden. Der Benediktbeurer Mönch Karl Meichelbeck (1669–1734), der als einer der Väter der modernen (Kirchen-) Geschichtswissenschaft in Bayern gilt, war nach juristischen Studien, die er an der Salzburger Universität betrieben hatte, in verschiedenen Rechtsgeschäften für sein Kloster tätig. Aus diesem Grund mußte er sich mit den Originalurkunden beschäftigen, die die Besitzansprüche des Klosters dokumentierten. Hierzu erwies es sich als notwendig, das klösterliche Archiv neu zu ordnen und die alten Handschriften der Bibliothek zu studieren – Aktivitäten, die

[15] Philosophisch-Theologische Hochschule der Salesianer Don Boscos [PTH] Benediktbeuern – Theologische Fakultät, Studienordnung, Ordnung für die Diplomprüfung, Ordnung für die Sprachprüfung in Latein und Griechisch, Ordnung für die Sprachprüfung in Hebräisch, Benediktbeuern 1999.

[16] Vgl. Deutsche Bischofskonferenz, Rahmenordnung für die Priesterbildung Nr. 49 u. 57f.; PTH Benediktbeuern, Studienordnung 17f.

[17] Deutsche Bischofskonferenz, Rahmenordnung für die Priesterbildung Nr. 49; PTH Benediktbeuern, Studienordnung 17.

[18] Deutsche Bischofskonferenz, Rahmenordnung für die Priesterbildung Nr. 57; PTH Benediktbeuern, Studienordnung 18.

[19] Deutsche Bischofskonferenz, Rahmenordnung für die Priesterbildung 58. – Dieser Passus findet sich in der Benediktbeurer Diplomstudienordnung nicht.

Meichelbeck später zugute kamen, als er sich hauptsächlich der Geschichtsschreibung widmete.[20]

Ein weiterer historischer Anknüpfungspunkt besteht darin, dass im 19. Jahrhundert an verschiedenen katholisch-theologischen Fakultäten ein und derselbe Lehrer Kirchengeschichte und Kirchenrecht vortrug. Von 1812 bis 1817 war an der katholischen „Landesuniversität" Württembergs in Ellwangen Professor Karl Wachter (1764–1822) für beide Fächer zuständig. Nach der 1817 erfolgten Verlegung dieser Lehranstalt als katholisch-theologische Fakultät an die Universität Tübingen wirkte Professor Leonhard Benedikt von Dresch (1786–1836) für einige Jahre im gleichen Sinne.[21] Zur selben Zeit gehörte andernorts, etwa in Bonn, der Kirchenrechtler nicht der theologischen, sondern der juristischen Fakultät an und befand sich somit an einer auch historisch interessanten Schnittstelle zwischen staatlichem und kirchlichem Recht.[22]

Neben den historischen existieren zahlreiche *inhaltliche* oder auch *systematische* Anknüpfungspunkte für eine interdisziplinäre Zusammenarbeit. So kann die kirchliche Rechtsgeschichte, die ein Teilbereich der Kanonistik ist, nicht auf die Befassung mit der Theologiegeschichte oder der Kirchengeschichte verzichten. Beispielsweise erscheint aus historischer Sicht eine sachgerechte Beurteilung des *Codex Iuris Canonici* von 1917 schwerlich denkbar, wenn dazu allein kirchenrechtliche Quellen herangezogen werden und Ereignisse wie das I. Vatikanische Konzil oder der Modernismusstreit außer Betracht bleiben. Umgekehrt ist der Kirchengeschichtler immer wieder auf kanonistisches Fachwissen angewiesen. Zur Interpretation eines Dokuments wie der päpstlichen Bulle *Unam sanctam* von 1302 ist es nicht ganz unwichtig, zu wissen, ob die dort vorgetragenen Grundsätze im Einklang mit den von den Kirchenrechtlern des 13./14. Jahrhunderts vertretenen Lehren stehen oder nicht.

Ein weites Kooperationsfeld eröffnet sich im Bereich des Verhältnisses von *Kirche und Staat*. Hier wäre etwa an die Konkordate und die sonstigen vertraglichen Vereinbarungen zwischen Kirche und Staat zu denken, die nicht nur als juristische Texte zu lesen sind, sondern auch als Ergebnisse – und Ausgangspunkte – historischer Entwicklungen gesehen werden müssen.

---

[20] Vgl. K. Mindera, Die Jugend Karl Meichelbecks und sein Weg zur Geschichtsforschung, in: Studien und Mitteilungen zur Geschichte des Benediktiner-Ordens und seiner Zweige 80 (1969) 61–104, bes. 96–104. – An dieser Stelle sei daran erinnert, dass Archive ursprünglich weniger eine historische als vielmehr eine juristische Funktion hatten.

[21] Vgl. N. Wolff, Peter Alois Gratz (1769–1849). Ein Theologe zwischen „falscher Aufklärung" und „Obscurantismus" (Trierer Theologische Studien 61), Trier 1998, 78f. u. 116.

[22] Vgl. ebd. 291–298.

Ebenso würde sich eine Zusammenarbeit zum Thema *Ehe*, insbesondere unter Berücksichtigung der konfessionsverschiedenen Ehen anbieten, was im Folgenden anhand eines Fallbeispiels erläutert wird:

> Ein älteres Ehepaar bittet den katholischen Ortspfarrer, einen Gottesdienst anläßlich der bevorstehenden Goldenen Hochzeit abzuhalten. Im Verlauf des Gesprächs stellt sich heraus, dass die Eheleute – der Mann ist katholisch, die Frau evangelisch – „nur“ standesamtlich verheiratet sind, da sie sich vor 50 Jahren nicht in der Lage sahen, gemäß c. 1061 § 1 CIC/1917 das Versprechen einer katholischen Kindererziehung abzugeben, weswegen damals von seiten der katholischen Kirche eine kirchliche Trauung abgelehnt wurde.

Wie soll der mit diesem Problem konfrontierte Pfarrer reagieren? Er könnte etwa einseitige Antworten von sich geben, die für das ältere Ehepaar, das von sich aus den Kontakt zur Kirche gesucht hat, überhaupt nicht hilfreich sind: „Heute ist es sowieso nicht mehr wichtig, kirchlich verheiratet zu sein.“ Oder: „Dann haben Sie also 50 Jahre lang in Sünde gelebt.“ Er könnte allerdings auch versuchen, Verständnis für die Haltung der Kirche und für die Situation des Ehepaars aufzubringen, was im geschilderten Fall ohne die entsprechenden historischen und kirchenrechtlichen Kenntnisse wohl nicht gut möglich ist.

3. Ziele und Inhalte einer gemeinsamen Lehrveranstaltung zum Thema konfessionsverschiedene Ehen

Im Wintersemester 1999/2000 wurde an der PTH Benediktbeuern in Zusammenarbeit zwischen Kirchengeschichte und Kirchenrecht ein gemeinsames Seminar zum Thema *„Mischehen“. Chancen und Probleme aus historischer, kirchenrechtlicher und pastoraler Sicht* durchgeführt[23]. Zielgruppe für diese Lehrveranstaltung waren Studierende des Diplomstudiengangs Katholische Theologie, die das Vordiplom bereits abgeschlossen hatten und die durch folgenden Text über das Seminar informiert wurden:

> „Immer mehr heute in Deutschland geschlossene Ehen sind ‚Mischehen‘. Die Tatsache, dass Menschen, die verschiedenen Konfessionen (oder gar Religionen) angehören, miteinander die Ehe eingehen, wurde längst nicht immer als ‚normal‘ angesehen. Gerade im 19. Jahrhundert kam es zu heftigen Konflikten zwischen Staat und Kirche um die gemischten Ehen, und insbesondere um die Erziehung der aus diesen Ehen hervorgehenden Kin-

[23] Die Leitung des Seminars hatten Prof. Dr. Peter Boekholt (Kirchenrecht) und Dr. Norbert Wolff (Kirchengeschichte), die beide auch in der Seelsorge tätig sind.

der. Diese Konflikte eskalierten bis hin zur Verhaftung zweier Bischöfe. In diesem Seminar soll die historische Entwicklung der gemischten Ehen untersucht werden, es sollen aber auch die aktuellen kirchenrechtlichen und pastoralen Fragestellungen behandelt werden."

Zur – vielleicht befremdlichen – Tatsache, dass im Titel des Seminars von „Mischehen" und nicht von „konfessionsverschiedenen Ehen" die Rede war,[24] sei gesagt, dass der Begriff „Mischehen" in der Geschichte eine große Rolle spielte – die rheinischen Wirren von 1837 werden auch als „Kölner Mischehenstreit" bezeichnet – und dass er ebenso in modernen kirchenrechtlichen Texten vorkommt. Im übrigen bietet der Begriff „Mischehen" den Vorteil, dass auch religionsverschiedene Ehen mit eingeschlossen werden. Damit ist allerdings der Nachteil verbunden, dass nicht zwischen konfessionsverschiedenen Ehen – d. h. Ehen zwischen Getauften, die zugleich auch sakramental sind – und religonsverschiedenen Ehen differenziert wird.

Die Ziele, die mit dieser Lehrveranstaltung intendiert waren, sind bereits angeklungen. In erster Linie ging es darum, bei den Studierenden Verständnis dafür zu wecken, dass Probleme, die im Zusammenhang mit konfessionsverschiedenen und religionsverschiedenen Ehen auftreten, nicht nur eine kirchenrechtliche, sondern auch eine historische Seite aufweisen, mit anderen Worten: dass nicht alles schon immer so war, wie es ist, und dass nicht alles notwendig so sein muß, wie es ist. Außerdem sollten die Studierenden in die Lage versetzt werden, im Rahmen einer späteren (seelsorgerischen) Praxis auf ein fundiertes Fachwissen – aus der Sicht zweier theologischer Fächer – zurückgreifen zu können.

Zur Erreichung dieser Ziele stellten die Lehrenden gemeinsam den nachfolgenden Themenkatalog auf, der sowohl der Kirchengeschichte als auch dem Kirchenrecht etwa gleichviel Platz einräumte:

Grundfragen des kirchlichen Eherechts

Zu Beginn des Seminars wurde – vor allem für die Studierenden, die noch kein Eherecht gehört hatten – eine kurze Einführung in das kirchliche Eherecht gegeben, bei der auch die im Hinblick auf das Seminarthema für wichtig gehaltenen Grundbegriffe zur Sprache kamen: Ehewille, Ehehindernisse, Formpflicht, Sakramentalität, konfessionsverschiedene Ehe.[25]

---

[24] Zu diesem terminologischen Problem vgl. U. Beykirch, Von der konfessionsverschiedenen zur konfessionsverbindenden Ehe? Eine kirchenrechtliche Untersuchung zur Entwicklung der gesetzlichen Bestimmungen (Forschungen zur Kirchenrechtswissenschaft 2), Würzburg 1987, 46–50.

[25] Vgl. K. Lüdicke, Eherecht, Essen 1983; R. Sebott, Das neue kirchliche Eherecht, Frankfurt/M. 1983; Beykirch, Von der konfessionsverschiedenen; S. Demel, Kirchliche Trauung

„Mischehen" in Altertum und Mittelalter

In der Zeit der Urkirche kam es häufiger vor, dass Ehen zwischen Christen und Juden bzw. Christen und Heiden geschlossen wurden, was auch an einzelnen Stellen der Bibel zum Ausdruck kommt (z. B. 1 Kor 7,12–16). Mit zunehmender gesellschaftlicher Bedeutung des Christentums wurden einerseits immer häufiger Mischehenverbote erlassen und nahm andererseits der Prozentsatz der Mischehen ab.[26]

Das Trienter Konzil (1545–1563) und die Formpflicht (Dekret Tametsi*)*

Als das Konzil von Trient durch das Dekret *Tametsi* (DH 1813–1816) die Formpflicht einführte, hatte man eher die Verhinderung von klandestinen Ehen im Sinn. Dennoch sollte die Frage der Formpflicht in späteren Auseinandersetzungen um den Abschluß konfessionsverschiedener Ehen eine große Rolle spielen.[27]

Das Kölner Ereignis (1837)

Nachdem es in der zweiten Hälfte des 18. Jahrhunderts zu päpstlich sanktionierten Sonderregelungen für einige gemischtkonfessionelle Gebiete gekommen war (Niederlande und Schlesien), entwickelten sich zu Beginn des 19. Jahrhunderts in den westlichen Provinzen Preußens massive Konflikte wegen der konfessionsverschiedenen Ehen, die in dem bekannten Kölner Ereignis gipfelten. Zum Hauptstreitpunkt entwickelte sich die Frage der religiösen Kindererziehung.[28]

– unerläßliche Pflicht für die Ehe des katholischen Christen?, Stuttgart – Berlin – Köln 1993.

[26] Vgl. Beykirch, Von der konfessionsverschiedenen 51–53; J. Lell, Art. Mischehe. II. Christentum, in: TRE, Bd. 23, Berlin – New York 1994, 7–13.

[27] Vgl. Beykirch, Von der konfessionsverschiedenen; Demel, Kirchliche Trauung.

[28] Vgl. E. Hegel, Das Erzbistum Köln zwischen der Restauration des 19. Jahrhunderts und der Restauration des 20. Jahrhunderts. 1815–1962 (Geschichte des Erzbistums Köln 5), Köln 1987, 472–488; M. Hänsel-Hohenhausen, Clemens August Freiherr Droste zu Vischering. Erzbischof von Köln. 1773–1845. Die moderne Kirchenfreiheit im Konflikt mit dem Nationalstaat, 2 Bde., Egelsbach 1991; K.-Th. Geringer, Die Konfessionsbestimmung bei Kindern aus gemischten Ehen. Gesetzgebung und Praxis in der Zeit zwischen Clemens XIII. bis Leo XII. (1758–1829), in: H. J. F. Reinhardt (Hg.), Theologia et Ius Canonicum, Essen 1995, 533–547; F. Keinemann, Art. Kölner Wirren. In: LThK^3, Bd. 5, Freiburg/Br. 1996, 197f.; K.-Th. Geringer, Die Konfessionsbestimmung bei Kindern aus gemischten Ehen. Doktrin und Kontroverse in der Zeit zwischen Clemens XIII. bis Leo XII. (1758–1829), in: P. Boekholt – I. Riedel-Spangenberger (Hg.), Iustitia et Modestia, München 1998, 157–172; N. Wolff, Mischehenstreit und „Trierer Wirren", in: M. Persch – B. Schneider (Hg.), Geschichte des Bistums Trier, Bd. 4 (Veröffentlichungen des Bistumsarchivs Trier 38), Trier 2000, 505–530.

Das Posener Ereignis (1839)

Die Mischehenstreitigkeiten griffen auch in den preußischen Osten über. Hier bekam der konfessionelle Konflikt zusätzlich eine nationale Note, da ein großer Teil der Katholiken polnischsprachig war.[29]

Religiöse Erziehung in konfessionell gemischten Ehen (19. Jahrhundert)

In mentalitäts- und sozialgeschichtlicher Perspektive kann gefragt werden, wie es – unabhängig von den Kontroversen der Theologen und (Kirchen-) Politiker – tatsächlich um die Mischehenpraxis bestellt war, wie hoch der Anteil der konfessionsverschiedenen Ehen war und wie es um die religiöse Erziehung bzw. Konfessionszugehörigkeit der aus diesen Ehen hervorgehenden Kinder stand.[30]

Das Mischehenrecht des CIC von 1917

Vor allem die Canones 1060–1064 des *Codex Iuris Canonici* von 1917 vereinheitlichten das Mischehenrecht der katholischen Kirche und regelten es auf eine restriktive Art neu. Damit wurde die katholische Trauung konfessionell gemischter Ehen erschwert, was in Deutschland u. a. dazu führte, dass viele Paare sich – zumal in der Zeit nach dem II. Weltkrieg – evangelisch trauen ließen.[31]

Der Neuansatz des II. Vatikanums (1962–65)

Die Öffnung der katholischen Kirche hin zu den anderen Kirchen und kirchlichen Gemeinschaften, die mit dem II. Vatikanischen Konzil verbunden ist, wirkte sich auf ihre Position bezüglich der konfessionsverschiedenen Ehen aus. Zu den einschlägigen Konzilstexten gehören u. a. *Lumen Gentium* 8 und 15, *Orientalium Ecclesiarum* 18, *Unitatis Redintegratio* 22, *Gaudium et Spes* 48, *Ehevotum* 5, *Dignitatis humanae* 5, *Apostolicam Actuositatem* 11, *Gravissimum Educationis* 3.[32]

Das Motu proprio Matrimonia mixta *(1970)*

Nachdem für einige Missionsländer schon in früheren Jahren Bestimmungen bezüglich des Eingehens von Mischehen erlassen worden waren, die

[29] Vgl. E.-R. Huber – W. Huber, Staat und Kirche im 19. und 20. Jahrhundert. Dokumente zur Geschichte des deutschen Staatskirchenrechts, Bd. 1, Berlin [2]1990, 406–433.

[30] Vgl. T. Bendikowski, Großer Kampf um kleine Seelen. Konflikte um konfessionelle Mischehen im Preußen des 19. Jahrhunderts, in: Jahrbuch für Westfälische Kirchengeschichte 91 (1997) 87–108.

[31] Vgl. Beykirch, Von der konfessionsverschiedenen.

[32] Vgl. S. Hell, Die konfessionsverschiedene Ehe. Vom Problemfall zum verbindenden Modell, Freiburg/Br. 1998.

darauf hinausliefen, dass der katholische Partner nur noch versprechen mußte, alles ihm mögliche zu tun, um eine katholische Kindererziehung zu gewährleisten, wurde 1970 das Mischehenrecht für die gesamte lateinische Kirche in diesem Sinn festgeschrieben. Vor allem wurden durch *Matrimonia mixta* zahlreiche praktische Bestimmungen erlassen, die auch Eingang in die heute gebräuchlichen Formulare (Ehevorbereitungsprotokoll usw.) fanden.[33]

Die Gemeinsame Synode der Bistümer in der Bundesrepublik Deutschland (1971–1975)

Die in Würzburg tagende Gemeinsame Synode der Bistümer in der Bundesrepublik hatte sich zum Ziel gesetzt, die Vorgaben des II. Vatikanums auf nationaler Ebene zu konkretisieren. Ein Synodenbeschluß befaßte sich mit der Ökumene, wobei den konfessionsverschiedenen Ehen ein relativ breiter Raum eingeräumt wurde. Ausdrücklich wurden (gemeinsame katholisch-evangelische) Ehevorbereitung und -seelsorge thematisiert.[34]

Gemeinsame katholisch-evangelische Dokumente

Im Gefolge von Vatikanum II und *Matrimonia mixta* fanden Gespräche zwischen evangelischer und katholischer Kirche in Deutschland statt, die zu einer Übereinkunft hinsichtlich der gemeinsamen kirchlichen Trauungen und zur Veröffentlichung gemeinsamer Dokumente führten.[35]

Das Mischehenrecht des CIC von 1983

Der *Codex Iuris Canonici* von 1983 vereinheitlichte erneut das Recht der lateinischen Kirche und griff dabei die Anregungen des Konzils und – im Fall des Mischehenrechts – die Bestimmungen von *Matrimonia mixta* auf.

---

[33] Vgl. Die rechtliche Ordnung der Mischehen (Nachkonziliare Dokumentation 28), Trier 1971; H. J. F. Reinhardt, Die kirchliche Trauung. Ehevorbereitung, Trauung und Registrierung der Eheschließung im Bereich der Deutschen Bischofskonferenz. Texte und Kommentar (Münsterischer Kommentar zum CIC. Beiheft 3), Essen 1990.

[34] Vgl. Pastorale Zusammenarbeit der Kirchen im Dienst an der christlichen Einheit, in: Gemeinsame Synode der Bundesrepublik Deutschland. Beschlüsse der Vollversammlung. Offizielle Gesamtausgabe I, Freiburg/Br. – Basel – Wien 1976, 765–806, bes. 791–798.

[35] Vgl. Deutsche Bischofskonferenz [DBK] - Rat der Evangelischen Kirche in Deutschland [EKD] (Hg.), Gemeinsame kirchliche Trauung. Ordnung der kirchlichen Trauung für konfessionsverschiedene Paare unter Beteiligung der Pfarrer beider Kirchen, Regensburg – Kassel 1971; Sekretariat der DBK - Kirchenkanzlei der EKD (Hg.), Gemeinsame kirchliche Empfehlungen für die Ehevorbereitung konfessionsverschiedener Partner, Würzburg – Gütersloh 1974; Sekretariat der DBK - Kirchenkanzlei der EKD (Hg.), Gemeinsame kirchliche Empfehlungen für die Seelsorge an konfessionsverschiedenen Ehen und Familien (Arbeitshilfen 22), Bonn 1981.

Seelsorge an konfessionsverschiedenen Ehen und Familien

Für die letzte thematische Einheit des Seminars war eine praktische Übung vorgesehen, in der das bisher Gelernte anhand eines Beispiels zur Vorbereitung einer gemeinsamen kirchlichen Trauung umgesetzt werden konnte.[36]

4. Konkrete Durchführung der Lehrveranstaltung

Im Hinblick auf die Durchführung einer gemeinsamen kirchengeschichtlich-kirchenrechtlichen Lehrveranstaltung sei vorab noch angemerkt, dass die beiden beteiligten Fächer spezifische didaktische Möglichkeiten bieten, die Studierenden am wissenschaftlichen Forschungs- und Erkenntnisprozeß teilhaben zu lassen und ihnen nicht nur fertige Ergebnisse vorzusetzen. In der Kirchengeschichte kann mit Quellen gearbeitet werden; gerade die kirchlichen Dokumente der letzten 40 Jahre sind bequem zugänglich – zum größten Teil auch in deutscher Übersetzung. Im Kirchenrecht liegt es nahe, Fälle zu untersuchen, die einen direkten Bezug zur Praxis bieten.

Am Seminar nahmen insgesamt sieben Studenten, darunter fünf Priesterkandidaten und zwei (männliche) Laientheologen, teil. Zwei Studenten waren griechisch-katholisch (aus der Ukraine und Kroatien) und fünf römisch-katholisch (drei aus Deutschland, einer aus Polen, einer aus der Schweiz). Alle gaben an, später in der Seelsorge tätig sein zu wollen.

In der ersten Sitzung wurde die Methode des *Partnergesprächs* eingesetzt: Die Studenten (und Dozenten) erhielten den Auftrag, sich in Zweiergruppen 15 Minuten lang über ihren eigenen biographischen Zugang zum Thema Mischehen auszutauschen. Anschließend sollte jeder im Plenum die Aussagen seines Gesprächspartners wiedergeben.

Die einzelnen Berichte fielen sehr unterschiedlich aus: Einige Teilnehmer erzählten von der Erfahrung, dass eine bestimmte Mischehenpraxis der katholischen Kirche vergangener Zeiten tiefe Verletzungen bei Menschen hervorgerufen hatte, die nicht in der Lage gewesen waren, das Versprechen einer katholischen Kindererziehung abzugeben und denen daher die kirchliche Trauung wie auch die Zulassung zu den anderen Sakramenten verweigert worden war. Andere erlebten die Tatsache, dass Verwandte oder Bekannte in einer konfessionsverschiedenen Ehe lebten als durchaus bereichernd für die eigene christliche Identität. Wieder andere entstammten ei-

[36] Zur Ehevorbereitung und zur gemeinsamen kirchlichen Trauung vgl. neuerdings Reinhardt, Trauung; DBK - Rat der EKD (Hg.), Gemeinsame Feier der kirchlichen Trauung. Ordnung der kirchlichen Trauung für konfessionsverschiedene Paare unter Beteiligung der zur Trauung Berechtigten beider Kirchen, Leipzig – Freiburg/Br. – Hannover – Regensburg 1995.

nem geschlossenen katholischen Milieu (etwa in Polen) und fühlten sich von der Fragestellung existentiell weniger berührt. Schließlich wurde durch die griechisch-katholischen Studenten der Blick darauf gelenkt, dass bei ökumenischen Bemühungen in Deutschland häufig (noch) die orthodoxen Kirchen außer acht gelassen werden.

Im weiteren Verlauf wurde die Lehrveranstaltung überwiegend im klassischen Seminarstil durchgeführt, d. h. die Studierenden hielten Referate, über die man dann gemeinsam diskutierte. Die Teilnehmer wurden auf die Anwendung didaktischer Hilfsmittel hingewiesen: Overhead-Projektor, Thesenpapier, Quellen- und Fallarbeit, interaktive Elemente, wovon sie unterschiedlichen Gebrauch machten. Unter den Lehrenden kam es zu einer Rollenverteilung, so dass je nach Thema der betreffenden Seminarsitzung (bzw. auch nur eines Teils der Sitzung) der eine den Part des Moderators, der andere den Part eines Experten annahm.

In der zweitletzten Sitzung fand ein halbstündiges *Rollenspiel* statt, bei dem ein *ökumenisches Brautgespräch* dargestellt werden sollte. Der Zeitpunkt dafür wurde so gewählt, dass die Studierenden die historischen und juristischen Kenntnisse, die sie sich im bisherigen Verlauf des Seminars angeeignet hatten, in die Praxis umzusetzen bzw. unter praxisrelevanten Bedingungen anwenden konnten. Um die Mitwirkung aller Seminarteilnehmer bei diesem Rollenspiel zu ermöglichen,[37] wurden drei Personen eingeführt, die üblicherweise nicht bei einem Brautgespräch anwesend sind (Sohn der Braut und zwei Trauzeugen). Die Teilnehmenden wurden darauf hingewiesen, dass in der Seelsorge ähnliche Konstellationen eher bei Taufgesprächen (Eltern, Paten und weitere Angehörige) oder Trauergesprächen vorkommen können. Drei der Studierenden erhielten einen spezifischen Beobachtungsauftrag (Probleme hinsichtlich der Pastoral, der Formpflicht und der Ökumene).

Eine Woche vor der Durchführung des Rollenspiels bekamen alle Beteiligten Kopien der bei dem Brautgespräch benötigten kirchlichen Formulare (Ehevorbereitungsprotokoll, Taufschein, Antrag auf Feststellung der Nichtigkeit einer Ehe wegen Formmangels, ...) und außerdem die nachfolgend wiedergegebenen Informationen über die vorkommenden Personen:

Evangelischer Pfarrer

Da die gemeinsame kirchliche Trauung in der evangelischen Kirche stattfinden soll, ist er der Gastgeber des gemeinsamen Brautgesprächs.

[37] Außer den schon genannten Lehrenden und Studierenden waren beim Rollenspiel eine Hospitantin und ein Hospitant anwesend. Die Hospitantin wurde als Mitwirkende einbezogen und führte eine *teilnehmende Beobachtung* durch; der Hospitant beobachtete als Außenstehender.

Katholischer Pfarrer

Er hat bereits ein Gespräch mit dem Brautpaar geführt. Bei diesem Gespräch hat er vor allem Daten erhoben (siehe „Ehevorbereitungsprotokoll“ und „Antrag auf Feststellung der Nichtigkeit einer Ehe wegen Formmangels“). Auf theologische Fragen zum Ehesakrament und auf die Vorstellungen des Brautpaars ist man noch nicht zu sprechen gekommen. Dies soll beim gemeinsamen Brautgespräch geschehen.

Braut

Katholisch, 30 Jahre alt, hat einen 12jährigen Sohn. Als dieser unterwegs war, haben sie und der Kindsvater geheiratet, weil sie „mußten“, aber nur standesamtlich. Eine kirchliche Heirat wäre unter den damaligen Umständen peinlich gewesen. Außerdem war sowieso kein Geld für eine größere Feier da. Die Ehe wurde nach drei Jahren geschieden. Der Sohn ist katholisch getauft und war im katholischen Kindergarten. An die Kindergartenzeit des Sohnes und an die Zeit der Kommunionvorbereitung hat die Mutter eine gute Erinnerung. Damals ging sie auch öfter in die Kirche. Sie möchte noch Kinder haben und geht davon aus, dass diese katholisch werden. Über die religiöse Kindererziehung hat sie mit dem Bräutigam noch nicht gesprochen. Sie wurde mit 11 Jahren gefirmt.

Bräutigam

Evangelisch, 25 Jahre alt, noch nie verheiratet, keine Kinder. Er geht Weihnachten in die Kirche. Über die religiöse Kindererziehung hat er sich noch keine Gedanken gemacht. Eine evangelische Taufe der (zukünftigen) gemeinsamen Kinder wäre ihm lieber, aber im Grunde ist es ihm doch nicht so wichtig. Er wurde mit 14 Jahren konfirmiert.

Sohn der Braut

Katholisch, 12 Jahre alt. Ist zur Kommunion gegangen. Damals hat ihm Kirche Spaß gemacht. Er war nach der Kommunion zwei Jahre lang in einer katholischen Jugendgruppe. Nun überlegt er sich, ob er sich im nächsten Jahr zur Firmung anmelden soll. Er hält Religion schon irgendwie für wichtig. Aber in der Kirche ist es ihm zu langweilig. Er versteht auch nicht, warum es „katholisch“ und „evangelisch“ geben muß.

Trauzeuge I

Ist aus der evangelischen Kirche ausgetreten. Er ist sich nicht sicher, ob er überhaupt Trauzeuge bei einer kirchlichen Trauung sein kann.

Trauzeuge II

Ist griechisch-orthodox. In seiner Kirche wird eine Wiederheirat von Geschiedenen akzeptiert. Das hält er auch für richtig.

Drei Beobachter

Die Beobachter nehmen nicht unmittelbar am Rollenspiel teil. Ihre Aufgabe besteht darin, auf die vorkommenden Probleme zu achten und diese im Anschluß an das Rollenspiel in die Diskussion einzubringen. Jeweils ein Beobachter ist für die pastoralen Probleme, die Probleme hinsichtlich der Formpflicht und die Probleme hinsichtlich der Ökumene zuständig.

Für die Durchführung des Rollenspiels stand ein Raum zur Verfügung, in dem sich eine Sitzecke und zusätzlich ein Konferenztisch befanden, so dass nach dem Brautgespräch ein Ortswechsel möglich war.

Das eigentliche Rollenspiel dauerte 40 Minuten (statt der vorgesehenen 30). Ein lebhaftes Gespräch entwickelte sich, in dessen Verlauf der „katholische Pfarrer" in einer Weise den (dogmatischen und kirchenrechtlichen) Standpunkt seiner Kirche vertrat, die von den übrigen Teilnehmenden als starr und unflexibel wahrgenommen wurde. Die zum Teil sehr grundsätzlichen Anfragen an das katholische Eheverständnis, die vor allem vom „Bräutigam" und vom „Trauzeugen II" gestellt wurden, konnten nicht in jeder Hinsicht befriedigend beantwortet werden. Der „evangelische Pfarrer" legte besonderen Wert auf den konfessionsverbindenden Charakter einer gemischten Ehe.

Nach dem Rollenspiel wurde dieses von allen Beteiligten ausgewertet. Kritisiert wurde hierbei insbesondere, dass der „katholische Pfarrer" es nicht verstanden habe, besser auf die Situation des Brautpaars und der übrigen Anwesenden einzugehen. Es folgte eine Diskussion über mögliche Alternativen im Verhalten dieses Pfarrers. Einigkeit bestand darüber, dass die Seelsorge an konfessionverschiedenen Familien seit dem II. Vatikanischen Konzil stärker auf die Taufe und die gemeinsame Zugehörigkeit zu Christus eingehen sollte und dass außerdem den Menschen, die in solchen Familien leben, das Gefühl gegeben werden sollte, in ihren Anliegen ernst genommen zu werden.

5. Fazit

Unter den vielen Themenbereichen, in denen sich eine Zusammenarbeit zwischen Kirchengeschichte und Kirchenrecht anbietet, ist der Bereich der Mischehen ein durchaus lohnendes Betätigungsfeld. Da Ehen zwischen Katholiken und Angehörigen anderer christlicher Konfessionen bzw. zwischen Katholiken und Nichtchristen in Zukunft vermutlich an zahlenmäßiger Bedeutung eher zunehmen werden, besteht die Notwendigkeit, dass die in der Pastoral Tätigen über ein solides theoretisches Hintergrundwissen verfügen, das auch die historischen und juristischen Gegebenheiten einschließt. Natürlich ist es sinnvoll, dass weitere theologische Disziplinen wie die Dogmatik und die Pastoraltheologie Berücksichtigung finden. So wäre es denkbar, zwei aufeinander bezogene Lehrveranstaltungen stattfinden zu lassen: ein kirchengeschichtlich-kirchenrechtliches und ein dogmatisch-pastorales oder etwa ein kirchengeschichtlich-dogmatisches und ein kirchenrechtlich-pastorales Seminar, in denen jeweils die gemischten Ehen thematisiert werden.

Die im Anschluß an das geschilderte gemeinsame Seminar durchgeführte Evaluation ergab, dass einzelne Teilnehmer sich eine stärkere Praxisorientierung gewünscht hätten. Im Hinblick auf das Rollenspiel wurde zu Recht angemerkt, dass einerseits der Zeitrahmen von 90 Minuten für Spiel und Auswertung zu knapp bemessen sei und dass andererseits eine Konzentration auf einige wenige, in der Seelsorge vorkommende Probleme dem Gespräch dienlicher gewesen wäre. Insgesamt zeigte sich eine hohe Zufriedenheit der Studierenden; der interdisziplinäre Zugang zum Thema und das Rollenspiel wurden besonders positiv hervorgehoben.

Aufgrund dieser Evaluationsergebnisse und ebenso aufgrund der Erfahrung, dass Lehrende durchaus dazulernen können – zumal dann, wenn sie sich auf die Perspektive eines anderen Faches einlassen –, ist es geplant, dass an der PTH Benediktbeuern auch in Zukunft zwischen Kirchengeschichte und Kirchenrecht kooperiert wird. Ein gemeinsames Seminar, das sich mit dem *Codex Iuris Canonici* von 1917 befassen soll, ist in Vorbereitung.

Klagelieder und Krisenbewältigung

Alttestamentliche Texte und Psychologie im Gespräch

von Michael Reichardt, Köln

„Ich habe die ganze Nacht einsam hingebracht … und habe schließlich … die Psalmen gelesen, eines der wenigen Bücher, in dem man sich restlos unterbringt, mag man noch so zerstreut und ungeordnet und angefochten sein."[1] Wie dieses Zitat von Rilke eindrucksvoll veranschaulicht, greifen verschiedene Menschen in Krisen zur Bibel und identifizieren sich mit biblischen Texten um ihre Situation zu bewältigen. Von psychologischer Seite lässt sich hierbei natürlich die Frage stellen, ob und gegebenenfalls wodurch biblische Texte einen Beitrag zur Krisenbewältigung leisten können.

Dieser Problemstellung geht vorliegender Beitrag in einem interdisziplinären Ansatz zwischen Exegese und Psychologie am Beispiel der Klagelieder des Einzelnen nach. Hierbei gilt es v. a. folgende Fragen zu beantworten: Wie bewältigen Menschen Krisen? Welche Rolle spielt Religion bzw. Glaube bei der Krisenbewältigung? Wie beschreiben biblische Texte – z. B. eben die Klagelieder des Einzelnen – die Bewältigung von Krisen? Inwiefern können die Klagelieder des Einzelnen als dem Beter vorgegebene Bewältigungsregeln verstanden werden? An diese Analyse schließen sich einige Überlegungen zur Vorbereitung einer interdisziplinären Lehr-Lern-Einheit an der Universität zum Thema dieses Beitrags an.

1. Krisenbewältigung in der Psychologie: Das kognitiv-phänomenologische Bewältigungsmodell von Lazarus

Die verschiedenen psychologischen Theorieansätze wie Tiefenpsychologie, Persönlichkeitspsychologie, Emotions- und Stressforschung etc. beantworten die Frage, wie Menschen Krisen bewältigen, recht unterschiedlich.[2] Der in der empirischen Forschung gegenwärtig am stärksten rezipierte Ansatz,

---

[1] R. M. Rilke, Briefe an seinen Verleger, o. O. 1934, 247, zit. nach H. K. Berg, Altes Testament unterrichten. 29 Unterrichtsvorschläge (Handbuch des Biblischen Unterrichts 3), Stuttgart – München 1999, 286.

[2] Einen knappen Überblick über die historischen Hintergründe sowie die neueren theoretischen Ansätze der Bewältigungsforschung bieten L. Brüderl – N. Halsig – A. Schröder, Historischer Hintergrund, Theorien und Entwicklungstendenzen der Bewältigungsforschung, in: L. Brüderl (Hg.), Theorien und Modelle der Bewältigungsforschung, Weinheim – München 1988, 26–38, hier: 26–38.

das an die Stressforschung anknüpfende kognitiv-phänomenologische Bewältigungsmodell von Lazarus, bildet die Grundlage der folgenden Ausführungen. Es lässt sich wie folgt knapp zusammenfassen:

a) Transaktionale Betrachtung von Stress: Während die ältere Forschung Stress entweder als Reiz (z. B. Lärm, Ärger etc.) oder Reaktion (vgl. die Redewendung: „man ist gestresst") begriff, betont man neuerdings den transaktionalen Charakter des Stressphänomens. Demzufolge sind Situationen nicht per se stressend, sondern werden erst durch eine individuell unterschiedliche kognitive Situationsbewertung als stressend erlebt. Lazarus und Folkman definieren den Begriff Stress so als „a particular relationship between the person and the environment that is *appraised* by the person as taxing or exceeding his or her resources and endangering his or her well-being."[3]

b) Primäre und sekundäre Situationseinschätzungen: Übertragen auf das Phänomen Bewältigung bedeutet diese transaktionale Sichtweise, dass einem Bewältigungsprozess verschiedene kognitive Situationsbewertungen vorausgehen. Primäre Bewertungsprozesse dienen der Einschätzung eines Ereignisses hinsichtlich des eigenen Wohlbefindens als irrelevant, günstig-positiv oder stressend. Wird eine Situation in einem primären Bewertungsprozess als stressend, d. h. konkret entweder als Schädigung/Verlust, Bedrohung oder Herausforderung, eingestuft, setzt eine sekundäre Bewertung ein. Diese umfasst eine Einschätzung der eigenen Handlungsmöglichkeiten und deren Effizienz. Sekundäre Situationseinschätzungen beeinflussen nicht nur die Gestaltung der Bewältigungsmaßnahmen, sondern wirken wiederum auf den primären Bewertungsprozess zurück.[4] Beide eben genannten Arten von Situationseinschätzungen werden von einer Vielzahl an Person- (z. B. persönliche Werthaltungen, Einstellungen und Überzeugungen etc.) und Situationsvariablen (z. B. Neuheit, Auftretenszeitpunkt des Ereignisses etc.) beeinflusst.

c) Bewältigungsformen: Zur Bewältigung einer Belastung werden v. a. drei Arten von Bewältigungsformen eingesetzt: Intrapsychische Bewältigungsformen sind kognitive Prozesse wie z. B. Verdrängung, Uminterpreta-

---

[3] R. S. Lazarus – S. Folkman, Stress, Appraisal, and Coping, New York 1984, 19 (Hervorhebung nicht im Original). Vgl. auch R. S. Lazarus, Stress and Emotion. A New Synthesis, New York 1999. Einen Überblick über verschiedene andere Definitionsversuche des Begriffs Bewältigung gibt K. I. Pargament, The Psychology of Religion and Coping. Theory, Research, Practice, New York – London 1997, 85.

[4] Vgl. Lazarus – Folkman, Stress 36f.: Das Wissen, ein potentiell gefährliches Ereignis ohne Mühe bewältigen zu können (sekundäre Bewertung), lässt dieses Ereignis kaum als Gefahr erscheinen (primäre Bewertung). Das Wissen, in Gefahr zu sein (primäre Bewertung), initiiert im Regelfall die Suche nach und die Bewertung von Handlungsmöglichkeiten zur Reduzierung dieser Bedrohung (sekundäre Bewertung).

tion, Selbstbeschuldigung etc. Aktionale Bewältigungsformen umfassen alle beobachtbaren Verhaltensweisen wie z. B. die Suche nach sozialer Unterstützung, Flucht etc., expressive Bewältigungsformen die unterschiedlichsten Formen des Emotionsausdruck, z. B. Wutausbruch etc.[5]

d) Bewältigungsfunktionen: Der Einsatz von Bewältigungsformen erfolgt zielgerichtet. Er dient neben der Problemlösung und Emotionsregulation auch der Selbst- und Interaktionsregulation.[6]

e) Stabilität versus Variabilität von Bewältigung: Die Frage, ob das Bewältigungsverhalten einer Person in unterschiedlichen Situationen eher stabil oder eher variabel ist, wird in der Bewältigungsforschung kontrovers diskutiert. Während verschiedene Autoren zur Annahme von situativ unabhängigen Bewältigungsstilen bzw. Phasen- und Stufenmodellen von Bewältigung neigen (Stabilitätsannahme), betonen andere die Abhängigkeit des Bewältigungsverhalten von der jeweiligen Situation (Variabilitätsannahme).

f) Bewältigungsressourcen vs. Vulnerabilitätsfaktoren: Bewältigungsressourcen sind allgemeine Person- (z. B. Selbstwertgefühl, intellektuelle Fähigkeiten etc.) und Umweltfaktoren (z. B. soziale Unterstützung etc.), die aktuelle Bewältigungsprozesse positiv beeinflussen. Das Fehlen solcher Ressourcen mindert die Chancen einer erfolgreichen Krisenbewältigung und stellt somit einen Vulnerabilitätsfaktor dar.

g) Bewältigungsregeln: Individuelles Bewältigungsverhalten orientiert sich abgesehen von den bereits genannten Faktoren auch an Bewältigungsregeln, d. h. an expliziten oder impliziten Vorgaben, wie mit bestimmten Belastungen umzugehen ist (vgl. z. B. den bekannten Ratschlag: „Das darfst Du nicht so ernst nehmen!"; „Das macht man so!"). Was als belastend erlebt und wie damit umgegangen wird, ist somit zumindest teilweise durch soziale Regeln festgelegt.

---

[5] Vgl. L. Laux – H. Weber, Emotionsbewältigung und Selbstdarstellung, Stuttgart – Berlin – Köln 1993, 15–17.

[6] Vgl. Laux – Weber, Emotionsbewältigung 22–28.

Das kognitiv-phänomenologische Bewältigungsmodell von Lazarus (vereinfachte Darstellung)

Bewältigungsfunktionen

1. Emotionsregulation
2. Situationsregulation
3. Selbstregulation
4. Interaktionsregulation

↕

Situation ⇒ Situationseinschätzungen (SE) ⇒ Bewältigungsformen (BF) ⇒ Ergebnis

Situationseinschätzungen (SE):

1. Primäre SE
   a) irrelevant
   b) günstig-positiv
   c) stressend
      – Schädigung/Verlust
      – Bedrohung
      – Herausforderung
2. Sekundäre SE

Bewältigungsformen (BF):

1. Intrapsychische BF
2. Aktionale BF
3. Expressive BF

Ressourcen/Vulnerabilitätsfaktoren

1. Auf Personseite
2. Auf Umweltseite

2. Krisenbewältigung und Religion:
Die Rolle der Religion im Rahmen des kognitiv-phänomenologischen Bewältigungsmodells nach Pargament

Pargament weist der Religion im Rahmen des eben vorgestellten kognitiv-phänomenologischen Bewältigungsmodells von Lazarus drei wesentliche Rollen zu: „There are three ways religion can fit into the process of coping: (1) it can be a part of each of the elements of the coping process; (2) it can be a contributor to the coping process; and (3) it can be a product of the coping process.“[7] Diese theoretische Differenzierung zwischen religiösen Elementen des Bewältigungsprozesses (z. B. religiösen Bewältigungsformen), dem Einfluss von Religion auf die nichtreligiösen Elemente des Bewältigungsprozesses (z. B. der Ablehnung des Einsatzes bestimmter Bewältigungsformen wie z. B. aggressiver Verhaltensweisen aufgrund religiöser Überzeugungen) und der Veränderung der eigenen Religiosität im Rahmen eines Bewältigungsprozesses (z. B. des Gottesbildes aufgrund von Krankheit) darf allerdings nicht darüber hinwegtäuschen, dass die genannten drei Rollen der Religion sich teilweise auch überschneiden können.

Zur empirischen Überprüfung dieser Annahmen untersuchten Pargament u. a. mittels Fragebogen die Effektivität des Einsatzes verschiedener Bewältigungsstrategien bei der Verarbeitung des schwersten negativen Erlebnisses des vergangenen Jahres (v. a. Krankheit, Todesfälle, Scheidung/Trennung etc.) bei 586 Probanden unterschiedlicher christlicher Glaubensgemeinschaften in den USA.[8] Ihre wichtigsten Ergebnisse lassen sich wie folgt zusammenfassen:[9]

a) Situationseinschätzungen: Die Einschätzung eines Ereignisses als Gottes Wille ist – v. a. im Unterschied zu einer Einschätzung als Gottes Strafe – ein guter Prädiktor für eine gelungene Problembewältigung.[10]

b) Bewältigungsformen: Mit Hilfe eines eigens entworfenen Fragebogens – der „Religious Coping Activities Scales“[11] – lassen sich fünf Arten religiöser Bewältigungsformen unterscheiden:

---

[7] K. I. Pargament, God help me: Toward a theoretical framework of coping for the psychology of religion, in: M. L. Lynn – D. O. Moberg (Hg.), Research in the Social Scientific Study of Religion, Band 1, Greenwich – London 1990, 195–224, hier: 202.

[8] Zum Aufbau der Untersuchung und den verwendeten Instrumenten vgl. K. I. Pargament u. a., God Help Me (I): Religious Coping Efforts as Predictors of the Outcomes to Significant Negative Life Events, in: American Journal of Community Psychology 18 (1990) 793–824, hier: 796–807.

[9] Für eine ausführliche Darstellung und Diskussion vgl. Pargament u. a., God I 807–821.

[10] Unter einem Prädiktor (z. B. Einsatz einer bestimmten Bewältigungsform) versteht man in der Statistik eine Variable, die zur Vorhersage eines Kriteriums (z. B. Bewältigungserfolg) herangezogen wird.

[11] Vgl. Pargament u. a., God I 803.

„... the first factor, labeled Spiritually Based, stresses the individual's personal loving relationship with God throughout the coping process. Spiritually based coping takes the form of emotional reassurance, positive framing of problems, acceptance of the limits of personal control, and guidance in problem solving. What these cognitive, emotional, and behavioral activities share is an emphasis on the intimate partnership between the individual and God in coping. In the second factor, Good Deeds, the response to the negative events shifts from the event itself to a focus on living a better, more religiously integrated life. Discontent, the third factor, incorporates items that express anger or distance from God and the church, and questions about one's faith. The fourth factor, Interpersonal Religious Support, involves support from the clergy and other members of the church. Plead, the fifth factor, includes pleas for a miracle, bargaining with God, and questions to God about why the event happened."[12]

Nach der Untersuchung von Pargament u. a. stellt die Bewältigungsform „Discontent" einen negativen, die Bewältigungsform „Spiritually Based" dagegen einen guten Prädiktor für eine erfolgreiche Bewältigung dar.[13]

c) Bewältigungsressourcen: Von den untersuchten religiösen Personvariablen erweisen sich u. a. der Glaube an einen liebenden, gerechten, gnädigen und persönlichen Gott, ein passiver bzw. kooperativer im Gegensatz zu einem selbstzentrierten Bewältigungsstil[14] sowie das Vorhandensein religiöser Praxis und Erfahrung (z. B. Gottesdienstbesuch, Bibellektüre etc.) als gute Prädiktoren für gelingendes Bewältigungsverhalten.[15]

[12] Pargament u. a., God I 802. Zu Beispielen für diese Bewältigungsformen vgl. u. Kap. 3.

[13] Vgl. ebd. 808f. (Tabelle IV). Zur Skala „Spiritually Based" führen die Autoren äußerst knapp aus: „As the items on the scale indicate, this relationship is not abstract or impersonal, but intimate (e. g., ‚experienced God's love and care'), emotion-focused (e. g., ‚realized that I didn't have to suffer since Jesus suffered for me'), and problem-focused (e. g., ‚My faith showed me different ways to handle the problem')." Ebd. 814.

[14] Bei einem passiven religiösen Bewältigungsstil („deferring coping style") liegt die Verantwortung für und die Aktivität im Bewältigungsprozess allein bei Gott, bei einem selbstzentrierten Bewältigungsstil („self-deferring coping style") dagegen allein beim Individuum. Bei einem kooperativen Bewältigungsstil („collaborative coping style") liegt die Verantwortung für und die Aktivität im Bewältigungsprozess sowohl beim Individuum als auch bei Gott. Vgl. hierzu K. I. Pargament u. a., Religion and the Problem Solving Process: Three Styles of Coping, in: JSSR 27 (1988) 90–104.

[15] Nach Meinung der Autoren besteht zwischen diesen Ressourcen und dem Faktor „Spiritually Based" ein Zusammenhang. Vgl. Pargament u. a., God I 814: „The positive correlations between Religious Experience, Collaborative, and Deferring religious coping styles, and outcomes were consistent with the effects of spiritually based coping, for each of these measures reflects a facet of the spiritual coping construct."

3. Krisenbewältigung in biblischen Texten: Das Beispiel der Klagelieder des Einzelnen

Der Psychoanalytiker Fromm unterscheidet Psalmen, die von einer einheitlichen Stimmung beherrscht werden,[16] und dynamische Psalmen, bei denen die Stimmung innerhalb des Psalmes wechselt. „Das wesentliche Merkmal des dynamischen Psalms liegt darin, dass im Dichter ein Stimmungswandel vor sich geht, der sich im Psalm spiegelt. Er beginnt in einer traurigen, niedergedrückten, verzweifelten oder angstvollen Stimmung ... Am Ende des Psalms aber hat sich die Stimmung gewandelt; jetzt herrschen Hoffnung, Glaube und Vertrauen. ... Was sich ereignet hat, ist, dass im Psalmisten eine Veränderung vor sich gegangen ist, während er den Psalm verfasste. ... Der Psalm ist ein Dokument des Sieges der Hoffnung über die Verzweiflung."[17]

Anknüpfend an diese Betrachtung der dynamischen Psalmen als Beschreibung innerpsychischer Prozesse soll nachfolgend versucht werden aufzuzeigen, dass die ca. 40 Klagelieder des Einzelnen (nachfolgend: KE) als Schilderungen von Krisenbewältigungsprozessen verstanden werden können. In ihnen lassen sich verschiedene der von Lazarus herausgearbeiteten Elemente des Bewältigungsprozesses identifizieren.[18]

a) Situationsangaben: In den KE werden verschiedene Situationen umrisshaft skizziert, mit denen der Psalmist sich konfrontiert sieht: eigene Sündhaftigkeit (vgl. z. B. Ps 25; 38; 51), Krankheit (vgl. z. B. Ps 38f.; 69)

---

[16] Nach E. Fromm, Ihr werdet sein wir Gott, Reinbek 1980, 163–167, gibt es ca. 66 solcher Psalmen, z. B. Ps 123; 121; 137.

[17] Fromm, Ihr werdet sein wie Gott 167f.; ders (ebd. 167–180) nennt ca. 47 solcher Psalmen, z. B. Ps 5; 6; 8; 22; 90. Zu dem hier angesprochenen sog. Stimmungsumschwung vgl. H. J. Boecker, Psalmen, in: ders. u. a., Altes Testament, 5., vollst. überarb. Aufl. Neukirchen-Vluyn 1996, 179-199, hier: 195f.

[18] Vgl. hierzu auch C. C. Broyles, The Conflict of Faith and Experience in the Psalms. A Form-Critical and Theological Study (JSOT.S 52), Sheffield 1989, 11–34, 179–212, der bei den Klagepsalmen den Dreischritt „situation-interpretation-appeal" herausarbeitet, vgl. ebd. 16: „A psalmist encounters distress. He interprets that distress. He formulates an appeal appropriate to that interpretation." Zum Themenbereich Klage in den Psalmen vgl. u. a.: O. Fuchs, Die Klage als Gebet. Eine theologische Besinnung am Beispiel des Psalm 22, München 1982; E. S. Gerstenberger, Der bittende Mensch. Bittritual und Klagelied des Einzelnen im Alten Testament (WMANT 51), Neukirchen-Vluyn 1980; E. S. Gerstenberger – K. Jutzler – H. J. Boecker, Zu Hilfe, mein Gott. Psalmen und Klagelieder, Neukirchen-Vluyn – Zürich – Braunschweig [4]1989; F. L. Hossfeld – E. Zenger, Die Psalmen I: Psalm 1–50 (NEB.AT 29), Würzburg 1993; H.-J. Kraus, Die Psalmen (BK), 2 Bde., Neukirchen-Vluyn [5]1978; A. R. Müller, Stimmungsumschwung im Klagepsalm. Zu Ottmar Fuchs, „Die Klage als Gebet", in: ALW 28 (1986) 416–426; H. G. Reventlow, Gebet im Alten Testament, Stuttgart u. a. 1986; K. Seybold, Die Psalmen (HAT I/15), Tübingen 1996.

und vor allem Aktivität von Feinden (vgl. z. B. Ps 7; 22; 35).[19] Bei näherer Betrachtung fällt allerdings auf, dass die gemachten Situationsangaben aufgrund der häufigen Verwendung metaphorischer Sprache oft sehr vage ausfallen. So konstatiert beispielsweise Seybold zutreffend: „Auffallend ist nun, dass uns bei vielen Leidensschilderungen der Grund des Leidens unklar bleibt", so dass man „oft nicht einmal entnehmen kann, ob der Leidende krank, bedrückt, gefangen, bedrängt, bedroht ist ...".[20] Diese oft beiläufigen, erstaunlich unpräzisen Situationsangaben ermöglichen allerdings einem breiten Kreis von Betern eine Identifizierung mit dem „Ich" des Psalmisten und machen die KE zu fast situationsunabhängigen Gebeten.[21] Das schließt freilich nicht aus, dass Teile von Psalmen ursprünglich einmal zur Bewältigung einer individuellen Notlage ad hoc geschaffen wurden. Später dürften dann die sich als effektiv erweisenden Gebete wiederholt, gesammelt, verschriftlicht und durch verschiedene Redaktoren bearbeitet worden sein.[22]

b) Primäre und sekundäre Situationseinschätzungen: Obwohl in den KE explizite primäre Situationseinschätzungen fehlen, dürften aus der Sicht des Psalmisten sämtliche geschilderte Situationen als stressreiche Ereignisse, v. a. als Schädigung/Verlust (v. a. bei Krankheit bzw. Sündhaftigkeit) bzw. als Bedrohung (v. a. bei Feindaktivität) zu kategorisieren sein.[23] Während der Psalmist nur vereinzelt Gott explizit für seine missliche Lage verantwortlich macht (Schuldzuschreibung, vgl. z. B. Ps 22,16; 38,3; 39,10–12), schreibt er ihm – wie aus der Existenz der Elemente Vertrauensäußerung

---

[19] Vgl. H. Gunkel, Einleitung in die Psalmen. Die Gattungen der religiösen Lyrik Israels, zu Ende geführt von J. Begrich (HK Ergänzungsband zur II. Abteilung), Göttingen 1933, 184–211; K. Seybold, Die Psalmen. Eine Einführung, 2., durchges. Aufl. Stuttgart – Berlin – Köln 1991, 129–135. Zu den Feindaussagen vgl. die klassische Arbeit von O. Keel, Feinde und Gottesleugner. Studien zum Image der Widersacher in den Individualpsalmen (SBM 7), Stuttgart 1969, sowie neuerdings P. Riede, Im Netz des Jägers. Studien zur Feindmetaphorik der Individualpsalmen (WMANT 85), Neukirchen-Vluyn 2000.

[20] Seybold, Einführung 133. Ähnlich bereits Gunkel – Begrich, Einleitung 184: „Über die persönliche Lage des Betenden zu sprechen, ist mißlich. An diesem Punkte sind die Angaben auffallend blaß und bewegen sich gern in allgemeinen Andeutungen und nicht ohne weiteres durchsichtigen Bildern. ... Eine bestimmte Lage des Beters wird aus den Schilderungen der Todesnot nicht deutlich. Dazu sind sie zu allgemein gehalten."

[21] Vgl. ebd. 184. 190; Seybold, Einführung 133. Vgl. in diesem Zusammenhang auch die sozialpsychologische Deutung der Feinde durch E. Lamb – M. Tilly, Öffentlichkeit als Bedrohung – Ein Beitrag zur Deutung des „Feindes" im Klagepsalm des Einzelnen, in: BN 50 (1989) 46–57, hier 47, als „abstrakt ... dem Einzelnen gegenüberstehende Öffentlichkeit".

[22] Vgl. hierzu Seybold, Einführung 36–54.

[23] Fraglich muss m. E. allerdings bleiben, ob „fast sämtliche Klagelieder ... in offenbarer Gefahr des Todes des Psalmisten gedichtet worden sind" (Gunkel – Begrich, Einleitung 185).

und Bitte (vgl. hierzu unten) im KE deutlich wird – durchgängig die Verantwortung für eine Änderung seiner Lage zu (Verantwortungszuschreibung). Damit verbunden dürfte eine negative Einschätzung der eigenen und eine positive Einschätzung der Handlungsmöglichkeiten Gottes sein (positive sekundäre religiöse Situationseinschätzung; vgl. Ps 42,6.12; 43,5).

c) Bewältigungsformen: Nach Westermann sind fünf Elemente als konstitutiv für den KE zu bezeichnen: 1. Anrede Gottes mit einleitender Bitte um Erhörung bzw. Zuwendung, 2. Klage, 3. Vertrauensbekenntnis, 4. Bitte (um Gottes Zuwendung, Eingreifen etc.) und 5. Lobversprechen.[24] Wie die folgende Darstellung zeigt, entsprechen diese Elemente der KE weitgehend den von Pargament u. a. in ihrer Untersuchung empirisch ermittelten religiösen Bewältigungsformen.

Gegenüberstellung von als Bewältigungsformen verstandenen Elementen der KE und Items der „Religious Coping Activities Scales" von Pargament u. a.

Elemente der Klagelieder des Einzelnen (mit Beispielen)	Items aus Skalen der „Religious Coping Activities Scales" von Pargament u. a.
Klage	Bewältigungsform: *Discontent*
Ps 22,2: „Mein Gott, mein Gott warum hast du mich verlassen?"	„Felt angry with or distant from God"
Bitte	Bewältigungsform: *Plead*
Ps 25,20: „Erhalte mein Leben und rette mich"	„Asked God for a miracle"
Vertrauensäußerung	Bewältigungsform: *Spiritually Based*
Ps 130,6: „Ich hoffe auf den Herrn, es hofft meine Seele, ich warte voll Vertrauen auf sein Wort"	„Trusted that God would not let anything terrible happen to me"
Lobversprechen	Bewältigungsform: *Good Deeds*
Ps 26,12: „Den Herrn will ich preisen in der Gemeinde"	„Attended religious services or participated in religious rituals"

[24] Vgl. C. Westermann, Lob und Klage in den Psalmen. 5., erw. Aufl. von: Das Loben Gottes in den Psalmen, Göttingen 1977, 48–60.

d) Bewältigungsressourcen: Als wichtigste personseitige Ressource stellen die KE das Gottesbild des Psalmisten dar. So finden sich in den KE Aussagen über ein persönliches Gottesverhältnis des Psalmisten (vgl. z. B. Ps 3,8: mein Gott; 4,2: mein Retter; 5,3: mein König und mein Gott), über Eigenschaften (vgl. z. B. Ps 5,8f.: Gerechtigkeit, Güte; 6,5: Huld) und Handlungsweisen Gottes (vgl. z. B. Ps 3,5: erhören; 3,8: Feindschädigung; 4,2: retten; 7,7: Gericht über Feinde). Umweltseitige Ressourcen des Psalmisten werden so gut wie nicht erwähnt. Im Gegensatz zu der Ressource Gottesbild, die in jedem (!) KE thematisiert wird, werden Vulnerabilitätsfaktoren auf Person-[25] und Umweltseite nur am Rande erwähnt.[26]

e) Bewältigungsstil: Aufgrund der in den KE häufig vorgenommenen Zuschreibung der Verantwortung für eine Veränderung der mißlichen Lage des Beters an Gott ist der Bewältigungsstil der KE vorwiegend als passiv („deferring coping style") zu charakterisieren.

4. Die Klagepsalmen des Einzelnen als Bewältigungsregeln

Verschiedene Beobachtungen machen nun die These plausibel, dass die KE nicht nur als Schilderungen von Krisenbewältigungsprozessen verstanden werden können, sondern auch als dem Beter vorgegebene Bewältigungsregeln für ein optimales Bewältigungsverhalten. Hierzu zwei Überlegungen:

Die in den KE identifizierbaren Bewältigungsformen decken einen Großteil der empirisch von Pargament u. a. ermittelten Formen religiöser Bewältigung ab.[27] Der Beter der KE wird also mit einem umfangreichen Repertoire an religiösen Bewältigungsformen ausgestattet.

Ein Vergleich der in den KE identifizierbaren Elemente des Bewältigungsprozesses und den von Pargament u. a. als effektiv klassifizierten Bewältigungsstrategien zeigt, dass die KE dem Beter vor allem eine Auswahl an effektiven Bewältigungsstrategien präsentieren. So dürfte sich beispielsweise die Betonung der personseitigen Ressource Gottesbild ggü. den umweltseitigen Ressourcen und den person- und umweltseitigen Vulnerabilitätsfaktoren v. a. aus der Intention der KE erklären, dem Beter ein mög-

---

[25] Nur vereinzelt finden sich in den KE Aussagen über das Gottesbild, die als Vulnerabilitätsfaktoren auf Personseite gedeutet werden können, z. B. die Rede vom Zorn/Grimm Gottes Ps 6,2; 38,2 etc.

[26] Vgl. hier v. a. die mehrmalige Erwähnung mangelnder sozialer Unterstützung des Beters (vgl. Ps 22,8f.12; 27,10; 31,12) etc.

[27] Einzig die Bewältigungsform „Religious support" ließ sich in den KE nicht identifizieren. Das dürfte v. a. damit zusammenhängen, dass die KE als Dokumente v. a. der privaten Frömmigkeit (vgl. hierzu Hossfeld – Zenger, Psalmen I 5–8) den Dialog zwischen dem Beter und Gott betonen.

lichst optimales Repertoire an Bewältigungsressourcen an die Hand zu geben. Gleiches gilt für den passiven Bewältigungsstil („deferring coping style") der Psalmen.[28]

Die eben gemachten Beobachtungen erlauben es, die KE von psychologischer Seite als überlieferte religiöse Bewältigungsregeln zu betrachten, die dem Beter ein möglichst breites, optimales Repertoire von Bewältigungsstrategien an die Hand geben wollen. „Worshippers thus received these psalms as models through which they might properly articulate their faith and experience. If a worshipper encountered a distress and then took up an appropriate psalm, the psalm would have guided him in the interpretation of his distress and in the expression of his appeal. Meanwhile, his own personal experience would have given specific tones to the more generalized psalmic language."[29]

5. Überlegungen zur Vorbereitung einer interdisziplinären Lehreinheit

Zur Bedeutung des Themas „Bewältigung": Bewältigung als Alltagsphänomen: Engt man den Begriff Bewältigung nicht vorschnell auf den Umgang mit schweren Krisen ein, so handelt es sich bei diesem Konzept um ein alltägliches Phänomen. So gut wieder jeder „bewältigt" mehr oder weniger erfolgreich im Laufe des Tages zumindest mehrere kleine Probleme. Dementsprechend ist das Thema Bewältigung eines der gegenwärtig bevorzugten Gebiete der psychologischen Forschung. Stärker als in den deutschsprachigen Ländern gerät hierbei v. a. im angloamerikanischen Bereich die Frage nach der Bedeutung von Weltanschauung, Religion/Glaube etc. in das Blickfeld der Forschung.[30]

Exemplarizität der KE für das Thema Bewältigung und Religion: Der mögliche Beitrag von Religion/Glaube zur Krisenbewältigung lässt sich gut an verschiedenen Texten der Bibel aufzeigen. Viele biblische Texte spiegeln menschliche (Glaubens-)Grunderfahrungen wieder, die – zumindest für einen Christen – für die Gegenwart nicht bedeutungslos sind, sondern ein

[28] Hinsichtlich des in den KE dominanten Klageelementes (dem die Gattung schließlich ihre Bezeichnung verdankt!), das der nach Pargament u. a. nur wenig effektiven Bewältigungsform „Discontent" zugerechnet werden muss, ist festzustellen: Kein KE bleibt bei der Klage stehen. Die Klage ist – allerdings unverzichtbares – Durchgangsstadium zu den anderen konstitutiven Elementen des KE: Vertrauensäußerung, Bitte, Lob(versprechen). Zudem ist zu beachten, dass Klage als Emotionsausdruck eine expressive Bewältigungsform darstellt, die u. a. der Emotionsregulation dienen kann.

[29] Broyles, Conflict 17.

[30] Vgl. B. Grom, Religionspsychologie, München – Göttingen 1992, 155–171; Pargament, Psychologie.

mögliches Erfahrungspotential darstellen. Unter den verschiedenen für diesen Themenbereich relevanten Texten nehmen die KE eine herausragende Stellung ein. Wie nur wenige andere Texte der Bibel stellen sie dichte und exemplarische Schilderungen menschlicher Not- und Rettungserfahrung – oder psychologisch gesprochen: erfolgreicher Krisenbewältigung – dar. Zudem dürften die Psalmen zu den auch in der Gegenwart am häufigsten rezitierten biblischen Gebeten gehören.

Korrelation der Erfahrung als möglicher Zugang: Anders als für den eingangs zitierten Rilke ist für den Großteil der heutigen Menschen die Identifikation mit biblischen Texten keine Selbstverständlichkeit mehr. Im akademischen Lehrbetrieb werden biblische Texte unter weitgehender Ausklammerung der Erfahrungsdimension fast ausschließlich unter historisch-kritischen Gesichtspunkten betrachtet. Allerdings dürfte sich auch und gerade die Erschließung der Gegenwartsbedeutung biblisch überlieferter Erfahrungen in Lehr-Lernprozessen in theologischen Lehrveranstaltungen positiv auf die Studienmotivation auswirken. Somit stellt sich auch dem akademischen Lehrbetrieb die Frage: Wie können biblische Texte, die vor mehr als 2000 Jahren in einem ganz anderen Kulturkreis entstanden sind, den heutigen Menschen (noch) ansprechen und von ihrer Bedeutsamkeit überzeugen?

Die mit dieser Frage umrissene, für eine Bibeldidaktik fundamentale Problemstellung wird in der Religionspädagogik unter anderem mit dem Hinweis auf eine mögliche Korrelation von Erfahrungen zu beantworten versucht.[31] „Der Begriff Korrelation bezeichnet den Versuch, biblische Tradition und heutige Erfahrung so miteinander zu verknüpfen, dass sie sich wechselseitig erschließen.“[32] „Bedingung dafür ist die Vergleichbarkeit der unterschiedlichen Erfahrungen bzw. die Annahme von sogenannten ‚anthropologischen Konstanten‘. Demnach gibt es gleichbleibende menschliche Grunderfahrungen mit der Welt- und Lebenswirklichkeit, die sich in unterschiedlichen Kulturen nur in jeweils anderen Gestalten ausdrücken. Was aus der eigenen Erfahrung bekannt ist, kann im fremden Text wiedererkannt

---

[31] Einen Abriss der neueren Entwicklungen in der Bibeldidaktik bieten u. a. K. Wegenast, Bibeldidaktik 1975–1985. Ein Überblick, in: JRP 3 (1986) 127–152; H. K. Berg, Grundriß der Bibeldidaktik. Konzepte – Modelle – Methoden (Handbuch des Biblischen Unterrichts 2), München – Stuttgart 1993, 96–113. Bzgl. der Psalmen vgl. hierzu I. Baldermann, Wer hört mein Weinen? Kinder entdecken sich selbst in den Psalmen (Wege des Lernens 4), Neukirchen-Vluyn ^{2}1989; I. Baldermann, Ich werde nicht sterben, sondern leben. Psalmen als Gebrauchstexte (Wege des Lernens 7), Neukirchen-Vluyn 1990; G. Schneider-Flume, Glaubenserfahrungen in den Psalmen. Leben in der Geschichte mit Gott, Göttingen 1998.

[32] Berg, Grundriß 114. Zur Geschichte und inhaltlichen Entwicklung des Korrelationsbegriffs in der neueren Religionspädagogik vgl. G. Baudler (unter Mitarbeit von M.-T. Ex und C. Foos-Queck), Korrelationsdidaktik, Paderborn u. a. 1984, 13–31.

werden, und von daher erschließt sich dann mehr oder weniger weit auch das Unbekannte."[33]

6. Grobentwurf für eine interdisziplinäre Lehreinheit

Aus diesem korrelationsdidaktischen Ansatz ergeben sich drei grundlegende Fragestellungen, die bei einer Behandlung des Themas „Krisenbewältigung in der Psychologie und in den KE" berücksichtigt werden sollten:

a) Reflexion der eigenen Erfahrung: Welche (große und kleine) Stress- bzw. Krisenerfahrungen erlebe ich? Wie bewältige ich diese Erfahrungen? Welche Rolle spielen hierbei Religion bzw. Glaube?

b) Analyse der in den KE geschilderten Erfahrungen: Welche Bilder, Symbole und Metaphern gebrauchen die KE zur Schilderung der ihnen zugrundeliegenden Situation? Welche elementaren Erfahrungen drücken sich in diesen Bildern und Symbolen aus? Wie geht der Psalmist mit diesen Erfahrungen um?

c) Vergleich der Erfahrungen: Drücken die Bilder und Symbole der Psalmen Erfahrungen aus, mit denen ich mich identifizieren kann? Mit welchen der geschilderten Erfahrungen und Verhaltensweisen des Beters auf die von ihm erlebten Krisenerfahrungen kann ich mich identifizieren? Welche sind mir fremd?

Einheit I:

Krisenbewältigung in der gegenwärtigen Psychologie
(insgesamt ca. 4 Einzelstunden)

a) Theoretische Einführung: Krisenbewältigung in der Psychologie (ca. 2 Einzelstunden)

- Lernziel: Darstellung des psychologischen Forschungsstandes zum Thema Krisenbewältigung, v. a. des kognitiv-phänomenologischen Bewältigungsmodells von Lazarus; Schwerpunkt: Darstellung der Rolle der Religion im Rahmen dieses Bewältigungsmodells (vgl. Pargament)
- Methode: Referat und Diskussion

[33] W. Langer, Bibeldidaktische Grundregeln: Neues Testament, in: E. Groß – K. König (Hg.), Religionsdidaktik in Grundregeln. Leitfaden für den Religionsunterricht, Regensburg 1996, 95–111, hier: 107.

b) Erfahrungsbezogene Konkretion: Wie gehe ich mit Krisen um? (ca. 2 Einzelstunden)

- Lernziel: Reflexion des eigenen Bewältigungsverhaltens: Wie gehe ich mit Krisen um?
- Methode: Ausfüllen des Fragebogens „Religious Coping Activities Scales“[34]; Auswertung unter Anleitung; Austausch in Kleingruppen; Darstellung der Ergebnisse im Plenum; Vergleich unterschiedlicher Bewältigungsstrategien

Einheit II:

Krisenbewältigung in den KE (ca. 4 Einzelstunden)[35]

a) Exegese: Analyse der Situationsschilderungen der Psalmen (ca. 2 Einzelstunden)

- Lernziel: Erkennen, dass die Situationsschilderungen der KE menschliche Grunderfahrungen schildern
- Methode:
  - Sammlung verschiedener metaphorischer Situationsschilderungen in den KE, z. B. Kriegs-, Tier- und Jagdmetaphorik (Einzelarbeit, Kleingruppen)
  - Erarbeitung des religionsgeschichtlichen Hintergrundes dieser Aussagen (Referat)[36]
  - Erarbeitung der hinter diesen Metaphern stehenden Grunderfahrungen („im Wasser versinken“, „gejagt werden“, „bedrängt werden“, „aufgefressen werden“ etc.) (evtl. durch Sammlung der Assoziationen zu den Situationsschilderungen auf einem Plakat in der Großgruppe)
  - evtl. Hinweis auf verschiedene Versuche einer Aktualisierung der Situationsschilderungen der Psalmen, z. B. die befreiungstheologische „Relecture“ des Ps 22 durch Ernesto Cardenal.

b) Exegese: Analyse der Reaktion des Psalmisten auf die erlebte Situation (ca. 2 Einzelstunden)

- Lernziel: Einsicht in die unterschiedlichen Reaktionen des Beters auf die erlebte Situation

[34] Hierfür ist – je nach dem Stand der Englischkenntnisse der Teilnehmer – evtl. eine Übersetzung des Fragebogens ins Deutsche notwendig.
[35] Je nach Kenntnisstand der Teilnehmer ist vor dieser Einheit evtl. eine allgemeine Einleitung in die Psalmen notwendig.
[36] Vgl. hierzu v. a. die oben schon erwähnte Arbeit von Riede, Netz.

– Methode: Analyse ausgewählter KE hinsichtlich der in ihnen enthaltenen konstitutiven Elemente nach Westermann: Klage, Vertrauensbekenntnis, Bitte, Lob(versprechen) (Einzel- oder Gruppenarbeit).[37]

Einheit III:

Resümee: Vergleich: Krisenbewältigung in der gegenwärtigen Psychologie und in den KE (ca. 2 Einzelstunden)

– Lernziel: Auseinandersetzung mit den Möglichkeiten der Korrelation zwischen den Erfahrungen ehemaliger Beter und heutiger Beter der KE bei der Bewältigung von Krisen
– Methode: Vergleich verschiedener Items der „Religious Coping Activities Scale" mit den verschiedenen Sprechakten der KE; Versuch einer Zuordnung verschiedenen Elemente der KE nach Westermann (vgl. oben) zu den Skalen der „Religious Coping Activities Scale" (Kleingruppe; Vergleich der Ergebnisse in Großgruppe)

[37] Vgl. hierzu v. a. die oben schon erwähnte Arbeit von Westermann, Lob.

Frauen- und Geschlechterforschung in der Theologie

Curriculare und fachdidaktische Überlegungen

von Claudia Rakel, Bonn

Die Frauen- und Geschlechterfrage ist seit mehr als dreißig Jahren Gegenstand der theologischen Reflexion und Forschung. Unter dem Sammelbegriff „Theologische Frauenforschung" haben sich ein breites Forschungsspektrum, intensive theoretische Diskussionen und vielfältige Perspektiverweiterungen in den verschiedenen Teildisziplinen ergeben. Dies geschah zu großen Teilen ohne institutionelle Verankerung oder Unterstützung innerhalb der universitären Forschung.[1] Trotz der Leistungen der theologischen Frauenforschung haben feministisch-theologische Themen bisher keinen Niederschlag in den Studien- oder Prüfungsordnungen der katholisch-theologischen Fakultäten in Deutschland gefunden. Auch die Bemühungen, Frauen- und Geschlechterfragen in die Curricula für das Unterrichtsfach Religionslehre an den Schulen einzubinden, sind bisher nicht besonders erfolgreich gewesen. Ob die Frauen- und Geschlechterfrage in die Lehre einbezogen oder zum Prüfungsthema wird, liegt nach wie vor allein im Ermessen der einzelnen (im überwiegenden Teil männlichen) Lehrenden.

Es gibt heute an den meisten theologischen Fakultäten vermittels der Vergabe von Lehraufträgen an Nachwuchswissenschaftlerinnen auch Lehrangebote zu frauenspezifischen Themen. In diesen Lehraufträgen wie auch in der Einrichtung der beiden ersten theologischen Frauenforschungsprofessuren in Deutschland[2] zeigen sich Bemühungen um Institutionalisierung theologischer Frauen- und Geschlechterforschung. Der Eintritt in den uni-

---

[1] Zu großen Teilen wurde feministische Theologie in den siebziger und achtziger Jahren von Frauen in der kirchlichen Frauenbewegung getragen und vorangetrieben. „Feministische Theologie ist nicht an den Universitäten entstanden. … Sie wurde in Frauengruppen in und außerhalb von Gemeinden betrieben, auf Akademietagungen ins Gespräch gebracht, von Frauen aus dem Spektrum ökumenischer Bewegung und der nachkonziliaren LaiInnen-Bewegung präsentiert … und weiterentwickelt." (H. Meyer-Wilmes, Zwischen lila und lavendel. Schritte feministischer Theologie, Regensburg 1996, 13). Wer theologische Frauenforschung oder feministische Theologie an den Universitäten studieren oder einbringen wollte, tat dies lange Zeit autodidaktisch, ohne institutionelle Anbindung oder Unterstützung innerhalb des Lehrbetriebes.

[2] Beide im Land Nordrhein-Westfalen angesiedelten Lehrstühle, der von Prof. Dr. Irmtraud Fischer in Bonn und von Prof. Dr. Marie-Theres Wacker in Münster, sind der Fächergruppe Altes Testament zugehörig.

versitären Raum und die Tatsache, dass feministische Theologinnen in der Lehre tätig sind, verlangt nach einer Reflexion darüber, welche Inhalte theologische Frauenforschung im Studium zu vermitteln hat, sowie nach Überlegungen über die Art dieser Vermittlung. Wenn es Aufgabe der Fachdidaktik ist, die Fragen zu beantworten, was, warum, wozu und wie in einem Fach gelehrt und gelernt werden soll[3], dann ist der Zeitpunkt gekommen, dass theologische Frauenforschung sich fachdidaktischen und curricularen Fragen stellt. Seit einiger Zeit werden solche Überlegungen für die Lehre an Universitäten angestellt.[4]

1. Selbstverständnis und Lernziele einer genderfairen Theologie

Schon mit ihrer Selbstbezeichnung umschreibt feministische Theologie sich als auf zwei Begriffe bezogen: die Theologie und den Feminismus. Sie bringt die Theologie als auf die Glaubensgemeinschaft bezogene, methodisch ausgewiesene und ihres eigenen gläubigen Vorverständnisses bewusste Reflexion über den Gott der christlichen Offenbarung ins Gespräch mit dem Feminismus, der als ein Prozess verstanden werden kann, der auf die umfassende Befreiung von Frauen aus diskriminierenden Strukturen gerichtet ist.[5] Gegenüber der Theologie fordern sie, die Frauen- und Genderfrage[6]

---

[3] Dies beinhaltet die Formulierung von Zielen und Inhalten, ihre Begründung und Legitimation, eine Analyse der Lehr- und Lernbedingungen sowie die Entwicklung eines methodischen Instrumentariums für die Organisation von Lehr- und Lernprozessen.

[4] Vgl. A. Strotmann, Feministische Theologie lehren. Zum Frauenforschungsprojekt „Feministische Theologie an der Hochschule“, in: Schlangenbrut 16 (1998) H. 62, 37–39. An dem maßgeblich von Strotmann initiierten Projekt nehmen feministische Theologinnen teil, die in der universitären Lehre tätig sind und nach einer Phase des Austauschs über die Lehre feministischer Theologie derzeit an einem Buchprojekt arbeiten, das eine Materialsammlung von Seminarentwürfen sowie Unterrichtseinheiten zu zentralen Themen feministischer Theologie enthalten wird. Diesem Projekt verdankt mein Artikel entscheidende Anregungen.

[5] Vgl. M.-Th. Wacker, Feministische Theologie, in: P. Eicher (Hg.), Neues Handbuch theologischer Grundbegriffe, Bd. 1, München 1984, 353–360, 354.

[6] Der Begriff „gender“ stammt aus dem anglo-amerikanischen Raum und dient der Differenzierung zwischen dem sog. biologischen und sozialen Geschlecht. Gender bezeichnet das soziale Geschlecht, d. h. den *erworbenen* Status von Geschlecht in Form der sozial und kulturell im Verlauf des Sozialisationsprozesses angeeigneten Geschlechtsidentitäten. Die Geschlechterrollen, heute wird eher von der sozialen Geschlechtsidentität bzw. vom sozialen Geschlecht gesprochen, sind nach Auffassung der Sex-/Gender-Theorie nicht kausal an die biologische Differenz gebunden. Geschlechtsspezifische Rollenzuschreibungen und Rollenverteilungen sind somit nicht unveränderbar, da sie nicht biologisch oder ontologisch, sondern kulturell bedingt sind. So kann beispielsweise das Argument, die Frau kön-

in ihre Reflexion zu integrieren, gegenüber dem Feminismus besteht sie darauf, dass Frauenbefreiung die religiösen Dimensionen im Leben von Frauen zu berücksichtigen hat.

Aufgabe im Rahmen der universitären Lehre ist also, die Frauen- und Geschlechterfrage in die Theologie einzutragen. Zweierlei ist zu leisten: 1. die Erhebung und Beurteilung androzentrischer Forschungsparadigmen in der gesamten Theologie, 2. ihre Reformulierung in frauen- und geschlechtergerechter Perspektive.[7] Von ihrem Selbstverständnis versteht sich feministische Theologie nicht als Teildisziplin der Theologie oder *Ergänzung* des Fächerkanons um ein neues Fach, sondern sie will Frauenanliegen und die Geschlechterfrage als Querschnittsfragen in die Theologie eintragen und sich als durchgehende Dimension aller Themen etablieren. Ziel ist, dass Theologie insgesamt sich genderfair formuliert. Der Begriff der „genderfairen Theologie"[8] soll deutlich machen, dass feministische Theologie nicht als eine Theologie über Frauen oder als eine weibliche Theologie misszuverstehen ist. Ihr Ziel ist die Entfaltung einer Theologie, die beiden Geschlechtern gerecht wird. Feministische Theologie ist nicht eine an das Geschlecht *gebundene*, sondern „eine die Geschlechtlichkeit *problematisierende* Theologie"[9]. Studierende sollen zur wissenschaftlichen Reflexion des christlichen Glaubens als eines Glaubens der Offenbarung der unbedingten Liebe Gottes zu Frauen und Männern in ihrem je spezifischen Zugang zur Welt angehalten werden. So trägt die universitäre Ausbildung auf bestimmte Berufsfelder wie Gemeinde oder Schule dazu bei, für Geschlechterdifferenzen zu sensibilisieren und die Geschlechterproblematik als einen zentralen Aspekt der religiösen Wirklichkeit des Menschen verstehen zu lernen. Sie will den christlichen Glauben theologisch verantwortet und beiden Geschlechtern gerecht werdend vermitteln. Insofern feministische Theologie u. a. in der ökumenischen Bewegung ihre Wurzeln hat[10], ist ein Großteil ihrer Themen jeweils in ökumenischer Perspektive und im ökumenischen Dialog entwickelt worden. Diese Perspektive gilt es in der Lehre beizubehalten und kenntlich zu machen. Lehre und Lernen können so zu gelebter Ökumene werden.

---

ne aufgrund ihrer biologischen Disposition die Mutterrolle besser übernehmen, entkräftet werden.

[7] Zum feministischen Paradigmenwechsel vgl. A. Noller, Feministische Hermeneutik. Wege einer neuen Schriftauslegung, Neukirchen-Vluyn 1995, bes. 65–133.

[8] Zum genderfairen Forschungsansatz in der Theologie vgl. I. Fischer, Ein gender-fairer Forschungsansatz mit feministischer Option für die alttestamentliche Exegese, in: Rundbrief Netzwerk Frauenforschung Nordrhein-Westfalen 8 (1998/99) 8–14.

[9] Meyer-Wilmes, Zwischen lila und lavendel 10 (Hervorh. C.R.).

[10] Vgl. L. Scherzberg, Grundkurs Feministische Theologie, Mainz 1995, 11–12.

Als Theologie, in der „sowohl Glaubens- und Lebenserfahrungen von Unterdrückung, Verschwiegenwerden und Marginalisierung als auch von Befreiung und gelungener Menschwerdung“[11] von Frauen zur Geltung kommen, ist feministische Theologie zugleich kontextuelle Theologie[12]. Wir können nicht von *der* Frau als einer Art universellem, abstraktem Subjekt reden, da die gesellschaftliche Wirklichkeit, in der Frauen leben, je nach Kultur und Gesellschaft anders ist. „Wenn von feministischer Theologie gesprochen wird, darf nicht vergessen werden, dass es *die* feministische Theologie nicht gibt.“[13] Die Frau ebenso wie die feministische Theologie gibt es nur im Plural. Diesem Selbstverständnis folgen die Lehrinhalte und die Vermittlungsweisen in den Veranstaltungen. Auf der Ebene der Lehrinhalte bedeutet dies, dass die unterschiedlichen Kontexte von Frauen[14], aus denen heraus Theologie entworfen wird, in der Lehre offen zu legen sind. Bei den einzelnen Themenbereichen sind nach Möglichkeit Ansätze aus verschiedenen Kontexten zu berücksichtigen. Für die fachdidaktische Ebene heißt dies: Ausgangspunkt allen Lernens, Lehrens und Forschens sind die geschlechtsspezifischen Erfahrungen im Sinne einer Reflexion des eigenen Lebenszusammenhangs auf dem Hintergrund kultureller Traditionen mit Hilfe wissenschaftlicher Kriterien und einem reflektierten methodischen Inventar. Den Lehrenden kommt die Aufgabe zu, emanzipatorische Lernprozesse für beide Geschlechter einzuleiten und zu begleiten.[15] Dies bedeutet, insbesondere den Studentinnen die Erfahrung zu vermitteln, dass sie Subjekte der Theologie sind, die ihre Glaubens- und Lebensrealität als gleichberechtigten Teil in die theologische Reflexion einbringen dürfen. Dieses Ziel sollte sich in den didaktischen Konzeptionen der Seminare niederschlagen, indem erfahrungsbezogene Ansätze des Lernens aufgegriffen werden und die subjektiven Zugänge von Studierenden zu Inhalten den Lernprozess prägen, wodurch die Lernformen selber den Inhalten gerecht werden. Der Selbstwerdungsprozess der Teilnehmenden ist selbst Teil der

[11] C. J. M. Halkes – H. Meyer-Wilmes, Art. Feministische Theologie I, in: E. Gössmann u. a. (Hg.), Wörterbuch der Feministischen Theologie, Gütersloh 1991, 102–105, 102.

[12] Zur kontextuellen Theologie vgl. den Ansatz von H. Waldenfels, Kontextuelle Fundamentaltheologie, Paderborn u. a. [3]2000.

[13] D. Strahm, Aufbruch zu neuen Räumen. Eine Einführung in feministische Theologie, Luzern [3]1990, 15.

[14] Feministische befreiungstheologische Ansätze existieren im asiatisch, afrikanischen, australischen und lateinamerikanischen Raum. Im US-amerikanischen Kontext haben Schwarze Frauen die Womanist Theology, hispanische Frauen die Mujerista Theology in Abgrenzung gegenüber der vereinnahmenden feministischen Theologie weißer Frauen formuliert.

[15] Vgl. dazu auch W. Hoff, Eine Einführung in die feministische Theologie, in: E. de Sotelo (Hg.), Feministische Hochschuldidaktik. Materialien der Koblenzer Frauenstudien (Frauenstudien und emanzipatorische Frauenarbeit 3), Münster 1998, 90–126.

Seminarinhalte. Theologie ist ein Prozess, in dem ihr erkennendes Subjekt und ihr Erkenntnisgegenstand sich gegenseitig bedingen.

2. Ansätze in der theologischen Frauenforschung

Die feministische Theologie bzw. *die* theologische Frauenforschung kann es nicht nur aufgrund der unterschiedlichen Kontexte, aus denen Frauen Theologien formulieren, nicht geben. Hinzu kommt eine Vielfalt von feministischen wissenschaftstheoretischen Prämissen und ein enormer semantischer Umfang des Feminismusbegriffes.[16]

(1) Der gesellschaftskritische Feminismus versteht sich als Kultur- und Gesellschaftskritik. Aufgrund der Erfahrung, dass trotz Rechtsgleichheit weiterhin soziale Ungleichheit zwischen den Geschlechtern existiert, fordern Vertreterinnen dieser Richtung gleiche Teilhabe der Frauen an der Gesellschaft: „Wenn also Gleichheit erreicht werden soll, müssen die gesamten gesellschaftlichen Strukturen und Arbeitsteilungen umgewälzt werden.“[17]

Dieser sog. *Gleichheitsfeminismus* geht davon aus, dass die Unterschiede zwischen den Geschlechtern ausschließlich soziale und kulturelle Ursachen haben und zur Benachteiligung von Frauen und zur Aufrechterhaltung ungerechter Herrschaftsstrukturen instrumentalisiert werden. Auf dieser Grundlage wird eine feministische Theologie entwickelt, in deren Mittelpunkt Frauenbefreiung und Subjektwerdung der Frauen steht: „Als Gläubige und als Theologin bin ich der Ansicht, dass die Befreiung der Frauen eine Konkretisierung des biblischen Gerechtigkeitsgebotes darstellt.“[18]

Dieser Ansatz versteht sich nicht nur als auf die Frauenbewegung und Frauenforschung bezogen, sondern als Teil dieser Bewegung. Mit dem Feminismus teilt er das Engagement einer politischen Bewegung für Frauenbefreiung und ist grundlegende Kulturkritik, die auf eine gesellschaftliche Ordnung hinzielt, in der weder Geschlecht, noch Rasse oder Klasse den Wert und die Rolle eines Menschen in der Gesellschaft festlegen. Anforderungen der Frauenbewegung an die Gesellschaft und Erkenntnisse der Frauen- und Geschlechterforschung in allen wissenschaftlichen Disziplinen werden von der feministischen Theologie aufgegriffen.

---

[16] Vgl. dazu H. Meyer-Wilmes, Rebellion auf der Grenze. Ortsbestimmung feministischer Theologie, Freiburg/Br. – Basel – Wien 1990, bes. 76–144.

[17] F. Haug, Tagträume eines sozialistischen Feminismus, in: U. Gerhard u. a. (Hg.), Differenz und Gleichheit. Menschenrechte haben (k)ein Geschlecht, Frankfurt/M. 1990, 82–94, 82.

[18] C. J. M. Halkes, Suchen, was verloren ging. Beiträge zur Feministischen Theologie, Gütersloh 1985, 17.

(2) Dem steht ein Verständnis des Feminismus gegenüber, in dem eine grundlegende Differenz zwischen den Geschlechtern konstatiert wird.
„Die Theorie der Geschlechterdifferenz erkennt die ursprüngliche Dualität als eine nicht transzendierbare Voraussetzung an und schließt damit eine Logik der Assimilation des anderen aus."[19]

Im sogenannten *Differenzfeminismus* steht nicht Befreiung wie im Gleichheitsfeminismus, sondern die Freiheit der Frau im Mittelpunkt. Feminismus versteht sich hier nicht als Gesellschaftskritik, sondern als Arbeit am Symbolischen, an der Veränderung der symbolischen Ordnung. „Weiblichkeit" im Rahmen einer grundsätzlichen Verschiedenheit zwischen den Geschlechtern ist hier nicht Konstrukt, sondern ihr Werden ist das Ziel.[20] In der feministischen Theologie war der differenzfeministische Ansatz bisher hauptsächlich mit matriarchalfeministischen und gynozentrischen Ansätzen verknüpft. Die Aufwertung der Weiblichkeit unter Absehung einer Differenzierung zwischen sog. biologischem und sozialem Geschlecht und die Entwicklung einer weiblichen Theologie sind Ziel dieser Richtung.[21]

(3) Im Zuge der postmodernen Debatte und des Konstruktivismus wird die Kategorie „Geschlecht" dekonstruktiven Verfahren unterworfen und Zweigeschlechtlichkeit generell in Frage gestellt. Die bekannteste Vertreterin dieses Ansatzes ist die Philosophin Judith Butler.
„Die diskreten Geschlechtsidentitäten sind Teil dessen, was die Individuen in der gegenwärtigen Kultur ‚zu Menschen macht' (humanize); wir strafen regelmäßig diejenigen, die ihre Geschlechtsidentität nicht ordnungsgemäß in Szene setzen. Da es weder ein ‚Wesen' gibt, das die Geschlechtsidentität zum Ausdruck bringt oder externalisiert, noch ein objektives Ideal, das sie anstrebt, und die Geschlechtsidentität überdies kein Faktum ist, bringen die verschiedenen Akte der Geschlechtsidentität überhaupt erst die Idee der Geschlechtsidentität hervor: Ohne diese Akte gäbe es keine Geschlechtsidentität. .... Die Konstruktion ‚erzwingt' gleichsam unseren Glauben an ihre Natürlichkeit und Notwendigkeit. Die geschichtlichen Möglichkeiten, die durch verschiedene leibliche Stile materiell verwirklicht werden, sind

---

[19] A. Cavarero, Ansätze zu einer Theorie der Geschlechterdifferenz, in: Diotima, Der Mensch ist zwei. Das Denken der Geschlechterdifferenz (Frauenforschung 11), Wien 1989, 65–102, 101–102.

[20] Der vor allem in Italien entwickelte, differenzfeministische Ansatz wird inzwischen im deutschsprachigen Raum (vgl. v. a. die umfangreichen Arbeiten von A. Günter, darunter u. a. Politische Theorie und sexuelle Differenz. Feministische Praxis und die symbolische Ordnung der Mutter, Königstein 1998) breit rezipiert.

[21] Vgl. u. a. Ch. Mulack, Die Wurzeln weiblicher Macht. Frauen leben ihre Stärke, München 1996.

nichts anderes als diese durch Strafmaßnahmen regulierten kulturellen Fiktionen, die unter Zwang wechselseitig verkörpert und abgefälscht werden.“[22]

Geschlecht *und* Körper fasst Butler als Performanzen, die sich nicht mehr auf biologische Substanzen oder soziale Rollen zurückführen ließen, sondern als durch und durch kulturelle Angelegenheiten von Selbst- und Fremdzuschreibungen ständig diskursiven Produktionen unterliegen.[23] „Positionen wie die von Butler gehen davon aus, dass die Aufrechterhaltung der Zweigeschlechtlichkeit dazu dient, die gegenwärtigen Machtstrukturen nicht zu gefährden, und tendenziell immer wieder in die bestehende Ordnung zurückführt. Nicht mehr ‚Frausein‘ soll deshalb gestärkt werden, sondern ein individuelles Selbst mit selbstgewählten Seins- und Handlungsweisen jenseits der Geschlechterdifferenz. Feministisch-theologische Adaptionen dekonstruktivistischer Theorien stehen noch am Anfang, doch gibt es bereits Ansätze, und in den nächsten Jahren wird hier vermutlich einiges zu erwarten sein.“[24]

Die Vielfalt von Ansätzen, die innerhalb der theologische Frauenforschung nebeneinander stehen, bringt es mit sich, dass die Vermittlung von Grundlagen feministischer Theorie für eine adäquate Behandlung und Verortung der unterschiedlichen feministisch-theologischen Ansätze unentbehrlich ist.[25] Gleichzeitig sind die unterschiedlichen Strömungen anhand der einzelnen Themen immer neu kritisch miteinander ins Gespräch zu bringen. Studierende sollen erkennen, dass innerhalb der theologischen Frauenforschung die Bandbreite unterschiedlicher Ansätze ebenso groß ist wie in der Theologie insgesamt. Würde es gelingen, dass Studierende selber das Verhältnis von Geschlechterproblematik, Feminismus und Theologie als für sich relevante Fragestellung entdecken und darüber in einen Reflexions- und Diskussionsprozess kommen, wäre ein entscheidendes Lernziel erreicht.

---

[22] J. Butler, Das Unbehagen der Geschlechter, Frankfurt/M. 1991, 206–207.

[23] Vgl. dazu auch R. Gildemeister – A. Wetterer, Wie Geschlechter gemacht werden. Die soziale Konstruktion der Zweigeschlechtlichkeit und ihre Reifizierung in der Frauenforschung, in: G.-A. Knapp – A. Wetterer (Hg.), TraditionenBrüche. Entwicklungen feministischer Theorie (FrauenForschung 6), Freiburg/Br. 1992, 201–254.

[24] St. Rieger, Einforderung von Geschlechtergerechtigkeit: Theologische Frauenforschung, in: A. Leinhäupl-Wilke – M. Striet (Hg.), Katholische Theologie studieren: Themenfelder und Disziplinen, Münsteraner Einführungen – Theologie, Münster 2000.

[25] Vgl. dazu vor allem in Abschnitt 5.1 die Erläuterungen zu einem Grundkurs Theologische Frauenforschung, innerhalb dessen ein Grundlagenmodul derartige Fragestellungen aufzugreifen hätte.

3. *Orientierungsmodule statt Lehrplan*

Wenn theologische Frauenforschung ihrem Selbstverständnis entsprechend keine Teildisziplin der Theologie ist, sondern die gesamte Theologie aus frauengerechter Perspektive formuliert, kann sie in den vorhandenen Curricula *nicht als weiteres, neues Fach* neben den „klassischen Fächern" geführt werden. So gilt einerseits: Wo in den klassisch-theologischen Curricula an androzentrischen, Frauen nicht gerecht werdenden Inhalten Kritik erforderlich ist, hat sie die geschlechtergerechte Perspektive anzusetzen. Daraus ergibt sich das „klassische" Curriculum in feministischer bzw. genderfairer Perspektive. Auf der anderen Seite ist sie auf feministische Theorie, die gesellschaftliche Frauenfrage und -bewegung bezogen. Sie muss sich mit deren Ergebnissen und Desideraten auseinander setzen. Dadurch werden neue Inhalte, Fragen und Perspektiven in die Theologie eingebracht, welche die bisher curricular verankerten Inhalte der Theologie möglicherweise überschreiten.

Die institutionellen Rahmenbedingungen im theologischen Wissenschafts- und Forschungsbetrieb sind für theologische Frauenforschung nicht befriedigend.[26] Potenzielle Forschungsfelder sind bisher erst ansatzhaft oder überhaupt noch nicht gesichtet bzw. erarbeitet. Der Mangel an institutionellen Ressourcen bedingt die Vorläufigkeit curricularer Überlegungen. Es bedarf eines intensiven Dialogs unter Theologinnen der verschiedenen Einzeldisziplinen, um die vorhandenen, oft ohne strukturelle Unterstützung erarbeiteten Ergebnisse und Forschungen der vergangenen dreißig Jahre in all ihren Facetten zu erfassen und Schwerpunktbildungen zu ermitteln.

Aufgrund der hier skizzierten Rahmenbedingungen für curriculare Überlegungen kann es im Folgenden nicht um die Erstellung eines festen Lehrplanes gehen. Vielmehr werden hier Überlegungen in Richtung einer Standortbestimmung derzeitiger feministisch-theologischer Forschung und Lehre angestellt und Theologinnen, die innerhalb der Lehre Orientierungen für die Konzeption von Seminaren und Studien suchen, zur Diskussion angeboten. Es versteht sich von selbst, dass Curriculumsentwürfe der kontinuierlichen Weiterentwicklung bedürfen. Die folgenden Ausführungen verste-

[26] Was A. Wetterer, Rhetorische Präsenz – faktische Marginalität. Zur Situation von Wissenschaftlerinnen in Zeiten der Frauenforschung, in: Zeitschrift für Frauenforschung 12 (1994) H. 1 und 2, 93–110 bezüglich der Chancen von Frauen in der Wissenschaft insgesamt belegt hat – nämlich dass der Weg der wissenschaftliche Qualifizierung für Frauen ein erhebliches biografisches Wagnis darstellt, da hohe und höchste Qualifikation Frauen aufgrund sozialer Ausschlussmechanismen in keiner Weise reale Berufschancen im Wissenschaftsbetrieb garantiert –, gilt auch für die Theologie. Aus diesem Grunde scheuen sich nach wie vor viele theologische Nachwuchswissenschaftlerinnen, den Weg einer wissenschaftlicher Karriere einzuschlagen.

hen sich daher als Orientierungsmodule, welche frauenrelevante Aspekte in die Lehre einzubeziehen wären.

4. Inhaltliche Schwerpunkte theologischer Frauenforschung

Welchc frauenrelevanten Inhalte sind in der Theologie zu berücksichtigen und zu vermitteln, um den oben skizzierten Zielen gerecht zu werden?

4.1 Lerninhalte in den theologischen Fächern

Innerhalb der vier gängigen Bereiche der Theologie lassen sich aus Sicht der Frauenforschung jeweils spezifische Lerninhalte und -ziele formulieren. Die folgenden Tabellen führen Themenschwerpunkte und -bereiche auf, die in den jeweiligen Fächern aufgegriffen werden können.

A. Bibelauslegung	
1. Grundlagen feministischer Exegese	- Feministische Bibelhermeneutik - Exegetische Methoden in feministischer Perspektive - Schwerpunkte feministisch-biblischer Theologie (z. B. Gottesrede, Anthropologie u. a.)
2. Exegese des Ersten Testaments	- Historische Rekonstruktion weiblicher Lebenswelten in ersttestamentlicher Zeit - Religionsgeschichte Israels und des Alten Orients - Frauengestalten des Ersten Testaments - Feministische Auslegung ersttestamentlicher Texte
3. Exegese des Neuen Testaments	- Historische Rekonstruktion weiblicher Lebenswelten in neutestamentlicher Zeit - Frauen in der Jesusbewegung und in der Urgemeinde - Feministische Auslegung neutestamentlicher Texte

Ziel *feministischer Exegese*[27] ist die Vermittlung von hermeneutischen und methodologischen Instrumentarien, die Studierende zu einer frauen- und geschlechtergerechten Interpretation biblischer Texte unter Berücksichtigung der historischen Distanz und Differenz befähigen. Feministische Exegese ist und war nie eine eigene exegetische *Methode*, sondern sie unterscheidet sich von der traditionellen Exegese durch ihre Hermeneutik.[28] Diese sollen Studierende als einen Zugang zur Bibelauslegung kennen- und deren Anwendung praktizieren lernen. Die aus einer frauengerechten Perspektive zu konstatierende Ambivalenz der biblischen Tradition, einerseits Glaubensfundament mit Befreiungspotential auch für Frauen und andererseits Dokument patriarchaler Wirklichkeit[29] zu sein, gilt es im Lernprozess zu analysieren, zu kritisieren und Wege geschlechtergerechter Exegese aufzuzeigen. Dabei werden nicht allein die biblischen „Frauentexte", sondern die *gesamte* Bibel in den Blick genommen.[30]

---

[27] Vgl. auch M.-Th. Wacker, Geschichtliche, hermeneutische und methodologische Grundlagen, in: L. Schottroff – S. Schroer – dies., Feministische Exegese. Forschungserträge zur Bibel aus der Perspektive von Frauen, Darmstadt 1995, 3–79.

[28] Insbesondere die feministische Exegese zeichnet sich durch einen hermeneutisch reflektierten Methodenpluralismus aus, vgl. dazu meinen Artikel: Feministische Bibelauslegung. Einblicke in die Vielfalt feministisch-exegetischen Arbeitens, in: Evangelische Aspekte 9 (1999) H. 2, 24–28, 24.

[29] Sowohl das Erste wie das Neue Testament sind überwiegend aus der Sicht von Männern geschrieben, verschweigen Frauenerfahrungen oder berichten von Frauenunterdrückung, ohne dies zu hinterfragen. Sie sind daher als Dokumente patriarchaler Zeit anzusehen. Das Patriarchat ist als ein Ordnungs- und Wertesystem zu verstehen, das auf der Vorherrschaft des Mannes bzw. auf der Überordnung sogenannter männlicher über sogenannte weibliche Werte beruht. Die profilierteste Definition von Patriarchat, die den Begriff nicht pauschal als Herrschaft von Männern über Frauen versteht, stammt von der feministischen Theologin Elisabeth Schüssler Fiorenza: „Das Patriarchat als eine männlich bestimmte, abgestufte Pyramide von Unterordnung und Ausbeutung spezifiziert die Unterdrückung von Frauen gemäß der Klasse, der Rasse, der ethnischen oder nationalen Herkunft und der Religion der Männer, zu der wir gehören." (E. Schüssler Fiorenza, Brot statt Steine. Die Herausforderung einer feministischen Interpretation der Bibel, Freiburg/CH ^{2}1991, 15) Feministische Exegese beschränkt sich nicht auf das schlichte Aufdecken von Traditionen, in denen Frauen durch Männer unterdrückt wurden, sondern nimmt die Gesamtheit unterschiedlichster Herrschaftsstrukturen in den Blick. Der Begriff *Patriarchat* steht damit für ein geschichtlich gewordenes Netz von sozialen, ökonomischen und politischen Unterdrückungsstrukturen. Frauen sind nicht nur per se Unterdrückte, sondern als Angehörige bestimmter Schichten können sie auch selber aktiv an Unterdrückung mitwirken (vgl. dazu E. Schüssler Fiorenza, But She Said. Feminist Practices of Biblical Interpretation, Boston 1992, 117).

[30] Vgl. L. Schottroff – M.-Th. Wacker (Hg.), Kompendium Feministische Bibelauslegung, Gütersloh ^{2}1999.

B. Rekonstruktion der Geschichte des Christentums	
1. Feministische Geschichtswissenschaft	- Geschichte als Frauengeschichte - Soziokultureller Hintergrund aller geschichtlichen Epochen aus Frauenperspektive - Methoden feministischer Geschichtsforschung
2. Frauen in Frühen Kirche	- Ämterfrage in der Frühen Kirche - Frauengestalten der Frühen Kirche - Frauenbild der Patristik
3. Mittelalter und Neuzeit	- Religiöse Bewegungen von Frauen - Frauenorden - Frauenmystik - Hexenverfolgung
4. 19. und 20. Jahrhundert	- Frauenbildung und Theologie - (Christliche) Frauen im Nationalsozialismus - Kirche und Frauenbewegung

Aufgabe im Rahmen der *historischen Fächergruppe* ist die Vermittlung einer feministischen Rekonstruktion der Geschichte des Christentums. Die Studierenden sollen befähigt werden, sowohl die Schuldgeschichte der christlichen Gemeinschaften an den Frauen kritisch in den Blick zu nehmen und zu fragen, warum in dieser Geschichte Frauen immer wieder marginalisiert und unterdrückt wurden[31], als auch den Beitrag von Frauen zur christlichen Tradition und Historie zu erheben und zu würdigen. Insbesondere sozialgeschichtliche Fragestellungen, die Frage nach religiösen Lebensformen von Frauen in den verschiedenen Epochen – auch im Dialog mit der Profangeschichte – sollen die Studierenden für eine „Geschichte von unten" sensibilisieren. Studierende sollen erkennen, dass Frauen Subjekte mit einer Geschichte und Tradition in den Kirchen sind.

[31] Vgl. Scherzberg, Grundkurs Feministische Theologie 125.

C. Systematische Theologie[32]	
1. Theologische Propädeutik und Hermeneutik	- Feminismus und Theologie - Feministische Theologie als Befreiungstheologie - Wahrheit und Offenbarung - Feministische Theologie nach der Shoa - Feministische Religionskritik (Anfragen des postchristlichen Feminismus an die christlich-feministische Theologie) und Religionswissenschaft (Frauen in anderen Religionen)
2. Rede von Frau und Mann	- Theologische Anthropologie und Geschlechterfrage, Traditionen theologischer Frauenbilder (z. B. Eva-Maria) - Frauengerechte Ansätze theologischer Anthropologie
3. Gottesrede	- Kritik am männlichen Gottesbild - Genderfaire Gottesrede - Trinität und Pneumatologie - Weisheitstheologie
4. Christologie und Soteriologie	- Feministische Zugänge zu Jesus Christus (in interkultureller Perspektive) - Sophia-Christologie - Christologie und Antijudaismus - Feministische Perspektiven zur Kreuzestheologie - (Relationale) Soteriologie
5. Sünde, Schuld und Gnade	- Sündenverständnis aus Frauensicht - Mittäterschaft - Eva im Rahmen theologischer Rede von Sünde

[32] Innerhalb der systematischen Fächergruppe hat Feministische Theologie insbesondere in den einzelnen Traktaten der Dogmatik viele Neuansätze entwickelt. Der Übersicht halber sind hier zentrale Themen selbständig angeführt, statt sie insgesamt unter die Dogmatik zu subsumieren.

6. Schöpfungstheologie	- Ökofeministische Ansätze in der Theologie
7. Mariologie	- Maria im Neuen Testament, in der Dogmengeschichte sowie ihre pastoralen Auswirkungen - Maria in der Volksfrömmigkeit von Frauen - Feministische Mariologie
8. Ekklesiologie	- Amtsstrukturen und Ämterfrage in den christlichen Kirchen - Konzepte feministischer Ekklesiologie
9. Theologische Ethik und christliche Gesellschaftslehre	- Grundlagen feministisch-theologischer Ethik (Verhältnis von Moral und Geschlechterfrage) - Körper und Sexualität, sexuelle Gewalt gegen Kinder und Frauen - Bioethik aus Frauensicht - Stellung der Frau in Kirche und Gesellschaft - Lebens- und Arbeitswelt von Frauen - Ökonomie und Ökologie aus feministisch-theologischer Sicht

Innerhalb der *systematischen Fächergruppe*, deren zentraler Inhalt die „Verantwortbarkeit des Glaubens in der Gegenwart als Denk-, Lebens- und Strukturform der Kirche(n)“[33] ist, gilt es, die Frauen- und Geschlechterproblematik als eine die Verantwortbarkeit des Glaubens betreffende Kategorie zu erweisen und den Glauben als aus genderfairer Perspektive verantwortet zu begründen. Die Studierenden sollen befähigt werden, die Relevanz der Geschlechterfrage für die theologische Rede von Gott, vom Menschen, von Schuld etc. zu erkennen. Sie sollen lernen, Traditionen und theologische Reflexionen, soweit sie nicht objektiv im Sinne von geschlechtsneutral, sondern androzentrisch, d. h. aus männlicher Perspektive formuliert sind, als solche zu erkennen und auf ihre Wirkung hin zu befragen. Um dies zu exemplifizieren, sei hier auf die Frage nach dem Gott der jüdisch-christlichen Offenbarung verwiesen. Die Rede von Gott ist männ-

[33] J. Wohlmuth, Theologie in ihrer Einheit und Vielfalt, in: ders. (Hg.), Katholische Theologie heute. Eine Einführung in das Studium, Würzburg ^{2}1995, 33–56, 44.

lich geprägt und „bewusst oder unbewusst untergräbt diese Sprache die menschliche Würde der Frauen als der nach dem Bilde Gottes gleich Geschaffenen."[34] Wie steht es angesichts dieser Gottesrede um die christliche Vorstellung der Frau als *imago dei*? Eine genderfaire Rede von Gott kann es nicht dabei bewenden lassen, allein die in der jüdisch-christlichen Tradition existierenden weiblichen Metaphern[35] den männlichen gegenüberzustellen. Sie muss das Mysterium und die Unbegreiflichkeit Gottes offenhalten und gleichzeitig Wege finden, die Ganzheit, das lebendige Sein Gottes zu denken: „Rechtes Reden über Gott aus feministischer Sicht heißt, die Geschichten der Frauen und ihrer Seinsarten in die Gottesgeschichten einzuflechten, die in jüdischen und christlichen Traditionen seit jeher weitererzählt werden."[36]

Studierende sollen den hier exemplarisch angedeuteten Paradigmenwechsel, den feministische Theologie vornimmt, nachvollziehen und in den systematischen Fächern wie der Fundamentaltheologie, Dogmatik, Ethik etc. umsetzen lernen, um so geschlechtergerechte Zugänge zum christlichen Glauben formulieren zu können.

---

[34] E. A. Johnson, Ich bin, die ich bin. Wenn Frauen Gott sagen, Düsseldorf 1994, 19.

[35] Diese wurden aufgearbeitet von V. R. Mollenkott, Gott eine Frau? Vergessene Gottesbilder der Bibel, München ^{3}1990.

[36] Johnson, Ich bin, die ich bin 329.

D. **Praktische Theologie**	
1. Pastoraltheologie	- Frauen in Gemeinde und genderfaire Gemeindearbeit - Frauen im kirchlichen Dienst - Feministische Seelsorge - Religiöse Erfahrungen und Frauen/ Geschlechtsspezifik des Glaubens - Glaubensgeschichtliche Entwicklung im Kontext der Lebensgeschichte
2. Religionspädagogik	- Religiöse Vergesellschaftung von Frauen - Formen geschlechtergerechter religiöser Erziehung - Feministische Konzepte und Entwürfe für den Religionsunterricht - Feministische Bildungskonzeptionen - Kirchliche Mädchen- und Frauenbildungsarbeit
3. Homiletik	- Feministische Predigt - Feministische Sprachkritik - Inklusive Sprache im Gottesdienst
4. Kirchenrecht	- Feministische Rechtswissenschaften - Kirchliche Rechtsgeschichte in genderfairer Perspektive - Stellung der Frau in CIC und Kirchenrecht - Frauenfrage und kirchlicher Dienst
5. Liturgiewissenschaft und Spiritualität	- Liturgische Texte und Gebete in genderfairer Sprache - Feministische Liturgien und Gottesdienstmodelle - Weibliche Symbolik und Kunst im liturgischen Raum - Geschlechtsspezifische Zugänge zur Spiritualität - Frauenmystik

Der Frauenforschung im Bereich der *Praktischen Theologie* kommt zum einen die Aufgabe einer kritischen Reflexion und Begleitung kirchlicher Praxis[37] zu. Gefragt wird, wo und inwieweit kirchliche Praxis genderfair ist. Zum anderen kommt ihr die Untersuchung und Begleitung von Glaubenspraxis zu. Sich der zunehmenden Individualisierung von Religion stellend, fragt sie, wie Christinnen und Christen in ihrem konkreten Leben zu tragenden Glaubensüberzeugungen gelangen und diese leben. Glaubenspraxis und Sinnsuche der Menschen werden im Zusammenhang mit den heutigen Lebenswelten, die geschlechterdifferent erfahren werden, untersucht. Feministische Theologie greift somit subjektorientierte Konzepte Praktischer Theologie auf, die alltagsweltliche und subjektive Erfahrungsdimensionen einbeziehen.[38] Wo das Handeln der christlichen Gemeinschaften einer Transformation zur Geschlechtergerechtigkeit bedarf, werden Konzepte für die vielfältigen kirchlichen Handlungsfeldern erarbeitet, die Frauen und Mädchen zu Subjekten von Gemeinde, Liturgie, Katechese und Religionsunterricht machen. Wo bisher die Reflexion von Glaubenspraxis und Lebenswelt die Geschlechterfrage nicht ernst nahm, wird nun nach den spezifischen Merkmalen gelebter Religion bei Frauen und Männern gefragt. Die Studierenden sollen zum einen die Notwendigkeit des geschlechtsspezifischen Zugangs zu den kirchlichen Praxisfeldern erkennen und mit Konzepten genderfairen Handelns in Kirche vertraut werden, um sich entsprechend ihrer Berufsfelder Kompetenzen für ein entsprechende Praxis zu erwerben. Sie sollen sich zum anderen Instrumentarien und Wissen aneignen, um eine wirklichkeitsgetreue Beschreibung und Erforschung religiösen Lebens vornehmen zu können. Dabei sollen sie erkennen, dass diese geschlechtsspezifisch zu reflektieren sind, um so eine möglichen androzentrischen Verengung im Umgang mit Glaubenspraxis umgehen zu können. Subjektorientierte und geschlechtersensible Ausbildung für die Praxis ist Lernziel im Bereich der feministischen Praktischen Theologie.

4.2 Die innere Bezogenheit der Theologie interdisziplinär vermitteln

Neben der hier vorgestellten thematischen Einordnung in die theologischen Bereiche wäre auch eine Systematisierung nach inhaltlichen Gesichtspunk-

[37] Vgl. M. Raske, Konsequenzen der feministischen Theologie für die Praktische Theologie, in: V. Straub (Hg.), Auch wir sind Kirche. Frauen in der Kirche zwischen Tradition und Aufbruch, München 1991, 59–83, 68.

[38] Vgl. R. Sommer, Lebensalltag und gelebte Religion von Frauen. Konsequenzen einer geschlechtsspezifischen Betrachtungsweise für die Praktische Theologie, in: K. Fechtner – M. Haspel (Hg.), Religion in der Lebenswelt der Moderne, Stuttgart – Berlin – Köln 1998, 28–47, 29.

ten möglich, die fächerübergreifend relevant sind. An drei exemplarischen Themenkomplexe kann dies anschaulich gemacht werden:

- Die Frage einer geschlechtsspezifischen religiösen Erziehung ist innerhalb der Religionspädagogik relevant, gleichzeitig kann dieses Thema unter dem Aspekt des historischen Wandels der Geschlechterrollen behandelt oder nach der Bedeutung des Gottesbildes für religiöse Erziehung gefragt werden.
- Eine Thema wie „Gewalt gegen Frauen und Mädchen" ist allein im Rahmen der theologischen Ethik nicht ausreichend zu behandeln. So fragt feministische Exegese nach Gewalt in biblischen Texten; oder es wären im Rahmen der praktisch-theologischen Fächer Seelsorgekonzepte für den Umgang mit sexueller Gewalt zu entwickeln.[39]
- Das Thema „Antijudaismus in der feministischen Theologie" ist eine Frage, die sich im Rahmen feministischer Exegese stellt[40], die bei der Behandlung christologischer Ansätze stets mitzubedenken ist[41] und in der Kirchengeschichte weiter aufzuarbeiten wäre[42].

Die interdisziplinäre Orientierung vieler Themen lässt sich als Chance für den theologischen Lehrbetrieb aufgreifen, die innere Bezogenheit der einzelnen theologischen Bereiche im Lernprozess erfahrbar zu machen. Insbesondere während des Hauptstudiums sollte deshalb diese Orientierung in die Konzeption von Seminaren und Veranstaltungen einfließen. Damit könnte der inzwischen immer häufiger von Studierenden beklagten Erfahrung von Orientierungslosigkeit aufgrund zunehmender Spezialisierung der theologischen Einzelfächer begegnet werden.

5. Curriculare Perspektiven – Zwischen Sachzwang und Utopie

Die Lehrpraxis theologischer Frauenforschung innerhalb der katholisch-theologischen Fakultäten in Deutschland ist stark von den fehlenden institu-

---

[39] Zu der Thematik vgl. U. Eichler – I. Müllner (Hg.), Sexuelle Gewalt gegen Mädchen und Frauen als Thema der feministischen Theologie, Gütersloh 1999.

[40] Vgl. L. Schottroff – M.-Th. Wacker (Hg.), Von der Wurzel getragen. Christlich-feministische Exegese in Auseinandersetzung mit dem Antijudaismus, Leiden – New York – Köln 1996.

[41] Vgl. u. a. J. Kohn-Roelin, Antijudaismus – die Kehrseite jeder Christologie, in: D. Strahm – R. Strobel (Hg.), Vom Verlangen nach Heilwerden. Christologie in feministisch-theologischer Sicht, Luzern ^{2}1993, 65–80.

[42] Hier sei ausdrücklich auf das Lebenswerk von Leonore Siegele-Wenschkewitz hingewiesen: L. Siegele-Wenschkewitz (Hg.), Verdrängte Vergangenheit, die uns bedrängt. Feministische Theologie in Verantwortung für die Geschichte, München 1988; dies. (Hg.), Christlicher Antijudaismus und Antisemitismus. Theologische und kirchliche Programme Deutscher Christen, Frankfurt/M. 1994.

tionellen Rahmenbedingungen geprägt. An den meisten Fakultäten werden Seminare zu feministischer Theologie über Lehraufträge angeboten. Kontinuierliche Betreuung und Begleitung von Studierenden ist allerdings für Dozentinnen, die für ein Semester zu einem Seminar (häufig als Blockveranstaltung) von außen „eingeflogen" werden, innerhalb dieser Strukturen unmöglich. Dadurch, dass Studierende während ihres Studiums wenig mit feministischer Theologie und theologischer Frauenforschung in Berührung kommen, muss teilweise Grundlagenwissen noch in Hauptseminaren erarbeitet werden. Gleichzeitig sind die Seminare besonders von der Differenz zwischen Teilnehmenden mit viel und solchen mit keinerlei Vorwissen geprägt. In nicht seltenen Fällen entscheiden sich Studentinnen am Ende ihres Studiums, ein frauenspezifisches Thema in ihrer Examens- oder Diplomarbeit zu behandeln und stellen fest, dass theoretische und methodologische Grundlagen fehlen, die statt während des Grundstudiums nun am Ende des Studiums entweder autodidaktisch oder im glücklicheren Fall in Examenskolloquien erarbeitet werden müssen.[43]

5.1 Grundkurs Theologische Frauenforschung

Um diesen Problemen zu begegnen, wäre es erstrebenswert, dass im Grundstudium alle Studierenden verpflichtend an einem Proseminar teilnehmen. In einem solchen Grundkurs könnte in die theologische Frauenforschung eingeführt und ein Basiswissen für eine genderfaire Theologie und Theorie vermittelt werden. Der einführende Charakter des Grundkurses garantiert, dass Vorkenntnisse nicht notwendig sind. Zweierlei sollte Ziel eines derart angelegten Grundkurses sein: 1. die Studierenden mit der Methodologie und Hermeneutik vertraut machen, wodurch Lernprozesse initiiert werden, die Studierende befähigen, die genderfaire Perspektive in alle Bereiche der Theologie einzutragen und zu transferieren, 2. in den einzelnen theologischen Themenbereichen Wissensgrundlagen vermitteln, die in späteren Haupt- oder Proseminaren vertiefend aufgegriffen werden können.

[43] Diese Erfahrungen basieren auf meiner Tätigkeit an der Arbeits- und Forschungsstelle Feministische Theologie in Münster, bevor dort der Lehrstuhl „Altes Testament und Theologische Frauenforschung" eingerichtet wurde.

1. Grundlagen	
1. Feministische Theorie	- Feministische Wissenschaftspostulate - Grundbegriffe wie Androzentrismus, Sexismus, Feminismus, Emanzipation, Gender, Patriarchat, Mittäterschaft
2. Feministische Theologie	- Merkmale Feministischer Theologie (Kontextualität, Erfahrungsbezug etc.) - Richtungen feministischer Theologie - Feministische Theologie als Befreiungstheologie
3. Wurzeln und Genese feministischer Theologie	- Entstehungsgeschichte und Entstehungskontexte Feministischer Theologie - Frauenbewegung und Feministische Theologie

Ziel des *Grundlagenmoduls* ist, dass den Studierenden der Paradigmenwechsel deutlich wird, den feministische Theologie intendiert. Die Teilnehmerinnen und Teilnehmer erhalten Kenntnisse über den Zusammenhang zwischen Feminismus, Frauenforschung, Frauenbewegung und werden mit den für eine Auseinandersetzung mit geschlechtsspezifischer Forschung relevanten Grundbegriffen feministischer Theorie vertraut gemacht. Gerade für die Vermittlung dieser Grundbegriffe ist die Anbindung an die Lebenswirklichkeit der Studierenden von zentraler Bedeutung, d. h. die Studierenden sollten den lebensweltlichen Bezug der Begriffe anhand konkreter Beispiele aus dem Alltag erfahren. Die Wahrnehmung von Sexismus, Androzentrismus, Patriarchat oder Feminismus hat sich verändert. Studentinnen reagieren auf Schlagwörter und Kampfbegriffe mit Skepsis, erleben sich heute nicht mehr nur als Opfer in Theologie, Kirche und Gesellschaft, sondern haben einen Blick für ihre Chancen und für (gerade auch durch die Frauenbewegung und den Feminismus) Erreichtes.

Hier kommt der Seminarleiterin die Aufgabe zu, Prozesse eines „hearing one another to speech“ (einander zum Sprechen hören) anzuleiten. Diese von Nelle Morton[44] geprägte Maxime greift ein zentrales Anliegen feministischer Theologie und Theorie auf, dem gemäß Theorie und Praxis in einem ständigen Wechselverhältnis stehen. Die Studierenden sollen über ihre geschlechtsspezifischen Erfahrungen miteinander ins Gespräch kommen können. Im Sprechen lernen sie, eigene Erfahrungen zu analysieren, zu bewer-

[44] Vgl. N. Morton, The Journey is Home, Boston 1985, bes. 202–210.

ten und zur Sprache zu bringen. Sie sollen prüfen, ob und inwieweit die Begriffe feministischer Theorie die Phänomene ihrer Lebenswirklichkeit erfassen, und dadurch produktiv an einer Begrifflichkeit für die frauen- und geschlechterspezifischen Beschreibung von Dasein arbeiten.

Desweiteren erarbeiten die Studierenden die Merkmale theologischer Frauenforschung.[45] Dabei erkennen sie die ihr zugrunde liegende Hermeneutik und ihre wissenschaftstheoretischen Voraussetzungen. Durch diese Grundlagen werden sie auch in die Lage versetzt, zwischen verschiedenen Strömungen innerhalb der Feministischen Theologie zu differenzieren und diese in ihren erkenntnistheoretischen Prämissen zu erfassen und Stellung gegenüber den verschiedenen Ansätzen zu beziehen. In einem dritten Teil des Grundlagenmoduls wird ihnen die historische Genese Feministischer Theologie vermittelt. Die Studierenden lernen, dass feministische Theologie unmittelbar mit den Anliegen der Frauenbewegung und kirchlicher Basisbewegungen verknüpft ist. Sie reflektieren ihren eigenen Kontext und setzen diesen in Beziehung zu den formulierten feministisch-theologischen Anliegen, diskutieren Fragen der Aktualität feministischer Theologie und formulieren auf dem Hintergrund ihrer gesellschaftlichen, religiösen und kirchlichen Erfahrungen Anforderungen an feministisch-theologische Theorie und Praxis.

In einem zweiten Teil des Seminars (*Konkretionen*) soll den Studierenden ein möglichst breites Spektrum der zentralen feministisch-theologischen Fragestellungen vorgestellt werden. Anhand dessen lernen sie den Paradigmenwechsel nachzuvollziehen und üben Formen und Praxis theologischen Reflektierens ein. Folgende Themen sollten dabei auf jeden Fall zur Sprache kommen: Feministische Bibelinterpretation und Hermeneutik, theologische Rede von Frau und Mann, Gottesrede, Jesus Christus, geschlechtsspezifische religiöse Sozialisation.

Die Auswahl dieser Themen ermöglicht den Studierenden, notwendiges theologisches Basiswissen zu erhalten oder zu vertiefen sowie Grundkenntnisse in den einzelnen theologischen Fächern zu erwerben.[46] Je nach Interessenlage der Teilnehmenden und der Dozentin können weitere Themen

[45] Zu diesen Merkmalen sind zu zählen: die Perspektive der Befreiung, der Erfahrungsbezug, die Kontextualität, sowie die Option für Frauen- und Geschlechtergerechtigkeit (vgl. dazu ausführlicher: Strahm, Aufbruch zu neuen Räumen 14–16).

[46] Vgl. auch die in der Rahmenordnung für die Priesterausbildung formulierten Anforderungen an einen theologischen Grundkurs: Deutsche Bischofskonferenz, Rahmenordnung für die Priesterbildung, in: Arbeitshilfe 100, Bonn: Sekretariat der Dt. Bischofskonferenz 1988, Nr. 69–140; Das Studium der Theologie, in: H. Schmitz, Katholische Theologie und Kirchliches Hochschulrecht. Kommentar zu den Akkomodationsdekreten, zur Apostolischen Konstitution „Sapientia Christiana“. Dokumentation der kirchlichen Rechtsnormen, Arbeitshilfen 100, Bonn: Sekretariat der Dt. Bischofskonferenz 1992, 335–362, 341–342.

aus den vier theologischen Bereichen aufgegriffen werden und zwar in der Form, dass jeder Bereich insgesamt mindestens in einer Sitzung zur Sprache kommt.[47]

5.2 Feministische Theologie im Grund- und Hauptstudium

Die Grundlagen, die im Grundkurs Feministische Theologie bzw. Theologische Frauenforschung gelegt werden, sollten vertiefend im Grund- und Hauptstudium aufgegriffen werden können. Pro Semester sollte idealiter jeweils mindestens eine Veranstaltung aus einem der theologischen Bereiche von Dozentinnen angeboten werden, in denen frauen- und geschlechtsspezifische Themen im Mittelpunkt stehen:

– *Grundstudium*: ein Proseminar pro Semester aus einem der vier Bereiche der Theologie im Wahlpflichtbereich, so dass in einem viersemestrigen Zyklus jeder Bereich einmal vorkommt.
– *Hauptstudium*: ein Hauptseminar oder eine Vorlesung aus einem der Bereiche der Theologie im Wahlpflichtbereich, so dass in einem viersemestrigen Zyklus jeder Bereich einmal vorkommt.

Lektürekurse, die sich spezifischen Fragestellungen zuwenden und an den Interessen der Teilnehmerinnen orientiert wären, sowie Examenskolloquien, die eine spezifische Betreuung von Studentinnen gewährleisten, die Diplom- oder Examensarbeiten zu frauenrelevanten Themen schreiben wollen, sollten ergänzend hinzutreten. Dieses Angebot wäre um Gastvorträge und Ringvorlesungen zu ergänzen. Ringvorlesungen in regelmäßigen Abständen könnten feministische Themen aufgreifen, die sowohl aus der Sicht verschiedener theologischen Disziplinen als auch interdisziplinär im Dialog mit anderen feministischen Wissenschaftsbereichen behandelt werden. Hier hätte die Theologie die Chance, sich stärker in die jeweiligen vorhandenen Strukturen von Frauen- und Geschlechterforschung an ihren Universitäten einzubinden.

Die Umsetzung derartiger curricularer Überlegungen[48] hat zur entscheidenden Voraussetzung eine Erhöhung des weiblichen Lehrpersonals in der theologischen Wissenschaft. Dies zu verwirklichen, bedarf es vor allem eines erklärten politischen Willens aller Seiten. Doch würden schon einzelne Bausteine produktiv innerhalb der theologischen Lehre aufgenommen, und würde der Versuch unternommen, sie an Fakultäten umzusetzen und zu unterstützen, wäre dies bereits ein Teilerfolg.

---

[47] Für weiterführende Überlegungen verweise ich auf das in Fn. 4 angekündigte Buchprojekt.

[48] Derartige curriculare Überlegungen sind nicht neu. Schon in den achtziger Jahren gab es in Münster eine Arbeitsgruppe, die an ähnlichen perspektivischen Konzepten für die Strukturierung und Koordinierung von Lehrangeboten arbeitete.

Verzeichnis der Autorinnen und Autoren

Britta Frede-Wenger, Wissenschaftliche Mitarbeiterin am Lehrstuhl für Dogmatik an der Katholisch-Theologischen Fakultät der Universität Tübingen.

Christian Heckmann, Wissenschaftlicher Mitarbeiter am Lehrstuhl für Dogmatik an der Katholisch-Theologischen Fakultät der Universität Tübingen, zur Zeit BDKJ-Diözesanleiter in Bistum Trier.

Dr. Bernd Jochen Hilberath, Professor für Dogmatik und Dogmengeschichte, Direktor des Instituts für Ökumenische Forschung an der Katholisch-Theologischen Fakultät der Universität Tübingen.

Dr. Elmar Kos, Wissenschaftlicher Mitarbeiter am Institut für Katholische Theologie an der Gesamthochschule/Universität Siegen, zur Zeit Referent im Bistum Osnabrück.

Dr. Dr. Doris Nauer, Assistentin am Lehrstuhl für Praktische Theologie an der Katholisch-Theologischen Fakultät der Universität Tübingen.

Dr. Manfred Negele, Assistent am Lehrstuhl für Fundamentaltheologie an der Katholisch-Theologischen Fakultät der Universität Augsburg.

Dr. Maria Neubrand MC, Assistentin am Lehrstuhl für Neutestamentliche Wissenschaft an der Theologischen Fakultät der Katholischen Universität Eichstätt.

Dr. Bernhard Nitsche, Assistent am Lehrstuhl für Dogmatik und Dogmengeschichte an der Katholisch-Theologischen Fakultät der Universität Tübingen.

Claudia Rakel, Wissenschaftliche Mitarbeiterin am Lehrstuhl für Altes Testament und Theologische Frauenforschung an der Katholisch-Theologischen Fakultät der Universität Bonn.

Dr. Michael Reichardt, Wissenschaftlicher Mitarbeiter am Lehrstuhl für Biblische Einleitungswissenschaften und am Lehrstuhl für Neutestamentliche Exegese an der Katholisch-Theologischen Fakultät der Universität Passau, zur Zeit Wissenschaftlicher Angestellter am Seminar für Katholische Theologie der Philosophischen Fakultät zu Köln.

Dr. Monika Scheidler, Assistentin am Lehrstuhl für Religionspädagogik an der Katholisch-Theologischen Fakultät der Universität Tübingen, zur Zeit Vertretung der Professur für Religionspädagogik am Institut für Katholische Theologie der TU Dresden.

Heike Sturm, Mitarbeiterin am Lehrstuhl für Moraltheologie und Theologische Ethik an der Theologischen Fakultät Erfurt.

Dr. Heinrich Watzka SJ, Lehrbeauftragter für Philosophie an der Philosophischen-Theologischen Hochschule Sankt Georgen in Frankfurt/Main.

Ines Weber, Assistentin am Lehrstuhl für Mittlere und Neuere Kirchengeschichte an der Katholisch-Theologischen Fakultät der Universität Tübingen.

Dr. Dr. h.c. Johannes Wildt, Professor für Hochschuldidaktik und Professionalisierung, Geschäftsführender Leiter des Hochschuldidaktischen Zentrums der Universität Dortmund.

Dr. Norbert Wolff SDB, bis Sommer 2001 Wissenschaftlicher Mitarbeiter, seither Professor für Kirchengeschichte an der Philosophisch-Theologischen Hochschule der Salesianer Don Boscos Benediktbeuern.